LA
Cour Polonaise
DE LUNÉVILLE
(1737-1766)

Par PIERRE BOYÉ

DOCTEUR ÈS LETTRES, DOCTEUR EN DROIT
PRÉSIDENT DE LA SOCIÉTÉ D'ARCHÉOLOGIE LORRAINE ET DU MUSÉE HISTORIQUE LORRAIN
MEMBRE DE L'ACADÉMIE DE STANISLAS
AVOCAT A LA COUR D'APPEL DE NANCY

Avec 10 planches et 3 tableaux généalogiques

BERGER-LEVRAULT, ÉDITEURS

NANCY-PARIS-STRASBOURG

1926

IMPRIMERIE ET LIBRAIRIE
BERGER - LEVRAULT
18, Rue des Glacis
★ NANCY ★
1936

LA

Cour Polonaise

DE LUNÉVILLE

(1737-1766)

FRANÇOIS-MAXIMILIEN, DUC DE TENCZYN OSSOLINSKI
ANCIEN GRAND TRÉSORIER DE LA COURONNE
GRAND MAÎTRE DE LA MAISON DU ROI (1737-1756)
(D'après un tableau de l'Institut national Ossolinski, à Lwów.)

LA
Cour Polonaise

DE LUNÉVILLE

(1737-1766)

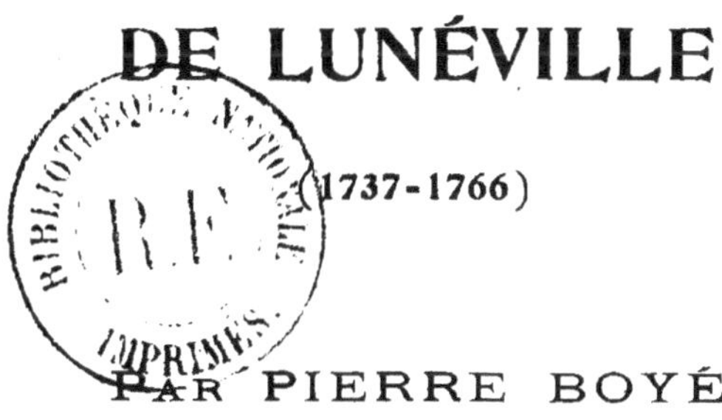

PAR PIERRE BOYÉ

DOCTEUR ÈS LETTRES, DOCTEUR EN DROIT

PRÉSIDENT DE LA SOCIÉTÉ D'ARCHÉOLOGIE LORRAINE ET DU MUSÉE HISTORIQUE LORRAIN

MEMBRE DE L'ACADÉMIE DE STANISLAS

AVOCAT A LA COUR D'APPEL DE NANCY

Avec 10 planches et 3 tableaux généalogiques

BERGER-LEVRAULT, ÉDITEURS

NANCY-PARIS-STRASBOURG

1926

COUR POLONAISE DE LUNÉVILLE

(1737-1766)

PAR

Pierre BOYÉ

AVANT-PROPOS

Quelles qu'eussent été la facilité d'adaptation dont fit preuve Stanislas Leszczynski dans les milieux si divers où le promena la destinée, et cette acceptivité, pour reprendre le terme de Herzen, qu'il tenait de sa race, on ne saurait se représenter le roi de Pologne, une fois installé à Lunéville, comme n'ayant plus de visées dans sa patrie et se détachant même bientôt de ses compatriotes. Le cas serait anormal.

Les historiens locaux l'ont cependant admis, qui, après avoir vu à regret l'étranger se substituer à la dynastie des René II et des Charles III, se le sont en quelque sorte étroitement annexé, pour garder en sa personne l'illusion de l'autonomie perdue.

Leszczynski fut bienfaisant à la Lorraine, où sa mémoire doit être rappelée avec reconnaissance. Il n'alla pas — et comment l'en blàmer ? — jusqu'à lui abandonner son cœur. Son cousin Ossolinski avait eu beau affirmer, quand, au moment de l'abdication de 1736, le prince se débattait à Kœnigsberg dans des ennuis sans nombre, que si seulement il regagnait la France, jamais il ne consentirait à rentrer en Pologne, « y eût-il laissé un de ses yeux ». A ce retour Stanislas ne cessa au contraire d'aspirer, jusque dans l'extrême vieillesse. Les châteaux de La Malgrange ou de Commercy ne lui remplaçaient pas sa résidence patrimoniale de Rydzyna. Il n'a pas fait le geste symbolique, que lui prête la légende, de déposer à Nancy sa couronne et son sceptre aux pieds de la Vierge de Bon-Secours (1). Ses deux règnes polonais se totalisent à peine par peu d'années et quelques jours de pouvoir effectif. Leur souvenir a rempli son existence de regrets et d'espoirs. Son séjour en Lorraine est avant tout caractérisé par le rôle en partie double qu'il y tint, sans que ses sujets, qu'abusait une adroite bonhomie, l'eussent soupçonné. De pensée et d'affection, le duc-roi est demeuré dans la République. Il y entretient une correspondance suivie. Il y envoie, il en reçoit de fréquents émissaires. Il y observe et y négocie. Ses nouveaux États ne sont pas pour lui le terme et le port. Il ne les considère que comme une reposante étape et l'on peut dire une agréable hôtellerie d'attente. Ce n'est pas qu'il n'y ait goûté que de vains loisirs. Sur ce sol provisoire il trouva le temps de réaliser des choses durables. Il bâtit des merveilles. Il multiplia les fondations charitables. Mais qu'on ne s'y trompe point. Il faut se rendre à l'évidence. Stanislas n'était pas encore arrivé, que déjà il s'était, à la lettre, occupé de repartir. A ce déménagement il travailla sans répit. Par lui, pour lui, des intrigues se sont ourdies un peu partout. En Pologne, à coup sûr. Mais également à Constantinople. Sa restauration intéressa Stockholm. On n'y fut pas indifférent à Berlin. On en parla chez les Tatares. Plusieurs fois Dresde en prit peur. Presque toutes les archives de l'Europe fournissent l'irrécusable témoignage

(1) Voir notre article : *La prétendue couronne de Pologne offerte par Stanislas à Notre-Dame de Bon-Secours*, dans *Bulletin mensuel de la Société d'archéologie lorraine*, année 1924, pp. 58-63.

de ce désir de Leszczynski de quitter au plus vite les Duchés (1).

Pareillement, Stanislas a toujours conservé — et ici encore qui le lui reprocherait? — une très vive prédilection pour tout ce qui était polonais. Grâce à un groupe de parents et de partisans, il s'ingénia à maintenir aussi longtemps que possible autour de lui, dans son exil, un cercle polonais, une atmosphère polonaise. Ce fut là son vrai cadre et non l'aimable salon d'à-côté, où il fréquenta volontiers et se divertit fort, où même la passion le retint, mais au sortir duquel il allait avec soulagement se retremper dans cette ambiance slave.

Milieu fermé aux Lorrains et aux Français. Milieu resté jusqu'ici à peu près ignoré des chroniqueurs.

Je sais bien qu'un auteur qui a consacré deux volumes à la cour de Lunéville, n'a pas été sans se douter qu'à son début elle était « composée presque exclusivement (cet adverbe exagère) de Polonais ». De Polonais, ajoute-t-il, « batailleurs, querelleurs, aux mœurs encore brutales, violentes, presque sauvages ». Voilà qui est bientôt dit. Mais quel choix malheureux des exemples à l'appui (2) ! C'est le chevalier de Wiltz, « un des plus fidèles Polonais du roi ». Or, Wiltz est un Lorrain authentique, un Custine, et le nom sous lequel on le désignait d'ordinaire est celui d'une localité du Luxembourg. C'est la comtesse de Linange, « Polonaise assez peu civilisée, grosse, courte, camarde », de qui « Stanislas, habitué aux formes un peu sauvages des Polonaises, s'éprit quand même ». Or, bien

(1) Pierre Boyé, *Stanislas Leszczynski et le troisième traité de Vienne*. Paris, 1898, in-8°; chap. X, p. 495 et s. — Halina Zdzitowiecka, *Projets de rétablissement du roi Stanislas en Pologne pendant son séjour à Lunéville (1737-1766)*. Paris, 1915, in-8°.

(2) Gaston Maugras, *La cour de Lunéville au XVIII° siècle*. Paris, 1904, in-8°; p. 60, 63 et 149. — *Dernières années de la cour de Lunéville*. Paris, 1906, in-8°.

qu'on l'appelât par déférence *Madame*, la comtesse n'était
pas mariée (1). De la branche des Linange-Westerbourg,
elle est de bonne souche allemande. La bévue est complète.

Ces méprises, tirées d'une œuvre discutable, mérite-
raient à peine d'être relevées, si elles n'avaient trouvé
place dans l'important travail de J. Mathorez : *Les étrangers en France sous l'ancien régime* (2). Comment trop
s'en étonner, quand on voit les contemporains eux-
mêmes, des commensaux de Lunéville, si mal informés ?
Le 2 février 1748, le duc Ossolinski, depuis onze ans grand
maître de la cour, et Catherine Jablonowska, sa femme,
tiennent sur les fonts baptismaux le fils d'un serviteur du

(1) Cf. Duc de Luynes, *Mémoires*, t. XVII, p. 73.

(2) Tome Ier, Paris, 1919, in-8° ; p. 248-249. Ces erreurs ne sont pas
les seules. Reproduisant un « État des pensions accordées par
Stanislas au 1er décembre 1765 » (Archives nationales, K. 1.188, n° 6),
Maugras (*op. cit.*, II, p. 450-452) a fait de *Miaskouski : Mias Kouski*, et
de *Kurdvanovski : Hurdvansky*. Mathorez, à son tour, transforme
cet *Hurdvansky* en « un serviteur du nom de *Hudwanki* ». Il s'agit,
en réalité, d'Étienne Kurdwanowski, ancien gentilhomme de Catherine
Opalinska. Presque tous les renseignements donnés par Mathorez
sur les Polonais de Stanislas sont des confusions. Joseph Jankovitz
(il écrit *Iankowiclz*), un Hongrois, devient un compatriote du roi.
Non seulement André-Stanislas Zaluski ne vécut pas « pendant
quelques années » à Lunéville, mais il n'y parut jamais. Miaskowski
n'était pas « grand veneur », mais simple gentilhomme pour la
chasse ; de plus, il doit être confondu avec l'abbé de ce nom.
Leszczynski aurait eu en Lorraine, comme grand chambellan, un
Christophe *Sonianski*. Mais, si l'on se reporte au document invoqué
(Arch. nat., P. 2.714, année 1740, p. 96), on voit qu'il y est en réalité
question de « *Tomansky* (il faut lire *Towianski*), grand chambellan
du royaume de Pologne », dont la Chambre des comptes de Paris
entérine, le 2 juin, les lettres de naturalité que vient de lui accorder
Louis XV. Fixé à Paris, Towianski y mourut, extrèmement âgé, en
1761. Il détestait Stanislas et Stanislas le jugeait avec la plus grande
sévérité (cf. notre édit. de ses *Lettres à Hulin*, n° 11, p. 70). Il n'est
pas jusqu'au modeste Pawlowski, qui n'ait jamais fait partie de la
maison du duc-roi. L'acte de l'état civil de Croismare (GG. 2), auquel
se réfère Mathorez, le mentionne comme « premier trompette des
plaisirs de Son Altesse », c'est-à-dire de François III, et est d'ailleurs
de 1733.

roi. Avant de signer au registre paroissial, ils n'ont assurément pas lu la teneur de l'acte. La marraine y est inscrite comme « Catherine Jablonowska, duchesse Opalinska, née princesse de Radzivil » (1). On croirait à une gageure. Stanislas Konarski, célèbre hors des frontières, s'arrête deux fois chez Leszczynski sans que dans son Journal, où il relate les moindres déplacements des gentilshommes du pays, Durival, secrétaire des Conseils, songe à lui accorder une mention.

Ce sont ces méconnus, ces oubliés, dont plusieurs acquirent la nationalité lorraine (2), mais dont les archives ne nous ont le plus souvent transmis les noms que défigurés à plaisir et presque toujours précédés d'un titre

(1) Acte de baptême de Maximilien Lazowski. (Arch. comm. de Lunéville, GG., section I, n° 59, fol. 13.)

(2) Demandée le plus souvent afin d'être à même de tester et d'hériter dans les Duchés, cette « naturalité », ainsi qu'on disait alors, conférait *ipso facto* la naturalité française et n'engageait d'ailleurs pas à grand'chose, puisqu'elle se perdait par le retour du bénéficiaire en Pologne. — On entend souvent des Polonais instruits prétendre que ce statut de faveur fut de droit pour tous les compatriotes de Stanislas venus à sa suite. MATHOREZ (*op. cit.*, p. 249) écrit en ce sens : « Dès le début de leur installation en Lorraine, les Polonais avaient sollicité de Louis XV la qualité de régnicoles ; un édit de 1738 leur accorda la naturalisation générale et l'autorisation d'acquérir des biens meubles et immeubles. » Voici d'où provient la méprise. Stanislas ayant décidé, le 30 juin 1738, que les Français jouiraient à l'avenir dans la Lorraine et le Barrois des mêmes droits et privilèges que ses propres sujets (cf. *Recueil des ordonnances de Lorraine*, t. VI, p. 119), un édit de Louis XV ordonna par réciprocité que « tous les sujets de Sa Majesté Polonaise dans les États ci-devant soumis à la domination des ducs de Lorraine » fussent « réputés à tous égards naturels français ». Mais il faut prendre garde qu'à moins d'avoir précisément sollicité, à titre individuel, l'octroi de lettres de naturalisation, les Polonais des Duchés restaient non les sujets de Leszczynski, roi honoraire, mais ceux du roi de Pologne régnant. L'édit a été lu trop légèrement, quand on ne s'est pas contenté de son seul énoncé. C'est le cas de MATHOREZ, qui renvoie à ISAMBERT, *Recueil général des anciennes lois françaises*, t. XXII, p. 111 : « N° 521. Édit portant que tous les sujets du roi de Pologne dans les États de la Lorraine seront réputés naturels français. Compiègne, juillet 1738. »

imaginaire, dicté par la vanité (1), que nous nous proposons de faire revivre, en leur restituant leur identité véritable, pour leurs descendants et leurs compatriotes. A l'heure où la grande Pologne renaît de toutes ses forces généreuses, nous voudrions rendre à la petite colonie sarmate de Lunéville la place qui lui revient dans nos annales. De ses membres, il y en eut de très dignes d'éloges. Il y en eut d'assez peu sympathiques. De ne rien taire, nos amis polonais nous pardonneront, sachant que l'historien n'a pas seulement des droits, mais des devoirs. Si, par impossible, d'aucuns étaient près de s'affliger, ils se consoleront en songeant que le passé se répète. Dans ce palais des bords de la Vezouse où nous allons les conduire, François-Maximilien Ossolinski, sous Stanislas, ne fut, en somme, ni plus facile ni plus cupide mari que, sous Léopold, ne l'avait été M. de Craon.

Commencé en Pologne, forcément interrompu de 1914 à 1920, ce travail n'aurait pu être terminé sans d'obligeants concours.

A M. Antoine Górski, membre de la Commission polonaise de codification, doyen de la Faculté des sciences politiques et sociales de l'Université libre de Pologne, à Varsovie, venu en 1921 à Nancy — où il signa son beau livre *La Pologne et la guerre* — installer les premiers élèves qu'envoyait son pays au lycée Henri-Poincaré, ira

(1) Presque tous les Polonais quelque peu notables sont dits *comtes* dans les actes de l'état civil et les pièces notariées des dépôts lorrains. Suivant un usage abusif de l'époque, cette qualité se donnait en Pologne, dans la correspondance et la conversation tout au moins, à chaque gentilhomme de marque, alors que les lois de la République, exigeant au contraire l'égalité de la noblesse, avaient dépouillé les plus vieilles familles (des exceptions faites pour la Lithuanie) de leurs titres authentiques. Bien que ces lois eussent en outre déclaré « infâme » quiconque rechercherait une distinction étrangère, **différentes maisons**, à commencer par les Ossolinski et les Jablonowski, comme nous le verrons, reçurent et portèrent impunément des titres du Saint-Empire.

d'abord l'expression de notre gratitude. Il fut le confident de nos projets. Il nous en facilita la réalisation.

Nous savions par expérience quelles ressources offre l'Institut national des comtes Ossolinski, de Lwów. La bienveillance du prince André Lubomirski, curateur de ce magnifique établissement, la serviable science de M. Louis Bernacki, son éminent directeur, nous ont permis d'en profiter mieux encore.

A Varsovie, nous avons trouvé à la Bibliothèque Zamoyski, possédée aujourd'hui par le comte Maurice Zamoyski, ancien ministre de Pologne en France et ancien ministre des Affaires étrangères, de la part de Mme Thadée Korzon, bibliothécaire en chef, et de M. le Dr Thadée Newlin-Wagner, bibliothécaire adjoint, l'aide la plus gracieuse et la plus efficace. Arrière-petit-fils d'un cadet de l'École de Lunéville et arrière-petit-neveu du grand aumônier de la reine Catherine Opalinska, le comte Édouard Krasinski a mis à notre disposition, avec une parfaite bonne grâce, les richesses de la Bibliothèque et du Musée de sa maison. En souvenir de son arrière-grand-oncle, M. Casimir Konarski s'est aimablement intéressé à nos recherches sur l'illustre piariste.

Les collections du prince Adam Czartoryski, au château de Goluchów (Posnanie), nous ont été gracieusement ouvertes et leur conservateur, M. le Dr Nicodème Pajzderski, nous a procuré la copie de pièces importantes avec un empressement dont nous restons touché.

A Cracovie, plusieurs maîtres de l'Université, MM. Joseph Kallenbach, également directeur du Musée des princes Czartoryski, Ladislas Konopczynski, auteur d'une étude sur le *liberum veto*, qui lui eût valu les suffrages du roi Stanislas, F. Papée, directeur de la Bibliothèque Jagellonienne, et, à leurs côtés, deux de nos compatriotes, MM. Alphonse Neibecker, professeur agrégé, directeur de la *Revue de Pologne*, et l'abbé David, ancien chapelain et bibliothécaire de Saint-Louis-des-Français, à Rome, professeur au Grand Séminaire, ont été pour nous, ainsi que Mᵐᵉ Jasienska-Zdzitowiecka, sous-bibliothécaire de l'Académie des sciences, de précieux collaborateurs.

A Frauenbourg, Mᵍʳ Bludau, évêque d'Ermeland (Warmie), a daigné compulser personnellement à notre intention les archives de son antique chapitre et nous devons à Sa Grandeur d'avoir retrouvé à Berlin le portrait du dernier abbé de Saint-Remy de Lunéville.

Comment oublier MM. Kauffmann, directeur de ces Archives d'État de Danzig où nous passâmes autrefois de fructueuses journées ; E. Bortchak, naguère deuxième secrétaire de la légation de la République ukrainienne en France, pieux biographe de Mazeppa ; Otto Forst-Battaglia, l'érudit et patient généalogiste de Marie Leszczynska, aux bons offices de qui nous devons beaucoup ?

A la Bibliothèque polonaise de Paris, le conservateur, le vénérable M. Ladislas Mickiewicz, fils du grand poète, et le distingué bibliothécaire, M. Stanislas-Pierre Koczorowski, d'une inlassable complaisance, ont droit à nos meilleurs remerciements.

A Nancy même, enfin, M. Victor Fiszer, du gymnase Kopernik de Lwów, professeur délégué au Lycée, et M. l'abbé Maryan Nitecki, docteur en philosophie, aumônier des Polonais de Meurthe-et-Moselle, ont bien voulu nous assister dans la traduction de textes difficiles et reviser, avant le tirage de ces pages, la correction des épreuves.

Nancy, le 31 décembre 1924.

REMARQUES PRÉLIMINAIRES

I. — Pour les personnes peu familiarisées avec l'histoire de Pologne, quelques éclaircissements ne seront pas superflus.

— A la tête des 32 *voïévodies* ou *palatinats,* entre lesquels, à l'époque qui nous occupe, était partagée la République de Pologne — comprenant le Royaume proprement dit, ou Couronne, et le grand-duché de Lithuanie, — les *voïévodes* (sing. pol. *wojewoda*) ou *palatins,* jouissaient de pouvoirs civils beaucoup plus étendus que nos préfets et d'importants pouvoirs militaires. Sous leurs ordres sont placés 85 *castellans* ou gouverneurs. Les palatinats cités sont ceux de l'ancienne Pologne.

— Possédés par les *starostes* (en latin *præfectus, capitaneus* et dans certains cas simplement *tenutarius),* les *starosties,* biens royaux, sortes de fiefs, sont concédées par le roi.

— Les hautes charges de l'État (grand chancelier, grand trésorier, etc.) se dédoublaient en charges de la Couronne et en charges de Lithuanie. Le commandement de l'armée était de même attribué à deux grands généraux ou hetmans, etc.

— Toute la variété des charges *terrestres,* c'est-à-dire ne pouvant s'exercer que dans l'intérieur de circonscriptions définies, se retrouve dans chacune de celles-ci, avec les nombreux chambellans, maîtres d'hôtel, écuyers de bouche *(stolnik)* ou panetiers, sous-écuyers de bouche *(podstoli),* échansons et sous-échansons *(czesnik* et *podczaszy),* porte-glaive, porte-enseigne, tribuns, notaires, etc. Ces dignitaires n'avaient naturellement, pour la plupart, l'occasion de revendiquer leurs prérogatives que si le roi venait à traverser le territoire.

— Les armoiries polonaises n'étaient pas la propriété et le signe distinctif d'une famille. Elles en groupaient plusieurs, étrangères par le sang et qui pouvaient à leur tour, par une sorte d'adoption dans la tribu nobiliaire, conférer à d'autres le droit de porter même blason.

II. — Les grands événements survenus depuis la publication de nos premiers travaux nous amènent à désigner différemment plusieurs localités polonaises. Nous n'écrirons plus, par exemple. Posen, mais *Poznan* ; Gnesen, mais *Gniezno* ; Lemberg, mais *Lwów*, de préférence à Léopol. Nous ne dirons pas Brest-Litovsk, mais *Brzesc Litewski* ou Brzesc en Lithuanie.

— Des recherches complémentaires nous ont fourni des renseignements plus sûrs sur certains personnages dont nous nous étions déjà occupé. Ils annulent les précédents. Les dates biographiques diffèrent souvent chez d'excellents auteurs. Nous choisissons en ce cas les plus probables. Plus d'une fois une pièce originale nous a permis une correction.

— Pour ne pas multiplier des références déjà copieuses, nous ne renvoyons qu'exceptionnellement aux ouvrages généraux et aux grands répertoires, tels la *Bibliografia polska* de Estreicher ou la *Bibliografia historyi polskiej* de Finkel ; la *Korona polska* de Niesiecki (avec l'édition Bobrowicz), le *Herbarz polski* (Armorial polonais) de Boniecki, la *Rodzina* (La famille) d'Uruski, ou la *Zlota ksienga szlachty polskiej* (Livre d'or de la noblesse polonaise) de Zychlinski.

III. — Nous n'avons pas eu à notre disposition, pour les noms propres et les titres d'ouvrages, tous les caractères spéciaux à la langue polonaise. Cette lacune d'ordre typographique est sans importance pour le lecteur français. A l'absence des *l* barrées, des *c, n, s* ou *z* accentués (consonnes mouillées), le lecteur polonais suppléera aisément. Nous remplaçons les deux voyelles nasales *ç* et *q* par leurs équivalents phonétiques : *on* et *en* (in), écrivant *Dombski* pour Dabski et *Valencz* pour Nalęcz. Par contre, nous ne mettrons pas, comme on le fait volontiers et comme nous l'avions fait nous-même, à tort croyons-nous, de cédille sous le *c* précédant un *h*. Il suffit de se rappeler que l'une et l'autre lettre se prononcent ; Potocki correspond à peu près à *Potoçki* et mieux à *Pototzki*.

— Plusieurs textes polonais dont nous donnons la traduction sont farcis de macaronismes. Comme il importe de distinguer les mots et passages français de l'original, ceux-ci seront mis entre astérisques.

— Les variantes en italique d'un nom de personne sont les graphies fautives rencontrées dans les actes.

— Le numéro accompagnant le nom d'un cadet de l'École de

Lunéville est le numéro de son immatriculation. Il permet de se reporter à la liste chronologique complète, donnée à l'Appendice.

———

PRINCIPALES ABRÉVIATIONS

Arch. Aff. étr. — Archives du ministère des Affaires étrangères, à Paris ; *correspondance*.

Arch. nat. — Archives nationales, à Paris.

Arch. M.-et-M. — Archives départementales de Meurthe-et-Moselle.

Bibl. de Nancy. — Bibliothèque publique de la ville de Nancy.

Bibl. Krasinski. — Bibliothèque des comtes Krasinski, à Varsovie.

Bibl. Ossolinski. — Bibliothèque de l'Institut national des comtes Ossolinski, à Lwów.

B. S. A. L., J. S. A. L., M. S. A. L. — *Bulletin, Journal* ou *Mémoires de la Société d'archéologie lorraine*.

Troisième traité de Vienne. — Pierre Boyé, *Stanislas Leszczynski et le troisième traité de Vienne*.

Arm. — Armoiries *(Herb)*.

Ent. — Entérinement à la Chambre des comptes de Lorraine.

Ins. — Insinuation à la Cour souveraine de Lorraine et Barrois.

CHAPITRE PREMIER

La famille polonaise du roi Stanislas en 1737.

Les cousins de Stanislas en 1737. — La ligne maternelle. — Retour
en arrière. — L'hetman Stanislas Jablonowski. — Jean Jablonowski
et ses filles. — Marie Jablonowska à Chambord. — Ses liaisons
avec Leszczynski et le chevalier de Wiltz. — Projets de mariage. —
Devient duchesse de Châtellerault. — Catherine Jablonowska. —
A épousé le grand trésorier Ossolinski. — Les Ossolinski à Danzig.
— Catherine remplace sa sœur dans les bonnes grâces du roi. —
Les arrangements de Kœnigsberg. — Ossolinski créé duc. —
Il suivra Stanislas en Lorraine.

Quand il prit possession des Duchés, en 1737, il ne restait à Stanislas, fils unique (1), que peu de parents du côté
paternel, tous assez éloignés.

Outre le roi de Pologne et la reine de France, sa fille,
le nom de Leszczynski, maison de Wieniawa (2), n'était
plus porté que par des femmes : Éléonore et Catherine

(1) Rappelons que Stanislas-Boguslas Leszczynski, né à Lwów le
20 octobre 1677, était fils du grand trésorier de la Couronne Raphaël
(1650-1703) et d'Anne Jablonowska. Son oncle Boguslas Leszczynski,
évêque de Luck et de Plock, était mort en 1691. Sa tante, Alexan-
drine-Cécile-Renée, avait épousé Christophe Grzymultowski, le diplomate qui signa avec la Russie la paix de 1686. Pour l'ascendance du
roi, voir le beau travail d'Otto Forst-Battaglia, *Wywód przodków
Maryi Leszczynskiej* (Généalogie de Marie Leszczynska). Lwów,
1913, in-4°. — Lire également : *Troisième traité de Vienne*, p. 2, n. 2.
— Pierre Boyé et Otto Forst, *De Stanislas à Charlemagne*, dans
B. S. A. L., année 1911, p. 199-208.

(2) Il y avait en Pologne au moins 13 familles nobles portant ce
nom de Leszczynski, mais d'armoiries différentes et dont les principales sont, notamment, outre Wieniawa : Abdank, Belina, Jastrzem-
biec, Pobog, Sas, Zagloba, sans compter celles dont l'origine reste
inconnue. D'où d'innombrables Leszczynski, sans aucun lien avec le
roi. Tel ce François qui fut cadet à l'École de Lunéville (n° 114) ; tels
ceux qui, à plusieurs reprises, au cours du xixe siècle, crurent bon,
de passage en France et surtout en Lorraine, de se recommander
d'une illustre parenté. Plusieurs sont des plus obscurs. On nous
citait naguère une femme de chambre nommée Marie Leszczynska.

Leszczynska, deux sœurs, cousines du monarque au huitième degré, la première veuve d'un Milonski, la seconde d'un Strutynski (1); puis trois cousines au neuvième degré : Anne, veuve de Jean Gniewosz, castellan de Zawichost, remariée en 1711 à Alexandre Szembek, palatin de Sieradz (2); Ève, épouse de Jean Szembek, grand chancelier de la Couronne (3) ; Constance, religieuse à Wielun. Aucune de ces cinq personnes ne devait venir à Lunéville (4).

Un cousin au septième degré, Stanislas Miaskowski, est désormais le plus proche parent de la ligne. Il arriva en Lorraine avec Leszczynski et ne le quitta plus. La médiocrité de son caractère l'empêcha toutefois d'occuper à la cour le rang que, mieux doué et plus digne, lui eût assuré sa naissance. Nous le retrouverons dans la suite du récit (5).

Par sa mère, Anne Jablonowska, au contraire, le duc-roi ne comptait pas moins d'une dizaine de cousins germains encore vivants, dont la descendance allait lui constituer de nombreux « petits-neveux » et « arrière-petits-neveux ». Plusieurs de ces Jablonowski se montrèrent à Lunéville, qu'ils s'y soient fixés, qu'ils y aient fait de longues visites répétées, ou seulement, ce qui est le cas pour la plupart d'entre eux, de rares et brèves apparitions (6).

(1) Elles étaient filles de Jean-Ignace et de Sophie Zenowicz.

(2) Mort en 1756.

(3) Mort en 1738.

(4) L'ancêtre de Stanislas et de ces cinq cousines est Raphaël Leszczynski, palatin de Brzesc, mort en 1580. Le roi descend de la première femme de ce quadrisaïeul, Barbe Wolska ; ses cousines, de la seconde femme, Anne Korzbok. — Voir : BONIECKI, *Herbarz polski*, t. XIV, p. 153 et s. — KARWOWSKI, dans le *Miesiecznik heraldyczny* (Revue mensuelle héraldique), année 1914-1915.

(5) Voir *infrà*, ch. IV.

(6) Jablonowski : arm. Prus III°. Pour ces armoiries et la parenté respective des membres de cette famille, voir à l'Appendice le tableau généalogique 1.

L'aïeul commun à Leszczynski et à ses cousins maternels est le grand général de la Couronne Stanislas Jablonowski, guerrier éloquent et pieux, à qui Sobieski dut en
partie son sceptre et que Pierre le Grand avait surnommé
le « soutien de la patrie ». Le premier, il inscrivit vraiment
dans l'histoire le nom de sa famille (1). De son union
avec Marie–Anne Kazanowska (2), Stanislas Jablonowski
avait eu cinq enfants. Des filles, Hedwige-Thérèse épousa
Jean-Bonaventure Krasinski, le rude et fastueux palatin
de Plock, qui consacra une partie de sa fortune à l'admirable palais de son nom, élevé à Varsovie sur les plans
de Bellotti, et fut le fondateur de la bibliothèque qu'il
abrita (3). Anne n'est autre que la mère du roi, qu'elle
accompagna dans l'exil, pour mourir en 1727 durant le
séjour de Chambord. Des fils, Stanislas-Charles, qui vécut
effacé, disparaît en 1701 sans laisser de postérité (4).
Jean-Alexandre, décédé en 1723, donna le jour au fameux
bibliophile de Leipzig, Joseph (5). Quant à Jean, il mérite
ici une mention spéciale. Il fut personnellement mêlé aux
vicissitudes politiques de Stanislas, tandis que deux de
ses filles eurent sur la vie privée du prince une influence
considérable.

(1) Stanislas-Jean Jablonowski (1634-1702). Fils de Jean, porte-
glaive de la Couronne, et d'Anne Ostrorog. Palatin de Russie
(v. *infrà*, p. 21, n. 1), petit général, puis grand général de la Couronne (1682), castellan de Cracovie. Prit une part glorieuse à la délivrance de Vienne. — [DE JONSAC], *Histoire de Stanislas Jablonowski*.
Leipzig, 1775-1776, 4 vol. in-4°.

(2) 1634-1687. — M. BERENT, *Obraz zycia Maryi Anny Jablonowskiej
z Kazanowskich* (Tableau de la vie de Marie..., née Kazanowska).
Lwów, 1696.

(3) Hedwige-Thérèse Jablonowska, née vers 1663 : morte le 9 mai
1692. Son monument funéraire à Krasne. — Jean-Bonaventure Krasinski, veuf en 1672 de Thérèse Chodkiewicz ; mort en 1697.

(4) Marié à Marianne Potocka, fils de Félix, castellan de Cracovie,
et de Christine, princesse Lubomirska. Veuve, Marianne épousa Adam
Tarlo, palatin de Lublin.

(5) Voir, sur celui-ci et les siens, *infrà*, ch. III.

Né en 1669, d'abord enseigne de la Couronne, palatin de Volhynie, puis de Russie (1695), Jean Jablonowski tenait de son père le don de la parole (1). Chef de l'ambassade chargée d'aller à Tarnowitz féliciter Auguste II, nouvellement proclamé roi (11 juillet 1697), il avait su, par une harangue latine, modèle d'élégance, se ménager la faveur de l'élu. En 1704, on le voit, en dépit des liens du sang, signer la confédération de Sandomir, dirigée contre Charles XII et Leszczynski. Deux ans après, il se réconcilie avec son neveu et est nommé par lui grand chancelier de la Couronne, récompense qui ne l'empêchera pas de reconnaître son rival en 1712. Puis, voici qu'il recommence à conspirer contre le parti saxon, et cela avec une telle violence que l'électeur-roi le fait saisir et emprisonner à Kœnigstein, où il le retient quatre années. Lorsque la Diète muette lui eut rendu sa liberté, ses charges et ses biens, Jean Jablonowski avait enfin abandonné la vie publique pour s'adonner à la dévotion et aux lettres. Il n'était pas que grand orateur. C'était un prosateur et un poète, particulièrement au courant de notre littérature. D'autant plus porté à propager en Pologne les mœurs et les tendances de notre pays, qu'ayant terminé ses études à Paris, il avait épousé une Française, Jeanne de Béthune-Chabris, nièce de Marie-Casimire de La Grange d'Arquien, la femme de Sobieski (2). De ses nombreux ouvrages, écrits en polonais, en latin, en français, nous citerons au hasard un *Traité de la Providence*, une

(1) Jean-Stanislas Jablonowski, porte-enseigne de la Couronne (1687), palatin de Volhynie (1693) et de Russie (1695). Grand chancelier de la Couronne de 1706 à 1709. — *Pamientniki Jana Stanislawa Jablonowskiego* (Mémoires de J.-S. Jablonowski). Édit. Aug. Bielowski, Lwów, 1862, in-8°. — J. Jarochowski, dans *Opowiadania historyczne* (Récits historiques), 1877. — J. Bartoszewicz, *Dziela* (Œuvres), t. X, 1881.

(2) Jeanne-Marie de Béthune, née en Pologne au mois d'août 1677. Mariée à Grodno le 6 février 1693. Morte à Lwów, le 10 avril 1744.

Nouvelle neuvaine à saint François. « *Amusement chrétien* », il a mis en épigrammes la vie de Jésus. Il a traduit le *Télémaque* de Fénelon, composé des fables à la manière d'Ésope et de La Fontaine, et cela avec un tel succès que son *Nouvel Ésope polonais* sera réédité pour la quatrième fois en 1788. Mais ce qu'il faut surtout retenir, mieux encore que son ouvrage sur la politique italienne, élaboré pendant sa captivité et resté manuscrit, plus même que ses *Mémoires*, publiés en 1862, c'est son fameux *Skrupul bez skrupulu w Polsce* (1), où il se prononce contre le *liberum veto* et qui, à lui seul, suffirait à le classer parmi les rares grands écrivains polonais de la période saxonne.

A l'avènement de Leszczynski en Lorraine, cet oncle étonnant était mort depuis six années (2), moins riche de biens que de réputation diverse, laissant à son tour trois fils, Jean, Stanislas et Dimitri, ainsi que trois filles, Marie, Catherine et Louise-Éléonore. Tous, à l'exception de la plus jeune, retirée au couvent du Saint-Sacrement de Lwów sous le nom de sœur Scholastique, s'affirment extrèmement orgueilleux, fort avides d'argent et d'honneurs. Sans jamais rompre avec une opportune solidarité, ils ne cesseront de se disputer, à coups de sommations et d'exploits, les débris du patrimoine familial.

Marie Jablonowska était l'aînée des deux sœurs restées dans le monde. Née vers 1701, elle avait dépassé l'âge de vingt-cinq ans lorsque ses parents, pour lui procurer un établissement, l'avaient envoyée à Chambord tenter la fortune auprès de sa tante paternelle, Madame Royale, et

---

(1) *Skrupul bez skrupulu w Polsce...* (Le scrupule sans scrupule en Pologne, ou de l'éclaircissement des péchés les plus familiers à la nation polonaise, et qui ne sont pas censés des péchés.) Lwów, 1730. Rééd. 1741, 1750, 1776. Porówn, 1779. Cracovie, 1858.

(2) A Lwów, 28 avril 1731.

de son fils. Elle séjourne au château dès 1727, avec le titre de princesse palatine de Russie (1).

A moitié française par le sang, elle est d'une beauté peu commune et ne manque pas d'intelligence. Sous son portrait, Voltaire écrira plus tard :

> Les dieux, en lui donnant naissance
> Aux lieux par la Saxe envahis,
> Lui donnèrent pour récompense
> Le goût qu'on ne trouve qu'en France
> Et l'esprit de tous les pays (2).

A ces agréments Stanislas n'était pas resté longtemps indifférent. Il avait su se faire entendre de sa cousine, et bientôt ce n'avait plus été un secret, dans la petite cour de Sologne, que la jeune palatine n'avait rien à refuser au monarque. Marie Jablonowska était même de cœur si tendre, que Leszczynski n'avait pas tardé à rencontrer un heureux rival en la personne du mestre de camp de son propre régiment (3), le brillant François de Custine, che-

---

(1) On donnait en Pologne non seulement les qualités du mari à la femme, mais aux enfants celles du père. Jean Jablonowski étant *wojewoda ruski*, Marie comme sa mère est *wojewodzina ruska*, ce que, au xviiiᵉ siècle, les intéressés eux-mêmes traduisent par *palatin* ou *palatine de Russie*. Dans ses lettres à Mᵐᵉ Geoffrin, Stanislas-Auguste Poniatowski parle à plusieurs reprises du palatinat de Russie. Les Polonais d'aujourd'hui n'acceptent plus que le nom de *Ruthénie*. En réalité *Russie* et *Ruthénie* sont des termes parfaitement synonymes. En remplaçant peu à peu le premier par le second, on a voulu éviter une confusion entre la Russie du moyen âge et la Moscovie devenue l'empire de Russie. Le palatinat de Russie avait pour chef-lieu Lwów.

Le 24 mai 1728, « haute et puissante princesse Marie Jablonowska, palatine de Russie », est marraine de la cloche de l'église de Maslives (Loir-et-Cher, arr. Blois, cant. Bracieux), que bénit l'évêque de Blois. (Arch. comm. de Maslives, GG. 3.)

(2) Pour le portrait de Mᵐᵉ la princesse de Talmont. *Poésies mêlées*, 124. (Édit. Garnier, t. X, p. 520.)

(3) Stanislas-Roi, cavalerie, ci-devant Monteil, accordé par Louis XV à son beau-père, peu après son mariage, et qui devait devenir en 1737 Royal-Pologne. Cf. *Troisième traité de Vienne*, p. 74.

valier de Wiltz (1). Cette situation était si notoire qu'elle empêcha son amie de devenir duchesse de Bourbon. Louis-Henri de Bourbon, qui avait déjà failli, en 1725, épouser Marie Leszczynska, n'avait pas vu longtemps, en effet, la séduisante Polonaise sans s'en éprendre à son tour. Il songeait à en faire sa femme, lorsque, mieux informé, il se ravisa (2).

Stanislas, qui eut vu sans doute avec plaisir si haute union contractée par sa cousine, s'employa alors à lui trouver un prétendant moins ombrageux.

En 1707, le comte d'Évreux (3), se décidant, selon le mot de Saint-Simon, « à sauter le bâton de la mésalliance », avait

(1) Charles-François-Marie de Custine, dit le chevalier de Wiltz, second fils de François-Théodore de Custine, comte de Wiltz, seigneur d'Aufflance, et de Françoise-Angélique de Choiseul, elle-même fille de Ferri de Choiseul, comte d'Hôtel, premier gentilhomme de la chambre de Gaston d'Orléans. C'est le 24 décembre 1725 que Wiltz, attaché d'ailleurs depuis longtemps à Leszczynski, avait obtenu l'emploi de « mestre de camp lieutenant » de Stanislas-Roi. Il résidait en cette qualité à Chambord. Le 21 juillet 1728, Stanislas écrivait à son agent et ami le colonel Vauchoux : « Le chevalier de Wiltz, mon cher Vauchoux, est un courrier trop privilégié entre vous et moi pour le laisser partir sans vous assurer des sentiments qui ont pris racine au fond de mon cœur. » (H. GAUTHIER-VILLARS, *Le mariage de Louis XV*. Paris, 1900, in-8 ; p. 358.) — Le 9 novembre 1727, Marie Jablonowska et Wiltz tiennent à Chambord sur les fonts baptismaux Marie-Joseph, fils de Simon Solismiski (?). (Arch. comm. de Chambord, GG. 3.)

(2) Louis-Henri de Bourbon (1692-1740), M. le Duc, veuf depuis le 21 mars 1720 de Marie-Anne de Bourbon, épousée le 9 juillet 1713 et morte sans postérité. — SOULAVIE (*Mémoires du maréchal de Richelieu*, t. VIII, p. 11) n'a ignoré ni cette liaison de Marie Jablonowska avec Wiltz, ni le projet de M. le Duc. Mais il manque d'exactitude et brouille la chronologie. Stanislas aurait ramené la palatine de Russie de Danzig, en même temps que sa sœur Catherine. « Le chevalier de Wiltz, écrit-il, l'aimait si tendrement que M. le duc de Bourbon, qui en fut instruit et avait été touché de sa beauté, ne voulut pas l'épouser. » Or, au retour de Stanislas (1736), Bourbon était remarié depuis le 23 juillet 1728 avec Caroline de Hesse-Rheinfels-Rotembourg, morte seulement en 1740.

(3) Henri-Louis de La Tour d'Auvergne, comte d'Évreux, fils du duc de Bouillon. Né le 2 août 1679, colonel général de la cavalerie

épousé (1) Marie-Anne Crozat, fille du financier Antoine Crozat, considéré à bon droit comme l'un des hommes les plus riches, sinon le plus riche de Paris. La dot était considérable, que le comte d'Évreux n'eut garde de dédaigner. Quant à sa jeune femme, — elle avait douze ans, — il ne lui témoigna que froideur et mépris. A tel point, qu'une séparation de biens était intervenue et que promptement la petite comtesse était retournée chez son père, ainsi que l'écrit Mathieu Marais : « leste, jeune et trop heureuse d'avoir retrouvé sa chambre de jeune fille » (2). Or, au début de 1729, la comtesse d'Évreux, *petit lingot*, comme on l'appelait dans la famille de Bouillon, devenue une fort jolie femme, célèbre par ses connaissances, son esprit, et ayant su s'assurer de larges compensations à son abandon conjugal, était dangereusement malade. C'est sur son mari, dont il escompte le prochain veuvage et dont l'attitude au cours de sa première alliance n'offrait cependant pas grande garantie de bonheur à une seconde femme, que Stanislas a jeté son dévolu (3). Trois mois

légère, emploi dont il se démit en 1725, gouverneur du Poitou en 1716, de l'Ile-de-France en 1719.

Une Polonaise, cousine issue de germain de Marie Jablonowska, était entrée peu avant dans la famille de Bouillon, par le mariage de Marie-Charlotte, fille du prince Jacques Sobieski, donc petite-fille du roi Jean, d'abord, le 20 septembre 1723, avec Frédéric-Maurice-Casimir de La Tour d'Auvergne, prince de Turenne (mort le 1er octobre suivant), puis, le 1er avril 1724, avec Charles-Godefroi, prince et ensuite duc de Bouillon, frère du défunt. Déjà Marie-Casimire, sœur de Marie-Charlotte, était également fiancée à Emmanuel-Théodore de La Tour d'Auvergne, futur mari de Louise-Henriette de Lorraine, lorsqu'elle mourut le 28 mai 1723.

(1) Le 2 avril 1707.

(2) Mathieu MARAIS, *Mémoires*, t. II, p. 345. — SAINT-SIMON, *Mémoires*, édit. A. de Boislisle et Lecestre, t. XI, p. 59-60; t. XIV, p. 362-364. — BARBIER (avocat), *Journal*, édit. Soc. hist. Fr., t. II, p. 204. Plus tard la séparation fut annulée, d'où des procès qui duraient encore en 1735.

(3) Le comte d'Évreux devait voisiner avec Chambord lorsqu'il habitait au château, peu éloigné, du Mousseau. Moins de trois ans

avant le décès attendu (1), le roi écrivait de Chambord au maréchal Du Bourg : « Il m'est venu une idée que je suis bien aise non seulement de vous communiquer, mais même de vous en remettre l'exécution s'il se peut. Vous saurez que la comtesse d'Évreux est au lit de la mort, sans en pouvoir revenir. Ne croiriez-vous pas ce parti convenable à ma cousine que j'ai ici, qui, indépendamment des grandes alliances qu'elle donnerait au comte d'Évreux, est personnellement très recommandable par tout le mérite possible (2) ». Déjà très alourdi, adonné aux plaisirs de la table et de la chasse, l' « homme singulier (3) » qu'était le comte d'Évreux n'eût certes pas été repoussé de Marie Jablonowska ; d'autant qu'à en croire Saint-Simon, « sa figure et son jargon plaisaient aux dames » et que « avec un esprit médiocre, il savait tout faire valoir ». Mais, soit qu'il eût éprouvé la même répugnance, fort compréhensible, que le duc de Bourbon, soit qu'il eût pris en considération sa propre liaison avec la duchesse de Lesdiguières, à qui il devait continuer un fidèle attachement, Évreux, en dépit de sollicitations détournées, n'entra pas dans les vues du roi de Pologne. Pas plus qu'elle ne fut femme du premier ministre de Louis XV, Marie Jablonowska ne devait habiter, au faubourg Saint-Honoré, l'hôtel qui est aujourd'hui l'Élysée (4).

auparavant, Stanislas cherchant, en raison de l'insalubrité de Chambord pendant les chaleurs, une résidence estivale, il avait été question pour lui-même de cette demeure. « Je conviens, mon cher comte, avec vous, que nous serions très bien à *Moussau*, mais la difficulté est que M. le comte d'Évreux occupe cette maison comme la sienne propre et que notre séjour le dérangerait. » Stanislas à Du Bourg, de Saumery, 11 août 1726. (Bibl. de l'Arsenal, à Paris, ms. n° 6.615.)

(1) La comtesse mourut le 11 juillet 1729, à 34 ans, d'un mal qui parut à beaucoup mystérieux.

(2) 13 avril 1729. (Bibl. de l'Arsenal, *ms. cit.*)

(3) MARAIS, *loc. cit.*

(4) C'est pour le comte d'Évreux, en effet, que l'architecte Mollet avait construit en 1718 cette demeure, qu'à son décès acheta Mᵐᵉ de Pompadour. Quand le comte mourut, le 20 janvier 1753, il était en enfance depuis plusieurs années. Cf. LUYNES, *op. cit.*, t. XII, p. 325.

La combinaison que Stanislas imagina l'année suivante eut meilleur succès. Il s'agissait de Frédéric de La Trémoïlle, comte de Taillebourg, fils du prince de Talmont (1). Évreux, lorsqu'il fut question de lui, allait atteindre la cinquantaine. Taillebourg n'avait que dix-neuf ans. C'était presque un enfant à qui on offrait une femme déjà mûre et d'un passé lourd de fâcheuse expérience. Si disproportionnée fût-elle, cette union se décida à l'automne de 1730, au cours d'un séjour de Stanislas à Versailles (2). L'affaire n'avait pas été toute seule. Il y avait eu du côté des La Trémoïlle de longues hésitations et beaucoup de marchandages. Pour faire passer cette cousine à la dot problématique (3), il avait fallu que Leszczynski, malgré sa

(1) Anne-Charles-Frédéric de La Trémoïlle, comte de Taillebourg, né en novembre 1711. Fils de Frédéric-Guillaume, prince de Talmont, comte de Taillebourg et de Benon, premier baron de Saintonge, gouverneur de Sarrelouis, mort le 21 janvier 1739, et d'Élisabeth-Anne-Antoinette de Bullion.

(2) « Je me flatte que vous apprendrez avec plaisir le mariage que nous venons de contracter de ma cousine avec le fils de M. le prince de Talmont. » Stanislas à Du Bourg, de Versailles, 3 octobre 1730. (Bibl. de l'Arsenal, *ms. cit.*)

(3) Jean Jablonowski avait légué tous ses meubles à sa veuve et ses immeubles à ses fils, à charge de constituer à chacune de leurs sœurs une dot de 100.000 florins polonais, sans compter 30.000 florins de bijoux. En raison des dettes considérables laissées par le défunt, ces sommes ne furent jamais versées. Parlant de Catherine Jablonowska que, à Kœnigsberg, un créancier du grand-père s'était avisé de rendre responsable et de poursuivre devant la justice prussienne, Stanislas affirmait, en 1736, à Frédéric-Guillaume Ier : « Ma cousine, la grande trésorière, n'a pas touché un sou de dot, comme il est prouvé par des certificats authentiques. » (Cf. notre édition de la *Correspondance de Stanislas avec les rois de Prusse*. Paris-Nancy, 1906, in-8° ; n° 2, p. 43.) Plusieurs pièces conservées dans les archives notariales de Lunéville nous montrent Catherine essayant encore depuis la Lorraine de se faire payer ses 130.000 florins. Le 21 octobre 1741, Leszczynski consent expressément à ce que le beau-fils aîné de sa cousine, le comte Joseph Ossolinski, s'occupe de l'affaire. Le 22 avril 1742, la duchesse Ossolinska cède finalement ses droits à Stanislas-Vincent Jablonowski, donnant au surplus pouvoir à ses frères pour répéter les uns sur les autres les sommes dues et exercer des poursuites. (Étude Thiriet, aujourd'hui Galand. Cf. Arch. de M.-et-M., C. 1.957, fol. 1, n° 2 ; 1.959, fol. 29, n°° 13 et 14, fol. 30, n° 20.)

situation difficile, lui garantît, jusqu'à des temps meilleurs, une rente de 18.000 livres (1), et surtout que Louis XV, circonvenu par son beau-père, accordât à l'époux le titre de duc, titre qu'il constitua (2) sur le duché de Châtellerault, dont le père du jeune homme était simplement seigneur par acquisition. Les fiançailles du nouveau duc et de « illustrissime et éminentissime Mademoiselle Marie Jablonowska, palatine de Russie », comme on lit sur le registre, furent célébrées à Chambord par l'évêque de Blois, M. de Caumartin, dans le cabinet même de la reine de Pologne, et le mariage bénit le 29 octobre en la chapelle du château par le curé de l'église paroissiale Saint-Louis (3). A Stanislas incomba le coût des réjouissances (4).

On n'eut guère couru risque d'être mauvais prophète, en prédisant, dès ce moment, qu'une telle union ne serait pas heureuse. Saint-Simon, qui affirme que le mari ne s'y décida qu'ébloui par le duché, ricane : « Il n'a eu aucun bien de sa femme, ni aucune autre protection que ce brevet, pour la parenté de la Reine. Les humeurs, qui d'avance se pouvaient soupçonner, n'ont pas été concordantes : il se peut dire que ce brevet lui coûte fort

(1) « J'ai été obligé de m'engager à donner 18.000 livres par an à ma cousine, que j'ai assignées sur mes subsides, jusqu'à ce qu'elle jouisse de sa dot, qui ne peut lui manquer, ou jusqu'à ce que les grâces du Roi ne m'en dégagent, auxquelles il n'était pas possible présentement de prétendre. » Stanislas à Du Bourg, de Chambord, 23 octobre 1730. (Bibl. de l'Arsenal, *ms. cit.*)

(2) Octobre 1730.

(3) Arch. comm. de Chambord, GG. 3. L'acte a été reproduit *in-extenso* dans l'*Inventaire sommaire des Arch. comm. antérieures à 1790 de Loir-et-Cher, suppl. à la série E*, p. 129.

(4) « Comme je dois avoir beaucoup de monde aux noces qui se feront le 29 de ce mois, dimanche qui vient, je suis fort occupé à arranger tout selon la bienséance et pour que mon économie n'en souffre au delà de mes facultés. » Stanislas à Du Bourg, lettre du 23 octobre 1730, *j. cit.*

cher, et en plus d'une manière (1) ». Si, sur le premier
point, le mordant écrivain exagère, car à plusieurs reprises les conjoints retireront de leur parenté avec la famille
royale des profits appréciables, sur le second il ne saurait
assez appuyer. L'époux de Marie Jablonowska fut et resta,
c'est le marquis d'Argenson qui parle, bien « mal arrangé
à la vérité » (2). Disons seulement, pour l'instant, que la
promesse formelle d'une rupture avec le chevalier de
Wiltz, qu'avait exigée Châtellerault, ne fut en rien tenue.

Quant à Stanislas, soit qu'il fût demeuré l'amant, soit
qu'il eût désormais respecté une union qui était son
œuvre, il devra forcément se séparer en août 1733 de sa
cousine, pour aller à la reconquête de son trône. Lorsqu'ils
se revirent en mai 1736, Marie Jablonowska était, depuis
exactement deux années, remplacée dans le cœur du roi
adultère. Celle qui lui avait succédé n'était autre que sa
sœur Catherine.

Catherine Jablonowska, née vers 1708, avait, à la mort
de son père, été recueillie à Varsovie par sa grand'tante
maternelle, Marie-Anne d'Arquien, douairière du grand
chancelier Jean Wielopolski (3), qui se chargeait d'assurer
son avenir. L'occasion s'en était bientôt présentée. Un

(1) SAINT-SIMON, *op. cit.*, t. XV, p. 319-320. — Une démarche risquée
à un bal de la cour avait autrefois assuré au prince de Talmont, son
père, quoique non titré, les « honneurs » (LUYNES, *op. cit.*, t. XI,
p. 49); puis l'insistance du même personnage, lors de son propre
mariage, avait arraché au roi le privilège du « tabouret » pour la
princesse. Rappelant la façon dont fut gagnée cette faveur, SAINT-
SIMON répète (t. XV, p. 319) : « Ce commencement de succès a fait
en ces derniers temps le mariage du fils unique du prince de Talmond, uniquement pour obtenir en se mariant un brevet de duc... »
(2) Marquis D'ARGENSON, *Journal et Mémoires*, édit. Rathery, Soc.
hist. Fr., t. IX, p. 234.
(3) Marie-Anne de La Grange d'Arquien, sœur de la reine de Pologne, Marie-Casimire, et de Mme de Béthune. Mariée le 19 juin 1678 à
Jean, comte Wielopolski, d'abord *stolnik* de la Couronne, grand
chancelier, ambassadeur extraordinaire à Paris (1685-1686), mort à
Varsovie en février 1688.

puissant et opulent personnage, un des hommes politiques
les plus importants du pays, François-Maximilien, comte
de Tenczyn Ossolinski (1), prince du Saint-Empire, grand
trésorier de la Couronne, resté veuf avec trois enfants (2),
cherchait à se remarier. La comtesse Wielopolska lui proposa sa petite-nièce, qui, bien moins séduisante au
physique que Marie, moins vive aussi d'esprit, mais câline,
enjôleuse, plut et fut agréée. Les noces eurent lieu dans
la capitale polonaise en 1732 (3). Cette fois, l'épouse était
de trente-deux ans plus jeune que l'époux.

Malgré un écart si sensible, les débuts du mariage
semblèrent présager un bonheur durable. Catherine,
bientôt devenue mère, témoigne au grand chancelier une
exubérante affection. Nous en avons pour preuve quelques
lettres qu'elle lui adressait au printemps de 1733 (4),

(1) Les Ossolinski, famille aujourd'hui éteinte, constituaient une
branche de la célèbre maison Tenczynski, elle-même des armoiries
de Topór (voir à l'Appendice le tableau généalogique 2), très puissante en Petite-Pologne depuis le xive siècle avec Jean de Tenczyn et
d'Ossolin, grand maréchal de la Couronne en 1375, l'auteur commun.
Les d'Ossolin avaient recueilli l'héritage et le nom des comtes de
Tenczyn à la mort du dernier de ceux-ci, en 1634.

Né le 2 avril 1676, et par conséquent à peu près contemporain de
Stanislas, François-Maximilien était fils de Maximilien, veneur de
Podlachie, grand secrétaire de la Couronne, et de Théodore Krasowska. Staroste de Chmielnik (1705), de Nur et d'Ostrów (1706),
staroste avec juridiction de Drohiczyn (1710) et de Sandomir (1720),
régent de la chancellerie de la Couronne (1710), trésorier de la cour,
c'est-à-dire des revenus du roi (1713), il était enfin devenu grand
trésorier de la Couronne, c'est-à-dire préposé aux finances de l'État.
Son inventaire après décès, dressé à Lunéville en 1756, mentionne le
brevet de cette charge, du 20 mai 1729, « avec le grand sceau dans
une boîte d'argent à glands pendants en soie cramoisie et or ».
Ossolinski était en outre chevalier de l'Aigle blanc.

(2) Sa première femme, Catherine Mionczynska, fille d'Athanase,
palatin de Volhynie, était morte en 1729.

(3) Le contrat de mariage est du 22 février. La date du 21 mars,
généralement donnée, est celle d'un acte d'advitalité passé trois
semaines après la célébration.

(4) En tout 8 lettres, allant du 3 mars au 23 avril 1733. (Ms. n° 856
de la Bibl. Ossolinski.)

alors que la mort d'Auguste II suscitait dans la République
les brigues et les intrigues habituelles aux interrègnes (1).
Ossolinski, à qui le prince électoral de Saxe avait, avant
même de connaître le décès du roi, confié son intention
de poser sa candidature, lui demandant son appui, a dû
s'éloigner pour affaires privées. Et sa femme de redire sa
tristesse de la séparation, avec ces exagérations épis-
tolaires si à la mode alors en Pologne. « Mon petit cœur
unique », lui déclare-t-elle par exemple le 10 mars, « Il
m'est difficile d'exprimer combien je suis désolée 'd'être
absente de ce que j'aime le plus dans le monde'. Je
m'arrache à ma langueur pour t'écrire ce billet... et
pour te baiser un million de fois les mains. Je te conjure
d'avoir soin de ta santé, car ma vie dépend d'elle. Anusia
se jette à tes pieds et moi, après avoir embrassé de tout
mon cœur mon Franunio chéri, je reste ton épouse qui
t'aime de toute son âme et ton humble servante (2). » —
« Mon unique petit cœur, Franunio aimé, Dieu soit béni
de ce qu'il me donne chaque jour l'occasion et la satisfaction de pouvoir par lettre t'embrasser un million de
fois, toi, mon petit bien-aimé, et t'exprimer ma langueur
indicible de ne pas te voir et d'être loin, mais non de
cœur, de celui à qui je tiens plus qu'à la vie... 'Adieu',
mon Franunio chéri, 'n'oubliez pas votre pauvre Kaska
qui vous aime plus que sa vie'. Anusia baise les pieds de
son papa (3). » Catherine se préoccupe d'une indisposition
du grand trésorier : « Je suis dans une inquiétude
terrible de l'état de ta chère santé » ; elle lui donne des

(1) Auguste était mort, à Varsovie, le 1er février 1733. La lettre de
son fils à Ossolinski, conservée à la Bibl. de Nancy, est de Dresde,
lendemain 2. Cf. *Troisième traité de Vienne*, p. 120-121.

(2) Suscription : *A Son Excellence Monseigneur le Grand Trésorier de la Couronne, mon très cher mari, à Opatów* (non loin
d'Ossolin, palatinat de Sandomir). 10 mars [1733].

(3) 12 mars.

conseils d'hygiène : « Pour l'amour de Dieu, ne bois pas de vin, parce que je serais perdue (1). » Elle montre aussi qu'en matière politique elle est avisée et prudente : « 'Hier le Primat (2) m'a demandé pour qui vous étiez ; j'ai répondu que, sans partialité, il est pour le bien public, choisissant uniquement tout ce qui peut être avantageux à la patrie' (3). » Femme de tête et de volonté aussi : « 'S'il y avait beaucoup de gens de mon humeur, vous ne seriez pas importuné continuellement, comme vous l'êtes de tout le monde'. » Terminons sur cette gentille protestation de tendresse : « Je baise tes petites mains et ton petit museau (4) ; sois persuadé que jusqu'à la mort je suis ta fidèle et ton humble servante (5). »

Quelques mois plus tard, en octobre, François Ossolinski, qui avait embrassé la cause de Stanislas, venait, à la suite du roi réélu mais contesté, s'enfermer avec sa femme dans Danzig. Tout doit incliner Catherine aux pensées sérieuses et au respect de la foi jurée. Elle est mère pour la seconde fois et derechef d'une fille. Une plaquette, aujourd'hui rarissime, imprimée dans la cité baltique, insiste sur la consolation qu'en une heure si critique cette naissance apporte aux parents (6). Puis,

(1) 12 et 18 mars.

(2) Théodore Potocki, archevêque de Gniezno. — On sait le rôle important joué en Pologne par le primat dès la vacance du trône. Elle lui valait la régence jusqu'au moment de l'élection, où il avait à proclamer le nouveau roi. Potocki paraissait bien être le chef des Stanislaïstes et de tous les ennemis de la cour de Saxe. Mais en France on conservait encore des doutes sur son attachement. Cf. *Troisième traité de Vienne*, notamment p. 100, 106 et s.

(3) 18 mars.

(4) *Pysenko*, diminutif de *pysk*.

(5) 23 avril.

(6) *Wielka pociecha szczensliwego Katarzyny z Jablonowskich Ossolinskiej rozwionzania urodzeniem sien podskarbianki Konsolacya* (Grande consolation des heureuses couches de Catherine Ossolinska, née Jablonowska, ayant abouti à la naissance de la fille du grand trésorier Consolation). Danzig, Schreiber, 1733.

comme l'ennemi a investi la ville et qu'il faut se préparer à souffrir. Ossolinski a l'idée de rééditer un recueil de prières pour le carême, naguère proposé à la piété de Jean Jablonowski, son beau-père. « A Danzig, pendant le siège des armées moscovites, et au cours du saint carême, le 20 avril de l'an du Seigneur 1734 (1) », le grand trésorier offre ce livre à sa « très chère épouse », dont les vertus passées lui sont, dit-il, une sûre garantie de ses vertus à venir ; et cela « en éternel souvenir de son amitié, de son estime, ainsi qu'en témoignage devant le monde entier de son inébranlable amour (2). »

Mais Catherine Ossolinska était bien du sang de la duchesse de Châtellerault. L'intensité du bombardement ayant obligé Leszczynski, en mai 1734, à se réfugier au faubourg de Langgarten dans l'hôtel du comte de Dohna, où ses cousins avaient déjà reçu l'hospitalité (3), l'adultère fut consommé.

Est-ce pour venger cet affront que, Stanislas en fuite et Danzig prise, François Ossolinski, conduit à Oliva, au mois de juillet suivant, faire sa soumission à Auguste, n'a pas de termes assez flétrissants à l'égard de Stanislas, qu'il dépouille sans pitié des qualités nécessaires à un souverain (4). L'antique maison de Topór revendiquait tout un passé chevaleresque et, sur le point d'honneur

----

(1) C'est-à-dire le mardi saint, Pâques tombant cette année le 25 avril.

(2) *Skarb nieskonczonego waloru, naydrozssza menka y smierc Zbawiciela...* (Trésor d'une valeur infinie, la très précieuse passion et mort de Notre Sauveur...) Danzig, Jean-Jacques Preuss, 1734, in-4° de 268 p. Au verso du grand titre, les armes de Topór et de Prus III°, commentées par quatre vers étranges. Le livre ne parut toutefois qu'après la fuite de Stanislas et le départ des Ossolinski eux-mêmes, puisque le *reimprimatur*, donné par Dominique Sienienski, évêque des Maronites, official de Danzig, est du 7 juillet, avant-veille de la capitulation de la place.

(3) Voir *Troisième traité de Vienne*, p. 220.

(4) *Ibid.*, p. 247, 295.

conjugal, ses membres s'étaient toujours montrés chatouilleux à l'extrême. Il courait à ce propos de terribles et caractéristiques légendes. Walcer Topór, à la fin du xe siècle, fait périr sa femme infidèle et son complice. Le corps de la coupable est emmuré dans le château de Wislica, où l'effigie sculptée de la victime va perpétuer le souvenir du châtiment et inspirer un salutaire effroi aux épouses tentées de faiblir. Et, non loin de Cracovie, certaine Tour Dorothée n'a-t-elle pas, à la suite d'une sentence du tribunal de famille, servi jusqu'à sa mort de prison à l'inconstante Dorothée de Tenczyn (1) ?

François-Maximilien Ossolinski était beaucoup moins jaloux que ses ancêtres de la réputation de son foyer. Demain, lui avait écrit Catherine, le 12 mars 1733, « demain le Primat se rendra à la cathédrale afin de dire une messe pour la prospérité de la Pologne et pour que Dieu nous donne un bon roi. Je me joins à lui en intention pour que ce soit un roi ˙ capable de distinguer le mérite de mon cher Franeczek ˙ (2) ». Réflexion faite, le mari outragé s'est dit que le roi qui distingua sa femme serait aussi celui qui tiendrait le mieux compte de ses propres mérites.

C'est donc vers Kœnigsberg, où s'est retiré Leszczynski, que le grand trésorier et la grande trésorière vont finalement se diriger, non sans que ce couple exemplaire, sacrifiant ses bagages personnels, ne prenne soin d'emporter, avec différents joyaux de la Couronne, les registres du Trésor, gage précieux qui permettra à Ossolinski, non seulement d'éviter toute reddition de comptes, mais de négocier en outre la transmission de sa charge (3).

(1) [BREZA], *Notices sur les familles illustres et titrées de la Pologne*. Paris, 1862, in-8°; p. 126-127.

(2) Ms. Ossolinski n° 856, *j. cit.*

(3) Sur l'activité politique d'Ossolinski à Kœnigsberg, où le grand trésorier signa ou inspira plusieurs manifestes, voir *Troisième traité de Vienne*, p. 295 et s. — Lire également : Clément KANTECKI, *Fran-*

Pour Leszczynski, la satisfaction du retour de sa cousine sous l'égide de l'époux, lui fait vite oublier une brève mais insolente défection.

Le rapprochement effectué (1), Ossolinski et sa femme qui, au dire du chargé d'affaires de France en Prusse, M. de Tourville, n'était « ni moins avare, ni moins ambitieuse » que son mari, avaient cherché à s'emparer de l'esprit d'un prince abattu par les revers, aveuglé par la passion, et ils étaient sans peine parvenus à exercer sur lui un empire absolu. Tant en sommes d'argent qu'en présents divers, ils soutirèrent à Leszczynski plus de 300.000 livres.

Déjà Stanislas leur avait obtenu de la générosité de Louis XV une pension viagère de 9.000 livres, il leur avait aussi fait verser par la France 70.000 livres, pour l'achat du domaine de Reissen près d'Angerbourg (2), — et dans l'entourage, indigné de cette avidité, on parlait d'autres largesses encore (3), — lorsque, après la signature des Préliminaires de Vienne (3 octobre 1735), après surtout qu'une lettre du cardinal de Fleury (30 novembre) eut affirmé au compétiteur malheureux d'Auguste III qu'il

ciszek *Maxymilian Ossolinski podskarbi W. Kor. w życiu publicznem* (Ossolinski dans la vie publique), dans *Sprawozdanie z czynnosci Zakladu narodowego imienia Ossolinskich* (Actes de l'Institut Ossolinski). Lwów, 1879, p. 22-88. — ID , *Franciszek Maksymilian Ossolinski podskarbi Wielki Koronny*, dans *Biblioteka warszawska* (Bibliothèque varsovienne), 1879, t. IV, p. 173-190, 337-357.

(1) *Troisième traité de Vienne*, p. 293.

(2) *Angerburg*, province de Prusse, présidence de Gumbinnen (Grumbin). C'est sur ce domaine que Stanislas, quittant Kœnigsberg, vint se reposer quelque temps avant de se mettre en route pour la France, le 5 mai 1736. Voir dans la *Correspondance de Stanislas avec les rois de Prusse*, édit. cit., n° 2, p. 42, le mémoire, daté de Berlin, 17 suivant, où le roi de Pologne demande sur trois points, et notamment en ce qui concerne Reissen, la bienveillance de Frédéric-Guillaume Ier pour Ossolinski, devenu grâce à cette terre « son vassal et très dévoué serviteur ».

(3) Tourville à Chauvelin, secrétaire d'État des Affaires étrangères et garde des sceaux, 20 et 27 novembre 1736. (Arch. Aff. étr., Pologne, vol. 226, fol. 278, 295, 297.) Cf. H. ZDZITOWIECKA, *op. cit.*, p. 32.

n'y avait plus rien à attendre en Pologne, la question fut nettement posée. Ses cousins accompagneraient-ils en Lorraine le roi déchu ?

Le pacte qui allait associer à jamais le sort des Ossolinski au sort de Leszczynski ne se conclut pas sans d'àpres débats. François-Maximilien n'était pas satisfait des largesses passées. Il entendait tenir pour l'avenir de plus solides garanties. Dans un mémoire intitulé : « Pour Monsieur le grand trésorier et sa femme, ma très chère cousine », rédigé en français et tout entier écrit de sa main (1), le roi de Pologne a pris la peine de préciser les compensations dont, pour son compte, il se propose de gratifier les Ossolinski, s'ils consentent à ne plus le quitter. Le style n'est pas très limpide. Mais quel effort de persuasion ! « Ce n'est pas être véritablement ami que de chercher sa propre satisfaction dans les personnes que nous aimons. » Stanislas n'ignore pas « la douceur qu'il y a de vivre dans sa patrie avec un grand nom ». Toutefois, si la volonté de Dieu est qu'il s'éloigne de la Pologne, M. le grand trésorier ne se rendra-t-il pas « célèbre dans le monde par un nouveau titre glorieux à tous les gens d'honneur », en restant attaché à « celui qu'il a une fois reconnu pour son maître et à qui il appartient de si près par sa femme » ? — « Ce n'est pas tout. Ayant pris la résolution de vivre avec moi, il ne suffit pas de porter son seul nom dans les pays étrangers ; je veux et me fais fort de le revêtir de tout ce qui le mettra au rang et au niveau avec ce qu'il y a de plus grand en France, en lui obtenant un brevet de duc et pair, et le cordon bleu. Quant aux biens, je promets, si Dieu m'en donne le moyen, de lui faire un établissement, dans le pays où je serai, proportionné à sa dignité... Ce qui me paraît de tout ceci le plus difficile à

(1) Le texte sur une colonne, l'autre laissée en blanc pour la réponse, disposition dont use volontiers Stanislas lorsqu'il s'agit d'examiner et de trancher une question importante.

surmonter, c'est la charge de grand trésorier, dont il faut absolument se défaire et en tirer quelque avantage ; sur quoi je réponds que, comme c'est la seule faveur que je demanderai à l'électeur de Saxe en lui abandonnant le royaume, je ne crois pas qu'il puisse me refuser la permission pour M. le grand trésorier de la vendre, et s'il ne trouve pas un tel avec qui il puisse faire son marché, il me vient une idée, qu'il la cède à son fils, staroste de Sandomir... Il ne me reste plus que de prier M. le grand trésorier et ma chère cousine de réfléchir sur tout ce que je leur expose... Qu'ils examinent bien leurs goûts, leurs intérêts et leur bon plaisir : pour le mien, il sera toujours suprême quand je serai assez heureux de contribuer à leur contentement et de leur marquer, en véritable *tatunio* (1), mon amitié et ma tendresse. »

La remise à Ossolinski d'une promesse en forme, datée de Kœnigsberg, 21 décembre 1735, quatre semaines avant l'abdication, acheva d'emporter un consentement qu'au fond Ossolinski, sachant sa rentrée en Pologne difficile sinon impossible, et déjà bien décidé à n'y jamais retourner, ne demandait qu'à donner. Dans ce billet, Stanislas, « sur sa parole d'homme probe et vertueux », a pris l'engagement de servir à ses cousins, en surplus des 3.000 écus assurés par Louis XV, une pension annuelle de 12.000 gros écus, à prendre sur le plus sûr de ses revenus, soit 10.000 pour le mari et 2.000 pour la femme (2).

Ainsi, grâce à la faiblesse de Stanislas et à l'habileté des Ossolinski, l'homme qui avait en 1734 renié son roi et son parent dans l'épreuve, qui avait aussi maudit violemment la France, dont il dénonça l'attitude équivo-

(1) Diminutif de *tata*, papa.

(2) Billet en polonais, scellé aux armes du roi. Conservé soigneusement, ainsi que le Mémoire, par Ossolinski, il sera produit, avec celui-ci, par son petit-fils Maximilien, au cours d'un procès engagé en 1756 contre Mme de Talmont ; v. *infrà*, chapitre VII.

que, allait trouver à Meudon, lorsque, dans l'été de 1736,
il y rejoignit Leszczynski, avec un accueil chaleureux
diverses enviables faveurs : lettres de naturalité (1) ; sinon
la pairie annoncée, du moins un brevet de duc (2) ; l'assurance d'être compris dans la prochaine promotion de
l'ordre du Saint-Esprit (3). D'autres honneurs, d'autres
avantages l'attendent en Lorraine.

(1) Août 1736. Entérinées à la Chambre des comptes de Paris le
13 septembre suivant.

(2) Stanislas avait vivement insisté pour que Ossolinski eût ce
brevet dès son arrivée auprès de lui. Hulin à Chauvelin, de Meudon,
6 août 1736. (Arch. Aff. étr., Pologne, vol. 226, fol. 234.) Il fut signé le
15 août. Rectifier en ce sens KANTECKI, *l. cit.*, p. 58.

(3) Désigné le 1er janvier 1737, en même temps que l'ambassadeur
de France en Pologne, le marquis de Monti. Reçu le 2 février ;
cf. LUYNES, *op. cit.*, t. I, p. 157 et 165. Les lettres patentes lui conférant le collier furent signées le 1er avril, jour même du départ de
Stanislas pour Lunéville. Pour les démarches de Leszczynski au
sujet de cette distinction, v. les lettres de Hulin à Chauvelin, Meudon, 18 et 21 juillet 1736. (Arch. Aff. étr., *ibid.*, fol. 219, 222.) — Des
lettres de Louis XV, 6 janvier 1737, ayant ordonné l'apport des
preuves requises par les statuts de l'Ordre, le 13 Stanislas avait, à
leur défaut, répondu par une attestation de la grande extraction du
nouveau duc.

CHAPITRE II

Les princes du sang à Lunéville. — Les Ossolinski.

M. le Duc. — Ses dignités. — Ses appartements et ses Ménageries. — Son mobilier. — Largesses de Stanislas. — Ossolinski liquide sa fortune polonaise. — Ses placements en Lorraine. — Son luxe. — Ses relations. — Son caractère. — Vie retirée de la duchesse. — A perdu ses quatre filles. — Les enfants du premier lit d'Ossolinski. — Le comte Joseph. — Thomas, chevalier d'honneur de la reine. — Petits-fils et neveux. — *Oles* Ossolinski, *Kostus* Szaniawski et leurs frères.

La Lorraine fut bien, en effet, pour Ossolinski cette « terre de promission » que, plusieurs mois avant de s'y rendre, il se plaisait à entrevoir (1).

A Lunéville, *M. le Duc* — comme on va communément le désigner, tel Henri de Bourbon à Versailles (2) — est de

(1) « Quand notre maître sera installé *in terra promissionis,* nous avons grand espoir, confiants dans la bonté de son cœur, qu'il ne nous abandonnera jamais. » (F.-M. Ossolinski à J.-S. Ossolinski, de Paris, 15 décembre 1736.) La Bibl. Ossolinski conserve dans sa collection d'autographes, sous les cotes ms. 1.123-1.144 et 1.146, 23 lettres (en polonais), dont celle ci-dessus mentionnée est la première en date, adressées par l'ancien grand trésorier à son frère Jean-Stanislas, *podstoli* de Podlachie (1710), staroste de Drohiczyn (1715), castellan de Gostyn (1754), mort en 1770, et à sa belle-sœur, née Louise Zaluska. Nous y ferons de fréquents emprunts. Cf. Kantecki, *op. cit.,* dans *Bibl. warszawska.*

Ossolinski arriva à Lunéville avec Stanislas le 3 avril. Sa femme partit pour la Lorraine le 7. Elle avait pris congé de Louis XV le 2. Luynes (*op. cit.,* t. I, p. 221) rapporte ainsi l'entrevue : « Mme de Luynes l'a menée chez le Roi. Elles ne se sont point assises. M. de Gesvres qui, en l'absence de M. de Rochechouart, les a fait entrer, croyait que Mme Ossolinska saluerait le Roi, ce qu'elle n'a cependant point fait. Le Roi a paru même le croire, ayant fait un pas en avant. »

(2) « ... M. le duc Ossolinski, que l'on appelle ici tout court M. le Duc... » (Luynes, t. VI, p. 102 ; de Lunéville, 3 octobre 1744.) En Lorraine et en France, il est, quand on précise : « le duc Ossolinski » ; les actes portent volontiers : « très haut et très puissant prince Monseigneur le duc Ossolinski ». En Pologne et à l'étranger, on l'appelle de préférence : « le duc de Tenczyn ». Il signe : *Duc de Tenczyn Ossolinski.* Sur ses livres, se retrouve presque toujours, de sa main, la mention : *Ex libris F.-M. Ducis de Tenczyn Ossolinski.*

beaucoup le premier après le roi. Il y arrive grand maître de la maison, plus exactement « grand maître de l'hôtel », aux appointements de 72.000 livres de France (1), et chevalier d'honneur à la Cour souveraine (2). De 1740 à 1743, Stanislas n'aura de cesse, malgré les objections des ministres de Louis XV, qu'il n'ait offert à son cousin une charge de gouverneur du château, avec capitainerie des chasses dites des plaisirs dans toute l'étendue du bailliage (3). Une commission de bailli d'épée du même

(1) En fixant les appointements de cette charge à une somme si élevée, Stanislas s'acquittait de sa promesse d'une pension. Le prince de Beauvau, successeur d'Ossolinski, ne toucha jamais à ce titre plus de 24.000 l. — Le choix du grand maître était connu dès le 26 mars 1737. (LUYNES, t. I, p. 214 ; cf. *Gazette de Hollande*, 1737, n° 29, Versailles, 31 mars.) Les lettres patentes, aux considérants intéressants (voir Appendice, pièce justificative 1), furent signées à Lunéville le 13 septembre. Ins. du 2 octobre.

(2) Reçu le 2 octobre 1737. Depuis l'édit du 2 juin 1720 (cf. *Recueil ordonn. de Lorr.*, t. II, p. 360), le grand maître de l'hôtel, le grand chambellan et le grand écuyer étaient de droit conseillers-chevaliers d'honneur en la Cour souveraine de Lorraine et Barrois.

(3) Une première nomination, du 7 mars 1740 (Arch. nat., E. 3.216, fol. 136), dut être annulée, et ce n'est que le 8 juin 1743 que l'édit de création (*Recueil ordonn.*, t. VII, p. 20), suivi le 18 de nouvelles lettres de provision (Arch. nat., E. 3.222, fol. 17), put être rendu. Sur les dernières difficultés soulevées, voir les lettres du chancelier La Galaizière à Amelot, de Lunéville, 16 février 1743 ; d'Amelot à La Galaizière, de Versailles, 3 mars (Arch. Aff. étr., Lorraine, vol. 140, fol. 285 et 291). En mars suivant, Stanislas insistait en ces termes auprès d'Amelot : « M. de La Galaizière m'a rendu compte de la lettre que vous lui avez écrite au sujet du gouvernement du château de Lunéville et de la capitainerie des chasses que j'ai donnés à M. le duc Ossolinski, dans la forte persuasion que le roi aura la bonté de l'approuver. Ce que j'espère immanquablement, si vous voulez bien le demander de ma part à S. M. Cette habitation, par les embellissements que j'y ai faits, peut être comptée pour une maison royale, dans lesquelles (*sic*) la capitainerie des chasses est attachée au gouvernement. Mais si, par raison de la distance de la capitale, on ne prévoit pas la nécessité d'y avoir un gouverneur, je prie très instamment S. M. de vouloir bien, pour cette seule fois, et en faveur seulement de M. le duc Ossolinski, confirmer ce que j'ai établi, pour qu'il en puisse être sûr en cas de mon décès. Comme on m'a instruit que les charges des maisons royales sont du département de M. de Maurepas, je lui écris à ce sujet... » Sans quantième. (*Ibid.*, fol. 320.)

bailliage de Lunéville lui sera remise le 26 août 1751 (1).

L'ancien grand trésorier et sa femme occupent au palais de vastes appartements, d'où ils jouissent d'une vue superbe sur les Bosquets et les environs. Le mari est logé au premier étage de l'aile princière ; à la duchesse a été réservé le donjon. Au delà des jardins, sur le bord de la Vezouse, Leszczynski crée spécialement pour eux, augmente et embellit, de 1741 à 1750, une charmante habitation de plaisance, connue sous le nom de Ménagerie de M. le Duc (2). Pour eux, également, le roi de Pologne a déjà reconstruit et meublé en 1739 la Ménagerie contiguë à son château de La Malgrange (3). De l'une et de l'autre dépendent des exploitations agricoles, d'importance progressivement accrue. A leur produit s'ajoutent : en 1747, les profits de la seigneurie et du gagnage de Chanteheux, dont, en raison de clauses assez compliquées, imaginées par Stanislas, la mort du grand maréchal de la cour, Meszek, procura aux Ossolinski la jouissance viagère (4) ; en 1750, ceux de la Neuve-Marcairie, construite sur un terrain acquis par le roi à leur intention dans le voisinage du château d'Einville (5). Mais, plus étroitement encore le nom d'Ossolinski se rattache à cette demeure. Afin de s'assurer, quoi qu'il advînt, une retraite stable, M. le Duc et sa femme, sitôt leur arrivée en France, avaient songé à acquérir

(1) Arch. nat., E. 3.231, fol. 54. — Ossolinski fut reçu en cette qualité à la Cour souveraine le 9 décembre suivant. Le 20, il siégea pour la première fois et, après les compliments d'usage, « régala le bailliage ». (Journal de Durival, ms. n° 863 de la Bibl. de Nancy, t. III, fol. 60 v°.)

(2) Voir, pour plus de détails, notre livre : *Les châteaux du roi Stanislas en Lorraine*. Paris, 1910, in-4° ; p. 35.

(3) *Ibid.*, p. 62-64.

(4) *Ibid.*, p. 34.

(5) *Ibid.*, p. 48. Par lettres patentes du 28 janvier 1752, Stanislas accorda à Ossolinski droit de troupeau à part à Einville. Confirmation par arrêt du Conseil d'État de Louis XV du 10 octobre. (Arch. nat., E. 3.232, fol. 43 : cf. Arch. de M.-et-M., B. 252, n° 9.)

du banquier Pàris de Montmartel la terre de Sampigny, dans le Barrois (1). A défaut de cet arrangement, Leszczynski ne laissa pas longtemps ses parents dans l'incertitude. A la fin de 1739, il leur garantissait, à dater du jour de son décès, l'usufruit viager des château et parc d'Einville, soustraits en faveur des occupants à la juridiction ordinaire (2). En attendant, Ossolinski en a été aussi nommé gouverneur (3). Le cousin et la cousine ont été autorisés à soumettre par anticipation à la ratification royale le choix des officiers chargés d'y exercer en leur nom la haute et basse justice (4). Le prince leur faisait de plus don de tout le mobilier, n'entendant s'en réserver la jouissance qu'à titre de constitut précaire (5). L'usufruit

(1) Antoine, l'aîné des frères Pàris, à qui appartenait le comté de Sampigny, y était décédé le 29 juillet 1733, ne laissant qu'une fille, Antoinette-Justine, mariée en 1723 à son oncle Jean-Baptiste Pàris de Montmartel (1690-1766) et morte en 1739. Par contrat du 1er mars 1730, Montmartel, depuis 1722 garde triennal du Trésor royal de France, avait personnellement acquis Sampigny. Ossolinski, comme d'ailleurs Stanislas, fut en rapports assez suivis avec lui et lui prêta même des fonds. Les pourparlers engagés donnèrent naissance à cette information de la *Gazette de Hollande* (n° 102), de Paris, 14 décembre 1736 : « Le duc Ossolinski, ci-devant grand trésorier de Pologne, a acheté de M. Pàris du Vernay sa terre de Ligny en Lorraine, qui rapporte 40.000 livres de rente. » La *Gazette* multiplie les erreurs, confondant Jean-Baptiste Pàris de Montmartel avec Joseph Pàris-Duverney (1684-1770), le troisième des frères, Ligny et Sampigny, la Lorraine et le Barrois.

(2) 25 septembre 1739 ; cf. Arch. de M.-et-M., B. 244, fol. 59. Ratification par le Conseil d'État de Louis XV, du 1er mai 1740. (Arch. nat., Q¹ 726.)

(3) Avec capitainerie des chasses dans l'étendue de la prévôté : 24 février 1740. (Arch. nat., E. 3.216, fol. 130 v°.)

(4) 21 mars 1740. (Arch. nat., E. 3.216, fol. 152 v°.) Ins. du 28 mars. Ent. du 4 avril. (Arch. de M.-et-M., B. 244, n° 85.) Les lettres de provision de Stanislas pour un capitaine juge du château, un procureur d'office et un greffier, du 13 mars 1741. (Arch. nat., E. 3.218, fol. 45-50.) Le « procureur d'office en la justice du château » n'est autre que le peintre Léopold-Antoine Roxin.

(5) Donation passée au château de Lunéville, par devant Pierre, de Nancy, tabellion de l'hôtel, 12 avril 1740. [Ms. n° 406 de la Bibl. de Nancy (portefeuilles Ossolinski), I, pièce 132.]

viager de la terre de Huviller (Jolivet) leur est enfin, presque simultanément, garanti dans des conditions identiques (1).

Au château et à la Ménagerie de Lunéville, à la Ménagerie de La Malgrange, dans les pièces affectées aux Ossolinski à Chanteheux, à Jolivet et plus tard à Commercy, la quantité et la beauté des meubles font l'admiration des visiteurs. Le duc de Luynes, pourtant blasé à cet égard, et qui le vit en 1744, s'étonne du « mobilier immense » du grand maître (2). Sans doute François-Maximilien n'a pu transporter en Lorraine tout ce qui garnissait son palais de Varsovie, ses deux maisons de Praga et de Solec. Bien des effets précieux que, au lendemain de l'élection de 1733, il avait cru conduire en sûreté à Danzig, puis qu'à l'approche de l'ennemi il avait essayé d'évacuer par la Baltique, étaient tombés aux mains des Russes. Le chargement de deux vaisseaux avait été saisi sous les yeux de Stanislas (3). L'ensemble de ce qui avait pu être sauvé n'avait même pas suivi le grand trésorier dans sa nouvelle résidence. Il y avait pour partie renoncé au profit des siens. Mais à ces pertes et à cet abandon d'importants achats avaient suppléé, et surtout les multiples, les incessants cadeaux du roi. Comme le rappellera avec une rétrospective jalousie Marie Jablonowska : « de quelles grâces n'ont-ils pas été comblés à la cour de Lorraine ?... Pendant vingt années, les bienfaits surpassèrent le nombre des jours. » Le prince « prévenait leurs besoins » ; chez eux « les ameublements les plus magnifiques, les bijoux les plus rares, annoncent la présence et la générosité du souverain (4) ». L'examen du volumineux

<hr>

(1) 26 juillet 1740. Voir : *Les châteaux de Stanislas*, j. cit., p. 41.

(2) *Mémoires*, t. VII, p. 72.

(3) Circonstance rappelée (p. 5) dans le premier des deux *Mémoires pour Maximilien Ossolinski* dont il sera question au chapitre VII.

(4) Deux *Mémoires pour la princesse de Talmont* (même remarque), I, p. 4, et II, p. 33.

inventaire du mobilier des deux époux (1) n'est pas pour contredire cette affirmation. A côté de richesses personnelles, de souvenirs de famille, il serait difficile, parmi tant d'objets superflus et de fantaisies coûteuses, de ne pas reconnaître « la trace des largesses inépuisables de Sa Majesté » (2). En une seule fois, le 12 avril 1740, Leszczynski ne fit-il pas don à ses cousins de la généralité des meubles, quelle qu'en fût la provenance, s'entassant déjà dans leurs appartements de Lunéville et de La Malgrange (3) ?

Toutes les libéralités consenties depuis 1735 par Stanislas et son gendre aux Ossolinski eussent peut-être encore été peu de chose, en comparaison de ce que le renversement politique leur avait enlevé, si le grand maître et sa femme n'avaient réussi à arracher à Leszczynski des compensations plus solides. L'absence de pièces authentiques ne permet pas d'en dresser la liste complète. On peut toujours se faire une idée du total, quand on sait, et ceci de façon certaine, que, pour la seule année 1738, le roi de Pologne, dont le budget était pourtant modeste, gratifia secrètement ses cousins de 100.000 livres en février et de 300.000 en octobre (4). A

(1) Sur cet inventaire, voir également le chapitre VII.

(2) Dans un acte du 24 février 1738 (v. *infrà*, p. 43, n. 3), Ossolinski déclare expressement que la très grande partie des meubles que sa femme et lui possèdent en Lorraine proviennent ou de leurs soins particuliers, ou des « grâces et générosités inépuisables de S. M. le roi Stanislas ».

(3) Ms. n° 406 de la Bibl. de Nancy, *j. cit.*, I, pièce 132.

(4) Premier *Mémoire Talmont*, p. 4. Le deuxième *Mémoire Ossolinski* (p. 20) nous a conservé cette attestation : « Moi, le Roi de Pologne, duc de Lorraine et de Bar, voulant récompenser Monsieur le duc de Tenczyn, mon cousin, de tous les bons et agréables services qu'il m'a rendus et me rend journellement, déclare lui donner en pur don et de ma libre volonté la somme de trois cent mille livres, argent au cours de France, laquelle je lui ai fait payer et délivrer à l'instant, pour mondit cousin en faire à son profit ce qu'il jugera à propos, la présente signée de ma main n'étant à d'autre fin. Fait en ma cour de Lunéville, le 25 octobre 1738. »

force d'insistance, le futur châtelain d'Einville s'est en outre assuré, pour l'époque où, Stanislas mort, cette source de grâces abondantes sera tarie, une pension de 40.000 livres à toucher sur les revenus de la Lorraine, pension réduite à 24.000 livres si la duchesse survit à son mari (1).

Ossolinski n'en continuait pas moins, dans ses entretiens et sa correspondance, à regretter ses dignités passées. Il évoque pompeusement le temps où, quinze années durant trésorier de la cour de Pologne, eût-il eu mille chevaux à nourrir, il eût pu le faire sans qu'il lui en coûtât rien ; où, grand trésorier de la Couronne, il tirait annuellement de cette charge quelque 400.000 livres (2). Au fond, son exil mi-volontaire mi-forcé de Lorraine lui agréait assez pour qu'il n'entrevît plus qu'avec une sorte d'effroi les tentatives de rappel de Stanislas, et qu'il s'efforçât de les étouffer. Ce n'est pas Leszczynski, que ses chimères travaillèrent toujours, mais bien M. le Duc qui n'avait plus, à Lunéville, de pensée pour la République.

Et de fait, assez riche désormais de ses ressources nouvelles, Ossolinski, si prudent, méfiant même, n'hésita pas à disposer des anciennes. Moins d'un an après son installation à Lunéville, il avait vendu ou partagé entre ses enfants la plus forte portion de ses biens patrimoniaux (3).

(1) Cf. Luynes, *op. cit.*, t. VII, p. 72.

(2) 600.000, argent de Pologne. Propos notés par Luynes (*Ibid.*, p. 71), au sortir d'une conversation avec le grand maître : « M. le duc Ossolinski... me parlait aujourd'hui de sa situation personnelle, dont le détail me paraît assez digne de curiosité pour être écrit. »

(3) Par actes des 22, 23 et 24 février 1738, passés à Lunéville et que Stanislas, conjointement avec quatre gentilshommes polonais, honora de sa signature, Ossolinski : 1° vend à son fils aîné Joseph, présent ainsi que son frère Thomas, son palais de Varsovie, ses maisons de Praga et de Solec, ses biens de Gabarki et de Tarchomin, moyennant 380.000 florins de Pologne, soit 300.000 timpfs : 2° lui afferme ses domaines de Ciechanów, Rudki, Mien, Koriciny, etc., moyennant 100.000 timpfs, une fois payés, et 12.000 florins de rente au cadet pour son

En 1745, il ne se réservait plus sur ses propriétés de Pologne qu'un revenu d'environ 30.000 livres, argent de ce pays (1). Ayant obtenu, par rescrits d'Auguste III de 1749 et 1750 (2), l'autorisation de transmettre à son fils aîné ses droits sur les biens royaux dont il reste possesseur dans le palatinat de Podolie, il termine par un abandon en bonne forme cette liquidation de sa fortune polonaise (3). C'est dans sa patrie de hasard qu'il entend placer ses capitaux. Il commence par se constituer en 1739, au moyen d'un prêt de 300.000 livres à son cousin le comte de Belle-Isle, toujours à court d'argent, une rente de 12.000 livres (4). Huit mois après, il se fait accorder, grâce à un versement de 200.000 livres au Trésor royal, l'engagement des domaines de Lunéville et d'Einville (5), enga-

---

entretien ; 3° abandonne à l'un et à l'autre tous ses meubles et effets se trouvant encore en Pologne. — Le 20 juillet 1740, M. le Duc fait établir, également à Lunéville, une procuration pour la vente des biens qu'il a en Prusse. [Étude Thiriet (aujourd'hui Galand). Cf. Arch. M.-et-M., C. 1.915, fol. 24, n° 13.]

(1) Luynes, *op. cit.*, t. VII, p. 71 ; du 25 septembre 1745.

(2) Signés à Varsovie les 25 janvier et 1ᵉʳ février 1749, 7 octobre 1750. Leur teneur insérée dans les actes mentionnés ci-dessous.

(3) Trois actes en latin du 12 février 1751, déposés chez Febvrel, notaire royal à Lunéville (auj. étude André), le 4 février 1752. M. le Duc y fait donation à Joseph Ossolinski, porte-enseigne de la cour (dans deux des actes on a écrit par mégarde *Maximilien*), des terres et seigneuries de Semky et de Kazanowska, district de Latyczów, palatinat de Podolie, ainsi que de l'avocatie de Chmielnik, avec les terres et juridictions de Cholosk et de Ladochów. Contrôle du 10 avril suivant ; cf. Arch. de M.-et-M., C. 2.006, fol. 16.

(4) Contrat de constitution par devant Aléaume et Mulnier, notaires au Châtelet de Paris, du 21 janvier 1732. Cf. ms. n° 192 de la Société d'arch. lorraine, fol. 337 v°. — Luynes, *op. cit.*, t. VII, p. 72.

(5) Dans les lettres patentes signées à cet effet le 25 septembre 1739, Stanislas expose que le duc et la duchesse, ses cousins, lui ont représenté « qu'ayant quitté les établissements considérables qu'ils avaient en Pologne pour être plus à portée de lui donner de continuelles preuves de leur zèle et de leur attachement sans réserve à son service, ils désireraient, pour les mêmes motifs, employer partie des sommes provenant de la vente des terres de leur maison pour se procurer d'autres biens fonds dans le voisinage de sa résidence

gement remplacé à sa demande, en 1743, par l'assignation sur la ferme générale de Lorraine et Barrois, à laquelle ces parties sont de nouveau réunies, d'une rente nominative de 10.000 livres (1). Les héritiers de l'évêque de Metz, M. de Coislin, le subrogent dans leurs droits pour une somme de 100.000 livres (2). Il avance 60.000 livres de France au comte de Helmstatt (3). Pàris de Montmartel, le fermier général Des Fourniels (4) figurent au nombre de ses débiteurs pour des sommes considérables (5).

Dans un cadre opulent, leur caisse bien remplie, les Ossolinski menaient grand train de vie. La duchesse avait ses demoiselles d'honneur. Sous les ordres d'un intendant et d'un secrétaire, une quarantaine de personnes, du maître d'hôtel et des valets de chambre aux crédenciers et aux heiduques, des quatre cochers au muletier, assuraient le service (6). Leur table était réputée pour son apparat et sa succulence. De préférence à Stanislas, c'est à Ossolinski que Gilliers, chef d'office du roi de Pologne,

ordinaire, en faisant l'acquisition de quelques terres où ils puissent trouver une habitation et un revenu convenable pendant leur vie ». Ent. du 27 septembre (Arch. de M.-et-M., B. 244, fol. 59). — Le 3 décembre, par devant Thiriet, Ossolinski passe bail pour cinq années de ces domaines, moyennant 10.000 l. de Fr., à Dieudonné Mangenot, de Lunéville. Cf. *Ibid.*, C. 1.947, fol. 37, n° 11. — Citons, comme compris dans l'engagement : les fours et pressoirs banaux de Lunéville, les droits d'entrée et de passage, de coupelle, hallage, jaugeage des vins et bières, etc.

(1) Lettres patentes du 31 octobre 1743. (Arch. nat., E. 3.222, fol. 88 v°.) Ent. du 18 novembre. (Arch. de M.-et-M., B. 246, n° 143.) Confirmation au Conseil d'État de France du 12 janvier 1744. (Arch. nat., O1 726.) — Cf. Luynes, *op. cit.*, t. XV, p. 223-224.

(2) 13 février 1739.

(3) 13 mars 1742.

(4) Des Fourniels était, comme Montmartel, en relation avec Lunéville. C'est par la protection de Stanislas qu'il obtint en 1752 sa place de fermier général : cf. Luynes, *op. cit.*, t. XI, p. 432.

(5) A la mort d'Ossolinski, en juillet 1756, le premier lui devait 167.000 l. (billets des 15 décembre 1755 et 16 mars 1756) ; le second, 156.000 l. (billet du 22 avril 1756).

(6) Exactement 39 personnes au décès du duc.

dédie son *Cannaméliste français* (1). Dans la cave du grand maître, fort amateur de ce vin de Hongrie qu'il déguste avec ses hôtes en d'amples vidrecomes, ornement de ses buffets, on ne comptera, à sa mort, pas moins de 43 pièces de Tokaï, estimées près de 13.000 livres. De Pologne étaient venus les équipages de M. le Duc. Les remises royales abritaient 13 voitures lui appartenant en propre ; toutes, sauf les berlines de campagne et de deuil, entièrement dorées. Il avait une prédilection presque orientale pour les étoffes somptueuses et les riches fourrures. Il donnait volontiers audience dans de superbes robes à la turque, dont l'une ne fut pas jugée indigne d'être, pour tout souvenir, léguée à Sa Majesté Polonaise. Plus peut-être qu'aux sorties du roi, c'était une vision imposante que celle de ce seigneur, vêtu de son habit de velours cramoisi, doublé d'hermine ou de zibeline, ceint du cordon bleu au Saint-Esprit constellé de pierreries, passant soit dans sa chaise à porteurs, surchargée de broderies, de galons et de dentelles d'or, soit dans son grand carrosse à sept glaces, attelé de chevaux gris (2).

(1) *Le Cannaméliste français, ou nouvelle instruction pour ceux qui désirent d'apprendre l'office, rédigé en forme de dictionnaire,* par le sieur GILLIERS, chef d'office et distillateur de S. M. le roi de Pologne, duc de Lorraine et de Bar. Nancy, A.-D. Cusson, 1751, IV-252 p. in-4°, avec un frontispice, une vignette et 13 planches. La belle vignette, aux armes d'Ossolinski, placée en tête de la dédicace, est l'œuvre de Dominique Collin (cf. *M. S. A. L.,* année 1866, p. 166). Dans sa préface, Gilliers écrit pompeusement : « Les Tenczyn, devenus les soutiens de la Pologne dès son commencement même, s'y sont montrés également les protecteurs des sciences et des arts. Dès l'an 1010, on les voit à la tête de la République, et l'histoire n'a pu décider encore qui leur a le plus d'obligation, ou la religion qu'ils ont toujours aimée, ou les sciences qu'ils ont toujours favorisées de leur crédit, ou la République elle-même dont ils ont toujours été le plus ferme appui. » — Dans la réédition de 1768 [Nancy, veuve Leclerc], vignette et préface ont disparu. (Gilliers est mort en 1758, deux ans après M. le Duc.)

(2) Ces détails, ainsi que plusieurs de ceux qui suivront sans références spéciales, sont tirés des papiers de la succession Ossolinski (v. *infrà,* ch. VII). Nous utilisons aussi différents papiers en notre possession, provenant de la chancellerie privée du grand maître.

Les Ossolinski restaient en rapport avec les plus hauts personnages de l'Europe. Ils correspondent avec la cour de Berlin. A la mort de Frédéric-Guillaume 1er, la reine Sophie répond en termes reconnaissants aux condoléances du duc de Tenczyn (1). C'est à lui que Frédéric II, encore prince royal et se disant son « très affectionné ami », s'est tout d'abord adressé pour le recrutement en Lorraine de ses colosses (2). Le grand maître de Stanislas n'a pas tardé à renouer des relations avec Dresde, où il se ménage, pour la conclusion de ses affaires et l'avancement de ses fils, des amis, au nombre desquels il espère retrouver le comte de Brühl (3). Depuis qu'il s'est entremis à Rome en faveur des Stanislaïstes, il est loin d'y être ignoré. Deux brefs de Clément XII accordent en 1739 aux « époux polonais », en raison, y est-il dit, de leurs vertus et de leur piété, de multiples indulgences tant partielles que plénières. Il leur est permis de faire célébrer chaque jour, à l'exception des fêtes les plus solennelles, la messe dans leurs oratoires privés, en leur présence, celle des serviteurs et des hôtes (4).

Ce luxe et ce crédit n'empêchent pas que M. le Duc n'eût une fort vilaine âme. L'aveuglement du mari a déjà édifié sur son caractère. Nous l'avons vu, d'accord avec sa femme,

(1) De Berlin, 14 juillet 1740. L. s. (Collection d'autographes de la Bibl. de Nancy.) — Frédéric-Guillaume 1er était mort le 31 mai précédent.

(2) Lettre datée de Ruppin, 5 juillet 1737; publiée dans notre édition de la *Correspondance de Stanislas avec les rois de Prusse*, j. cit., n° 7, p. 49.

(3) Voir *infra*, p. 56.

(4) Brefs des 24 et 26 août 1739 : « Dilecto filio nobili viro duci Franseico Maximiliano de Tecyin (*sic*) Ossolinski et dilectæ in Christo filiæ nobili mulieri ducissæ Catharinæ Jablonowski, conjugibus polonis. » Les originaux au Musée hist. lorrain, carton Jankovitz. — Par vidimus daté de Frouard, 19 octobre 1739, l'évêque de Toul députe l'abbé de Saint-Remy de Lunéville pour visiter et approuver, selon les conditions du bref du 24 août, les oratoires qu'auront aménagés et aménageront le duc et la duchesse.

monnayer son déshonneur. Fastueux dans les grandes circonstances, il se montrait à l'ordinaire, et dans les petites choses, très avare. Il se plaît à tenir sur les fonts baptismaux les enfants des commensaux et ceux de ses domestiques. On vantera ses aumônes. Le confesseur de Marie Leszczynska, le P. Labiszewski, ayant parlé devant lui d'une femme de condition tombée dans la misère, Ossolinski n'a-t-il pas spontanément remis au jésuite un rouleau de 50 louis (1)? Mais pour s'éviter quelques avances à de proches parents, il se déclarera sans le sou. Aux libéralités que lui prodigue, de plus ou moins bon gré, Stanislas, il essaiera d'en ajouter toujours de nouvelles. Ses Ménageries s'étendent déjà sur 120 hectares. Confident du projet du souverain de créer à Lunéville. entre la Vezouse et le Grand Canal, les Petits Bosquets, il s'empresse d'acquérir l'un après l'autre les méchants terrains nécessaires, afin de bénéficier des travaux et de devenir, par droit d'accession, propriétaire des fabriques et des chartreuses dont Leszczynski se dispose à parsemer cette île (2).

Sa cupidité n'avait d'égale que sa superbe. La légitime fierté qu'il ressentait de sa maison s'exaspérait en une fatuité insupportable. Il croyait incarner la valeur et les talents de la longue suite des Tenczynski. Sans doute estimait-il que George Ossolinski lui-même, cette gloire du nom, le « faiseur de rois » (3), n'était pas le plus grand

(1) Cf. LUYNES, *op. cit.*, t. XV, p. 222.

(2) Arch. M.-et-M., B. 10.974 et 11.311 ; C. 1.943, fol. 10, n° 4, et 1.946, fol. 27, n° 9 ; etc. — Ms. n° 192 de la Société d'arch. lorraine, fol. 324. — Sur la création de ces Petits Bosquets ou Bas Bosquets, voir *Les châteaux du roi Stanislas*, j. cit., p. 22 et s.

(3) George Ossolinski (1595-1650), palatin de Cracovie, grand chancelier de la Couronne, créé simultanément prince par l'empereur Ferdinand II et par le pape Urbain VIII, et à qui Ladislas VII, sous le nom duquel il gouverna, et Jean-Casimir durent successivement leur élection. Maximilien Ossolinski, castellan de Czersk, bisaïeul de M. le Duc, était frère du célèbre homme d'État.

homme de la famille. Annonçant à sa belle-sœur, la staroste de Drohiczyn, l'envoi de menus cadeaux, il ajoute : « Veuillez les recevoir comme d'exilés, éloignés de leur patrie, mais d'exilés volontaires, défenseurs de la justice et de l'honneur de notre nation. C'est là notre plus beau titre devant Dieu et devant le monde entier (1). » Et à l'un de ses jeunes neveux, pensionnaire à Lunéville : « Je te communique les preuves originales que l'on m'a données et que je viens de faire encadrer de ma création de chevalier des ordres du Saint-Esprit et de Saint-Michel. Après les avoir examinées et lues convenablement, tu pourras y trouver un sujet de vive satisfaction pour toi et pour ton nom, y mesurer tout ce que Dieu a fait et pour moi et pour tous les nôtres. Cela leur restera jusqu'à la postérité. Chacun d'eux, à toute époque, ici, en France, partout, pourra désormais se présenter le front haut (2). »

La vérité est qu'en Pologne Ossolinski n'avait pas laissé que le souvenir d'un homme politique coupable de grossières palinodies et, sur l'accusation, il est vrai, de violents adversaires, d'un trésorier prévaricateur. On l'y jugeait perfide ami. C'est un rôle particulièrement fâcheux que le récent duc de Tenczyn avait joué à Kœnigsberg, alors qu'il dénonçait les plus lamentables victimes de la restauration manquée, ses plus intimes compagnons de lutte, comme indignes de sollicitude. Sachant entrer dans les vues parcimonieuses du cardinal de Fleury, espérant en tirer récompense, il s'était employé par des rapports secrets, des insinuations erronées, non seulement à détourner des confédérés les bienfaits de Louis XV et ceux de Leszczynski lui-même, mais à réduire de manière dérisoire des secours qu'on n'eût su refuser sans flagrante injustice. Le colonel Eperiasz, le grand référendaire

(1) De Lunéville, 20 mai 1739. (Bibl. Ossolinski, *ms. cit.*, n° 1.126.)
(2) A Alexandre Ossolinski, de Lunéville, 19 mai 1739. (*Ibid.*, n° 1.131.)

Zaluski, qui lui tenait pourtant de près, furent en butte à ces manœuvres mauvaises. M. de Tourville, qui le vit à l'œuvre, éprouvait pour lui une répulsion peu déguisée. Il s'indignait des pensées troubles que cachaient des discours d'apparence sage et modérée, de la duplicité de sa conduite (1).

Tour à tour autoritaire et souple, hautain et obséquieux, — Fleury n'eut pas de plus parfait adulateur (2), — le grand maître, enclin à la délation, rusé et tracassier, envié et redouté, n'était guère en Lorraine plus aimé de son entourage. Louis XV, qui fut loin, sans doute, de ménager les avanies à ses beaux-parents et qu'obsédait ce cousinage, marquait pour Ossolinski un spécial éloignement. Sa froideur fit plus d'une fois payer cher à son parent les privilèges consentis (3). Seule, Marie Leszczynska semble avoir compris M. le Duc, *petit frère*, ainsi qu'elle l'appelait à la mode polonaise (4), dans l'affection témoignée à

(1) Lettres de M. de Tourville à Chauvelin, de Kœnigsberg, octobre 1736 à janvier 1737. (Arch. Aff. étr., Pologne, vol. 226 et 227, *passim.*) Hulin à Chauvelin, de Meudon, 22 août 1736. (*Ibid.*, vol. 226, fol. 225.) — Cf. H. Zdzitowiecka, *op. cit.*, p. 31-34.

(2) « Monseigneur, agréez, je vous supplie », écrit par exemple Ossolinski au cardinal, le 20 décembre 1738, « que la nouvelle année vous porte le nouveau tribut des vœux les plus ardents et les plus sincères que je ne cesse de faire pour Votre Éminence. Un ministre dont la prudence et la sagesse ont mis la France au plus haut point de la gloire mérite que tous les cœurs s'unissent dans leurs désirs et qu'ils ne forment qu'une voix pour demander que le Ciel lui donne des jours longs et heureux. » (Arch. Aff. étr., Lorraine, vol. 134.)

(3) Le 24 avril 1743, Stanislas, nouvellement arrivé à Versailles, se rend chez son gendre, qui, dans un de ses bons jours, le reçoit affectueusement. Luynes (t. IV, p. 476), relatant l'entrevue, observe : « Le Roi traita bien aussi M. le chevalier de Thianges [grand veneur de Leszczynski] et lui parla. On remarqua qu'il ne dit pas un mot à M. le duc Ossolinski. » — Ossolinski avait, comme grand maître de la cour du beau-père, les « entrées de la chambre » chez Louis XV. Cf. *Ibid.*, t. XV, p. 241.

(4) « C'était, il faut le savoir », dit Adam Moszczynski dans ses Mémoires (*Pamientniki*), « une société où il était malséant de nommer ses cousins germains autrement que frères et sœurs ».

Marie et à Catherine Jablonowska, ses *petites sœurs*. Voici
un des billets de la reine de France reçu à Lunéville :

Merci, ' mon cher Cousin ', pour les souhaits de nouvel an. Je
t'en adresse aussi. Sophie (1) m'a promis d'écrire à papa en
faveur de ton fils. ' Je vous assure que c'est un effort très généreux que j'ay faites par amitié pour vous. ce que je n'aurais fait
pour aucune autre personne '. Sophie m'a oubliée, elle ne m'écrit
jamais, mais c'est sans doute par paresse. Je vous embrasse tous
les deux de tout mon cœur.

Le 4 (2).

Et une autre fois :

Je te demande pardon, mon cher Cousin, de ne t'avoir pas
répondu plus tôt. mais je suis très paresseuse pour écrire. Merci
de tes souhaits, je ne doute pas de leur sincérité. Moi aussi je
t'en adresse. Mais je suis inquiète, car je sais que tu as eu un
rhume. Que Notre Seigneur Jésus-Christ te garde. cher cousin,
frère chéri ; je t'embrasse ' de tout mon cœur '.

Ce 12 1ᵉʳ.

Embrasse les petits pieds (3) de papa pour moi.

La petite sœur (4) part pour aller chez vous (5).

Au contraire de son mari qui, toujours en évidence,
accueille les étrangers, participe aux manifestations prin-
cières, est de chaque déplacement dans les différentes
demeures royales, ne manque jamais d'accompagner son
maître à Versailles (6), assume l'honneur de missions

(1) Madame Sophie, sixième fille de la reine. Née en 1734 et élevée
à Fontevrault, cette princesse ne revint à Versailles qu'en mars 1748.
La lettre de Marie Leszczynska doit être antérieure à son retour.

(2) Suscription : *A mon cousin le Duc Ossolinski*. L. aut., non signée ;
en polonais ainsi que la suivante. (Musée hist. lorrain, carton Jankovitz.)

(3) *Stopki.*

(4) Marie Jablonowska, alors princesse de Talmont.

(5) L. aut. non signée. (*Ibid.*)

(6) Sur les voyages et séjours d'Ossolinski à la cour de France, voir
Luynes, *op. cit.* ; passim ; notamment t. IV, p. 477 (avril 1743), t. IX,
p. 88 (septembre 1748), t. XII, p. 144, 156 et 162 (septembre 1752).

extraordinaires — soit qu'il représente Stanislas à la diète de Francfort (1), soit qu'il aille saluer Louis XV à Metz, lors du fameux voyage de 1744 (2), ou le complimenter du mariage du Dauphin (3) comme de la naissance du duc de Bourgogne (4), soit encore qu'il pose à Nancy la première pierre de la place Royale (5), — Catherine Ossolinska se mêlait fort peu à la vie de la cour.

Dès 1737, la duchesse était d'une santé fragile. Quelques années après, elle devenait une malade, nerveuse et agitée, que guettait l'hystérie. Mère, elle avait souffert. Son aînée, *Anusia*, dont elle parle avec tendresse dans ses lettres, et la cadette, l'enfant de Danzig, n'avaient pas vécu (6). Deux autres filles nées depuis sa liaison avec le roi étaient également mortes en bas âge. De nouvelles grossesses, malheureuses, l'avaient ensuite éprouvée (7).

(1) Voir *infrà*, p. 59.

(2) Stanislas à Belle-Isle, de Lunéville, 27 juillet 1744. (Arch. Aff. étr., Lorraine, vol. 28, suppl., fol. 142.) — Ossolinski arriva à Metz le 3, veille de l'entrée de Louis XV.

(3) M. de Lucé, ministre de France à Lunéville, à M. du Theil, 13 février 1745. (*Ibid.*, vol. 141, fol. 104.)

(4) Stanislas à Louis XV, de Lunéville, 15 septembre 1751. Cf. notre étude : *Le roi Stanislas grand-père*, lettre n° 40.

(8) Le 18 mars 1752. Cf. Chr. Pfister, *Histoire de Nancy*, t. III, p. 490.

(6) Elles devaient être mortes en 1735, puisque dans le « Mémoire pour Monsieur le grand trésorier et ma chère cousine » (v. *suprà*, p. 34) Leszczynski, après avoir cité les enfants qu'avait eu Ossolinski de sa première union, ajoute : « Pour ceux que le bon Dieu lui donnera encore, il pourra leur donner [à l'étranger] une éducation meilleure qu'en Pologne ; et si je vis, je me chargerai de leur fortune ». Le 21 décembre de la même année (billet *j. cit.*), le roi s'engageait de plus à continuer la pension de 12.000 gros écus promise au père « à ses enfants qui proviendraient de ma cousine ».

(7) Une « Consultation sur la maladie de Mme la duchesse Ossolinska, délibérée à Nancy le 10 octobre 1741 » et rédigée par Bagard (pièce provenant des archives de l'ancien Collège de médecine, communiquée par Mme Fernand Simonin, de Nancy), rappelle que Catherine avait déjà eu quatre filles avant ces accidents. Dans ces conditions, continue le réputé praticien, « Madame reçut la nouvelle de la mort de la dernière de ses filles ». Ce décès est sans doute

CATHERINE-DOROTHÉE JABLONOWSKA, DUCHESSE OSSOLINSKA

(D'après une miniature du Musée historique lorrain, à Nancy.)

Elle quittait peu Lunéville, où il fallait même des circonstances exceptionnelles pour qu'elle daignât paraître aux réceptions (1). Soumise à un régime singulièrement compliqué (2), elle vivait confinée au donjon, partageant ses lectures entre les ouvrages d'édification et les œuvres galantes, curieuse aussi des traités médicaux qui occupent les plus nombreux rayons de sa bibliothèque ; ou, entourée de ses suivantes préférées, filant à son rouet (3). Rouet armorié, car chez les Ossolinski le blason des Topór se répète partout : tissé sur les tapisseries, sculpté ou marqueté sur les meubles, peint sur les caisses à fleurs de leurs maisons de campagne.

antérieur au 24 février 1738, car dans l'acte relatif à l'abandon par Ossolinski des biens de Pologne (v. *suprà*, p. 43) nous lisons : « Si la la volonté de Dieu n'était pas que Monsieur le Duc et Madame la Duchesse puissent jouir de la satisfaction d'avoir d'eux un héritier ou héritière... » Si l'on en croit la *Gazette de Hollande* (1737, n° 31, de Paris, 8 avril) c'est une des grossesses dont fait état la consultation, qui empêcha Catherine de partir de Meudon pour la cour de Lorraine dès le 3 avril, en même temps que la reine de Pologne : « La duchesse Ossolinski, qui n'avait pu accompagner la Reine, à cause qu'elle n'était pas assez bien rétablie de sa fausse couche, partit hier pour se rendre pareillement à Lunéville. » — Sur l'inventaire après décès des Ossolinski nous relevons : « Portrait d'un enfant de Madame la Duchesse, à l'huile. »

Luynes se trompe donc lorsque, quittant le grand maître, qui s'est étendu sur sa « situation personnelle », il consigne le 27 septembre 1745 sur ses cahiers (*op. cit.*, t. VII. p. 71): « M. d'Ossolinski, qui a été marié deux fois, n'a pas eu d'enfants de sa seconde femme qui est Jablonowski... ». D'autre part, aucun nobiliaire, ni même aucun des tableaux généalogiques de la Bibl. Ossolinski ne fait mention des filles de la duchesse.

(1) Il ne semble pas que Mme Ossolinska soit jamais retournée de Lunéville à Versailles. A part ses séjours à Einville, La Malgrange et Commercy, on ne peut guère citer jusqu'à sa mort qu'un seul voyage, lorsqu'elle vint à Metz, le 1er septembre 1744, saluer Louis XV convalescent et assister au *Te Deum* chanté le 3 à la cathédrale. Luynes (t. VI, p. 64) écrit de cette ville, le dimanche 2 : « Mme la duchesse Ossolinska est ici d'hier, et doit voir le Roi à neuf heures. »

(2) Consultation du 10 octobre 1741, *j. cit.*

(3) L'inventaire ne mentionne pas moins de huit rouets, un tour à filer et deux dévidoirs.

Dans la salle principale de la Ménagerie de Lunéville, se dressait, commenté par une pompeuse légende, un grand arbre généalogique de la maison de Tenczyn. Sur les feuilles des derniers rameaux, M. le Duc avait-il inscrit le nom des quatre petites défuntes, progéniture du second lit ? On y lisait assurément ceux des enfants que lui avait donnés sa première femme, Catherine Mionczynska : une fille, Anne-Barbe, mariée en 1724 à Joseph Szaniawski, staroste de Chenciny, sous-échanson de la Couronne (1), et deux fils, le comte Joseph et Thomas.

De la fille comme du gendre, riche de 100.000 écus de rente (2) et qui s'était empressé de se défaire à son tour de la charge de grand trésorier délaissée par son beau-père, nous n'avons rien à dire ici. Lunéville les ignora.

Mais, en février 1738, Joseph et Thomas se trouvent réunis au château de Stanislas. Ils y renoncent à toute prétention sur l'héritage de M. le Duc, en raison des avantages immédiats qui leur sont consentis par l'abandon des terres de Pologne (3). Le comte Joseph (4), il est

---

(1) Szaniawski, arm. Junosza. Les époux eurent trois enfants, dont deux fils, Constantin et Ignace, cités ci-après. La fille, Anne, fut mariée à Michel Ossolinski, d'une autre branche. De cette union naquit en 1748, à Wola Mielecka, près de Sandomir, Joseph-Maximilien, le célèbre érudit et bibliophile, fondateur (1817-1826) de la Bibliothèque, aujourd'hui Institut national, des comtes Ossolinski, à Lwów. L'*Ossolineum* est l'un des plus beaux établissements de ce genre en Europe. Joseph-Maximilien devait lui-même épouser, en 1785, Thérèse Jablonowska, petite-fille de M. le Duc (voir *infrà*, p. 57, n. 1). Divorcé six ans plus tard, sans enfant, il ne se remaria pas et mourut à Vienne le 17 mars 1826. Voir, comme la plus récente étude qui lui soit consacrée : Adam FISCHER, *Zasluga Józefa Maksymiliana Ossolinskiego* (Les mérites de J.-M. Ossolinski), dans *Kwartalnik historyczny* (Trimestriel historique), t. XXXII, 1er fasc., Lwów, 1918 ; p. 41-52.

(2) LUYNES, *op. cit.*, t. VII, p. 71.

(3) Cf. *suprà*, p. 43, n. 3.

(4) Joseph-Kanty Ossolinski, staroste de Sandomir (1729), porte-enseigne de la cour (17 décembre 1738). Palatin de Volhynie le 5 janvier 1757, il renonce à cette charge au profit de Jérôme Sanguszko en 1775 et meurt à Rymanów le 18 septembre 1780, âgé de 73 ans.

vrai, ne s'attarda pas en Lorraine. Staroste de Sandomir, entièrement acquis au parti saxon, jouissant d'une plus grande fortune encore que les Szaniawski (1), il devait être, quelques mois après, nommé porte-enseigne de la cour d'Auguste III. Plus tard et dix-neuf ans durant, il sera palatin de Volhynie.

Quant à Thomas (2), Catherine Opalinska se l'était attaché dès Meudon. Il n'eût tenu qu'à lui de vivre heureux en Lorraine. « Je t'apprendrai de mon fils, cadet », avait écrit de Paris, le 15 décembre 1736, avec son emphase habituelle, Ossolinski à son frère Jean-Stanislas, qu'il est, au delà de toute espérance, devenu terriblement poli. Grâce à la reine de Pologne, il a été nommé son premier chevalier d'honneur, avec un traitement considérable. Cette charge est une des plus dignes de ce pays, où ce sont toujours des hommes des plus hautes familles et des princes du sang qui ont l'honneur d'en être investis. C'est pour lui-même une grande distinction et pour moi un grand bonheur. Il a reçu en outre, des faveurs de S. M. le roi de France, une compagnie dans le régiment du comte de Belle-Isle, lieutenant de ses armées (3). »

Il avait épousé, le 4 février 1731, Thérèse-Hedwige de Zmigrod-Stadnicka, fille de Casimir, staroste de Libusza, morte en 1776. De ce mariage naquirent, outre deux filles — Thérèse, unie à Joseph Potocki, et Marie, unie à Joseph Mniszech, porte-enseigne de la Couronne, — deux fils, Maximilien et Joseph-Ignace, dont il est parlé plus loin. — Lire Joseph Bartoszewicz, *Józef i Teresa Ossolinscy,* dans *Tygodnik illustrowany* (Hebdomadaire illustré), t. IX, 1864, p. 85 et 103.

(1) Luynes attribue en 1745 au comte Ossolinski, d'après ce que lui a affirmé M. le Duc, « environ 8 millions de biens, sans compter près de 100.000 livres de rente de gouvernement »; et en 1748, « 400.000 livres de rente ». (*Mémoires,* t. VII, p. 71 ; t. VIII, p. 92.)

(2) Thomas-Constantin.

(3) Bibl. Ossolinski, *ms. cit.,* n° 1.123. — « Pour les enfants, l'aîné est déjà bien établi ; le cadet, Monsieur le grand trésorier sera plus à portée de l'établir après que son caractère se sera développé », avait dit Stanislas à Kœnigsberg, dans son Mémoire de 1735.

Thomas, cependant, paresseux, fantasque, n'exerça pas longtemps ses fonctions. Un jour de novembre 1738, on le releva inanimé sur la terrasse du château. L'accident fit du bruit. La *Gazette de Hollande* en répandit cette version officieuse : « On apprend de Lunéville que le comte Ossolinski, fils du duc de ce nom, étant tombé de sa fenêtre, où il était occupé à lire, était resté évanoui sur la place pendant trois heures, sans que personne s'en aperçût, mais qu'ayant été ensuite soigné, il était revenu de son évanouissement et que depuis il se portait mieux (1). » Peu de semaines après, M. le Duc reconduisait à la frontière le chevalier d'honneur (2), et il y a lieu de penser qu'il ne le revit jamais. Recommandé à Auguste III et au comte de Brühl (3), devenu staroste de Nur, marié en 1741 à sa cousine Thérèse Lanckoronska (4), on retrouve quarante

---

(1) *Gazette de Hollande*, 1738, n° 98 ; de Paris, 14 novembre.

(2) « Le duc Ossolinski, reconduisant son fils à Strasbourg, pour l'envoyer en Pologne, aura le bonheur de vous voir. » Stanislas à Du Bourg, de Lunéville, 5 décembre 1738. (Ms. n° 6.615 de la Bibl. de l'Arsenal.)

(3) Ossolinski écrivit à Brühl, et l'une des premières lettres de Stanislas à Auguste III, après leur réconciliation, fut également en faveur de Thomas. Le roi sollicitait, par la même occasion, la transmission au profit de ses cousins Jablonowski des biens royaux autrefois accordés à leurs parents le palatin et la palatine de Russie. Voir à l'Appendice les pièces justificatives 2 et 2 *bis*.

(4) Thérèse Lanckoronska, née d'Albert, castellan de Gostyn, et d'Alexandra Zaluska, fille du palatin de Rawa. Le 22 novembre 1741, Ossolinski écrivait à son frère : « Le staroste de Nur, mon fils, eût dû auparavant me communiquer, selon toute bienséance, tous les articles de son contrat, puisque je suis encore en vie et en possession des biens, plutôt que de le conclure à son grand désavantage. Mais puisque cela est fait, que Dieu bénisse le jeune couple. » (Bibl. Ossolinski, *ms. cit.*, n° 1.139.) Le 2 décembre (*Ibid.*, n° 1.140), Ossolinski, gémissant encore « sur les actions imprudentes de ses enfants », auxquelles il est, dit-il, malheureusement habitué, parle d'une réponse « au staroste de Nur et à sa femme ». Kossakowski, *Monografie historyczno-genealogiczne*, t. II, p. 133, fait donc erreur en datant le mariage du 26 juin 1742. — Le 25 septembre 1745, Luynes (*op. cit.*, t. VII, p. 71) note, pendant un séjour du père à Versailles : « ... le

ans plus tard Thomas Ossolinski porte-glaive de Podlachie (1).

En l'absence de l'aîné (2), à peu près brouillé avec le cadet (3), le duc de Tenczyn se plut à reporter sa sollicitude sur plusieurs neveux et sur ses petits-enfants.

Arrivé en avril 1739 chez son oncle, Alexandre Osso-

cadet s'est marié depuis peu par inclination, mais avec une fille de grande condition. Il a eu 50.000 livres de rente en mariage et une terre où il y a une très belle habitation. »

(1) Veuf depuis 1775, il mourut en 1791. Sa fille Catherine épousa, en 1761, le comte Roch Jablonowski, castellan de Wislica, et mourut à Lwów en 1796. C'est de cette dernière union qu'est issue Thérèse, femme de Joseph-Maximilien Ossolinski (voir *suprà*, p. 34, n. 1).

(2) C'est seulement après le décès de M. le Duc, que Joseph Ossolinski revint à Lunéville, accompagné de sa femme et pour un assez long séjour. Le 7 juillet 1763, la comtesse y fut, nous le verrons, marraine du fils de l'ancien intendant de son beau-père, Jankovitz. Le 29 octobre, le comte signe chez Thiriet (auj. étude Galand) trois procurations au sieur Alexandre Chazinski, à l'effet de régir ses affaires en Pologne. Par acte du 26 novembre 1764, chez Levêque (étude George), Anne Krotonska déclare que Joseph Jankovitz, son mari, étant sur le point d'emprunter 6.000 l. au comte Ossolinski, elle s'oblige conjointement. Cf. Arch. M.-et-M., C. 2.045, fol. 52, n° 7 ; 2.048, fol. 34, n° 2.

(3) Ossolinski continua longtemps à se répandre en lamentations sur la conduite de Thomas. Le ton de ces plaintes ajoutera à l'idée que l'on a déjà pu se faire de son caractère. « M. le chancelier de la Couronne », confie-t-il, par exemple, de Lunéville, le 26 août 1741, au *podstoli* de Podlachie, « m'a écrit maintes fois pour se plaindre que mon fils Thomas néglige la cour, qu'il s'est enfoncé dans sa maison et passe son temps en fainéant.... S'il agit ainsi par dépit, afin que je prenne plus grand soin de lui, ah ! non, qu'il n'y compte de sa vie. J'ai déjà assez fait pour lui... Qu'il demeure casanier ou devienne homme public, peu m'importe, pourvu qu'il tâche de demeurer honnête envers Dieu et envers le monde. Qu'il n'espère pas avoir de mon vivant plus qu'il n'a, car je ne saurais me réduire à la mendicité pour l'amour d'enfants qui se conduisent mal. Ici-bas les pigeons ne tombent pas tout rôtis dans la bouche... Thomas n'obtiendra pas de moi de dédommagement pour ce qu'il a perdu 'par sa propre fatalité et sa mauvaise conduite'. Tous les honnêtes gens en sont juges... S'il veut continuer sa vie désordonnée, je n'en mourrai ni ne m'en chagrinerai. » (Bibl. Ossolinski, *ms. cit.*, n° 1.435.)

linski (1) fut inscrit à l'École des cadets, où le rejoignit,
en 1741, son cousin germain Constantin Szaniawski (2) ;
où lui succédèrent, en 1747, son frère Antoine, *Antos* (3);
en 1749, son second cousin Szaniawski, Ignace (4) ; en
1755, enfin, un autre frère, Casimir (5). Chacun de ces
jeunes gens resta près de trois ans à Lunéville et fut,
comme bien l'on pense, adulé de toute la cour. Il suffit
d'entendre parler d'eux M. le Duc. A la venue d'Alexandre
— le cher *Oles* (6), le cher *Olesinko*, M. le petit staroste,
le starostin (*staroscic*), — il écrivait au père : « Toute la
consolation que je ne puis avoir de mes propres enfants,
Dieu m'en dédommage en la personne de mon très aimé
Oles, votre fils. Je vous assure que j'aurai soin de ce petit
comme de la prunelle de mes yeux, car je suis persuadé
qu'il deviendra l'unique *decus et firmamentum* de notre
famille (7). » Ou, quand il eut embrassé le *podstolic*
Constantin : « J'ai salué ici, il y a quelques jours, mon
petit-fils, fils du *podstoli* de la Couronne (8), dont je suis
également fort content.... Il m'a été envoyé par ma fille,
Mme la *podstolina* (9), avec M. Nieprski, mon ancien
écuyer. Ayant sans cesse sous les yeux les deux fondements
de notre famille, le petit *Oles* et le petit *Kostus* (10), quand

(1) Alexandre Ossolinski, fils de Jean-Stanislas, *podstoli* de Podlachie,
et de Louise Zaluska (voir *suprà*, p. 37, n. 1). Cadet n° 32.

(2) François-Constantin Szaniawski (voir *suprà*, p. 54, n. 1). Cadet n° 50.

(3) Antoine Ossolinski, cadet n° 87. Marié à Rosalie, comtesse
Butler, fille d'Alexandre, staroste de Mielnik. — *Antos* (*s* mouillé),
diminutif d'*Antoni*.

(4) Cadet n° 105.

(5) Casimir Ossolinski, cadet n° 134.

(6) *Oles* (*s* mouillé), diminutif d'*Alexander*.

(7) De Lunéville, 20 mai 1739. Et le 30 du même mois : « Je soigne
Oles comme moi-même. Nous le traitons comme notre propre enfant ;
nous l'aimons comme l'unique consolation de notre maison. » (Bibl.
Ossolinski, *ms. cit.*, n°s 1.127 et 1.128.)

(8) En réalité, nous l'avons dit, simplement *podstoli* de Podlachie.

(9) *Podstolina*, femme du *podstoli* : leur fils est le *podstolic*.

(10) *Kostus* (*s* final mouillé), diminutif de *Konstanty*.

j'aurai vu le terme de leur éducation je pourrai crier à
Dieu : *Nunc dimitte servum tuum, Domine, in pace* (1). »
Lorsqu'en 1742 il se rendit à l'élection de l'Empereur,
M. le Duc prit plaisir à les conduire l'un et l'autre à
Francfort (2), où ils passèrent plus d'un mois. « Nous
resterons ici jusqu'au 15 », apprend Ossolinski à sa belle-
sœur. « Les enfants auront l'occasion d'y voir plus pendant
ce séjour qu'au cours de dix années de pérégrinations. »
Et bien qu'il n'y eût alors aucun souverain dans la ville,
en son enthousiasme du succès rencontré le grand maître,
incorrigible, ajoute : « Ils sont toujours, dans les assem-
blées publiques, présentés aux rois, aux princes, aux
seigneurs et aux ministres étrangers (3). »

Quoi qu'eût prédit M. le Duc, qui admirait en lui un
« cavalier parfait », un élève « comprenant tout et avan-
çant dans tous les exercices sans le moindre effort, écrivant des vers comme le plus excellent poète », son neveu
Alexandre, staroste de Drohiczyn et de Sulejów, porte-
glaive de Lithuanie, uni le 29 septembre 1757 à Bénédicte-
Antoinette de Lœvendal, fille du comte Valdemar,
maréchal de France (4), n'ajouta rien d'extraordinaire au
lustre de sa lignée, dont la fin n'est d'ailleurs plus très
lointaine. Avec le comte Victor, dernier rejeton mâle des

(1) Ossolinski à sa belle-sœur, s. d. [septembre 1741]. Le 21 octobre,
il lui annonce qu'il renvoie en Pologne ce Nieprski, « actuellement
sous-lieutenant dans le régiment du général Bukowski ». (*Ibid.*,
nᵒˢ 1.136 et 1.137.)

(2) « Si l'élection a lieu avant le nouvel an, je serai obligé, de par
la volonté de Sa Majesté, de me rendre personnellement à Francfort,
et alors je prendrai *Oles* et *Kostus* avec moi, pour les montrer à tout
le monde. » Ossolinski à sa belle-sœur, de Lunéville, 3 novembre 1741.
(*Ibid.*, nᵒ 1.138.)

(3) De Francfort, s. d. [février 1742]. (*Ibid.*, nᵒ 1.147.)

(4) Et de Barbe Szembek. Leur propre fille, Anne, épousa : 1ᵒ son
cousin issu de germain, Joseph-Ignace Ossolinski, cadet de Lunéville,
qui va suivre ; 2ᵒ après divorce, le quartier maître général de la Couronne Casimir Krasinski, lui-même ancien cadet (nᵒ 59), dont il sera
parlé plus loin.

seigneurs d'Ossolin, s'éteindra, assez piteusement, au milieu du xixᵉ siècle, la dynastie des Tenczynski (1).

Instruit non à l'Académie de Lunéville mais dans un collège parisien (2), l'aîné des fils du comte Joseph, Maximilien (3), charma, après la cour de Louis XV où le présenta son grand-père, la cour de Leszczynski. A dix-neuf ans colonel à la suite du régiment d'Alsace-infanterie(4), c'est lui que le grand maître choisit pour son héritier. Nous le verrons plus loin soutenir en cette qualité un procès compliqué devant les juridictions lorraines (5).

Un frère de Maximilien enfin, Joseph-Ignace Ossolinski, futur palatin de Podlachie, vécut lui aussi plusieurs années à Lunéville(6). Il fut à l'École des cadets le quatrième élève de son nom ; le sixième de la famille (7). Il fréquenta toutefois beaucoup moins le château royal que ses devanciers. A cette époque le duc et la duchesse Ossolinski étaient morts.

(1) Victor Ossolinski (1790-1850) eut de Sophie Chodkiewicz, sa femme : Wanda, mariée 1ᵉ à Thomas Potocki ; 2ᵉ à Stanislas Jablonowski.

(2) Cf. LUYNES, *op. cit.*, t. VII, p. 71 ; du 25 septembre 1745.

(3) Maximilien-Hilarion-André-Joseph-Boboli, né en 1734.

(4) 29 novembre 1755. Arch. du ministère de la Guerre.

(5) Voir *infrà*, chapitre vii.

(6) A partir de 1759. Voir chapitre viii.

(7) Joseph-Ignace-Cyprien-Hercule Ossolinski, cadet nᵉ 152. Staroste de Sandomir (1764), palatin de Podlachie (1774), mort le 22 juillet 1774. Marié : 1ᵒ à sa cousine Anne Ossolinska, fille d'Alexandre (cf. *suprà*, p. 59, n. 4) ; 2ᵒ après divorce, à Marianne Penczerzewska *vel* Pencherz, d'où Joseph-Timothée (1784-1790). Sur Joseph-Ignace, voir aussi le chapitre vii.

CHAPITRE III

Les princes du sang *(suile)*. — Les Jablonowski.
Madame de Talmont.

Au nombre des arguments mis en avant à Kœnigsberg,
afin d'engager Catherine Ossolinska à le suivre dans ses
nouveaux États, Stanislas faisait valoir le soulagement
qu'éprouverait sa cousine à s'éloigner d'une famille qui,
par ses tracasseries, lui avait donné assez de sujets de
mécontentement « pour lui rendre le pays natal désagréable ». — « Je suis persuadé, affirmait le roi, qu'elle sera
contente, avec son cher époux, d'aller et d'être au bout
du monde. » Lunéville n'était pas à ce point au bout du
monde, ni les dissentiments d'intérêt des Jablonowski
suffisamment aigus, pour qu'un frère au moins de la
duchesse ne l'y visitât pas.

Si Jean (1), palatin de Braclaw, et Dimitri (2), staroste de

(1) Jean-Cajetan Jablonowski, né en 1700, staroste de Czechryn et
palatin de Braclaw. Marié : 1° en 1730, à Thérèse Wielorska ; 2° en
1750, à Anne Sapicha. Mort sans postérité à Ostróg, le 5 mars 1764.
On lui doit plusieurs écrits d'inspiration religieuse. Il a notamment
évoqué avec complaisance les figures bibliques d'Esther, de Judith et
de Susanne, et versifié, en polonais, d'après une homélie de saint
Bernard, un parallèle entre le Joseph de l'Ancien et le Joseph du
Nouveau Testament (1749).

(2) Dimitri-Hippolyte Jablonowski, staroste de Biecz, Wisniów, etc.,

Biecz, renoncèrent au voyage de Lorraine, Stanislas-Vincent(1), palatin de Rawa, leur aîné, l'effectua jusqu'à trois reprises ; et il n'eut certes pas à le regretter. Arrivé à la cour dans l'été de 1740 (2), il en repart en mars 1741 revêtu, grâce aux sollicitations de Leszczynski à Madrid, du collier de la Toison d'or (3). Il y repasse l'année suivante, allant en France (4). On l'y revoit au début de 1750, devenu en 1744, en même temps que ses frères, prince héréditaire du Saint-Empire, et alors que le cordon bleu l'attend à Versailles (5). Les statuts de l'ordre du Saint-Esprit imposaient aux postulants de faire preuve de seize quartiers de noblesse. Rappelé à Varsovie par une prochaine diète, le palatin de Rawa n'était pas en état de produire aussi vite les pièces exigées. Il s'adressa à Leszczynski. Le roi de

né en 1706, mort en juin 1788. Marié : 1º à Catherine-Jeanne Szembek, 2ª à Josèphe Mycielska. Eut une fille du premier lit, six fils et une fille du second. C'est par Mathieu (1757-1844), époux d'Anne Szeptycka, préfet de Lublin en 1812, que s'est continuée jusqu'à nos jours la descendance mâle des Jablonowski. Une arrière-petite-fille de Dimitri, Marie-Thérèse Jablonowska, née en 1864, a épousé en 1887 Maurice Bernhardt, fils de l'actrice Sarah.

(1) Né en janvier 1694. Marié : 1º à Jeanne Potocka, d'où Jean, mort en 1740 ; 2º à Dorothée Bronisz, veuve de Jean Radomicki, palatin de Inowroclaw, d'où Antoine-Barnabé, dont il est question ci-après.

(2) « Le comte Jablonowski partit avant-hier pour se rendre à la cour de Lunéville. » (*Gazette de Hollande*, 1740, nº 70 ; de Paris, 22 août.)

(3) La Toison lui fut remise à Versailles en janvier 1741, après que ce cousin eût été présenté les 9 et 10 du même mois à Louis XV et à Marie Leszczynska. Cf. LUYNES, *Mémoires*, t. III, p. 303-304. Sur les difficultés protocolaires qui précédèrent cette cérémonie, que le roi de Pologne avait bien compté devoir se faire à Lunéville, voir notre édition des *Lettres de Stanislas à Jacques Hulin, son ministre en cour de France*. Nancy-Paris, 1920, in-8º; p. 75-76, lettre 16 (21 novembre 1740). — « Le comte Jablonowski part aujourd'hui pour retourner à la cour du roi de Pologne, duc de Lorraine. » (*Gazette de Hollande*, 1741, nº 9 ; de Paris, 23 janvier.)

(4) Cf. LUYNES, *op. cit.*, t. IV, p. 196 ; du 22 juillet 1742.

(5) Chapitre de l'Ordre du 2 janvier. Cf. *Mercure de France*, mars 1750, p. 204. — CHATRIAN, Anecdotes ecclésiastiques du diocèse de Nancy (avant 1903 ms. nº 184 (catalogue Vacant) de la bibliothèque du Grand Séminaire), t. IV, p. 100.

Pologne lui écrivit « une lettre telle qu'il pouvait la souhaiter » et lui envoya une attestation qui suppléa aux titres originaux (1). Autorisé le 15 février, en chapitre de l'Ordre, au port du cordon, mais ayant dû selon l'usage quitter au même moment celui de l'Aigle blanc (2), Stanislas Jablonowski fit, sur le chemin du retour, un dernier arrêt à Lunéville. Et quelle exubérante gratitude de la distinction obtenue son cousin dut-il exprimer au ducroi, lui qui, deux ans plus tard, traduisait encore sa reconnaissance en assurant notre ambassadeur à Varsovie, le comte de Broglie, qu'il donnerait la moitié de son bien pour qu'un Bourbon fût placé sur le trône de Pologne (3).

Le duc de Luynes, peu galant en la circonstance, dit du palatin de Rawa : « Il n'est pas grand et a une assez vilaine figure. Il ressemble beaucoup à Mme Ossolinska (4). »

(1) LUYNES, *op. cit.*, t. X, p. 207-208.

(2) Voici, toujours selon le duc DE LUYNES *(loc. cit.)*, quelques détails à ce sujet : « Après la messe, on fit entrer les chevaliers... M. l'abbé de Pomponne [chancelier de l'Ordre] commença par montrer au Roi les papiers venus de Lunéville. S. M., après y avoir jeté un coup d'œil, sur son bureau, se remit debout derrière son fauteuil. M. l'abbé de Pomponne alla se placer à l'autre bout, vis à vis le Roi, et y lut un petit mémoire sur la maison de Jablonowski, qu'il dit descendre des Jagellons, ajoutant que son principal avantage était d'appartenir de fort près au Roi et au roi de Pologne. Il conclut par demander au Roi, au nom de M. Jablonowski, la permission de porter le cordon. Le Roi tourna la tête à droite et à gauche comme pour demander les avis ; personne ne parla, comme on peut croire, et la permission fut censée accordée. M. d'Aumont [le duc d'A., premier gentilhomme de la chambre du roi] fit entrer aussitôt le palatin de Rawa, les chevaliers étant encore dans le cabinet ; il y fit son remerciement au Roi, et prit congé en même temps, devant partir demain. Dès l'après-midi, il mit le cordon bleu ; il avait l'ordre de l'Aigle blanc, il a été obligé de le quitter, cet ordre étant incompatible avec celui du Saint-Esprit, qui n'en admet aucun étranger que celui de la Jarretière. L'ordre de la Toison d'or n'est plus regardé comme étranger depuis Philippe V. » A en croire la *Gazette de Hollande* (n° 18, 23 février), c'est seulement le vendredi 20 que Jablonowski partit pour Lunéville, regagnant la Pologne.

(3) Cf. H. ZDZITOWIECKA, *op. cit.*, p. 115.

(4) *Mémoires*, t. IV, p. 196 ; 22 juillet 1742.

Comme son frère Jean, dont il partageait l'orgueil démesuré, c'était un républicain acharné, lié au parti des Potocki, détestant la Saxe. Mais autant Jean était un esprit faible, adonné aux rêveries mystiques, autant Stanislas-Vincent était épris d'action, avide d'intrigues politiques. Broglie a pu parler de « l'ardeur de son génie (1) ». A tout considérer, son zèle pour la France n'était pas entièrement désintéressé. Louis XV l'estimait « un homme qu'on peut faire concourir dans les moyens subalternes (2) ». Il n'eût pas été un Jablonowski, s'il n'avait abordé la littérature (3). Il n'a pas que chanté les faits d'armes de son grand-père. Ainsi que le palatin de Braclaw, il a composé des ouvrages d'édification. Il dédia au cardinal Lipski une *Vie de saint Jean Népomucène* (4). Il a publié les *Sept larmes du pécheur pénitent* (5). Sous le titre de *Tacite polonais ou réflexions sur la flatterie* (6), il a traduit dans la langue paternelle Amelot de La Houssaye (7).

D'une union en secondes noces avec Dorothée Bronisz, le prince Stanislas-Vincent Jablonowski, qui mourut le 25 septembre 1754, avait pour fils Antoine (8). L'enfant, âgé

(1) Lettre du 17 septembre 1752. (Arch. Aff. étr., Pologne, vol. 237, fol. 271.)

(2) Cf. *Recueil des Instructions données aux ambassadeurs ; Pologne*, par FARGES, t. II, p. 129-130.

(3) WOLYNSKI a pu consacrer une étude aux « princes Jablonowski dans la littérature » : *Ksionzenta Jablonowski w literaturze*. Voir *Tygodnik illustrowany*, 1880, t. II.

(4) *Historya zycia S. Jana Nepomucena...* Czestochowa Jasnogóra, 1740.

(5) *Siedm lez grzesznika pokutujacego.* Lwów, s. d.

(6) *Tacyt polski albo moralia nad podchlebstwem.* Lwów, 1744.

(7) AMELOT DE LA HOUSSAYE, *La morale de Tacite.* 1686, in-12.

(8) Antoine-Barnabé Jablonowski, né le 27 janvier 1732, castellan de Cracovie, mort le 4 avril 1799. Marié : 1° en 1755 à Anne, princesse Sanguszko ; 2° en 1766, à Thécla Czaplic. Du premier lit, outre deux filles, Thécla, femme de George Potocki, et Dorothée, femme du prince Joseph Czartoryski, Antoine Jablonowski eut un fils, Stanislas-Paul (1762-1822), député à la Diète de Quatre ans, ambassadeur en

de moins de neuf ans, accompagna son père dans son premier voyage à Lunéville et fut aussi conduit en France (1). En 1748, confié aux soins du colonel Jakubowski (2), ce « petit-neveu » revint à la cour de Lorraine rendre ses hommages à son « oncle » Leszczynski ; et, à la suite de cette visite, fut sous son patronage présenté à Versailles (3). Sept ans plus tard, ayant obtenu la main d'Anne Sanguszko, fille de Paul, grand maréchal de Lithuanie, et de Barbe Dunin, c'est Lunéville qu'Antoine choisit pour passer quelques semaines de sa lune de miel (4). L'examen des

Prusse et sénateur du duché de Varsovie, marié à Théodora Walewska et dont la descendance mâle s'éteignit en 1878 avec Stanislas-Jean, petit-fils d'Antoine, sénateur du royaume de Pologne sous Alexandre Iᵉʳ. Du second lit, est né Maximilien (1785-1846), grand maître de la cour en 1825, marié à Thérèse, princesse Lubomirska, d'où Ladislas, chambellan russe, mort lui aussi sans postérité mâle en 1875.

(1) « Le fils aîné du comte Jablonowski, chevalier de la Toison d'or, arriva ici, il y a quelques jours, de la cour de Lunéville. » (*Gazette de Hollande*, 1741, nᵒ 25 ; de Paris, 20 mars.)

(2) Adalbert, baron Jakubowski, né en 1712. Venu de bonne heure en France et protégé par Stanislas, colonel à la suite de Royal-Pologne, plus tard brigadier, il fut attaché dès 1733 au service du royaume pour les affaires de Pologne et se vit confier diverses missions diplomatiques. Après avoir participé au « secret du roi », il sera officiellement chargé de la correspondance en 1764. Auteur de quelques poésies, il mourut à Varsovie en 1784.

(3) Stanislas l'y retrouva pendant le séjour qu'il fit auprès de sa fille du 29 août au 10 septembre. Cf. LUYNES, *op. cit.*, t. IX, p. 92 et 106. Le 7 juin précédent, le roi de Pologne avait écrit de La Malgrange à Mᵐᵉ de LUYNES : « En envoyant, ma chère duchesse, mon neveu le prince Jablonowski à Paris, il ne saurait se présenter à la cour plus agréablement que sous vos auspices ; ainsi je me donne la liberté, par la confiance que j'ai de votre amitié, de vous prier de vouloir le produire. » (*Ibid.*, t. IX, p. 228.)

(4) Le mariage avait eu lieu le 28 septembre 1755. Dans un mémoire pour servir d'instruction à M. Durand, envoyé comme ministre de France en Pologne, daté de Versailles, 30 novembre 1754, il est déjà question de cette venue : « Quant à Mᵐᵉ la princesse maréchale Sanguszko ...elle va marier sa fille avec le prince Antoine Jablonowski, fils du feu palatin de Rawa ; elle a le projet de la mener ensuite en France faire sa cour à la reine, ce qui fournira l'occasion de lui donner des marques d'attention qu'elle mérite par toute sorte de raisons. » (FARGES, *op. cit.*, t. II, p. 179.)— Rien postérieurement n'indique que la princesse douairière se soit jointe aux époux.

registres du contrôle des actes atteste que le futur castellan de Cracovie et sa femme ne s'éloignèrent pas sans laisser chez un tailleur et des marchands de la résidence diverses dettes, qui sans doute restèrent impayées (1).

Le plus jeune des cousins germains de Stanislas, cousin germain aussi de la duchesse Ossolinska, le prince Joseph-Alexandre Jablonowski (2), ne pouvait qu'être tout particulièrement bien accueilli au château quand il lui prenait fantaisie d'y venir. En 1730, nous le rencontrons déjà à Chambord, où, staroste de Busk, il figure comme témoin au mariage de la duchesse de Châtellerault (3). Pendant l'affaire de la Succession de Pologne, il avait secouru Stanislas de son argent; plaidé sa cause auprès de l'hésitant Louis XV (4). En 1738, il s'intéresse directement au projet de restauration de Stanislas envisagé par les Potocki avec le concours de la Turquie, et les lettres que lui adresse à

(1) Promesses, sans date, souscrites par le prince Jablonowski au profit de Joseph Hablot, tailleur [habitait, en 1769, au nº 105 de la Grande-Rue], de François-Nicolas, marchand [20, rue de Viller] et soumises au contrôle les 6 septembre et 9 décembre 1756. (Arch. de M.-et-M., C. 2.208, fol. 24, nᵒˢ 12 et 13 ; 2.029. fol. 44, nº 9.) — « Promesse de 186 l. par dame Anne, princesse de Jablonowska, à la dᵉˡˡᵉ Oudin, du 5 novembre 1755 », contrôlée le 22 décembre 1756. (*Ibid.*, C. 2.029, fol. 54, nº 3.)

(2) Fils unique d'Alexandre-Jean, frère du palatin de Russie, et de Théophile Sieniawska. Né le 4 février 1712 ; mort le 1ᵉʳ mars 1777, à Leipzig, où il s'était fixé depuis longtemps. Prince du Saint-Empire le 16 avril 1743. Marié : 1º en 1740, à Charlotte, princesse Radziwill, veuve du prince Casimir Sapieha ; 2º en 1766, à Françoise Woroniecka. Du premier lit le prince eut deux filles : Théophile, qui épousa Joseph Sapieha, et Anne, unie en 1767 à Mathias Lanckoronski (v. *infrà*, p. 69), morte en 1784. Du second lit, un fils, Auguste, né en 1769, avec qui s'éteignit en 1791 la postérité mâle.

(3) Cf. *suprà*, p. 26. — L'acte de mariage porte *Bourg* au lieu de Busk.

(4) Le 5 novembre 1734, Joseph Jablonowski, *capitaneus Buscencis*, est, avec Charles-Gonzague Wielopolski, général de la Petite-Pologne, Joseph Sapieha, trésorier de Lithuanie, et le colonel Antoine Eperiasz, l'un des quatre plénipotentiaires de Leszczynski signataires de l'acte de la confédération de Dzików (sur celle-ci, voir *Troisième traité de Vienne*, p. 301 et s.).

cette occasion le duc-roi, ne lui cachant pas son impatience de voir se former la confédération générale qui serait le signal de sa rentrée dans la République, attestent la communauté de vues politiques qui rapprochait ces parents (1).

Lorsqu'il séjourna à Lunéville en septembre 1748 (2), Joseph-Alexandre y promena cette suffisance et cette bizarrerie qui ne devaient que trop s'accentuer par la suite, et qui l'ont rendu de son temps presque aussi célèbre que ses écrits et sa munificence. Il se flattait déjà d'un important bagage littéraire, notamment avec son *Empire des Sarmates*, aux éditions multiples (3), un Traité d'héraldique (4), ou ses *Tabulæ Jablonovianæ* (5). Il venait de traduire l'*Histoire ancienne* de Rollin (6). De nombreux ouvrages d'ordres les plus divers : poésie, histoire, géologie, trigonométrie, astronomie, géographie, en latin, en français, en polonais, suivront (7). C'est à son instigation et à ses frais que Joseph Zaluski, ancien grand aumônier de Stanislas (8), dont non seulement il encouragea mais

(1) Henri Szmitt, *Dzieje Polski XVIII g° i XIX g° wieku* (Histoire de la Pologne aux xviii° et xix° siècles), t. I, Cracovie, 1866, p. 133. — H. Zdzitowiecka, *op. cit.*, p. 65-66.

(2) Il en partit pour la cour de France. Marie Leszczynska ne l'attendait pas ; il vint la voir à sa toilette, à Fontainebleau, le 9 octobre. « Lorsque M. de Jablonowski eut fait sa révérence à la Reine, il lui parla un moment en polonais. Quoique ce moment eut été fort court, on put croire qu'il avait au moins dit quelque chose à la Reine au sujet de son voyage ; la Reine nous dit le soir qu'elle n'en savait pas un mot. » Et Luynes d'ajouter : « Il paraît avoir 40 ans ; il a une assez belle figure ; sa femme est une princesse Radziwill, et il n'y a pas longtemps qu'il est marié. Il a l'ordre de Saint-Hubert de l'électeur palatin. » (*Mémoires*, t. IX, p. 101.)

(3) Ouvrage dédié à Michel Radziwill, Halle, 1742. Nuremberg, 1747, 1748, 1751. Halle, 1755.

(4) *Heraldica to jest osada klejnotów*. Lwów, 1742 et 1752.

(5) Amsterdam, 1747. Nuremberg, 1748.

(6) Lublin, 1747. Cf. *Mercure de France*, juin 1747, p. 135.

(7) En voir la liste dans Estreicher, *Bibliografia polska*.

(8) Sur Joseph Zaluski, voir *infra*, chapitre iv.

partagea l'ardeur de bibliophile — le *Catalogus Biblio-
thecæ Jablonovianæ*, publié en 1755 sous sa direction, à
Leipzig, en témoigne — allait composer les *Anecdota
Jablonoviana*, important monument à la gloire de sa
maison (1).

Depuis peu palatin de Nowogrod (1755), le prince Joseph-
Alexandre reparut à Lunéville en 1756, alors qu'il allait à
son tour recevoir à Versailles l'ordre du Saint-Esprit (2).

Avec Stanislas-Vincent, Leszczynski devait plutôt parler
politique ; avec Joseph-Alexandre, écrits et fondations
littéraires ou scientifiques. C'est toutefois relativement
assez tard, en 1759, que le roi de Pologne agrégea son
cousin, très friand des distinctions que ses talents et sa
naissance lui procuraient à l'envi en Pologne, en France,
en Allemagne, à son Académie de Nancy (3). Qui sait si
ce ne fut pas l'initiative du duc-roi dans la capitale lorraine qui décida Joseph-Alexandre, piqué d'émulation, à
fonder de son côté, en 1768, l'Académie de Leipzig, cette
Société Jablonovienne qui, publiant des *acta*, couronnant
des mémoires, elle aussi subsiste encore aujourd'hui ?

Quelques années avant le premier passage du Mécène
slave à Lunéville, avait appartenu à la Compagnie des
cadets, d'octobre 1741 à juillet 1743, Mathias Lancko-

---

(1) *Anecdota Jablonoviana, seu singularia quædam de Jablono-
viano Pruss-Ducum S. R. I. principum domo collecta.* Varsovie, 1751
et 1752, 643 p. de texte et 58 de tableaux généalogiques. Une 3ᵉ édition parut à Varsovie en 1755 sous ce titre différent : *Anecdota quædam singularia celsissimæ de Prussis Ducum ac S. R. I. principum
Jablonoviorum Domus ex archivo celsissimæ familiæ privato...
collecta.* Il se rencontre aussi des exemplaires datés de 1756 et 1757.

(2) Nommé le 1ᵉʳ janvier ; la réception eut lieu le 6 juin. Cf. LUYNES,
op. cit., t. XV, p. 101.

(3) On lit dans les procès-verbaux manuscrits de la Compagnie,
(vol. III, p. 44) : « Séance du 22 mai 1759. M. de Solignac [le secrétaire
perpétuel] y a proposé *par ordre du roi* pour académicien étranger
M. le prince Jablonowski. Accepté. » L'Académie des inscriptions et
belles-lettres compta également Jablonowski comme associé libre et
l'Académie des sciences comme associé étranger.

ronski (1). Petit-neveu à la mode de Bretagne de Catherine
Opalinska (2), cet élève, qui sera un jour castellan de
Kijów *(Kiev)* et palatin de Braclaw, devait, en épousant
Anne Jablonowska, devenir le gendre du grand homme.
Et avant Mathias, il faut encore citer, parmi les Polonais
aussitôt accourus en Lorraine auprès de leur royal parent,
un des beaux-frères de Joseph-Alexandre : Jean Wielo-
polski, futur palatin de Sandomir (3).

L'influence prépondérante acquise sur Stanislas par les
Ossolinski depuis 1733 ne devait pas empêcher Marie
Jablonowska, elle aussi, de revenir à la cour de son
cousin.

Pour l'y attirer, Leszczynski n'eût pu trouver moyen
meilleur que de réserver au chevalier de Wiltz une des
principales charges de sa maison. Il en avait fait son
grand écuyer (4), et la duchesse de Châtellerault, toujours
aussi éprise qu'à Chambord du beau mestre de camp de
Royal-Pologne, s'était empressée de le rejoindre à Lunéville. Puis comme le mari s'y risqua à son tour, on
imagine le rôle qu'il y tint, jusqu'au jour où, poussé à
bout par l'attitude provocante de Wiltz, il traduisit d'un

(1) Cadet n° 49. Arm. Zadora. Fils de Laurent, staroste de Stobnica,
et de Françoise Tarlo. Baptisé à Jazielnice, le 28 février 1723. Marié :
1° en 1753, à Apollonie Morsztyn, morte en 1764 ; 2° en 1767, à Anne
Jablonowska (cf. *suprà*, p. 66, n. 2). Rentré en Pologne en 1744 avec un
brevet de capitaine, il fut chef d'escadron de pancernes (1752), panetier de Podolie (1752), castellan de Kijów (1762), palatin de Braclaw
(1772). Chevalier de l'Aigle blanc (1764) et créé comte romain en 1784,
il mourut à Dembno, le 14 août 1789.

(2) Par sa mère, sœur d'Adam Tarlo dont il sera parlé au chapitre vi.

(3) En 1750. Wielopolski avait épousé en 1733 Marie-Anne Jablo-
nowska, morte en 1765. L'autre sœur du prince Joseph-Alexandre,
Hedwige, eut en 1751 pour mari Nicodème Woronicz, castellan de
Kijów (1748-1761), et mourut en 1770.

(4) Désigné en mars 1737. Provisions du 30 septembre (Arch. nat.,
E. 3.211, fol. 178v°). Reçu conseiller chevalier d'honneur à la Cour
souveraine (cf. *suprà*, p. 38, n. 2) le 2 octobre.

geste exaspéré sa fureur et quitta avec esclandre la Lorraine (1).

Ceci se passait sur la fin de 1737. Les amants ne profitèrent pas longtemps de la liberté que leur laissait la désertion de l'époux. Depuis 1735 le chevalier de Wiltz avait, à la suite d'un accident, une jambe très atteinte. Aucun traitement n'ayant réussi, sa cuisse devint d'une « grosseur monstrueuse ». Transporté à Paris, le patient se refusa à subir l'amputation jugée nécessaire. Plutôt la mort que d'être impropre à servir (2). Agé de trente-sept ans, épicurien, sceptique, il l'accueillit, le 2 avril 1738, la plaisanterie aux lèvres (3), laissant désespérée Marie Jablonowska, qui en tomba gravement malade (4).

(1) Peut-on suivre Soulavie, souvent suspect, dans les détails de son récit ? « Un jour, rapporte-t-il, on vint avertir le duc de Châtellerault que le souper était servi : occupé d'une lecture sérieuse, il répondit que madame pouvait se mettre à table, et continua sa lecture dans son cabinet. Madame de Châtellerault vint elle-même presser son mari... Le chevalier de Wiltz vint à la suite de madame, et le duc le pria de se retirer : mais le chevalier continuant à le plaisanter et à le presser de venir se mettre à table, Châtellerault lui jeta un flambeau à la tête. On tire les épées : l'émotion est dans tout le château, et le roi accourt, qui sépare les combattants. » (*Mémoires du maréchal de Richelieu*, t. VIII, p. 11-12.)

(2) Luynes, *op. cit.*, t. II, p. 58 et 95. — « Je suis pénétré de douleur de l'état du chevalier de Wiltz », écrivait le 15 février 1738 Stanislas au colonel Vauchoux. « Je paie bien chèrement les plaisirs que j'ai eus en passant une partie de ma vie avec lui, par ce qu'il me fait souffrir et les inquiétudes qu'il me donne. Je vous prie de m'apprendre si vous vous apercevez de quelque mieux. » (Collection du prince Adam Czartoryski, au château de Goluchów.)

(3) C'était, nous dit le bibliophile Jamet, qui, employé dans les bureaux du chancelier La Galaizière, le connut en Lorraine : « une espèce de Chaulieu ». De son lit de souffrance, le grand écuyer écrivait à Solignac : « Adieu, la farce est jouée : j'ai les bottes graissées ; si je vais en paradis... je te garderai une chaise auprès de moi et du curé de Meudon. » (Cf. ms. n° 730 de la Bibl. de Nancy, fol. 329.)

(4) « Je suis extrèmement inquiet sur la santé de ma cousine la duchesse de Châtellerault. Je vous prie de la voir et de m'en donner des nouvelles régulièrement. » Stanislas à Hulin, de Lunéville, 10 avril 1738. (Lettre 14 de notre édit.) — Le 15 du même mois, Leszczynski fit

Moins la disparition du complice que le régiment qu'elle lui valut (1) apaisa la juste rancune du jeune duc et l'engagea au pardon. Mis trois jours après le décès de Wiltz en possession de Royal-Pologne, dès le mois de mai Châtellerault reparaissait à Lunéville (2), où allait s'opérer la réconciliation du ménage. Afin de décider le prince et la princesse de Talmont (à la mort de leur père et beau-père, en janvier 1739, les Châtellerault prirent en effet ce nom, sous lequel nous les désignerons désormais) [3] à se supporter l'un l'autre, Stanislas et Marie Leszczynska multiplièrent les efforts, faisant intervenir la vanité, l'intérêt ; la religion aussi. car l'époux était fort dévot. Pour cet homme qu'elle ridiculisait de ses infidélités, Marie Jablonowska avait de l'ambition, et

célébrer dans l'église des Capucins un service pour le repos de l'âme du grand écuyer. « On y avait pour cet effet dressé un magnifique catafalque ; tous les seigneurs et dames de la cour y assistèrent en habit de deuil et la grand'messe fut chantée par la musique du roi. » (*Gazette de Hollande*, 1738, n° 35 ; de Lunéville, 19 avril.)

(1) « Souffrez que je vous fabrique par deux mots un, en vous demandant la grâce de demander au Roi le régiment Royal-Pologne, si le pauvre chevalier de Wiltz, qu'on dit à l'extrémité, vient à manquer, l'ancien droit que j'ai sur ce régiment me faisant désirer qu'il puisse passer à un homme qui m'appartient et qui mérite votre protection. » Stanislas à Fleury, 11 mars 1738. (Arch. Aff. étr., Lorraine, vol. 133, fol. 192.) — En 1734, Louis XV avait donné au duc de Châtellerault le régiment de Vaudray (ancien Chevalier-Duc), qui prit alors son nom. Mis, à la suite des démarches de Stanislas, en possession de Royal-Pologne, où il avait débuté en février 1731 comme capitaine de cavalerie, le duc cédait, le 16 du même mois, Châtellerault au chevalier d'Andlau, passant ainsi, sans rien débourser, comme le remarque LUYNES (t. II, p. 106), d'un régiment de 22.500 l. à un régiment de 100.000 l.

(2) Il y arriva le 9 mai ; sa femme l'y rejoignait le 21, se rendant à Plombières. « Cette dame a été fort gracieusée de Leurs Majestés et l'on croit qu'elle s'arrêtera quelque temps dans cette cour », annonçait la *Gazette de Hollande* (1738, n° 42, suppl., de Lunéville, 10 mai ; n° 45, de Lunéville, 24 mai).

(3) Au xviiiᵉ siècle on écrivait indistinctement *Talmont* ou *Talmond*. Nous adoptons la première graphie, conforme à l'étymologie, et nous unifierons dans les textes cités.

ce ne fut la faute ni du roi de Pologne, ni de sa fille, si en 1742, à la mort du marquis de Nangis, Louis XV ne nomma pas Talmont chevalier d'honneur de la reine (1), ou si, brigadier le 20 février 1743, il ne fut pas promu, l'année suivante, maréchal de camp (2). L'hôtel de la feue duchesse de Mazarin, au faubourg Saint-Germain, étant mis en vente (3), M. de Talmont en avait fort envie. L'occasion parut excellente de faire accepter au mari, retenu auprès d'elle par l'agrément de cette belle demeure, les inconséquences de sa femme. L'immeuble put être acquis en mars 1744, grâce à l'appoint de 100.000 livres offertes par Leszczynski à sa cousine (4). La donation comportait une substitution. Le prince et la princesse n'avaient que l'usufruit. Eux disparus, et en cas d'extinction de leur descendance directe, le capital serait distribué

(1) Cf. LUYNES, *op. cit.*, t. IV, p. 249. — Sa famille avait aussi brigué pour lui la charge de premier gentilhomme de Louis XV. Le cardinal de Fleury fit préférer le duc son neveu.

(2) Le 5 mars 1744, Stanislas expliquait, de Lunéville, à d'Argenson, secrétaire d'État à la Guerre : « Vous savez, mon cher comte, tout ce qui m'intéresse à M. le prince de Talmont, outre ce que son mérite personnel peut prétendre. Je me flatte que ces deux motifs vous rendent favorable pour ce qu'il ne soit point oublié dans la prochaine promotion... » Et le 14 août suivant, Marie Leszczynska au même : « M\u006de de Talmont est au désespoir de ce que son mari n'est point maréchal de camp. Elle m'a demandé de vous en écrire. Je m'en acquitte sans pouvoir m'en dispenser ; si la chose peut se réparer, cela me fera plaisir. » (*Correspondance du comte d'Argenson*, publiée par le marquis D'ARGENSON. Paris, 1922, in-8° ; p. 68 et 19.)

(3) C'est en 1736 que cet hôtel, situé rue de Varenne (sur l'emplacement des n°ˢ 59 et 61 actuels), était devenu la propriété de Françoise de Mailly, duchesse de Mazarin, à qui il avait coûté de 300.000 à 360.000 l.

(4) Contrat du 17 mars 1744 ; moyennant 298.000 l. L'acte précise que, dans le payement, entrent les 100.000 l. remises par Stanislas. Parlant du nouveau propriétaire, LUYNES (*op. cit.*, t. V, p. 342) note : « On lui laisse toutes les glaces et les meubles d'été et tous les bois de chaises et de fauteuils. On dit que pour cette acquisition le roi de Pologne lui donne 100.000 livres ou même 50.000 écus. »

en totalité aux pauvres les plus nécessiteux de Paris (1).
Les pieuses exhortations, les judicieux conseils d'un
prêtre alors très écouté au château de Lunéville, le P. de
Menoux, supérieur des Missions royales (2), ne contribuèrent pas peu à la conclusion de ces arrangements.
L'habile jésuite en fut d'ailleurs récompensé par une
rente de 500 livres de France que lui constitua Talmont (3).
Il s'était agi d'éviter le scandale chez des gens touchant
de près à la famille royale. Les apparences étaient sauves.

Si Leszczynski honora plusieurs fois de sa visite
l'hôtel dû en partie à sa générosité, et où même une
nuit il coucha (4), c'est surtout les Talmont qui, en ces
années de détente, fréquentèrent sa cour (5). Ils y
amenèrent leur fils unique, Louis-Stanislas, dit le comte
de Taillebourg (6). De là, l'enfant fut envoyé au collège
de Pont-à-Mousson. Le roi de Pologne l'y alla voir. Le
Diarium de l'Université relate toute la satisfaction que
Sa Majesté, haranguée en vers français par son petit-
neveu, ressentit du brillant examen de latin, d'histoire
et de géométrie, subi en sa présence par cet exceptionnel
élève (7). Innocente mise en scène, dont le roi ne fut pas

(1) Pour garantie, hypothèque était prise sur l'hôtel (contrat du
5 mars). Voir *Recueil des fondations et établissements faits par le
roi de Pologne.* Nouv. édit., Lunéville, 1762, in-fol. ; p. 99-100.

(2) Lire sur lui Chr. PFISTER, *Histoire de Nancy*, t. III, p. 710 et s.

(3) Au principal de 10.000 l. Contrat du 10 juin 1744, chez Le Clerc,
à Nancy. Cf. Arch. M.-et-M., C. 1.969, fol. 31, n° 9.

(4) Le 25 septembre 1745. Cf. LUYNES, *op. cit.*, t. VIII, p. 70.

(5) En décembre 1745, Talmont accompagne Stanislas à Commercy.
(Journal de DURIVAL, *ms. cit.*, t. I, fol. 114 v°.)

(6) Né le 12 avril 1734.

(7) 1745, 20 juillet. « Stanislas (*sic*), Rex Poloniæ, Dux, venire
dignatus est in collegium nostrum, ut interesset exercitio litterario
Domini Ludovici Stanislai De la Tremoille, comitis de Taillebourg,
qui Virgilii Æneida interpretatus est, deinde de rebus historicis et
geometricis interrogatus, eximium ingenii et acuminis specimen
dedit cum magna Regis satisfactione. Ante et post exercitium, supra-
dictus Dominus Comes Regem allocutus est versibus gallicis elegan-

dupe. Dans ses papiers se retrouvent, écrites en vue
d'ordres plus explicites à son conseiller aulique sur le
point de se rendre dans la capitale, ces lignes plutôt
sévères : « M. le comte de Talmont. Le voir de ma part :
savoir quand il viendra retirer M. son fils, qui ne peut
que perdre son temps actuellement au collège de Pont-à-
Mousson (1). » Les études commencées au bord de la
Moselle se continuèrent ainsi à Louis-le-Grand, où déjà
avait passé l'aïeul, le palatin de Rawa. Par son insistance
auprès de son gendre, Stanislas ménagea peu après à
son petit parent, déjà colonel dans les grenadiers de
France, une faveur magnifique. Meuse, disait Louis XV,
le 22 avril 1749, à un de ses confidents (2), durant une
partie de plaisir à l'Ermitage, « Meuse, je viens de faire
un duc et pair de mon propre mouvement. » — « Eh !
qui donc, Sire ? » — « M. de Taillebourg » (3). Mais dès le
17 septembre suivant, le récent duc et pair mourait de la
petite vérole, à Charenton, dans une maison de campagne

tissimis qui in lucem editi sunt. » (*Diarium Universitatis Mussipon-
tanœ, 1572-1764*. Édit. Gavet. Paris-Nancy, 1911, in-4° ; col. 734.
Cf. *Bibl. de la Compagnie de Jésus*, suppl. par E.-M. Rivière, col.
711-712.) — Il nous a été impossible de retrouver les vers en question.

(1) Cf. Proyart, *Histoire de Stanislas premier* ; édit. 1785, t. I,
p. 234, note.

(2) Henry-Louis de Choiseul, marquis de Meuse, lieutenant-général
des armées du roi, un des plus intimes favoris de Louis XV ; père
de François-Honoré de Choiseul-Meuse, chambellan du roi de Pologne, mort en 1746.

(3) « Il y a eu ici hier deux nouvelles grâces accordées... La
seconde grâce, c'est un duché-pairie en faveur du fils de M. le prince
de Talmont ; ce duché sera mis sur la belle terre de Taillebourg, qui
est en Poitou et dont le jeune homme porte le nom... C'est le roi de
Pologne qui a demandé cette grâce. M. de Talmont n'avait que le
brevet de duc. » (Luynes, *op. cit.*, t. IX, p. 392 ; de Versailles, 29 avril
1749 ; t. X, p. 122-123.) — Leszczynski était arrivé à la cour de France
le 14 de ce mois, pour en repartir le 28. — La terre de Taillebourg
(Charente-Inférieure, arr. Saint-Jean-d'Angély, cant. Saint-Savinien)
était considérable ; plus de 120 fiefs en relevaient.

de la Compagnie de Jésus (1). Son titre s'éteignait avec lui (2). Il n'avait que quinze ans et cinq mois.

A Commercy, le 20 au matin, Stanislas avait appris la catastrophe, et à onze heures il était parti pour Lunéville, où se trouvait sa cousine, afin de lui prodiguer ses consolations (3). Mais en une cour alors presque déserte, sous le coup de la fin tragique de la marquise du Châtelet, survenue dix jours plus tôt (4), ce n'est pas à son fils qu'absorbée par de nouvelles amours pensait cette femme de quarante-huit ans.

On sait qu'après son infructueuse tentative d'Écosse pour rétablir sa dynastie et le désastre de Culloden auquel elle avait abouti, le Jeune Prétendant d'Angleterre, Charles-Édouard Stuart, était venu, à l'automne de 1746, demander à la France un asile que Louis XV lui avait volontiers accordé. Par sa mère, Marie–Clémentine Sobieska, le prince était arrière-petit-fils du roi Jean, cousin par conséquent au septième degré de Mesdames Ossolinski et de Talmont (5). Il avait vingt–six ans (6), le prestige de l'héroïsme et du malheur. A fréquenter Stuart, Marie Jablonowska, que la maturité n'avait pas assagie, s'était enfin consolée de la perte du chevalier de Wiltz. Non seulement elle était devenue sa maîtresse, mais elle avait pris sur lui un complet ascendant. Lorsque, à la paix d'Aix-la-Chapelle, les Anglais eurent exigé l'expulsion du Prétendant, c'est en grande partie sur ses exhortations romanesques que, invité à quitter le royaume,

(1) Cf. Luynes, t. IX, p. 493. — Argenson, *op. cit.*, t. VI, p. 43.

(2) A dater de ce décès, le prince de Talmont reprit simplement, comme l'avait porté son propre père, le titre de comte de Taillebourg.

(3) Journal de Durival, *ms. cit.*, t. II, fol. 76. — Id., *Description de la Lorraine et du Barrois*, t. I, p. 199.

(4) Cf. notre étude : *La cour de Lunéville en 1748 et 1749, ou Voltaire chez le roi Stanislas*. Nancy, 1891, in-8° ; p. 71 et s.

(5) Voir à l'Appendice le tableau généalogique 3.

(6) Il était né à Rome le 31 décembre 1720. Mort le 31 janvier 1788.

Charles-Édouard commença d'opposer une résistance qui se prolongea des mois durant. Ce double rôle d'amoureuse et de conseillère n'était pas ignoré (1). Si bien que les ministres, irrités de l'embarras croissant où elle les mettait ainsi que le roi, en vinrent à envisager l'éloignement forcé de Mme de Talmont (2).

Intimidée et craignant plus complète disgrâce, la princesse, dans une de ces sautes d'humeur dont elle était coutumière, avait alors tout tenté pour vaincre l'obstination qu'elle-même avait provoquée. Il n'était plus temps. Comme le remarque un contemporain, « la tête anglaise était allumée (3) ». L'attitude du proscrit devint un défi. S'affichant en public, toujours sauf, il semblait se railler de la police du roi.

Au début de décembre 1748, tandis que des paris s'engageaient sur la durée de cette lutte inégale, tandis que les plaisants se gaussaient à nouveau des déboires conjugaux du pitoyable Talmont (4), Voltaire était à Lunéville. Il s'y occupait de l'*Histoire de la guerre de 1741*, donnant au roi de Pologne et à son entourage, à mesure qu'il la

---

(1) Luynes (t. IX, p. 36 ; 14 mai 1748) la dit « extrêmement amie » du jeune homme. Argenson, plus cru, écrit (t. V, p. 232 : 4 juillet 1748) : « Le prince Édouard s'amuse à faire l'amour. Il vit avec la princesse de Talmont » ; puis le 18 novembre (*ibid.*, p. 278) : « Mme la princesse de Talmont s'est emparée de son esprit et le gouverne avec folie et fureur, sans qu'il y ait le sens commun aux objets que l'on s'y propose. » Et l'avocat Barbier, en décembre (*op. cit.*, t. III, p. 45) : « On dit que le prince Édouard a pour maîtresse la princesse de Talmont, cousine de la reine, qui a cependant quarante ans (lire *47*), et que c'est ce qui le retient ici. »

(2) Argenson, *op. cit.*, t. V, p. 320.

(3) *Ibid.*, p. 284 ; 24 novembre 1748.

(4) Comme l'altercation avec Wiltz au château de Lunéville avait autrefois amusé les oisifs, c'était maintenant l'accès de fureur tardive du mari refusant à Stuart l'accès de son hôtel, et la réponse du valet : « que Mme de Talmont serait bien fâchée de ne pouvoir pas recevoir l'honneur que le prince lui faisait, mais que la porte ne pouvait être ouverte ». Cf. Luynes, *op. cit.*, t. IX. p. 257-258 ; 30 novembre 1748.

rédigeait, la primeur de son œuvre. Au cours d'une de ces séances, Stanislas fut informé que le 10, dans la soirée, on s'était enfin emparé de Charles-Édouard. Laissons la parole au secrétaire, ou plutôt au copiste de l'écrivain, Longchamp (1) :

Le chapitre concernant les malheurs de la maison de Stuart venait d'être achevé. Ce morceau était extrêmement pathétique et touchant. M. de Voltaire le lut avec une profonde sensibilité ; et quand il en vint aux détails relatifs à l'infortune du Prétendant, il arracha des larmes à toute l'assemblée. Cette lecture était à peine finie qu'on apporta au roi des lettres arrivant de Paris. On lui annonçait que le Prétendant avait été arrêté en sortant de l'Opéra, par M. de Vaudreuil, sur l'ordre du roi… …Stanislas ayant fait part de cette nouvelle aux personnes qui étaient près de lui : *O ciel !* s'écria aussitôt M. de Voltaire, *est-il possible que le roi souffre cet affront et que sa gloire subisse une tache que toute l'eau de la Seine ne saurait laver !* La compagnie entière parut affectée d'une profonde douleur. M. de Voltaire, en rentrant chez lui, jeta de dépit ses cahiers dans un coin, renonçant à continuer cette histoire.

Je l'ai vu rarement affecté d'une impression aussi forte qu'en ce moment. Il oublia ce travail pendant plusieurs années, et il ne le reprit qu'à Berlin, à la demande du roi de Prusse ; et ce fut plus tard encore, quand il se fut établi à Ferney, qu'il en fit entrer une partie dans le *Précis du siècle de Louis XV* (2).

(1) *Mémoires de S.-G. Longchamp, ancien secrétaire de M. de Voltaire,* dans *Mémoires anecdotiques sur Voltaire,* t. II, p. 224-225.

(2) Ch. xxiv et xxv. Le morceau lu à Lunéville se terminait au débarquement du prétendant à Roscoff, le 10 octobre 1746. Voltaire y ajoutera simplement ces lignes, dont les dernières sont fameuses : « Le prince Édouard ne fut pas alors au terme de ses calamités, car, étant réfugié en France et se voyant obligé à la fin d'en sortir pour satisfaire les Anglais, qui l'exigèrent dans le traité de paix, son courage, aigri par tant de secousses, ne voulut pas plier sous la nécessité… On se crut obligé de se saisir de sa personne. Il fut arrêté, garrotté, mis en prison, conduit hors de France ; ce fut là le dernier coup dont la destinée accabla une génération de rois pendant

La scène du château de Lunéville est assez émouvante
pour qu'il soit superflu de la surcharger de détails fantaisistes. De placer Mme de Talmont au premier rang des
auditeurs de Voltaire, de nous montrer Stanislas, « saisi
de pitié et n'écoutant que son cœur », dépêchant aussitôt
« un courrier pour offrir à Charles-Édouard un refuge
dans ses États » (1). Lors de l'arrestation de son amant,
Marie Jablonowska était à Paris. Et l'on peut croire
qu'elle ne se trouva pas des dernières à vitupérer ce que
maints esprits plus impartiaux et plus pondérés estimaient concession humiliante et « triste expédition ».
Un homme de la domesticité de la princesse ayant été pris
chez le Prétendant : « Monsieur, écrivit-elle à Maurepas,
voilà les lauriers du roi portés à leur comble ; mais
comme l'emprisonnement de mon laquais n'y peut rien
ajouter, je vous prie de me le rendre (2). » Bref, elle
s'agita tant que la mesure dont on la menaçait fut, cette
fois, bien près d'être signée. « Cette dame déplaît grandement », constate le 17 décembre le marquis d'Argenson (3).
« On a voulu lui donner une lettre de cachet pour l'exiler

trois cents années. Charles-Édouard, depuis ce temps, se cacha au
reste de la terre. Que les hommes privés, qui se plaignent de leurs
petites infortunes, jettent les yeux sur ce prince et sur ses ancêtres. »
Peu après l'incident rapporté par LONGCHAMP, le 20 décembre Voltaire quitta, pour cette année 1748, le château de Stanislas. Le 24 du
même mois, il écrivait de Loisey, dans le Barrois, à M. de Cideville :
« Je suis devenu courtisan de hasard ; mais je n'ai pas cessé de travailler à Lunéville. J'y ai presque achevé l'*Histoire* de cette maudite
guerre qui vient de finir... » (Édit. Garnier, t. XXXVI, p. 554.) Des
fragments informes de l'ouvrage, entrepris dès 1745, furent publiés
en 1755 sans l'aveu de l'auteur. Le récit concernant Stuart avait
échappé aux recherches de ceux qui, d'après Voltaire, volèrent, défi-
gurèrent et vendirent une partie du manuscrit.

(1) G. MAUGRAS, *op. cit.*, t. I, p. 398.

(2) ARGENSON, *op. cit.*, t. V, p. 319.

(3) *Ibid.*, p. 320-321. Trois jours plus tôt, sur le bruit qui en courait, l'ancien ministre avait plus catégoriquement noté : « On vient
d'exiler Mme de Talmont en Lorraine. » (*Ibid.*, p. 318.)

en Lorraine, mais M. de Maurepas, qui est de ses amis, a représenté qu'elle était cousine de la Reine, que c'était l'exiler pour une cause de galanterie flétrissante dans une telle circonstance. On a dit à son mari de la faire partir de Paris ; le pauvre mari y a moins d'autorité que son laquais, et cette dame prend le parti de rester à Paris, avec toute la fermeté même qu'y a apportée le prince Édouard. »

Pour que Mme de Talmont quittât la capitale, point n'était besoin d'une lettre de cachet, ni des objurgations de son mari. De plein gré et de fort bon cœur, elle ne tarda pas à retourner en Lorraine. A Lunéville, Charles-Édouard ne l'y attend-il pas, ou n'y attendra-t-elle pas Charles-Édouard ?

Voici ce qui s'était passé. Du donjon de Vincennes conduit en Avignon, c'est-à-dire hors de France, le Prétendant s'était empressé de sortir secrètement de la ville papale. Il avait, non sans audace, regagné Paris ; puis, après s'y être concerté avec sa cousine, couru se mettre en sûreté à Commercy, d'où il se présenta à Lunéville aussitôt assuré que le roi de Pologne ne lui refuserait pas dans ses États l'hospitalité qu'au temps de Léopold, son père Jacques III y avait trouvé, de 1712 à 1714, sous le nom de chevalier de Saint-George (1).

Si Stanislas, heureux d'exercer son droit d'asile, se souvenant des jours où lui-même mendiait un toit, reçut de tout cœur le prince errant, les Ossolinski durent également fêter leur illustre et déplorable cousin. Du début de 1749 à novembre 1751, à différentes reprises — car dans cet intervalle Stuart poussa jusqu'à Venise et risqua des apparitions à Paris (2), — la famille polonaise compta

(1) Cf. Durival, *Description de la Lorraine*, t. I, p. 105.

(2) A l'une d'elles, au moins, s'associa Mme de Talmont. Nous savons (voir la note suivante) que, le 8 septembre 1750, Charles-Édouard se

dans le descendant de Sobieski un membre de plus (1).
Un membre sur lequel, dans la République, certains uto-
pistes venaient même, en prévision du renversement
d'Auguste III, de songer pour le trône des Piast (2). En
déduisant ses absences, on peut évaluer à un minimum
de quinze mois le temps que le Prétendant vécut à Lunéville. Il y résidait soi-disant « très incognito (3) ». Mais

mit en route de Lunéville pour la capitale. Or, à la même date,
DURIVAL signale dans son Journal (*ms. cit.*, t. III, fol. 20 v°) le pas-
sage de la princesse à La Malgrange, « allant à Paris avec M. de
Solignac ».

(1) Déconcertés par les renseignements contradictoires que fournissent les contemporains, les historiens ont désespéré de pouvoir
suivre avec certitude le prince Édouard dans ses pérégrinations de
1749 à 1751. RATHERY, l'éditeur de D'ARGENSON, y renonce pour sa
part (cf. t. V, p. 439, n.), se contentant de reproduire les dires de
l'ancien titulaire du portefeuille des Affaires étrangères. Il existe
pourtant des indications précises, sinon complètes, que l'on a négli-
gées. Nicolas DURIVAL était secrétaire en chef de ses Conseils, lorsque
le Prétendant séjourna chez Leszczynski ; il consignait au jour le
jour les événements de la cour. Ses renseignements sont de bon
aloi. Comme ils permettent de contrôler, de rectifier surtout, les
assertions d'autres contemporains, moins bien placés pour connaître
la vérité et qui ne se sont faits le plus souvent que l'écho de bruits
fantaisistes, il n'est pas sans intérêt de les reproduire ici : « Il
[Charles-Édouard] était à Lunéville depuis les premiers jours de
l'année 1749. En partit à la fin de mai pour Venise : il était de retour
à la fin de juin. Il alla à Paris dans les premiers jours de juillet, le
12 du même mois il était de retour à Lunéville et y resta jusqu'au
10 février suivant. Il partit de Lunéville pour Paris le 20 juin 1750,
il était de retour à Lunéville le 1ᵉʳ juillet, et y resta jusqu'au 8 septembre qu'il alla encore à Paris. Il en partit pour Lunéville vers le
20 octobre, resta jusqu'à la fin de novembre qu'il retourna à Paris,
où il resta jusqu'au mois de mars 1751. Il ne fit plus de séjour en
Lorraine, mais il passa à Lunéville le 20 juin 1756. » (*Description de
la Lorraine*, t. I, p. 201.)

(2) On essaya d'intéresser Marie Leszczynska au projet. Stuart
aurait épousé une de ses filles. « Cette union rassemblant le sang de
Pologne qui coule dans les veines de tous deux », peut-être la République « redemanderait-elle les enfants issus des enfants Sobieski et
Leszczynski, et voudrait-elle fixer à jamais une succession perma-
nente dans leur postérité. » (Arch. Aff. étr., Pologne, vol. 229, fol. 259
et s.) Cf. H. ZDZITOWIECKA, *op. cit.*, p. 111-112.

(3) DURIVAL, *loc. cit.*

cet incognito était relatif. Il participait aux réjouissances.
Or, jamais celles-ci ne furent si multiples, ni si brillantes,
que l'année où il arriva. C'est un motif d'étonnement,
tout à l'honneur des commensaux de Lunéville, de
constater que, si près du royaume, le mystère de cette
présence ne fut pas trahi et qu'en France les hommes les
mieux informés d'ordinaire en restèrent réduits aux plus
fausses conjectures sur le lieu d'abri du fils de Jacques III.

Dans les semaines qui suivirent son évasion d'Avignon,
Stuart est bien à Lunéville, qu'on le dit soit en Suède,
soit en Pologne où il aurait épousé la princesse Radziwill.
Le comte de Loss affirme qu'on l'a vu à Leipzig ; et milord
Lismore, qu'il se dissimule en Angleterre. On pensera
plus tard éclaircir l'énigme grâce aux aveux d'un homme
de confiance du prince, et l'on n'ignorera plus, en effet,
l'étape initiale de Commercy. Mais c'est pour mieux
s'abuser ensuite : Stuart n'est resté que dix jours dans les
États de Leszczynski et de là est passé en Alsace, à Dresde,
à Berlin. Un instant d'Argenson soupçonne la retraite
véritable. Après le voyage d'Italie et alors que, depuis
deux mois, le Prétendant est de retour à Lunéville : « De
Venise on le croit, écrit-il, repassé en France. Mme d'Ai-
guillon a reçu depuis peu une lettre de lui à six jours de
date, ce qui prouve qu'il est en France, sans doute près
de son amie Mme de Talmont, en Lorraine. » Puis, réflexion
faite, la supposition paraissant peu plausible, le marquis
rectifie : « On ignore absolument où est le prince Édouard,
depuis qu'il a paru à Venise ; on doute qu'il soit en
Lorraine près de Mme de Talmont, comme quantité de
gens l'ont cru ; il n'est pas impossible qu'il soit caché à
Londres (1). » Voltaire, qui fut simultanément avec le
prince, et de façon ininterrompue, du 21 juillet au 10 sep-

____

(1) ARGENSON, *op. cit.*, t. V, p. 38 et 104 ; 11 septembre et 22 décembre 1749. Voir aussi p. 37, 481, 483.

tembre 1749, l'hôte du château de Lunéville, a fait preuve,
en particulier, d'une discrétion méritoire. Il entretient
une copieuse correspondance. Une seule fois le nom de
l'exilé apparaît sous sa plume ; mais avec quelle fine
prudence, et il s'agit de répondre à une question.
« Permettez-moi, en qualité de votre commis histo-
riographe, de vous dire combien je suis affligé qu'un de
nos héros, le prince Édouard, ait essuyé à Paris l'aventure
de Charles XII à Bender. Il est vrai qu'il n'a pas armé ses
cuisiniers, mais il n'en avait point (1). » Comment, à lire
cette lettre, le curieux président Hénault se douterait-il
que le héros en question approche journellement le signataire ? Mme de Talmont qui, deux ans plus tôt, s'était aussi
liée à Lunéville avec Montesquieu (2), garda toujours de
la gratitude à Voltaire de ses sentiments et de son attitude (3).

Stuart parti poursuivre au loin sa destinée lamentable,
Mme de Talmont continua de partager son temps entre
Paris ou Versailles (4) et la cour de Stanislas. Mais son

(1) Voltaire à Hénault, de Lunéville, 14 août 1749. Cf. édit. Garnier,
t. XXXVII, p. 41.

(2) « Faites-moi le plaisir », écrira de Paris, le 31 mars 1753,
l'auteur de l'*Essai sur le goût* à Solignac, « de voir Mme la princesse
de Talmont et de lui parler continuellement de mon respect. » Et le
secrétaire de l'Académie de Nancy de répliquer, le 14 août : « Pour
Mme la princesse de Talmont, elle me prie de vous marquer qu'elle
ne peut mieux répondre à l'honneur de votre souvenir que par de
nouvelles protestations de son amitié et de l'admiration qu'elle vous
a vouée. » (*Correspondance de Montesquieu*, édit. Gebelin, t. II,
p. 457 et 459.)

(3) « Un vieillard, obscur et mort au monde », déclarait encore
de Ferney, le 5 juin 1771, le philosophe à la princesse, « se souvient
avec reconnaissance de vos anciennes bontés, et vous est attaché,
Madame, avec beaucoup de respect. » (Édit. cit., t. XLVII, p. 451.)

(4) Elle était à la cour de Louis XV la seule dame qui, n'ayant, soit
par elle-même, soit par son mari, aucune charge, jouît des entrées
chez la reine et figurât sur la liste des déplacements. Cf. LUYNES,
op. cit., t. V, p. 326 ; t. VIII, p. 425. Le roi de Pologne avait tenté,
sans succès, de procurer à sa cousine la place de dame d'honneur

mari ne s'y rencontre plus. La mort du duc de Taillebourg, survenue après tant d'esclandres, a achevé l'irrémédiable désunion des époux. Dès la fin de 1744, le prince s'est défait de Royal-Pologne (1). En 1750, l'hôtel du faubourg Saint-Germain est vendu (2), non sans qu'un conflit d'intérêts, dans lequel Leszczynski intervint, n'ait éclaté entre les parties (3). Comme l'aliénation était impossible sans remploi, l'hypothèque des 100.000 livres, acquises maintenant de toute évidence aux indigents de la capitale, a été, d'accord avec le roi de Pologne, transférée sur le comté de Benon (4). De plus en plus porté aux pratiques pieuses, c'est dans une ancienne maison abbatiale, aménagée à son intention, qu'en Normandie, à l'ombre du monastère de la Trappe, Talmont, qui mourra à Paris le 20 décembre 1759, âgé de quarante-huit ans, va souvent demander désormais à la solitude l'oubli des aventures de Marie Jablonowska (5).

de la première Dauphine. Voir dans la *Correspondance du comte d'Argenson*, j. cit., p. 80, une lettre de Stanislas au ministre, de Lunéville, 15 novembre 1744.

(1) Ce régiment fut acquis par M. de Marainville. — Journal de Durival, *ms. cit.*, t. I, fol. 98 ; 31 décembre 1744.

(2) A Dominique de Rohan-Chabot, prince de Léon. Sur ses différents propriétaires, voir (en rectifiant d'après ce que nous avons dit précédemment, p. 72) : Lefeuve, *Les anciennes maisons de Paris*, t. IV, p. 124-125. — Marquis de Rochegude et Maurice Dumoulin, *Guide pratique à travers le vieux Paris*, nouv. édit., p. 485.

(3) Voir dans nos *Lettres de Stanislas à Hulin*, p. 108, note, ce que le roi de Pologne écrivait à ce sujet, le 29 novembre 1749, au premier président Maupeou.

(4) Contrat signé à Lunéville, le 6 juin 1750. Cf. *Recueil des fondations*, j. cit., p. 101.

(5) Jamet, *ms. cit.*, fol. 336. Le duc de Croÿ, qui visita les Trappistes en 1763, écrit (*Journal*, t. II, p. 148) : « Quant à leur maison, elle est vieille et laide. Ils ont, à côté, l'ancienne maison abbatiale, qu'ils louent. M. le prince de Talmont y a habité et l'a fait un peu accommoder. »

Les contemporains ne sont guère favorables à l'ex-duc de Châtellerault. Jamet (*loc. cit.*) nous le montre détestant autant la guerre que le mariage. D'Argenson (*op. cit.*, t. IX, p. 243), qui le dénonce « bigot et moliniste », ajoute : « Il a quitté le service très jeune, et

A la différence de la duchesse Ossolinska devenue bientôt par nécessité une demi-recluse, sa sœur, chaque fois qu'elle y séjournait, remplissait Lunéville de sa turbulence, étourdissait maître et courtisans de ses déconcertants caprices, ne se pliant à aucune règle, n'admettant quant à soi aucune hiérarchie. Les plus douces habitudes de Stanislas s'en trouvèrent souvent fâcheusement troublées. Elle arrivait à l'improviste ; elle s'éloignait sur une boutade. Elle commandait et décommandait. Du ministre Hulin (1) au secrétaire Solignac, elle considérait comme à son service, faits pour l'obliger et au besoin l'escorter, tous les gens du roi.

Dès l'abord Mme de Talmont séduisait ; les hommes surtout. L'agrément de sa figure, un air de distinction, jusqu'à certaine coquetterie de manières attiraient. Mais, à plus ample contact, on s'apercevait que la contenance de cette femme, « le menton haut, les coudes en arrière », n'avait rien d'aisé ni de naturel ; que son regard, « successivement tendre et dédaigneux, fier et distrait », était étudié ; que, s'appliquant sans cesse à se rendre imposante ou touchante, tout en elle était affecté. L'entretenait-on ? On prenait plaisir à sa conversation, facile, légère, à la française. Le tour pouvait en être noble, les termes toujours choisis. Mais, à l'écouter davantage, on constatait que la princesse avait peu de suite dans les idées, peu de justesse dans le raisonnement ; qu'elle n'exerçait guère son esprit que sur des choses agréables et frivoles, et que, prompte à saisir, sachant retenir, son imagination en apparence féconde était faite de l'imagination des autres. Elle parlait

---

est adonné, dit-on, au goût de garçon. » Marie Leszczynska, charmée par ses pratiques religieuses, lui conserva sa protection. Elle le fit porter en 1736, quoiqu'il fût alors fort riche, pour une pension de 10.000 l., après en avoir déjà obtenu, en 1734, une de pareille somme au profit de la femme. Cf. Luynes, *op. cit.*, t. XIII, p. 264 et 432.

(1) Cf. *Lettres de Stanislas à Hulin*, j. cit., p. 49 et 92, n° 31.

bien et pensait peu. Un jour qu'il venait de l'entendre, l'abbé de Saint-Pierre, par un retour sur lui-même, remarqua : « Mon Dieu ! que cette dame ne dit-elle ce que je pense ! » (1). En somme, à la fréquenter on était promptement averti « du danger qu'il y avait de s'attacher sérieusement à elle ». Après avoir plu, elle choquait ; on l'avait recherchée, on souhaitait l'éviter. On avait pu l'aimer ; on venait à la craindre, à la haïr même.

Assurément bien des familiers du château, et non des moindres, qui souffraient de la prééminence despotique des Ossolinski, redoutèrent et maudirent aussi cette autre cousine, à peine déférente pour ceux qui lui étaient supérieurs, sans égards envers ses égaux, sans douceur ni humanité pour ses subalternes.

La terrible Mme du Deffand a peint de la Polonaise, en touches contrastées et avec une perfide complaisance d'amie, un inoubliable portrait, auquel nous avons déjà fait plusieurs emprunts et qui, à en juger par ce que nous savons d'autre part, doit n'être que trop ressemblant. Comme ses proches, Marie Jablonowska était vaine de son rang et de ses mérites. Cette vanité débordait :

On ne peut s'y méprendre, la nôtre est plus sociable ; en nous donnant le désir de plaire, elle nous apprend les moyens d'y parvenir : la sienne, vraiment sarmate, est sans art, sans industrie ; elle ne saurait se résoudre à flatter ceux dont elle veut être admirée. Les hommages, les louanges, les préférences lui paraissent un droit naturel qu'elle doit avoir sur tout ce qui l'environne. Elle se croit parfaite : elle le dit et veut qu'on la croie. Ce n'est qu'à ce prix qu'on peut jouir de l'apparence de son amitié : je dis apparence, car elle n'a aucuns sentiments qui puissent s'épancher sur les autres ; ils sont tous renfermés en elle-même. Elle voudrait cependant être aimée ; mais sa vanité seule l'exige, son cœur ne demande rien.

(1) Sainte-Beuve, *Causeries du lundi*, t. XV, p. 271.

Comme les siens aussi elle était jalouse, jalouse de privilèges et d'adulation exclusive :

Il faut qu'elle soit l'unique objet de l'attention et des éloges de ceux avec qui elle se trouve. Si on s'avise de parler avantageusement de quelqu'un, l'humeur s'empare d'elle. elle se récrie contre le jugement qu'on vient de porter. et elle se loue alors elle-même avec si peu de mesure et de modestie. qu'on ne peut s'empêcher. malgré l'indignation que son orgueil inspire. de rire du peu d'art et de l'ingénuité de son amour-propre (1).

Peut-être, à Lunéville, Marie se distingua-t-elle de sa sœur Catherine par une préoccupation moins âpre de l'argent. Outre la pension de 18.000 livres. portée ensuite à 24.000, qu'il lui servait depuis Chambord (2), et les revenus du fonds substitué de 100.000 versé en 1744, nous savons de façon précise. le roi l'ayant certifié sur brevet, qu'au début de 1760 Leszczynski n'avait pas, en différentes fois et pour tout, donné à sa cousine au delà de 33.400 livres tournois (3).

(1) Cf. *Lettres de la marquise du Deffand à Horace Walpole*, t. III. p. 47-48.

(2) Mme de Talmont la touchait encore en 1766 : mais, Leszczynski mort, Louis XV refusa de la continuer. (Arch. nat., K. 1.188, n°s 6 et 8 ; E. 3.261 1.)

(3) Brevet pour la princesse de Talmont, 31 janvier 1760. (Arch. nat., E. 3.248, fol. 49 v°.) — « Pour épargner le port de l'argent que je veux envoyer à ma cousine la duchesse de Châtellerault, je lui donne une lettre de change sur vous, en vous priant de lui donner huit cents francs. *D. 800.* Je les ferai remettre ici, si tu veux, à Villancourt ⌐le premier écuyer de la reine⌐, à ta disposition. » Stanislas à Vauchoux, de Lunéville, 1er décembre 1738. Et de l'écriture de Vauchoux : « J'ai reçu les 800 l. » (Collection du prince Adam Czartoryski. à Goluchów.) — Par l'article 8 de son testament, du 30 janvier 1761, Stanislas, « voulant donner à sa chère cousine la princesse de Talmont une dernière marque de son souvenir », ordonnait qu'il lui fût délivré à son décès 24.000 l., soit une année entière de sa pension. Dans son codicille. du 23 juin 1764, article 2, le roi porta, « en marque de sa tendre amitié », ce legs à 30.000 l., à prendre sur l'argent de sa cassette.

A la cour de Lorraine, les Jablonowski ne se contentè-
rent pas d'obtenir de la bienveillance directe de Stanislas
et de son efficace entremise argent, charges et cordons.
Princes du sang, ils y entendaient être et furent effectivement toujours traités comme tels.

Cousins germains par leur père d'un roi de Pologne,
Leszczynski, petits-neveux par leur mère d'un autre roi
de Pologne, Sobieski, deux événements heureux et inat-
tendus avaient exalté chez les enfants du palatin de Russie
une morgue innée. Après le mariage de la fille de Stanislas, qui les allie aux Bourbons, c'est en 1742 l'élection au
trône impérial de leur cousin Charles-Albert de Bavière (1),
élection à laquelle ils gagnent bientôt leur diplôme de
princes. Ils n'ont pas attendu, au reste, l'octroi de cette
dignité pour s'attribuer un titre plus prestigieux. Dans
plusieurs actes notariés passés à Lunéville en 1742, à la
requête de Catherine Ossolinska, feu son père et son frère
Stanislas-Vincent sont qualifiés *ducs d'Ostrog* (2).

(1) Maximilien-Emmanuel de Bavière, ou Maximilien II, veuf en
1692 de Marie-Antoinette d'Autriche, avait épousé, le 2 janvier 1695
(le 15 août 1694 selon Moréri), Thérèse-Charlotte-Casimire, dite Cuné-
gonde, Sobieska (1676-1730), fille du roi Jean III, dont il avait eu en
1697 Charles-Albert, électeur-duc régnant depuis 1726.

(2) Deux procurations et un acte de cession du 22 avril 1742. [Étude
Thiriet (aujourd'hui Galand). Cf. Arch. M.-et-M., C. 1.959, fol. 29,
nᵒˢ 13 et 14 ; fol. 30, nᵒ 2.]

Les kniaz Ostrogski, princes ou ducs d'Ostrog, qui faisaient
remonter leur origine à Rurik, fondateur au ixᵉ siècle de l'empire
russo-varègue, se rattachaient immédiatement aux rois de Halicz.
A l'extinction de la famille, le riche duché d'Ostrog était devenu la
possession des Zaslawski, puis, par Jérôme Lubomirski, il passa aux
Sanguszko. L'interprétation de la substitution réglée en 1618 par le
duc Janus pour la transmission, à défaut de représentant de la ligne,
de ces biens considérables, divisa au xviiiᵉ siècle la Pologne, et il
n'est pas exagéré d'affirmer que l'affaire de « l'ordination d'Ostrog »
contribua à hâter, par les rivalités qu'elle suscita, la perte de la
République.

A l'occasion du mariage de Marie Leszczynska, le jésuite Wierus-
zewski avait déjà tenté, dans son *Europa in serenissima Lesczynio-
rum domo*..... (1725), de relier les Jablonowski aux Ostrogski (cf.

Tous les seigneurs lorrains, français ou étrangers, composant ou fréquentant la cour, durent compter avec les Jablonowski. Alors que Leszczynski se montrait assez large sur l'étiquette, puisqu'il suffisait d'avoir rang de colonel pour dîner à sa table, alors que les cardinaux, ayant traditionnellement droit au fauteuil en présence des rois de Pologne, affectaient de faire retirer le leur par déférence pour le beau-père de Louis XV, toujours Mme Ossolinska et Mme de Talmont furent irréductibles. Quand elles figuraient à un dîner d'apparat, ni duc, ni duchesse, quels ils fussent, n'étaient admis à partager avec elles le privilège de la « chaise à dos ». Dans toute assemblée, elles présentes, on n'autorisait aux dames les plus titrées que le pliant. Au début, ignorant cette prétention, M. de Beauvillier (1), de passage à Lunéville, a l'indiscrétion de jeter un coup d'œil sur la salle à manger royale. Il voit le traitement qui attend la duchesse sa femme, et, bien que

Pierre BOYÉ et Otto FORST, *De Stanislas à Charlemagne*, l. cit., p. 199 et s., 205). De même J.-A. ZALUSKI, dans ses *Anecdota Jablonoviana* (cf. édit. 1752, p. 113). — A plus juste titre Stanislas, mais par la ligne paternelle — sa bisaïeule Anne Radziminska descendant elle-même au 4e degré de Marie Sanguszko, née princesse d'Ostrog [*ibid.*, p. 207 (p. 205, ligne 10 de l'article, lire *paternelles* au lieu de *maternelles*)], — et Catherine Opalinska — dont une trisaïeule était Sophie Ostrogska (cf. Otto FORST, *Wywód przodków Maryi Leszczynskiej*, j. cit., p. 76) — pouvaient se targuer de cette ascendance.

Ne pas confondre les ducs d'Ostrog et les Ostrorog. Une des bisaïeules de Catherine Jablonowska fut, nous l'avons vu, Anne Ostrorog (Ostrorozanka) [1610-1648], dont la mère, Sophie Zaslawska (1585-1641), fille de Janus, fournit précisément à ses arrière-petits-enfants prétexte à se dire ducs d'Ostrog, comme issus *de ducibus Ostrog Zaslavsciis*

(1) Paul-François de Beauvillier, ou Beauvilliers, fils aîné du duc de Saint-Aignan, qui, à l'occasion de cette union, s'était démis en sa faveur de son duché, venait d'épouser, lors de cette visite à Stanislas, le 30 décembre 1738, Marie-Suzanne-Françoise de Creil, fille unique de Jean-François, intendant de la généralité de Metz. Né le 16 août 1710, il mourra sans enfant le 7 janvier 1742.

cousin lui-même des Jablonowski (1), prétexte une indisposition et s'éloigne (2). Mais les prétentions des deux sœurs furent bientôt connues. Il y eut dès lors en quelque sorte grève de ducs et de duchesses à Lunéville. Quand une rencontre était inévitable, pour sortir d'embarras on dressait le couvert ou l'on tenait cercle dans un des pavillons des Bosquets, où, comme dans les demeures de plaisance, le protocole était négligé. De leur intransigeance, qui ne laissa pas de causer bien des ennuis en cette cour minuscule et d'agacer fort Stanislas, les Jablonowski furent eux-mêmes dupes un jour. Il s'agissait de remettre solennellement au palatin de Rawa la Toison d'or demandée pour lui par Stanislas à Philippe V. Les parrains indispensables, deux membres de l'Ordre, MM. de Bauffremont et de Sully, firent défaut. Voulant être fixés sur les honneurs qu'on leur réservait à Lunéville et mal satisfaits d'une réponse évasive, les ducs se sont récusés sous le prétexte d'une incommodité. Au vif dépit de Leszczynski et à la mortification de sa famille, le récipiendaire dut aller à Versailles chercher son collier (3).

(1) En 1730, à Chambord, le duc de Saint-Aignan avait signé au mariage de Marie Jablonowska en tant que « cousin maternel de l'épouse ». François-Gaston de Béthune, grand-père de celle-ci, était fils d'Anne-Marie de Beauvillier.

(2) LUYNES, *op. cit.*, t. III, p. 304.

(3) Cf. *suprà*, p. 62.

CHAPITRE IV

La maison polonaise.

Au départ de la famille ducale, les seigneurs lorrains,
à de rares exceptions près, furent loin, quoi qu'on ait
prétendu, de bouder le nouveau maître. S'il n'eût tenu
qu'à eux, leur part dans la distribution des emplois à sa
cour eût été plus large que ne l'admit Stanislas. Tout en
reconnaissant qu'il serait de bonne politique de se la
concilier par d'immédiates faveurs, Leszczynski se fût, au
contraire, volontiers entouré, à l'exclusion de la noblesse
locale, d'un plus grand nombre de compatriotes, si le
cardinal de Fleury, qui n'aimait ni le roi de Pologne, ni
la Pologne, ne s'y était par avance formellement opposé.
Les ministres avaient représenté au beau-père de Louis XV
l'inconvénient, le danger même, qu'il y aurait à ce qu'il
traînât derrière soi trop de ces amis exigeants et chan-
geants. Une fois passée la frontière, comment s'en débar-
rasser ? On ne parviendrait jamais à satisfaire tant d'ap-

pétits. Stanislas commençait d'ailleurs à s'en douter, qui avait dû, à Kœnigsberg, faire face à une véritable meute de confédérés. Engageant en 1735 ses cousins à venir le rejoindre à l'étranger, le roi leur avait recommandé sur ce projet « un secret inviolable », car il était à craindre, disait-il, qu'il ne prît à beaucoup d'autres envie de les imiter et que ces gens ne lui devinssent à charge (1).

Parents, compagnons d'exil en Alsace et en Sologne, partisans d'un zèle plus spécialement éprouvé ou membres de leur famille, une quinzaine seulement de Polonais, non compris les simples serviteurs et les propres commensaux des Ossolinski — ce qui doublerait le chiffre — furent ainsi, au début, pourvus d'offices à Lunéville.

En sa qualité de grand maître, le duc Ossolinski était le premier des grands officiers. Il était aussi chef et président du conseil aulique (2).

A un vieil ami du roi, le baron Stanislas-Constantin de Meszek (3), incombaient les fonctions de grand maréchal et d'intendant. Il les remplissait déjà à Deux-Ponts, à la cour dérisoire de Wissembourg comme à celle de Chambord, et partout, dans des circonstances parfois extrêmement difficiles, sa mesure, sa prévoyance avaient accompli des prodiges. Pendant l'absence de Leszczynski, Catherine Opalinska n'avait pas eu à Saint-Cyr de confident plus sûr. Après avoir été à l'épreuve, chargé de missions sans éclat, comme en 1719 d'aller implorer la pitié du Régent pour son souverain sans asile (4), ou en 1725 de retirer à Francfort

(1) « Pour Monsieur le grand trésorier et sa femme... », mémoire *j. cit.*

(2) Ce sont les titres qu'il prend officiellement : « Grand maître et premier grand officier de la maison du roi de Pologne, duc de Lorraine et de Bar, chef et président de son conseil aulique... »

(3) On trouve dans les documents : *Meszeck, Meszech, Meschek, Mezchek*, etc. Était probablement fils de Stanislas Meszek, anobli en 1662. [Cf. Niesiecki, *op. cit.*, t. VI (1841), p. 374].

(4) Cf. *Troisième traité de Vienne*, p. 16.

ses pierreries mises en gage (1), il s'était vu finalement à
l'honneur. C'est Meszek qui, le 21 mars 1737, à Nancy,
avait représenté Stanislas et assisté le chancelier La Galaizière, lors des cérémonies de la prise de possession de
la Lorraine (2).

Sous l'autorité du grand maître et du grand maréchal,
avec le titre de conseiller aulique et commissaire ordon-
nateur, le Lithuanien Simon Siruc (3) fut chargé des
détails de l'économie domestique. Délégué du district de
Kowno à la confédération de Dzików (4), Leszczynski l'avait
choisi en Prusse pour son secrétaire. Et là-bas, au milieu
des Stanislaïstes déçus et aigris, dans le conflit des prétentions contradictoires, harcelé de réclamations, Siruc
avait acquis une expérience dont le roi de Pologne, Ossolinski et Meszek tirèrent bon parti à Meudon lorsqu'il
s'agit d'arrêter les cadres et de combiner l'organisation de
la maison princière. A Lunéville, par ses soins, les règles
de l'administration furent si sagement posées et si bien
monté le mécanisme, que, pour permettre à Stanislas de
tenir, avec des ressources modestes, belle et nombreuse
cour, tout en multipliant fondations et bienfaits, les suc-

(1) « Mon cher comte », écrivait de Wissembourg, le 9 avril 1725,
Stanislas à Du Bourg, « à mon retour, j'ai trouvé une lettre de
Meszek, que j'ai envoyé à Francfort, comme je vous l'ai dit, principalement pour racheter mes pierreries qui étaient en gage chez un
marchand, dans l'espérance que, sur l'argent qui me vient de Suède,
il pourra négocier la somme qu'il faut pour les dégager au terme
qui est jeudi qui vient. Il me manque treize mille livres, lesquelles
si je ne les ai pas pour ce terme fixé, je cours risque d'avoir des
chicanes avec le marchand... » (Bibl. de l'Arsenal, ms. nº 6.615, *j. cit.*)
Pour la suite de cette affaire, voir *Troisième traité de Vienne*, p. 58-59.

(2) *Ibid.*, p. 486 et s.

(3) Fils de Christophe Siruc ou Syruc (*c* accentué), tribun et petit
staroste de Zmudz, et de N. Chrzonstowska. Épousa : 1º Théodore
Zabiello ; 2º Pétronille Wolodkowicz. Arm. Doliwa : *D'azur à la
bande d'argent chargée de trois roses de gueules.*

(4) Il s'intitule dans le manifeste du 30 juillet 1735 « vice-capitaneus
et ductor districtus Kovnensis, secretarius S. R. Majestatis ». —
Matuszewicz, *Pamientnicki* (Mémoires), t. I, p. 54, 56.

cesseurs de Siruc n'eurent qu'à continuer sur les mêmes
principes.

On connaît le roman de *Marysienka*, Marie-Casimire de
La Grange d'Arquien, qui, fille d'un capitaine aux gardes
suisses de Gaston d'Orléans, besogneux et de plus mal
famé, venue tout enfant en Pologne à la suite de Marie de
Gonzague, femme du roi Ladislas VII, après s'être mariée
à Jean Zamoyski, palatin de Sandomir, puis, à peine veuve,
à Jean Sobieski, son amant, ceignit la couronne des
Jagellons, pour finir assez misérablement à Blois en janvier 1716 (1).

Des quatre sœurs de Marie-Casimire, l'aînée Anne-
Marie-Louise, demoiselle d'honneur de la reine Marie-
Thérèse d'Autriche, venait au bénéfice de l'âge d'être
promue dame d'atour et l'on désespérait de jamais l'établir, lorsque, à trente-cinq ans, elle avait réussi, non sans
que des quolibets passablement osés eussent couru sur
cette union tardive, à épouser le marquis François-Gaston de Béthune-Chabris, comte de Selles, de la branche
aînée de la maison (2).

L'une des filles des Béthune, Jeanne-Marie, nous est
déjà connue. Elle fut la femme de Jean Jablonowski, la
mère par conséquent du palatin de Rawa Stanislas-Vincent, et de Mmes Ossolinska et de Talmont (3).

(1) Lire K. WALISZEWSKI, *Marysienka. Marie de La Grange d'Arquien, reine de Pologne, femme de Sobieski, 1641-1716.* Paris,
1898, in-8°.

(2) Né le 13 mai 1638. Marié le 11 décembre 1668. Chargé en 1674
de complimenter Sobieski à son avènement, ambassadeur auprès de
lui jusqu'en 1680, il s'acquit une grande réputation en Pologne. Son
beau-frère le proposa même aux Hongrois lorsqu'ils lui demandèrent
un roi de sa famille. Nommé de nouveau ambassadeur dans la République en 1686, puis cinq ans après en Suède, il meurt à Stockholm
le 4 octobre 1692. Voir sur lui : Martine REMUSAT, *Un ambassadeur
de France en Pologne (1674-1686)*, dans la *Revue de Paris*, année
1919, p. 563-595. — Marie-Louise mourut à Paris, le 11 novembre 1728,
âgée de 94 ans.

(3) Cf. *suprà*, p. 19. Voir aussi, à l'Appendice, le tableau généalo-

Louis-Marie-Victoire, chevalier puis comte de Béthune, l'un des fils, a ici, à son tour, sa place tout indiquée.

Né vers 1668 (1), le comte de Béthune, d'abord garde-marine, ayant fait aussi quelques campagnes dans les mousquetaires, était passé en Pologne, où il avait pendant treize ans commandé un régiment d'infanterie de son oncle Sobieski, puis les mousquetaires de la garde d'Auguste II. Rentré en France à la mort d'un frère aîné (2), en 1704, Louis XIV lui avait accordé une compagnie de mestre de camp réformé (3). Brigadier le 1ᵉʳ février 1719, il était pourvu le 26 septembre suivant d'un régiment de cavalerie de son nom (4), dont, une fois maréchal de camp par brevet du 20 février 1734, il se démettait ce même jour au profit d'un de ses enfants (5), pour ne plus servir (6). Veuf en 1714 d'Henriette d'Harcourt de Beuvron, sœur du maréchal Henri (7), il avait convolé en secondes noces, le 15 septembre 1715, avec une fille de François-

gique 3. — Sa sœur Marie-Catherine-Casimire, née en 1677, épousa en 1690 Stanislas-Casimir, prince Radziwill-Kleski, grand maréchal de Lithuanie ; et en 1692, Jean Sapieha, petit maréchal, palatin de Podlachie, qui, venu en France pour rétablir sa santé, mourut le 6 mars 1738 à Châlons-sur-Marne, âgé d'environ 68 ans. Cf. *Mercure de France*, avril 1738, p. 814.

(1) Sur cette date, cf. ce que note LUYNES *(op. cit.,* t. XV, p. 192), après une conversation avec le maréchal de Belle-Isle, gendre de Béthune.

(2) Louis, marquis de Béthune, né en 1672, tué à Hochstedt.

(3) A la suite du régiment de cavalerie de Saint-Pouanges (15 juin 1704), puis du régiment de Bourgogne (25 mai 1709).

(4) Auparavant La Marck.

(5) François-Marie-César, marquis de Béthune, mort en juin de l'année suivante. Cité plus loin, p. 98, n. 3.

(6) Cf. PINARD, *Chronologie historique militaire*, t. VII, p. 91-92.

(7) Mariée le 18 mars 1708 : morte le 6 août 1714. « Béthune, neveu de la reine de Pologne, qui n'avait rien de vaillant, plus touché de l'alliance que du bien, épousa une sœur du duc d'Harcourt, qui n'eut que quatre-vingt mille livres. » (SAINT-SIMON, *Mémoires*, t. XV, p. 436.)

Bernard Potier, duc de Tresmes, Marie-Françoise, dont le frère, le duc de Gesvres (1), devint premier gentilhomme de Louis XV et en 1741 gouverneur de Paris et de l'Ile-de-France (2).

Par son étroite parenté avec les Sobieski et les Jablonowski, par le rôle que les siens, et lui-même lors d'une mission en 1714, avaient tenu dans la République, Béthune pouvait être considéré comme autant Polonais que Français (3). Il était le premier à le répéter. Il avait demandé d'ajouter officiellement à son nom celui du pays où avait régné sa tante maternelle. Il signait dans les actes : *Béthune de Pologne.* Dans le monde, on disait simplement *Béthune-Pologne.* De façon plus cavalière, ses amis l'appelaient *le Cosaque* (4).

Le comte et la comtesse de Béthune avaient été des familiers de Chambord (5). On doit donc s'attendre à les

(1) François-Joachim-Bernard Potier, duc de Gesvres ; mort le 19 septembre 1757, à 65 ans.

(2) Sur la démission, au mois de décembre, du comte d'Évreux (cf. *suprà*, p. 22, n. 3), moyennant une pension viagère. — Cette alliance de Béthune et du duc de Gesvres n'est sans doute pas étrangère à l'amitié que Stanislas témoignait au gouverneur de Paris, qui, de son côté, se plaisait à recevoir somptueusement Leszczynski en sa maison de Saint-Ouen. Certain dîner offert au roi de Pologne dans cette demeure, le 30 septembre 1754, et auquel assistèrent notamment la princesse de Talmont et le duc Ossolinski, attira « un concours prodigieux de peuple ». Sa magnificence fut vantée par les feuilles publiques. Cf. *Gazette de France*, 1754, p. 478-479. — LUYNES, *op. cit.*, t. XIII, p. 364. — Gesvres était venu à Lunéville en 1744, lors du voyage de Louis XV et de Marie Leszczynska.

(3) Son seul oncle maternel, Anne-Louis de La Grange, comte de Maligny et marquis d'Arquien, s'étant établi définitivement en Pologne, y avait même obtenu l'indigénat et une starostie.

(4) Cf. LUYNES, *op. cit.*, t. III, p. 379.

(5) « Quant à notre séjour », écrivait de ce château, le 19 décembre 1725, Stanislas à Du Bourg, « nous avons ici une agréable société avec.... M. le comte et Mme la comtesse de Béthune. » (Ms. n° 6.615 de la Bibl. de l'Arsenal.) Dix jours plus tard, Mme de Béthune était marraine, avec Leszczynski comme compère, de l'enfant d'un huissier de

retrouver à Lunéville. Béthune y vint en effet, gratifié de
l'office de grand chambellan, le second dans l'ordre hié-
rarchique (1). Mais sa femme ne s'y montra pas, une
brouille complète étant dans l'intervalle survenue entre
les époux. « Bon homme et fort singulier (2) », le grand
chambellan de Leszczynski, aux appointements de 2.000
écus, avait autrefois décliné une tout autre dignité. Il
n'eût tenu qu'à lui d'être cardinal. Mais, comme son frère
aussi, il avait, bien que fort dépourvu d'argent, refusé
« avec une folle opiniâtreté » le chapeau à la nomination
du roi son oncle, qui lui était offert avec insistance (3) et
duquel en 1695, plus qu'octogénaire, fut beaucoup moins
dédaigneux leur sacripant de grand-père d'Arquien, qui,
veuf pour la seconde fois, n'ayant jusqu'alors pris aucun
ordre ni possédé le moindre bénéfice, garda sous la
pourpre « ses habitudes de vie déréglée, ses maîtresses,
ses dettes et ses procès » (4), et, se faisant gloire de n'a-

la chambre. Le 9 février suivant, c'est son mari qui tient sur les
fonts baptismaux, avec Catherine Opalinska, le fils d'un valet de pied
de la reine. (Arch. comm. de Chambord, GG. 3.) En 1730, Béthune signait
l'acte de mariage de Marie Jablonowska, sa nièce.

(1) La *Gazette de Hollande* nous apprend que le grand chambellan
partit de Paris, pour aller exercer ses fonctions à Lunéville, le 26 mai.
— Ses provisions furent signées le 30 septembre. (Arch. nat., E. 3.211,
fol. 179vo). — Béthune fut en conséquence (cf. *suprà*, p. 38, n. 2) reçu
conseiller-chevalier d'honneur à la Cour souveraine le 2 octobre.

(2) Luynes, *op. cit.*, t. VI, p. 292.

(3) « Ses deux fils [du marquis de Béthune] refusèrent avec une folle
opiniâtreté le cardinalat à la nomination du roi de Pologne; ils vinrent
par la suite mourir de faim en France : l'aîné fut tué sans alliance....,
l'autre a vécu obscur toute sa vie... [Il] s'est remarié à une sœur du
duc de Tresmes, se sont séparés fort brouillés, et il est allé vivre à
Lunéville. » (Saint-Simon, *édit. cit.*, t. XV, p. 154.) — A la date du
19 août 1705, le marquis de Sourches (*Mémoires*, t. IX, p. 339) note
que Mme de Béthune vient d'obtenir « une pension de 2.000 l. pour
son fils qui en avait grand besoin », ayant « mieux aimé porter une
épée et mourir de faim que d'être cardinal ».

(4) Waliszewski, *op. cit.*, p. 350.

voir jamais dit de bréviaire, mourut à Rome à peu près centenaire, s'il ne dépassa pas le siècle (1).

Sur le tard, le comte de Béthune souhaita des honneurs. Dans l'espoir du cordon bleu, celui qui avait mieux aimé, comme s'en étonnèrent maints contemporains, « porter une épée et mourir de faim » que d'être prince de l'Église, n'hésita pas à aller depuis Lunéville mendier, mais vainement malgré les recommandations de Stanislas, une audience de Fleury (2). Il se console de ce déboire en s'occupant de peinture, ainsi que son père de manuscrits. A son décès, dans les deux seules antichambres de l'appartement du rez-de-chaussée qu'il habite à l'angle du donjon, avec vue sur les Bosquets et le Grand Canal, on ne trouvera pas moins de 208 tableaux, dont 186 pastels (3). Gazette vivante, à l'affût de toutes les anecdotes, dans les meilleurs termes avec ses neveux Ossolinski, le grand chambellan, lors de ses voyages à Paris et à Versailles, les tenait au courant des moindres

(1) Son épitaphe de Saint-Louis-des-Français lui donne 105 ans et 11 jours ; mais sur l'incertitude où l'on reste de l'âge véritable du personnage, voir les remarques des éditeurs de SAINT-SIMON, t. XV, p. 147, n. 3, et p. 159, n. 7.

(2) « Monseigneur », écrivait, de Paris, Béthune au cardinal, le 28 décembre 1738, « Je me suis présenté plusieurs fois à la porte de Votre Éminence, tant ici qu'à Versailles, depuis mon arrivée de Lunéville, pour avoir l'honneur de lui faire ma cour et m'acquitter des compliments dont le roi et la reine de Pologne m'avaient chargé, sans avoir celui de lui parler. On parle dans le public de promotions que le Roi doit faire dans le commencement de l'année où nous allons entrer, que j'ai l'honneur de lui souhaiter d'avance des plus heureuses. Mes anciens services sont connus à Votre Éminence, ma naissance et mes alliances ne sont pas moins connues, et l'intérêt qu'ils ont la bonté de prendre à ce qui me regarde. Elle en jugera mieux que personne par son équité. » (Arch. Aff. étr., Lorraine, vol. 135, fol. 348.)

(3) Arch. M.-et-M., B. 10.974. — C'est plus tard seulement que le grand chambellan eut son logement, comme l'indique le plan de Héré, à l'extrémité de l'aile à main droite lorsque l'on arrive au château; à ce logement donnait accès le perron démoli par un obus au cours de la dernière guerre.

événements, avec une verve qui donne à supposer que, comme ses lettres, sa conversation était loin d'être dénuée d'agrément.

Les rapports de Béthune avec ses enfants du second lit semblent s'être ressentis de la mésentente des parents. A part un fils (1), qui commanda, après M. de Marainville, de 1746 au début de 1760, ce régiment de Royal-Pologne cavalerie que nous avons vu possédé auparavant par le chevalier de Wiltz et par le prince de Talmont (2), ils comptèrent à peine pour Lunéville.

Tout autrement en fut-il d'une fille du premier lit, Marie (3), qui, toute jeune encore, avait associé, le 15 oc-

(1) Joachim-Casimir-Léon, marquis puis comte de Béthune et des Bordes, baron d'Apremont, brigadier des armées du roi, lieutenant général de la province d'Artois et gouverneur d'Arras, chevalier d'honneur de Madame Adélaïde. Né le 20 juillet 1724 ; marié, le 19 mars 1749, à Antoinette-Marie-Louise Crozat de Thiers, petite-fille de Crozat le riche (Cf. *suprà*, p. 23) ; mort à Versailles, le 19 décembre 1769, ne laissant que des filles. Ne pas le confondre avec un autre marquis de Béthune, son cousin, frère de Mme de Marmontel, qui épousa lui aussi, en secondes noces (1755), une fille de Crozat de Thiers, Marie-Thérèse. — Le fils aîné de Béthune de Pologne, Armand-Louis-François, né le 21 décembre 1717, enseigne de vaisseau, eut la tête emportée par un boulet, le 19 janvier 1741, dans un combat naval que les Anglais prétendirent avoir été livré par erreur. Le comte de Ségur, envoyant de Metz à Ossolinski, le 27 avril, une relation de cette surprise pour être communiquée à Stanislas, ajoutait en post-scriptum de sa lettre : « Le Béthune qui a été tué est, je crois, le fils du comte de Béthune et par conséquent frère de père de Mme la maréchale de Belle-Isle. Mais ayez la précaution, s'il vous plaît, de ne lui en rien écrire. » (Bibl. de Nancy, collection d'autographes.) — Un troisième fils fut prêtre. — Leur sœur, Marie-Éléonore-Auguste, née le 30 janvier 1727, épousa, le 27 mars 1748, son cousin germain Louis-Armand de Seiglière, marquis de Soyecourt, veuf depuis 1743 de Marie-Anne-Paule-Antoinette de Beauvillier, dite Mlle de Chemery, fille du duc de Saint-Aignan.

(2) Accordé à Béthune au début de janvier 1746, lors du décès de M. de Marainville. Le prince de Talmont avait demandé « avec vivacité » son ancien régiment pour son propre fils, le comte de Taillebourg, qui n'avait pas encore 12 ans. Cf. Luynes (op. cit., t. VII, p. 198), qui toutefois confond Royal-Pologne avec Gardes lorraines.

(3) Marie-Casimire-Thérèse-Geneviève, née le 14 février 1709 ; mariée

tobre 1729, une viduité précoce à celle de Fouquet, comte de Belle-Isle (1), pourvu en 1731 du commandement en chef dans les Trois-Évêchés, du gouvernement de Metz et du pays messin en mars 1733.

Ce n'est donc pas seulement l'extension de son commandement au pays lorrain, dès avant le changement de régime, puis la lieutenance générale des duchés, à lui accordée par Stanislas et Louis XV le 1er octobre 1744, lors du séjour du roi de France à Lunéville (2), qui amenèrent fréquemment Belle-Isle au château. Il n'y vint pas que faire sa cour à Leszczynski, ou inspecter les gardes du corps, compagnie dont Stanislas lui avait remis le détail (3). Il y rencontrait sa proche famille. De là, aussi, les visites multipliées du duc Ossolinski à Metz et des déplacements en commun pour Versailles (4).

le 5 mai 1727 à François Rouxel de Médavy, marquis de Grancey, lieutenant général, gouverneur de Dunkerque, mort le 30 juillet 1728. Lire L. LECLERC, *Notice sur Mme la maréchale duchesse de Belle-Isle.* Metz, 1864, in-8°. — Quatre autres enfants, tous morts en 1737, étaient nés de cette première union de Béthune de Pologne : Louis-Marie-Victor (1712), décédé en bas âge ; François-Marie-César, mestre de camp de cavalerie, dit le marquis de Béthune (1713-1735) [cf. *supra*, p. 94, n. 5] ; Louise-Marie-Françoise-Armande (1710-1711) et Françoise-Angélique (1711-1714).

(1) Charles-Louis-Auguste Fouquet, ou mieux *Foucquet*, alors comte de Belle-Isle, né à Villefranche-de-Rouergue, le 22 septembre 1684, et dont la première union, le 21 mai 1711, avec Henriette-Françoise de Durfort de Civrac, avait été stérile. — Au nombre des ouvrages le concernant, il y a lieu de citer plus particulièrement ici : D. C*** [Chevrier], *La vie politique et militaire de M. le maréchal de Belle-Isle, prince de l'Empire....* La Haye, 1762, in-12. — L. LECLERC, *Éloge du maréchal de Belle-Isle.* Metz, 1862, in-8°.

(2) Stanislas donna les lettres patentes, et Louis XV, ce même jour, permission par brevet au titulaire d'accepter la charge. Le lendemain, Belle-Isle prêtait serment entre les mains du roi de Pologne. Les lettres patentes du roi de France ne furent expédiées que le 2 novembre suivant, à Versailles. (Arch. nat., E. 3.223, fol. 227. — Journal de DURIVAL, *ms. cit.*, t. I, fol. 92, 93^{v°} et 95^{v°}.) — Ins. du 24 septembre 1745.

(3) Cf. LUYNES, *op. cit.*, t. XI, p. 64.

(4) Notons-en quelques-uns, de 1737. « Le duc et la duchesse Ossolinski revinrent de Metz, où ils étaient allés passer quelques jours

On sait que c'est à Belle-Isle, qui cachait d'extraordinaires prétentions « sous un air composé de sagesse et de flegme » et que le marquis d'Argenson nous a montré, « statue droite et immobile », proposant « la dévastation des empires, l'agitation des républiques » (1), qu'est due en partie l'attitude prise par la France, à la mort de Charles VI, dans la question de la Succession d'Autriche. L'élection au rang suprême, le 24 janvier 1742, de Charles-Albert de Bavière — dont les infortunes commencèrent d'ailleurs avec son élévation et qui, après de cruels revers, mourra, le 20 janvier 1745, maudissant son fâcheux cousin de l'avoir affligé d'une couronne d'épines, — est avant tout son ouvrage. Il assuma la direction diplomatique et militaire de l'entreprise.

Saint-Simon a très justement noté ce que dut peser dans la résolution de l'aventureux capitaine sa parenté personnelle. « J'en dirai seulement une vérité très certaine et en même temps rien moins que vraisemblable ; c'est que si l'électeur de Bavière ne s'était pas trouvé, par sa mère, cousin issu de germain de Mme de Belle-Isle (2), il

auprès du comte et de la comtesse de Belle-Isle. » *(Gazette de Hollande*, n° 73 ; de Lunéville, 29 août.) — « Le comte de Belle-Isle est attendu ici demain. » *(Ibid.*, n° 80 ; de Lunéville, 23 septembre.) — « Le roi est parti ce matin pour son château de La Malgrange, où le comte de Belle-Isle doit aussi se trouver. » *(Ibid.*, n° 84 ; de Lunéville, 7 octobre.) — En juillet 1738, après un voyage en Alsace, les Ossolinski et les Belle-Isle accompagnent Stanislas à Versailles. Ils y arrivent le 24. M. le Duc est logé dans l'appartement de son cousin. De même en septembre 1752. (Journal de Durival, t. I, fol. 22. — Luynes, *op. cit.*, t. II, p. 200, t. XII, p. 144.)

On vit aussi, différentes fois, à Lunéville, le frère de Belle-Isle, Louis-Charles-Armand, dit alors *le chevalier*. Né à Agde en 1693, maréchal de camp en 1738, lieutenant général du pays messin en mars 1739, lieutenant général des armées du roi en 1742, gouverneur de Givet en 1747 ; tué à Exilles en Piémont, le 19 juillet 1747. Célibataire. Confident et « modérateur » du maréchal.

(1) Argenson, *op. cit.*, t. IV, p. 204-207.

(2) Voir *suprà*, p. 87, n. 1, et à l'Appendice le tableau généalogique 3.

serait demeuré avec ce qu'il avait hérité de son père et ne serait parvenu à aucun des degrés de cette prodigieuse grandeur où il est monté tout à coup (1). » Belle-Isle gendre de Béthune, cela explique en effet bien des choses.

Il est permis de compléter la remarque de Saint-Simon. Ne serait-ce pas dans les conciliabules tenus en famille à Lunéville que germa et prit forme l'idée dont la réalisation mit l'Europe à feu et à sang ? Dans le château même de François III, auraient été envisagées et résolues la spoliation de sa femme et la ruine de sa dynastie. En tout cas, quand Belle-Isle, nommé ambassadeur à la diète de Francfort (2) et promu maréchal de France (3), en attendant le duché héréditaire, la Toison d'or et le brevet de prince du Saint-Empire en 1742, la pairie et l'Académie française en 1749, un ministère d'État en 1756 et en mars 1758 le portefeuille de la Guerre, s'arrêta une dernière fois à La Malgrange et à Lunéville, le 7 mars 1741, avant de gagner l'Allemagne (4), de quels vœux chaleureux fut-il accompagné, on peut le supposer.

(1) *Mémoires*, t. XV, p. 156. Plus loin, le duc revient sur cette idée : « C'est dommage que le bout du projet de ces *Mémoires* n'atteigne pas le temps de la mort du dernier prince de la maison d'Autriche : on verrait dans ce mariage, si indifférent en apparence, et si fort ignoré des puissances de l'Europe, le germe dont la Providence avait destiné la faiblesse à les remuer toutes, à anéantir cette fameuse pragmatique qui avait enrôlé toute l'Europe pour son soutien, et à mettre sur la tête d'un prince de Bavière... le diadème impérial, la couronne de Bohême et partager encore d'autres provinces avec d'autres princes aux dépens de l'héritière qui se les croyait toutes si assurées, avec l'Empire pour son époux... » *(Ibid.,* p. 436-437.)

(2) Désigné le 24 décembre 1740 au matin (cf. LUYNES, *op. cit.*, t. III, p. 288) ; officiellement nommé le 25 janvier suivant.

(3) 11 février 1741.

(4) Le maréchal avait quitté Paris le 4 mars. Le 7, à cinq heures de l'après-midi, il arrivait à La Malgrange, y passait le lendemain en revue le régiment des Gardes lorraines, puis, avant de reprendre la route de Metz, allait jusqu'à Lunéville saluer Catherine Opalinska. (Journal de DURIVAL.. *ms. cit.*, t. I, fol. 40.)

7

Un mois plus tôt, dans une lettre adressée de Paris à Ossolinski, Béthune de Pologne, lui citant ce passage de Virgile :

> Filius huic, fato divum. prolesque virilis
> Nulla fuit, primaque oriens erepta juventa est.
> Sola domum et tantas servabat filia sedes.

Béthune ajoutait : « L'application de ces vers cadre en quelque façon à la situation présente de la grande-duchesse de Toscane, au cas qu'elle garde toute la succession de son père »(1). La comparaison est piquante sous sa plume. Quels événements se préparent ? Qui va fondre sur l'héritage de la moderne Lavinie et s'employer à le morceler ? Le grand chambellan de Stanislas et son neveu, le grand maître, ne le savent que trop bien. Et sans doute, en traçant ces lignes, le *Cosaque*, poursuivant le rapprochement, s'est-il à soi-même murmuré :

> Id vero horrendum ac visu mirabile ferri :
> Namque fore illustrem fama fatisque canebant
> Ipsam, sed populo magnum portendere bellum.

A Francfort, où l'a député Stanislas (2), Ossolinski fut le témoin enorgueilli du faste inouï déployé par Belle-Isle, qui y semblait être, comme l'écrit Voltaire, plutôt qu'un ambassadeur un des premiers électeurs (3).

----

(1) Nous donnons in-extenso cette lettre, du 6 février 1741, à l'Appendice ; voir pièce justificative 4.

(2) Sur cette mission, voir des lettres de Belle-Isle à Stanislas, de Francfort, 10 novembre 1741, et de Stanislas à Belle-Isle, 21 janvier 1742 (Arch. Aff. étr., Lorraine, suppl. vol. 28, p. 103 et 106), ainsi que la correspondance d'Ossolinski avec son frère et sa belle-sœur, *j. cit.* A son retour, M. le Duc écrira enfin de Lunéville, le 24 février, à Louise Zaluska, avec combien « d'honneur et de satisfaction », occupé par « des fêtes et les affaires publiques », il a passé cinq semaines dans la cité impériale, en compagnie de son petit-fils Constantin Szaniawski et de son neveu Alexandre Ossolinski (cf. *suprà*, p. 59). [Bibl. Ossolinski, *ms. cit.*, n° 1.142.]

(3) *Mémoires de l'élection de l'empereur Charles VII, dans lesquels*

Le peintre Gervex raconte dans ses *Souvenirs* comment
la comtesse de Montebello, ambassadrice de France à
Pétersbourg, de qui il tient ce détail, figura au couronnement de Nicolas II avec de merveilleux joyaux confiés par
patriotisme, afin qu'elle pût rivaliser avec les cours étrangères, par un grand bijoutier de la rue de la Paix (1). Au
couronnement de Charles VII, le 12 février 1742, les pierreries de Catherine Opalinska contribuèrent à parer la
maréchale de Belle-Isle. L'absence se prolongeant, la
reine de Pologne ne fut pas, il est vrai, sans s'inquiéter
du précieux prêt. Elle avait recommandé au duc Ossolinski
de lui rapporter ses diamants. Trois jours avant la cérémonie où ils devaient briller une dernière fois, la femme
de Stanislas écrivait à son cousin pour lui rappeler sa
commission (2).

« Plus curieux d'honneurs et de magnificence que de
bonheur », « entendant bien le militaire, mais mieux
encore l'intrigue de cour » (3), Belle-Isle, froid d'aspect
et de conversation triste, n'était pas aimé. Il avait des
admirateurs. Des détracteurs, en plus grand nombre. La
plupart ne pardonnaient pas au petit-fils du surintendant
Fouquet ce magnifique rétablissement de fortune. A Lunéville, le maréchal n'est guère apprécié que de la cour
polonaise, dont il ne s'isole pas. Dans l'entourage du
chancelier, qui mesurait avec jalousie l'étendue de son
crédit, on critiquait cette agitation ambitieuse et cette
insinuante souplesse ; on blâmait ses continuels besoins
d'argent comme ses officieux empressements auprès du
roi. On le travestissait en une façon de don Quichotte. On

*on voit, sous des jours très clairs, tout ce qui s'est passé depuis le
commencement jusqu'à la fin de cette dernière négociation.* La Haye,
1742.

(1) Henri GERVEX, *Souvenirs*, recueillis par Jules Bertaut. Paris,
s. d. [1924], in-12, p. 139-140.

(2) Voir cette lettre à l'Appendice, pièce justificative 5.

(3) Cf. ARGENSON, *op. cit.*, t. IV, p. 204-207.

riait de *M. Trottin* (1). Les Lorrains se souvenaient que, lors de l'affaire de la Succession de Pologne, Belle-Isle, consulté par Fleury, avait insisté pour la cession des Duchés. Ils n'oubliaient pas que, le 13 octobre 1733, la guerre déclarée à l'Autriche, c'était le gouverneur de Metz qui, à la tête de 4.000 hommes, était venu occuper Nancy, dont les Français ne devaient plus sortir (2). Ils plaignirent Marie-Thérèse. Ils s'indignèrent de l'audace de ce dictateur de l'Allemagne prétendant barrer à leur ancien maître le chemin du trône impérial.

La maréchale, pour qui le cardinal de Tencin éprouva, paraît-il, sur le tard, un sentiment très vif, belle, aimable, qui fut pour son mari une collaboratrice aussi intelligente que dévouée et sut dans les plus grandes circonstances tenir admirablement son rang, avait en revanche la sympathie de tous. Sa religion était sincère, sa charité inépuisable. Il n'y a guère de voix discordantes chez les contemporains. « Jamais personne ne fut plus occupé de ses devoirs et de tous les exercices de piété ; elle comptait

---

(1) Dans ses diverses notes et particulièrement dans celles dont il a surchargé un exemplaire de l'*Introduction à la description de la Lorraine et du Barrois* de Durival, JAMET accueille avec complaisance ces railleries. « Ce fou de Belle-Isle, dit *M. Trottin* », écrit-il. « Ce fou de don Quichotte, nouveau Pierrochole. » Et à propos du premier voyage de Stanislas à Metz, le 9 août 1737, où le gouverneur eut à recevoir le prince : « Comme il trotta, comme il s'intrigua ! Je crois le voir encore. » Cf. ms. n° 730 de la Bibl. de Nancy, *passim*.

(2) Dans les lettres patentes de lieutenant général de Lorraine et Barrois signées en sa faveur (cf. *suprà*, p. 99, n. 2), Stanislas, au contraire, exprime sa reconnaissance au maréchal des « services qu'il a rendus tant lors de notre avènement et installation auxdits pays et duchés, dont il avait été chargé précédemment de ranger sous les armes et obéissance de notre très cher et très amé frère et gendre le roi T.-C. les villes, citadelle de Nancy et autres places fortes desdits pays et duchés, que dans le commandement sous nos ordres sur lesdites troupes de notre frère et gendre èz dits pays et duchés, dont il a pareillement presque toujours été chargé depuis ladite époque jusqu'à ce jour. »

toujours sa santé pour rien », écrira Luynes (1). M. de
Bernstorf, qui l'avait fréquentée à Francfort où il repré-
sentait le Danemark, disait « que ce n'était pas un corps
que le sien, mais une gaze qui couvrait son âme » (2). En
séance du Parlement de Metz, le premier président Mathieu de Montholon peut déclarer sans trop de flatterie,
aux applaudissements de l'assemblée, « qu'elle fait les
délices et l'édification de la société » (3). Elle trouve même
grâce devant Argenson, dur au mari, et qui, si disposé
qu'il soit à la critique, en arrive toujours, lorsqu'il s'agit
d'elle, à l'éloge. Il nous la peint « bien faite, assez jolie
et telle qu'il la fallait à un homme comme lui. Tantôt
coquette avec beaucoup d'art, d'adresse et de décence ;
tantôt dévote ; toujours enjôleuse sans bassesse, spirituelle sans prétentions (4). » Par sa fidélité à un époux
qui ne la payait pas de retour, par sa politesse souriante
jointe à une dignité parfaite, par la pureté de sa vie, la
fille du grand chambellan forme un sain et reposant
contraste avec ses cousines Jablonowska. Saluons en
Marie de Béthune l'une des rares femmes de qualité, la
seule peut-être — la reine, mais de vertu si chagrine,
exceptée, — dont à la cour de Stanislas la réputation ait
été irréprochable.

Instruit au foyer paternel, puis chez les chanoines réguliers du collège Saint-Louis, le comte de Gisors, leur

(1) Luynes, *op. cit.*, t. XVI, p. 74-76.

(2) *Ibidem.*

(3) L. Leclerc, *Notice sur M** la maréchale duchesse de Belle-Isle,*
j. cit., p. 18.

(4) Argenson, *Mémoires,* édit. Baudouin, 1825, p. 300. Seul Saint-Simon
se montre irréductible, et encore n'attaque-t-il pas la femme privée.
Après avoir rappelé que la première compagne du maréchal « était
riche, extrêmement laide, encore plus folle », que « elle s'en entêta
et ne le rendit pas heureux ni père », il poursuit : « Son bonheur l'en
délivra quelques années après, et le malheur de la France le remaria
longtemps après. » (*Mémoires,* t. XXI, p. 325.)

fils (1), vint souvent de Metz à Lunéville, pour la joie de
son grand-père. Il y joua, sous ses yeux, avec son cousin
Taillebourg, de deux ans plus jeune que lui, avec *Oles*
Ossolinski et *Kostus* Szaniawski (2). On l'y vit à douze ans
mousquetaire (1744), et l'année suivante, à la formation
du régiment, mestre de camp lieutenant de Royal-Barrois (3). En dépit de la réprobation que marqua le maréchal, aussitôt qu'il eut le département de la Guerre, pour
semblables abus (4), c'était donc, selon le mot du temps,
un de ces colonels à la bavette, dont Voltaire avait, dans
l'*Indiscret*, plaisanté par la bouche de Damis :

> Colonel à treize ans, je pense avec raison
> Que l'on peut à trente ans m'honorer d'un bâton.

Mais les dons de séduction que l'adolescent tenait de sa
mère lui valaient l'indulgence générale. Parti peu après
pour l'armée, Gisors en reviendra aussi gracieux, et mûri.

Parmi les chambellans et gentilshommes sous les ordres
de Béthune, on ne compte tout d'abord que deux Polonais : Pierre Horski, gentilhomme pour la livrée, qui
mourut en 1739 (5) ; Stanislas Miaskowski, l'un des deux

(1) Louis-Marie Fouquet de Belle-Isle, comte de Gisors, né le 27 mars
1732. — Un frère cadet, Marie-Auguste, chevalier de Saint-Jean de
Jérusalem, né le 6 juin 1734, mourut à Metz le 19 juin 1739.

(2) Cf. *suprà*, p. 57 et s.

(3) « S. M. a donné à M. de Gisors... l'agrément d'un régiment. Ce
régiment doit être levé aux frais du roi de Pologne, duc de Lorraine.
M. le maréchal de Belle-Isle est arrivé ce matin avec M. son frère
pour remercier le Roi. » (LUYNES, *op. cit.*, t. VII, p. 96 ; de Fontainebleau, 21 octobre 1745. Cf. *Gazette de Hollande*, 1745, n° 90 ; de Paris,
1er novembre.) La commission est du 1er novembre. Gisors commanda
son régiment au siège de Charleroi et à la bataille de Raucoux en
1746 ; puis, en novembre de la même année, il passa à l'armée d'Italie,
où il servit sous les ordres de son père jusqu'à la paix.

(4) Voir son *Règlement sur l'ancienneté de service que devront
avoir les officiers qui seront proposés pour commander des régiments*. Versailles, 29 avril 1758.

(5) Le 14 avril. Horski occupait, sur la petite place de la Comédie,
chez le sieur Vannier, un fort modeste appartement (chambre, cabinet

gentilshommes pour la chasse, qui se fit prêtre et que nous retrouverons à la chapelle. Mais le corps des cadets devait en fournir plusieurs autres. Thomas Skarbek Borowski (1), avec qui nous ferons plus ample connaissance à son École. Théodore Moszczenski, qui passa par les mousquetaires de Louis XV et, quelque temps aussi gentilhomme de Catherine Opalinska, servit dans Lœvendal avec le grade de colonel (2). Christophe Szczyt, colonel, et capitaine dans Royal-Suédois, le plus fidèle de tous, car il demeura vingt ans en Lorraine et n'en partit qu'au décès de son maître (3). C'est encore le chambellan Louis Dombski (4). Citons enfin, comme gentilhommes de Leszczynski n'ayant pas été élèves de l'Académie de Lunéville, Gabriel Stoinski (5) et Paul-Laurent Trzeciak, l'un et l'autre en charge vers 1750.

et cuisine). Ainsi en était-il pour presque tous les commensaux du roi ne logeant pas au château. Le jour même du décès, le corps fut conduit à l'église paroissiale, puis de suite inhumé aux Capucins. L'inventaire des 19 et 20 avril, conservé aux Arch. de M.-et-M. (B. 10. 974), mentionne une garde-robe très complète, dont un manteau en peau d'ours ; pas un livre. — Deux Horski, arm. Druck, furent inscrits à l'École des cadets : en 1738, Stanislas (n° 26) et en 1740, Charles (n° 35).

(1) Cadet n° 1 ; voir le chapitre suivant.

(2) Cadet n° 10. C'est en sa qualité de gentilhomme de la reine qu'aux funérailles de Catherine Opalinska, à Bon-Secours, le 21 mars 1747, Moszczenski est l'un des six porteurs du cercueil. Cf. Abbé Léon JÉRÔME, *L'église de N.-D. de Bon-Secours à Nancy*, p. 75.

(3) Cadet n° 70. Szczyt ou Szczytt (*Scytle, de Szitte, de Schylte, de Schitte, Schutt, Stitt*), était fils de Christophe, castellan de Smolensk, et d'Anne Zawisza. Arm. Radwan. — Fut présenté à Louis XV le 12 juillet 1749, à Compiègne (LUYNES, *op. cit.*, t. IX, p. 444). Est parrain à Lunéville, le 26 juillet 1755, de Christophe, fils de Nicolas Ney, aide d'office.

(4) Cadet n° 84. Fils de Casimir Dombski. Nous reviendrons sur son père (v. *infrà*, ch. VI) et sur son frère Jean-Baptiste, cadet n° 85, entré le même jour que lui à l'École (cf. ch. v).

(5) Arm. Janina. Nous ne pouvons préciser sa parenté avec Hyacinthe Stoinski, cadet n° 79, qui séjourna en même temps que lui à Lunéville.

Dans la suite de la reine, à l'inconséquente légèreté de Thomas Ossolinski, le premier chevalier d'honneur (1), s'opposait la grave pondération d'Étienne Kurdwanowski (2), son gentilhomme de la chambre, bon mathématicien. D'une famille célèbre de Mazovie, où Stanislas rencontra en 1733 de très actifs partisans (3), marié à Sophie-Salomé Milkowska (4), ayant depuis longtemps quitté la Pologne pour servir en France, il commandait, avec rang de colonel, un bataillon au régiment d'infanterie allemande de Maurice de Saxe (5), quand, à l'avènement du duc-roi, il vint, âgé de cinquante-sept ans, se fixer à Lunéville, où sa femme fut désignée comme dame du palais (6).

Colonel de cavalerie dans les troupes polonaises, Alexandre Dziuli (7) méritait bien la place de premier

(1) Cf. *suprà*, p. 55-57.

(2) Jean-Étienne Ligenza Kurdwanowski, fils de Casimir, veneur de Halicz, et de Catherine, née Kurdwanowska. Né à Radzanów, palatinat de Sandomir, le 26 décembre 1680. Arm. Pólkozic : *De gueules à un rencontre d'âne au naturel.*

(3) Notamment Nicolas Kurdwanowski, veneur et sous-écuyer de Halicz, et Michel, staroste de Baranów, maréchal de la confédération de Halicz en 1734.

(4) Morte à Lunéville, le 12 août 1757 ; inhumée chez les religieuses de Sainte-Élisabeth. Nous leur connaissons au moins une fille, Marie-Hélène, dame de Sainte-Croix.

(5) Chevalier de Saint-Louis. Retraité le 24 décembre 1749, avec une pension de 2.124 l. (Arch. de la Guerre; Trésor royal, guerre, n° 3.863).

(6) Naturalisés le 16 octobre 1751 (Arch. nat., E. 3.231, fol. 233) ; ent. du 19 janvier 1752 (Arch. M.-et-M., B. 252, n° 1 *bis*). Dès 1722, Kurdwanowski avait vendu une partie de son domaine de Klwów à un Lipski, et en 1725, l'autre partie à un Dobiecki.

(7) François-Luc-Raphaël-Alexandre Dziuli [*Dziuly, Dziulli, Dzuli, Suli* (lu *Sali* par l'éditeur des *Mémoires* de Luynes ; cf. t. VI, p. 104)]. Né en 1709 à Podlasie, palatinat de Sandomir. Son père Stanislas avait été marié deux fois : 1° à Anne Lezenska ; 2° à Sophie Czerminska. Du premier lit naquit Thomas, *podstoli* de Stenzyca en 1726 et échanson de Wislica en 1736, colonel des armées de la Couronne. Du second lit proviennent, outre Alexandre : Michel, né en 1702, commandant d'un régiment d'infanterie et en 1739 sous-maître d'hôtel

écuyer que lui attribua Leszczynski. Aide de camp général de l'armée confédérée, il avait, ainsi que son frère consanguin Thomas, été d'un grand appui au roi après sa seconde élection. Tous deux signèrent à Kœnigsberg, comme délégués du palatinat de Sandomir, l'émouvante proclamation du 30 juillet 1735 aux souverains de l'Europe (1). Les Dziuli n'avaient pas de profondes racines en Pologne. De Valachie était venu leur grand-père Martin Dziuli, ou plus exactement alors *Diuli*, uni à une Kossowska, puis entré dans les ordres après son veuvage ; et c'est seulement à la diète de 1676, que leur père Stanislas, échanson de Zuków, avait obtenu l'indigénat dans la République. Nous verrons Alexandre, à quelque cent ans de distance, obtenir sur ses vieux jours la qualité de Français.

Dziuli avait l'amitié de son maître. Il mangeait, s'il faut l'en croire, plus souvent à la table royale qu'à la sienne. Aimant le luxe, appréciant les œuvres d'art, il déplora souvent que ses ressources ne lui permissent pas de satisfaire toutes ses fantaisies. Plus riche, il eût été sans doute un collectionneur passionné. « Je vous avertis », écrit-il le 4 juillet 1754 à son beau-frère Swidzinski, « que, par suite du décès de M. de Craon (2), on vend

du royaume de Pologne, qui épousa Justine Brzezinska et mourut sans postérité en 1771 ; Stanislas, piariste ; Marianne, femme de Joseph-Antoine Brzuchowski, puis en 1731 de Stanislas Swidzinski, palatin de Braclaw : enfin Françoise, femme de Florien Straszewski, d'où Vincent, héritier en Lorraine du premier écuyer (v. *infrà*, ch. viii). Ce dernier signe *A. de Dziuli*. Portait : *D'or à trois serpents ondoyants d'azur, en fasces, l'un sur l'autre.* Boniecki (*Herbarz polski*, t. V, p. 246) donne ces armoiries impossibles : *Trois serpents d'or sur champ d'argent.* Famille éteinte avec Alexandre.

(1) Cf. *Troisième traité de Vienne*, p. 352.

(2) Marc de Beauvau, prince de Craon, l'ancien grand écuyer et favori de Léopold, était mort, au château de Haroué, le 10 mars précédent. Il s'agit de la vente du mobilier de son hôtel de Lunéville. Il est à remarquer que c'est par des papiers conservés à Varsovie que nous connaissons cette liquidation. Les historiens locaux, Durival lui-même, dans son Journal, n'en disent rien.

ici beaucoup de belles choses et de superbes meubles.
C'est une occasion unique, qu'on ne retrouvera jamais.
Il y a de hautes tapisseries pour garnir une salle entière.
Elles représentent les batailles d'Alexandre. On les aurait
pour 900 ducats. Comme elles sont les plus belles du
monde, si quelqu'un en était amateur, par exemple le
grand hetman, je pourrais les acheter. Elles ont été fabri-
quées aux Gobelins, à Paris (1). » Et six jours plus tard :
« On ne saurait dire la beauté du mobilier mis en vente :
sièges en tapisserie, tentures, bijoux, pendules, tableaux,
argenterie massive. Ce seigneur avait en effet ramassé, en
France et en Italie, pendant toute sa vie, ce qu'il y a de
plus magnifique. Et moi, n'ayant pas le sou, je sèche de
dépit de n'être pas à même d'acquérir ces objets et d'en
procurer à mes amis (2). »

A partir de 1745, l'un des deux sous-écuyers de la cour
de Lunéville fut également un Polonais : Joseph Zlacki
Kamienski, originaire du palatinat de Posnanie, lieutenant au service de France, qui tint, lui aussi, à se faire
naturaliser (3).

(1) L'*Histoire d'Alexandre*, d'après Le Brun, suite de 11 pièces.
Cf. GERSPACH, *Répertoire détaillé des tapisseries des Gobelins exécu-
tées de 1662 à 1892*. Paris, 1893, in-8°, p. 32-33, 77.

(2) Bibl. Krasinski, ms. n° 488 (4.053). 54 lettres, en polonais, de
Alexandre Dziuli à Stanislas Swidzinski, datées de Lunéville du 29 juillet 1750 au 17 novembre 1755. Nous avons surtout utilisé cette correspondance pour la rédaction du chapitre v.

(3) Lettres patentes de Stanislas du 30 décembre 1765 (Arch. nat.,
E. 3.259, fol. 178ᵛᵒ) ; ent. du 14 février 1766 (Arch. M.-et-M., B. 260,
n° 12). Ces lettres fournissent quelques détails intéressants : « ... Nous
a très humblement fait représenter que, dans le dessein de parvenir
à s'attacher à notre service et de vivre sous les lois et la douceur de
notre gouvernement, il a, dès son bas âge, quitté sa patrie pour se
rendre dans nos États, où, s'étant appliqué à l'équitation, nous l'avons,
après quelques années d'exercice, jugé capable d'être admis en la
susdite qualité de l'un de nos écuyers (lire *sous-écuyers*), dans
laquelle place il s'est depuis vingt ans efforcé de nous donner des
marques de sa capacité, exactitude, zèle, attachement et affection à
notre service... »

Dans les gardes du corps, nous avons tout au plus à
mentionner Jean–Baptiste Schrœder (1), de Danzig, et
Laurent Smolenski, de Ciechanów (2). Quand Schrœder
entra dans cette compagnie, le 1er juin 1739, à l'âge de
quarante-deux ans, il en comptait dix-huit de service en
Pologne, tant comme maréchal des logis que comme
lieutenant au régiment de Podowski. Fait capitaine dans
l'armée de Louis XV, chevalier de Saint-Louis, il devint
à l'ancienneté porte-étendard de la première brigade des
gardes. Les contrôles l'indiquent comme gentilhomme.
Schrœder, en effet, appartenait à une des meilleures
familles de sa ville natale (3).

Avec les grands aumôniers Zaluski et Krasinski, le
premier aumônier du roi Miaskowski et son aumônier
ordinaire Mathy, l'abbé de Clairlieu Gurowski, les Pères
Ubermanowicz et Radominski, confesseurs, le clergé des
maisons du roi et de la reine va nous retenir plus longtemps.

Si, en 1735 encore, ne disposant que d'une seule récompense digne d'eux, Leszczynski avait voulu la conférer soit
à André–Stanislas, soit à Joseph-André Zaluski, il eût été
embarrassé pour choisir, tant, depuis l'interrègne, le
dévouement des deux frères s'était manifesté pareillement
complet (4). A Rome, Joseph, grand référendaire de la

<hr>

(1) Les actes de l'état civil de Lunéville portent *Schreder* ou *Schré-
der ;* le contrôle des gardes : *Schereder*.

(2) Lorsque Smolenski, « gentilhomme », fut admis aux gardes,
le 10 novembre 1760, à 28 ans, il avait servi huit années et demie en
Prusse et huit mois dans les Volontaires d'Austrasie. Le registre original du contrôle de 1761 (au Musée hist. lorrain) porte « Ciechanou
en Moravie », au lieu de *Mazovie*.

(3) Elle s'y était fixée vers 1620. Simon-Christian Schrœder, mort
en 1720, y obtint confirmation de son ancienne noblesse. De ses fils,
l'un fut bourgmestre de Danzig, l'autre médecin. Le grand-père
paternel de Simon, Élias, eut un fils prénommé comme lui, qui,
secrétaire de la cour de Pologne, mourut en 1680. (Arch. de Danzig.)

(4) Cf. *Troisième traité de Vienne*, p. 172 et s.

Couronne, que de Danzig le beau-père de Louis XV avait envoyé comme ministre auprès de Sa Sainteté, et André-Stanislas, évêque de Plock et grand chancelier, qui avait tenu à accompagner le diplomate afin de renforcer son action, n'avaient rien négligé pour conserver à leur roi l'appui moral de Clément XII et ruiner dans l'esprit des cardinaux divisés le crédit de l'électeur de Saxe. Mais quand celui-ci l'eut définitivement emporté, les Zaluski avaient jugé sage de séparer leur fortune. Rompant avec les Stanislaïstes et le parti français, de même que son autre frère et son suffragant Martin, secrétaire de la Couronne, l'évêque de Plock obtient d'Auguste III, dont il deviendra bientôt l'un des plus intimes conseillers, d'être maintenu dans sa charge de chancelier. Sur les sièges de Luck, de Culm et de Cracovie, le plus opulent bénéfice de Pologne, la faction des Czartoryski trouvera en lui un ferme soutien (1).

Joseph Zaluski (2), au contraire, liant son sort à celui

(1) André-Stanislas-Kostka Zaluski, né le 2 décembre 1695 ; mort à Kielce, le 16 décembre 1758. Évêque de Plock en 1722, de Luck en 1737, transféré à Culm le 15 juillet 1739 ; nommé à Cracovie, où il succéda au cardinal Lipski, le 2 mai 1746. Chevalier de l'Aigle blanc le 3 août 1738. — « Après le primat est l'évêque de Cracovie Zaluski. Il a toujours suivi fidèlement les sentiments des Czartorinski (sic)... Il était très attaché au roi de Pologne, beau-père de Sa Majesté, lors de l'élection de ce prince, et très zélé pour ce qui pouvait plaire au Roi. Les Czartorinski ayant cru devoir depuis se lier avec la Russie, il les a suivis. » (Instructions pour M. Durand allant en Pologne comme ministre de Louis XV ; de Versailles, 30 novembre 1754. Cf. FARGES, op. cit., t. II, p. 166, ajoutant à tort, dans une note, qu'il s'agit du grand référendaire Joseph.)

Martin Zaluski, suffragant de Plock, *episcopus Drœsnensis* (?), contresignait à Danzig et à Kœnigsberg, en tant que grand secrétaire de la Couronne, les manifestes et les universaux lancés par Leszczynski. — Le quatrième frère, Jacques, était staroste de Sulejów.

(2) Fils, de même que André-Stanislas, d'Alexandre-Joseph, palatin de Rawa, mort en 1716, et de sa seconde femme, Thérèse Potkanska (la première était Thérèse Witowska), Joseph-André Zaluski était né à Siedlec, diocèse de Gniezno, le 12 août 1702. Arm. Junosza : *De gueules à un bélier d'argent, accorné d'or, sur une terrasse de sinople.*

du vaincu, est venu directement de Rome rejoindre
Leszczynski à Meudon, pour le suivre à Lunéville en tant
que son grand aumônier (1).

Peu de prêtres eussent pu, semble-t-il, par le prestige
de leur naissance et par leur valeur personnelle, rehausser
davantage cet office. D'importantes dignités ecclésiastiques avaient depuis longtemps mis en évidence la famille
des Zaluski. Il est presque sans exemple, comme ce fut le cas
pour eux, que les trois premières charges non laïques du
royaume — celles de grand chancelier, de grand référendaire et de grand secrétaire — aient été simultanément
possédées par des frères. Marié quatre fois, le grand-père
de Joseph avait épousé deux sœurs de primats de Pologne,
dont Catherine Olszewska, son aïeule (2). Parmi ses oncles
paternels, c'est Louis-Barthélemy, prédécesseur de son
neveu André-Stanislas à l'évêché de Plock (3), et surtout
le grand chancelier André-Chrysostome, lui aussi quelques années titulaire de ce siège (4), celui même qui, en
1698, avait prédit à Leszczynski, dans des termes superbes, une carrière éclatante, pour le vouer aux gémo-
nies et le traiter d'usurpateur lorsqu'il accepta l'offre de
Charles XII (5). Bref, cette branche des Zaluski pouvait
s'enorgueillir de compter huit évêques, six palatins, cinq
castellans, trois grands chanceliers et dix grands officiers de la Couronne. Une alliance la rattachait aux
Korycinski, et par eux aux Kostka d'où était sorti saint

(1) Les lettres patentes lui conférant cette charge furent seulement
signées le 14 décembre 1737. (Arch. nat., E. 3.212, fol. 64.)

(2) En premières noces, Alexandre Zaluski, palatin de Rawa,
épousa une Prazmowska, sœur de N. Prazmowski, archevêque de
Guiezno (1666-1673) ; en troisièmes noces, Catherine, sœur d'André
Olszewski, titulaire du même siège de 1674 à 1677.

(3) Évêque de Plock en 1704 ; mort en 1721.

(4) Évêque de Kijów en 1679, de Plock en 1691, de Warmie en 1698 ;
mort à Gutsodt, le 1er mai 1711.

(5) Cf. *Troisième traité de Vienne*, p. 1 et p. 2, n. 1.

Stanislas. Le père de Joseph Zaluski, deux fois maréchal de la Couronne, surnommé *l'aumônier* pour les largesses qu'il faisait aux pauvres, était mort en odeur de sainteté, et l'on songeait à la béatification de Colombe Potkanska, sa grand'tante maternelle (1).

De bonne heure Joseph Zaluski s'était proposé comme modèle André-Chrysostome, non seulement prélat et homme politique, mais le plus fameux orateur polonais de l'époque, mais un érudit, l'auteur des *Epistolæ historicæ familiares* (2), et un Mécène en outre. S'il prit à l'Université de Cracovie ses grades de docteur en droit et en théologie, Joseph avait fréquenté la Sorbonne et accompli avec André-Stanislas, aux frais de Louis-Barthélemy, de studieux voyages en Allemagne, en Hollande, en Italie. Prêtre du diocèse de Posnanie, archidiacre de Pultusk, prévôt mitré de Kodno et de Jaworów, chanoine de Cracovie, il était devenu chancelier de Frédéric-Auguste, prince royal de Saxe, et c'est le 19 juin 1728 qu'Auguste II en avait fait un grand référendaire de la Couronne.

Agé de trente-quatre ans lors de son arrivée à Lunéville, Zaluski est aussi écolàtre de Plock et grand prévôt coadjuteur de l'insigne église collégiale de Varsovie. L'évêché de Culm s'étant trouvé vacant en 1733, Leszczynski le lui avait de plus accordé ; mais les événements s'étaient opposés à ce qu'il en prît possession, et l'électeur-roi

---

(1) Cf. *Discours sur la croix érigée au calvaire de La Malgrange par le Roy de Pologne... prononcé en présence de Leur Majesté* (sic) *le 14 septembre 1740.* Par le Père Jean-Baptiste COLLIN, S. J. [1690-1760], Nancy, Vᵛᵉ Nicolas Balthazard, 1741, in-12. Avec une « épître » enrichie de notes concernant les Zaluski et fournies, de toute évidence, par le grand aumônier, qui publiera lui-même une *Genealogia comitum Junoscitarum Tabasz-Zaluskiorum et de Zaluskie...* etc. (Varsovie, 1750, in-4°), qu'avait également précédée *l'Oratio de magnis Zalusciarum in rem litterariam meritis*, de Florien POTKANSKI (Varsovie, 1746).

(2) Braunsberg, 1700-1711, 6 vol.

venait d'y nommer un titulaire plus heureux en la personne d'Adam-Stanislas Grabowski.

Éloquent, Zaluski était monté dans les principales chaires de Pologne. Il avait souvent prêché en français devant Auguste II. On l'avait entendu à Saint-Sulpice (1). Théologien, avec vigueur dans la controverse et abondance d'arguments, il a examiné, condamné les privilèges consentis aux dissidents (2). Il a abordé l'archéologie religieuse (3), comme il se laissera tenter par la médecine et la pharmacie (4). Légiste et historien, on lui doit, en attendant plus vaste répertoire, un *Inventaire des constitutions de la Couronne* (5). A la veille du siège de Danzig, il a signé dans cette ville, le 8 octobre 1733, la chaleureuse dédicace à Leszczynski de son *Specimen historiæ polonæ criticæ* (6). Et de combien d'autres ouvrages ce puissant travailleur n'a-t-il pas déjà conçu le plan ou commencé de rassembler les matériaux (7) ?

(1) Son *Sermon pour la vêture de Mademoiselle de La Mothe* fut imprimé à Varsovie en 1729, et en 1730 son *Oraison funèbre de Stanislas de Dœnhoff* (en polonais).

(2) *Dwa miecze*, etc. Varsovie, 1731 et 1737. Édit. latine : *Duo gladii adversus dissidentes, alter defendendo, alter offendendo*, etc. Varsovie, 1732, 2 vol. in-4°. — La diète de convocation de 1733 exclut tous les dissidents des charges et dignités de l'État. La constitution de 1736 consacra la décision. Cette question fut une des plus graves qui troublèrent le règne de Stanislas-Auguste. Nous verrons qu'elle coûta alors la liberté à Zaluski.

(3) *Analecta historica de sacra, in die natali Domini, a romanis pontificibus quot annis usitata cæremonia ensem et pileum benedicendi, eaque munera principibus christianis mittendi*. Varsovie, 1721, in-4°. Recherches faites à l'occasion de l'envoi par le pape à Auguste II d'une épée et d'un bonnet bénits.

(4) C'est ainsi que Zaluski publie, à Varsovie, en 1745, son *Secret pour la guérison de la pierre*, et en 1750, une *Pharmacie ou moyens de conserver la santé*. (En polonais.)

(5) En polonais. Leipzig, 1733, in-4°.

(6) Danzig, 1733, in-4°. Réédité à Varsovie, S. J., et à Danzig, chez Knoch, en 1753. Pour le titre complet et d'autres détails, voir notre *Troisième traité de Vienne*, p. 177 et note.

(7) En 1744, Zaluski faisait également paraître, à Varsovie, un

Dès son enfance, Zaluski avait eu le goût des livres. En 1720, il possédait 13.000 volumes, patiemment réunis, noyau d'une collection qui, à partir de 1728 surtout, devait s'augmenter dans des proportions exceptionnelles. Pacifique rival de son frère André-Stanislas, continuellement à la recherche de nouvelles richesses, ne reculant devant aucune dépense, aucune fatigue, pour arriver à ses fins, il plaçait au-dessus de tout au monde l'accroissement de la somme de ses connaissances et l'accroissement de sa chère bibliothèque. C'est dans ce double but que, réclamant communication d'éditions rares et de manuscrits, il avait adressé, en 1732, à tous les bibliophiles un appel demeuré célèbre (1).

En Lorraine, Zaluski ne pouvait donc que poursuivre sa chasse fructueuse. Aux livres qu'il s'est fait envoyer pour ses études, s'ajoutent ceux qu'il s'efforce de se procurer de tous côtés. Les volumes vont s'entasser au château, déborder de son appartement et peu à peu, à l'étonnement des commensaux, envahir la plupart des locaux disponibles.

Absorbé par si multiples travaux et le prédominant souci de sa vie, on se doute que le savant dut souvent faire tort à l'aumônier dont, en cinq années de soi-disant exercice, le nom ne se lit qu'une seule fois sur les registres paroissiaux de Lunéville (2). De bien autres surprises

Conspectus novæ collectionis legum ecclesiasticarum Poloniæ. In-4°. Citons encore, à la mort d'Auguste III, le *Manuale juris publici Poloniæ in statu reipublicæ acephalo* (Varsovie, 1764, in-8°), traduit la même année par DUCLOS : *Manuel du droit et des usages publics de Pologne pendant l'interrègne* (Id.).

(1) *Programma litterarium ad bibliophilos, typothetas et bibliopegos, tum et quosvis liberalium artium amatores.* Varsovie, 1732, in-4°. Titre latin ; texte polonais. Réédité en latin par G.-P. Schultz, Danzig, 1743.

(2) Le 7 juillet 1737. Baptème, dans la chapelle du château, d'un fils de messire Grandville Elliot de Port-Elliot, chambellan de l'électeur palatin, dont le roi et la reine de Pologne sont parrain et marraine.

JOSEPH-ANDRÉ ZALUSKI

ANCIEN GRAND RÉFÉRENDAIRE DE LA COURONNE

GRAND AUMÔNIER DU ROI (1737-1742)

ABBÉ DE VILLERS-BETTNACH ET GRAND PRÉVÔT DE SAINT-DIÉ

(D'après un tableau du Musée Krasinski, à Varsovie.)

étaient réservées à la cour. Embrassant trop de choses, négligent, imprudent, sans suite dans les idées, Zaluski embrouillait tout à plaisir. A nourrir sa passion des livres, fondait entre ses mains et l'argent dont il disposait et l'argent qu'il n'avait pas. D'humeur capricieuse, infatué de son savoir, et au reste fort ambitieux, il se lamente sur sa mauvaise étoile, s'en prend à son entourage, se dit méconnu, crie à l'iniquité, et pour sortir de ses embarras financiers a d'insupportables exigences. La réputation du grand référendaire était faite en Pologne, où ses compatriotes estimaient que tout ce qu'il emmagasinait avec tant de facilité dans son avide cerveau n'y était pas en meilleur ordre que ses affaires domestiques (1).

Par l'octroi en commende de l'abbaye de Fontenay, dans le diocèse d'Autun, Louis XV avait pensé rémunérer convenablement les services de Zaluski (2). Aussi, quand inquiet, gémissant sur le retard mis à l'expédition de ses bulles, l'abbé s'était avisé de rejoindre Stanislas en France, le désir fut-il loin d'être vif de l'y voir prolonger son séjour. En phrases adroites, Ossolinski traduisait ces sentiments à la sœur du prélat, Louise, femme de son propre frère le staroste de Drohiczyn (3) : « C'est pour ma

(1) Cf. H. Zdzitowiecka, *op. cit.*, p. 27.

(2) Fontenay, ordre de Cîteaux, comm. de Marmagne, Côte-d'Or. Le brevet royal est du 27 février 1735. A tort ou à raison, Zaluski se prétendait desservi dans cette affaire par l'ambassadeur de France à Rome, M. de Saint-Aignan (cf. nos *Lettres de Stanislas à Hulin*, nᵒ 2, p. 56-57). Dans l'été de 1737, il alla, depuis Lunéville, prendre possession de son temporel. (*Gazette de Hollande*, 1737, nᵒ 73 ; de Lunéville, 29 août.)

(3) Voir *suprà*, p. 37, n. 1. — Une autre sœur du grand aumônier, Alexandra, avait épousé Albert Lanckoronski, castellan de Gostyn, et nous avons vu (cf. *suprà*, p. 56) leur fille Thérèse devenir, en 1741, la femme de Thomas Ossolinski, fils cadet du grand maître. Alexandra Zaluska a traduit en polonais les *Entretiens de dévotion sur le Saint-Sacrement de l'autel* du P. Jean Crasset (1618-1692) ; cf. Sommervogel, *Bibl. de la Compagnie de Jésus*, t. II, col. 1630, *in fine*.

consolation que l'abbé référendaire de la Couronne est arrivé auprès de nous, il y a quelques jours, venant de Rome, gratifié par Sa Majesté le roi de France de l'abbaye de Fontenay, qui lui rapportera 12.000 livres par an (1). Mais je ne crois pas qu'il reste longtemps, parce que tant la cour de France que Sa Majesté le roi mon maître estiment nécessaire qu'il retourne en Pologne, où, par la recommandation du roi de France, il pourra obtenir à la cour ce qu'il désirera lui-même et ce qu'il est en droit d'attendre de son rang actuel. Il me confiera alors l'administration de cette abbaye (2). »

Mais Zaluski avait imposé sa personnalité encombrante. A cet ami qui déplorait et les années consommées au service d'Auguste II et le rêve évanoui de son évêché de Culm, qui dépeignait avec un véritable désespoir la tristesse de sa situation, le duc-roi n'avait pu se dispenser d'offrir la première charge ecclésiastique de sa maison, pour le nommer également, par faveur spéciale, conseiller-prélat à la Cour souveraine de Lorraine et Barrois (3).
Or, Zaluski, peu satisfait, d'accabler le cardinal de Fleury de pressants placets et, tout en intriguant pour devenir vice-chancelier de Pologne, de réclamer avec insistance de Louis XV et de Marie Leszczynska des compensations plus solides. Il n'est pas depuis trois mois à Lunéville que, à l'annonce de la mort imminente de l'abbé de Villers-

(1) L'*Almanach royal* indique un revenu de 8.000 l. En 1768 : 8.435 l. ; 5 religieux.

(2) De Paris, 15 décembre 1736. (Bibl. Ossolinski, *ms. cit.*, n° 1.123.)

(3) Lettres patentes du 16 décembre 1737 (Arch. nat., E. 3.212, fol. 65). Cf. *Gazette de Hollande*, 1738, n° 4 ; de Lunéville, 30 décembre. Réception à la Cour le 5 mai 1738. Les seuls conseillers-prélats de droit étaient alors l'évêque de Toul, le primat et le grand doyen de la Primatiale de Nancy. (Cf. *Recueil des ordonn. de Lorraine*, t. VI, p. 348.) Le grand prévôt de Saint-Dié Jean-Claude Sommier, conseiller-prélat à titre personnel [il faut attendre l'édit du 29 avril 1765 (*ibid.*, t. X, p. 388) pour que l'une de ces dignités entraîne l'autre], venait de mourir (5 octobre 1737) et c'est sa succession que recevait Zaluski.

Bettnach, au diocèse de Metz (1), il sollicite la mise en commende à son profit de ce monastère. Un indult accordé par Clément XII à Stanislas, en janvier 1740, pour la nomination aux bénéfices consistoriaux situés dans les Duchés, permet au roi de Pologne d'exaucer ce désir (2), non sans que, dans l'intervalle, Zaluski, harcelé par ses créanciers, n'ait proposé de se démettre de toute prétention sur Villers-Bettnach moyennant quelque autre abbaye, — telle Cercamp, dans le diocèse d'Amiens, laissée libre par le décès du primat Potocki (3) — voire au prix d'un simple prieuré, pourvu qu'il l'eût sur-le-champ, et aussi de troquer Fontenay contre plus grasse prébende (4). Presque simultanément, ses prières et ses plaintes valent encore à Zaluski la grande prévôté de Saint-Dié, où Stanislas tint à présider à son intronisation (5). Faible

(1) Villers-Bettnach, Moselle, arr. Metz, cant. Vigny, abbaye non réformée de Cîteaux. Revenu de 27.400 l., d'après l'*Almanach royal ;* 25.833 l. en 1761 (Arch. nat., K. 1.193). 12 religieux en 1768. — L'abbé Natalis Le Febvre mourut le 25 juin 1737. Dix jours avant, Stanislas écrivait à ce sujet à son ministre à Paris (v. *Lettres à Hulin*, n° 7).

(2) Brevet du 11 juillet 1740 (Arch. nat., E. 3.217, fol. 38) ; bulles du 3 des nones de décembre, fulminées par l'official de Toul le 11 janvier suivant. Le 14 du même mois, le comte de Bouzey, grand doyen de la Primatiale, prête serment devant la Cour souveraine au nom de Zaluski absent. Le nouveau titulaire devra toutefois se présenter à l'audience dans les trois mois. Des procurations (en blanc) pour la prise de possession du temporel et du spirituel de Villers-Bettnach furent établies à Lunéville, chez Hierosme (auj. Galand), les 12 et 14 janvier ; cf. Arch. M.-et-M., C. 1.953, fol. 23, n° 12 ; fol. 26, n° 8.

(3) Potocki (v. *supra*, p. 30, n. 2) ayant contribué de tout son pouvoir à la seconde élection de Stanislas, s'était vu accorder l'abbaye cistercienne de Cercamp (comm. de Frévent, Pas-de-Calais), le 22 février 1738. Il était mort à Varsovie, le 13 novembre suivant. Son successeur sera désigné, à l'exclusion de Zaluski, le 10 avril 1739.

(4) Zaluski à Fleury, de Lunéville, 8 juin 1737 ; de Paris, 5 novembre 1737 ; de Lunéville, 27 avril 1738. Le même à Amelot, de Lunéville, 17 mai 1738. La Galaizière à Amelot, de Lunéville, 24 août 1737 et 4 décembre 1738. Amelot à La Galaizière, de Marly, 18 février 1740 ; etc. (Arch. Aff. étr., Lorraine, vol. 130 à 138, *passim.)*

(5) Brevet du 21 décembre 1740 (Arch. nat., E. 3.217, fol. 189vº). Le 7 mars suivant, Zaluski prête serment devant la Cour souveraine

satisfaction pour un homme qui venait, inutilement, de solliciter l'évêché de Warmie (1).

L'étrange officier, dont les récriminations renaissantes s'entre-coupaient de fréquentes et mystérieuses absences. Leszczynski ne cédait-il pas assez promptement à ses désirs, ses dettes étaient-elles trop criardes, il s'en allait, sans que l'on sût au juste quel motif l'appelait au dehors, et même s'il devait revenir. Il est en Pologne (2). Il séjourne à Paris. Il parcourt l'Angleterre, sous le nom de Gendron (3). Heureux le roi, quand Zaluski daignait prendre congé de lui. Certains de ses voyages furent de véritables fugues, durant lesquelles, tant à Lunéville que chez ses parents de Pologne, on en était réduit à s'interroger mutuellement sur ce que le grand aumônier avait

simultanément pour Villers-Bettnach et pour Saint-Dié. Il succédait à Jean-François de Mahuet, mort le 11 décembre, et non directement à Sommier comme le dit dom Calmet et à sa suite divers auteurs (v. notamment abbé Eug. MARTIN. *Hist. des diocèses de Toul, de Nancy et de Saint-Dié*, t. II, p. 492) ; en sens contraire : DURIVAL, *Description de la Lorraine*, t. I, p. 175 ; P. DE LALLEMAND DE MONT, *Nomination de l'abbé Sommier à la grande prévôté de Saint-Dié*, dans *M. S. A. L.*, année 1886, p. 388-389.

Zaluski n'a pas, comme grand prévôt de Saint-Dié, laissé de sceau personnel : du moins, il ne s'en est pas retrouvé. Cf. A. PHILIPPE, *Inventaire des sceaux de la série G des Archives départementales des Vosges*, p. 60 et 86. Ce n'est pas lui, comme l'avancent Édouard FERRY et Gaston SAVE dans leur *Sigillographie de Saint-Dié* (au *Bulletin de la Société philomatique vosgienne*, t. XIV, p. 135 et 143), qui timbra l'écu du sceau capitulaire d'une couronne de duc et lui donna pour tenants deux sauvages. Le sceau auquel se réfèrent ces auteurs est en effet de 1737.

(1) Catherine Opalinska à Jean Chrysostome Krasinski. 13 juillet 1740. Lettre reproduite *infrà*, p. 128-129.

(2) « J.-A. comte de Zaluski, grand aumônier de Lorraine, référendaire de la Couronne de Pologne, part de Lunéville pour la Pologne. » (Journal de DURIVAL, *ms. cit.*, t. I, fol. 32 ; 10 juillet 1738.) Dans une lettre à Hulin, de Lunéville, 2 janvier 1740, Solignac fait allusion à un retour tardif: « M. l'abbé Zaluski n'est arrivé qu'hier au soir. » (Lettre n° 15 *bis* de notre édition, p. 75.)

(3) Journal ms. de DURIVAL, t. I, fol. 53vᵒ.

bien pu devenir. Écoutons M. le Duc faire à Louise Zaluska, en septembre 1741, ses doléances à ce sujet : « Je ne sais que vous écrire de notre grand référendaire de la Couronne. Il nous a en effet quittés il y a environ deux mois, après avoir commis d'horribles dettes (1) et laissé ses affaires dans un désordre extrême, ce qui n'est pas sans nous affliger tous beaucoup. On gardera toutes les lettres que vous lui adresserez, jusqu'à ce qu'il soit rentré. » Puis, le 22 novembre : « J'ignore où il se trouve. Cela chagrine Sa Majesté..... Les créanciers font des démarches en justice. Ses revenus (ils se montent au moins à 40.000 livres de France) sont en un tel désordre qu'on n'a pu en finir. Ses fermiers ont avancé de l'argent pour un an ; mais on ne pourra plus obtenir de crédit. Nous craignons `que par toute cette conduite votre cher frère ne soit deshonoré dans ce pays-ci`. Il ne veut obéir à personne ; il ne veut se modérer en rien. Il règle toutes ses affaires en secret et ne cesse de se tromper..... Je l'écris aussi à M. le chancelier de la Couronne (2), afin qu'il lui fasse également des remontrances. » Et le 2 décembre : « Nous ne savons toujours rien de notre grand référendaire de la Couronne, absent voici déjà six mois..... Quelle disgrâce, qu'avec tous les talents et l'érudition dont Dieu l'a doué, `il n'ait absolument pas de conduite`. Il ne donne pas de ses nouvelles, ce qui nous afflige fort, ainsi que Leurs Majestés. Quant à moi, avec toute l'affection que je lui porte, j'interviens pour remédier de tout côté à l'abandon de ses affaires. J'y mets de l'ordre, je règle, j'arrête les poursuites des créanciers. Mais si, à la

----

(1) On trouve trace dans les archives notariales de Lunéville de ces besoins d'argent. Le 9 janvier 1741, par exemple, Zaluski emprunte 3.236 l. de Fr. à un sieur Pierre Le Chanteux [Étude Pierrot (auj. André)]. Cf. Arch. M.-et-M., C. 1.953, fol. 20, nᵒ 4.

(2) Son frère André-Stanislas, l'évêque de Culm.

longue, M. le référendaire ne revient pas et ne donne pas d'instructions sur ce qu'il faut décider, ses affaires vont s'embrouiller à un tel point (ce qui désole tout le monde) qu'on ne s'y reconnaîtra plus. Je vous en fais, Madame, la secrète confidence et vous prie de veiller à ce que pareille situation ne soit pas divulguée (1). »

L'admirable et fol érudit reparut cependant en Lorraine. Il sembla même s'assagir, comme Ossolinski le constatait le 24 février suivant. « Notre grand référendaire a, grâce à Dieu, commencé à se conduire plus convenablement. Obéissant à mes sincères conseils, il a mis de l'ordre dans ses affaires et, s'il persévère, il parviendra facilement à se tirer de ses dettes, sauvant même 20.000 livres pour fortune personnelle (2). »

Mais la vacance d'un nouveau bénéfice, pour lequel Zaluski n'eut rien de plus pressé que de poser sa candidature, gâta tout. N'ayant pu, sur l'opposition formelle de Fleury, obtenir la primatie de Lorraine (3), le bibliophile exaspéré quitte brusquement Lunéville, rupture qu'aggrave un amer mutisme. Quelques jours après, en post-scriptum d'une lettre à sa belle-sœur, le grand maître de la cour annonçait assez sèchement : « M. le référendaire de la Couronne est parti d'ici pour la Pologne dès le 1er juillet, pour des raisons personnelles dont je pense qu'il vous entretiendra de vive voix. Mais il ne s'est pas expliqué en ce qui concerne son retour (4). »

(1) Bibl. Ossolinski, *ms. cit.*, n°⁵ 1.136 (lettre sans quantième), 1.139 et 1.140.

(2) *Ibid.*, n° 1.142.

(3) Au décès de Marc de Beauvau-Craon, mort à Paris, le 9 juin 1742. Le choix du successeur se porta sur Antoine-Clériadus de Choiseul-Beaupré, depuis archevêque de Besançon et cardinal, qui eut son brevet le 19 juillet (Arch. nat., E. 3.220, fol. 159) et ses bulles le 24 novembre.

(4) De Lunéville, 11 juillet 1742. (Bibl. Ossolinski, *ms. cit.*, n° 1.143.)

C'est de cette façon désinvolte que le grand aumônier
du roi et grand prévôt de Saint-Dié se démit de dignités
auxquelles il aura à cœur de ne jamais faire allusion par
la suite, dans l'énumération complaisante de ses titres
présents et passés(1). Avec celle de Fontenay(2), il ne
conserva en Lorraine, où on ne le revit plus, que l'abbaye
de Villers-Bettnach (3).

Quant aux livres de Joseph Zaluski, entassés dans des
caisses, ils furent déposés au couvent des Minimes, en
face du château, d'où il les fit, en 1745 seulement, transporter à Varsovie, comme tous ceux qu'il avait en outre
accumulés à Paris et à Rome. Ils viennent s'ajouter au
fonds considérable — 200.000 volumes en 1750, 300.000
quelque quinze ans plus tard — que les deux frères,
ayant réuni leurs richesses, ont décidé de mettre à la disposition du public dans le palais Danilowicz, aménagé à
cet effet (4). Léguée en 1761 aux Jésuites, puis, à la sup-

(1) La *Gallia christiana* fait remonter la démission de Zaluski
comme grand prévôt de Saint-Dié au 24 juin. DURIVAL (*Description
de la Lorraine*, t. I, p. 175) la fixe au 1er juillet, jour du départ.
Dans son Journal manuscrit, le secrétaire de La Galaizière s'est
contenté de noter laconiquement : « L'abbé Zaluski... part pour la
Pologne dans les premiers jours de ce mois. » — Le 18 juillet,
Stanislas donnait la grande aumônerie à l'abbé de Choiseul (Arch.
nat., *ibid.*, fol. 157). Le lendemain, l'évêque de Toul, M. Bégon, reçut
du roi la grande prévôté de Saint-Dié (*ibid.*, fol. 158) ; il eut ses
bulles le 30 septembre 1742.

(2) A la veille de sa fugue de 1741, le 4 juillet, Zaluski avait donné
procuration à Jean-Baptiste Brion pour abandonner aux religieux de
ce monastère sa maison abbatiale. Chez Pierrot (auj. étude André) ;
cf. Arch. M.-et-M., C. 1.955, fol. 46, n° 1.

(3) Il continuera donc de s'intituler : « ... abbas Vanchocensem in
Polonia, Fontaneti in Gallia, Villariæ Betnaci in Lotharingia... » Une
mauvaise traduction de ces noms a fait dire à ses biographes que
Zaluski était abbé de *Fontanette* et de *Villars*. La confusion, qui se
trouve dans la *Biographie* DIDOT (Hœfer), a encore été reproduite
dans la *Grande Encyclopédie*.

(4) L'ouverture au public de la Bibliothèque Zaluski eut lieu pendant la diète de 1746. L'acte solennel d'inauguration est de décembre
1747. Lire notamment Ignace-Thadée BARANOWSKI, *Bibljoteka Zalus-
kich*. Varsovie, 1912.

pression de la Compagnie, laissée à la nation, cette merveilleuse collection, constituée au prix de tant d'efforts et parfois de dures privations, sera en 1795, sur l'ordre de Catherine II, enlevée par les soldats de Souvorov et incorporée à la Bibliothèque impériale de Pétersbourg, où, malgré les pertes causées en cours de route par le vol, l'ignorance et l'incurie, arrivèrent 262.640 volumes imprimés, 11.000 manuscrits et 24.573 gravures. En vain des demandes de restitution seront-elles formulées en 1807, 1814, 1816, 1862 et 1905. Il faudra la grande guerre, la défaite des Bolcheviks et le traité de Riga (18 mars 1921) pour qu'une partie, tout au moins, du trésor des Zaluski soit enfin reconnue par la Russie à la Pologne (1).

Quelques ouvrages ayant appartenu au grand aumônier sont restés en Lorraine. Zaluski avait eu soin, sitôt son arrivée à Lunéville, de se mettre en rapport avec les bibliophiles du pays. Jamet lui fut utile. Il n'ignora pas le conseiller-maître à la Chambre des comptes Hubert Malcuit. En retour, sa bibliothèque fut d'un indispensable secours à Solignac pour l'élaboration de l'*Histoire générale de Pologne*, entreprise par le secrétaire du roi. Mais Zaluski au loin et ses livres emballés, Solignac s'était trouvé dans l'impossibilité de poursuivre son œuvre. Pour le sortir d'embarras, Leszczynski n'avait donc pas hésité, sans se soucier de l'assentiment du propriétaire, à faire ouvrir d'office les caisses en consigne aux Minimes et à réquisitionner les éditions nécessaires. Non compris de la sorte dans l'envoi fait à Varsovie, les dix-huit volumes empruntés avec cet autoritaire sans-gêne se trouvaient encore, dix ans après, entre les mains de Solignac. Le

(1) Sur les difficultés de cette récupération consécutive au traité de Riga (art. 2), voir Paul KLECZKOWSKI, *Le retour à la Pologne de ses richesses culturelles*, dans *La Pologne politique, économique, littéraire et artistique*, 4ᵉ année, 1923, p. 426-429. — ID., *La lutte pour le patrimoine culturel de la Pologne*, ibid., 5ᵉ année, 1924, p. 388-392.

scandale de 1742 est oublié. Le temps a calmé l'irritation
de Zaluski. L'illustre savant a toujours soif d'honneurs.
L'abandon de ces quelques livres à la Bibliothèque de
Nancy est, avec un léger sacrifice d'amour-propre, le
prix dont Joseph Zaluski, qui d'ailleurs boudera toujours
Lunéville et au fond de son cœur ne pardonnera jamais
à Stanislas ce qu'il taxe d'ingratitude, paie le titre d'associé étranger que, le 5 juin 1756, sur son désir avoué et
de l'ordre exprès du roi de Pologne, lui confère l'Académie lorraine (1).

Depuis longtemps en relation et en correspondance
avec Catherine Opalinska, Jean Chrysostome Krasinski (2),
grand aumônier de la reine, venait du chapitre de Frauenbourg en Warmie (3), où, nommé en 1727 coadjuteur

(1) Pour plus de détails, se reporter à notre article : *Le petit fonds
Zaluski de la Bibliothèque publique de Nancy*, dans *J. S. A. L.*,
année 1920, p. 112-119.

L'année suivante 1757, lors du procès de Damiens, le nom de Joseph
Zaluski défraya les conversations. Un certain abbé Lachapelle aurait,
prétendait-on, autrefois révélé au grand référendaire des projets
d'attentat contre la vie de Louis XV. Il fut question de citer le savant
polonais comme témoin ; mais le prince de Conti, qui avait été en
rapports personnels assez suivis avec lui, en raison de l'attachement
que l'évêque André-Chrysostome avait témoigné à son grand-père,
parvint à lui éviter ce désagrément, en affirmant « que ce serait une
vraie peine pour M. Zaluski s'il recevait une assignation pour déposer
les connaissances qu'il a acquises ». (Cf. LUYNES, *op. cit.*, t. XV,
p. 421 et 435.) Des interprétations plus ou moins fantaisistes et des
exagérations coururent. C'est huit jours seulement avant l'attentat,
puis, une seconde fois, le matin même, que La Chapelle aurait
demandé à Zaluski, de séjour à Paris, de prévenir la reine d'une
conspiration jésuitique ; mais l'ancien grand prévôt de Saint-Dié
aurait fàcheusement négligé cet avertissement. (*Précis historique
concernant Damiens*, p. 87.) Cette version a été acceptée par N.-F.
GRAVIER, *Histoire de la ville épiscopale et de l'arrondissement de
Saint-Dié*. Épinal, 1836, in-8°; p. 293.

(2) Né, vers 1696, de Jacques Krasinski (1658-1737), castellan de
Ciechanów, et de Barbe Kuklinska.

(3) Frauenbourg (*Frauenburg*), aujourd'hui Prusse orientale, sur le
Frische-Haff, siège de l'évêché de Warmie ou d'Ermeland (1248)·
Cathédrale gothique (1329-1388). Rappelons que André-Chrysostome
Zaluski fut évêque de Warmie. Plusieurs prélats ne quittèrent

du doyen Kurdwanowski (1), il avait, trois ans plus tard, succédé à celui-ci dans sa stalle canoniale. Archidiacre et écolâtre de Plock, chanoine aussi de Cujavie (2), fils, petit-fils et arrière-petit-fils de castellans de Ciechanów, il portait un beau nom. Et belle était sa devise : *Amor patriæ nostra lex* (3). A la prière de la reine de Pologne,

Frauenbourg que pour l'archevêché de Gniezno et la primatie de Pologne, tels Venceslas Leszczynski (1644-1658), Théodore Potocki (1711-1722) ou Ignace Krasicki (1766-1795).

(1) Jean-François Kurdwanowski, qui fut également, à partir de 1713, suffragant de l'évêque et mourut le 28 décembre 1729. (Archives du chapitre de Frauenbourg.) Il était grand-oncle maternel d'Étienne Kurdwanowski (v. *suprà*, p. 108).

(2) L'évêché de Cujavie ou de Wladislaw (*Leslau*) a été transféré en 1818 à Kalisz.

(3) Au xviiie siècle, les Krasinski se targuaient volontiers d'une origine romaine avec un ancêtre Corvinus, d'où le corbeau de leurs armes : *D'azur au fer à cheval versé d'argent, sommé d'une croix pattée d'or, sur laquelle se tient un corbeau essorant de sable, tenant une bague d'or dans son bec.* Il est moins hasardeux de partir de Slavomir Slepowron, vivant en 1382. Ayant reçu en partage la seigneurie de Krasne, district de Plock (Mazovie), Slavomir en aurait adopté le nom. Il est le trisaïeul de Jean et de Nicolas Krasinski, les premiers de la lignée qui eurent leurs monuments funéraires dans l'église de Krasne (1450), de nos jours propriété de la comtesse Louise Krasinska, leur descendante au 11e degré, mariée au prince Adam Czartoryski, fils de Ladislas et de la princesse Marguerite d'Orléans.

Nous avons vu (cf. *suprà*, p. 18) que la tante maternelle de Stanislas, Hedwige-Thérèse Jablonowska, avait épousé Jean-Bonaventure Krasinski, palatin de Plock. Il s'agit d'une autre branche que celle à laquelle se rattache Jean Chrysostome. De même en est-il pour Françoise Krasinska (1743-1790), fille de Stanislas, staroste de Nowokorczyn, et d'Angèle Humiecka, l'auteur du célèbre Journal que nous aurons l'occasion de citer, femme morganatique de Charles-Christian de Saxe, duc de Courlande (1760), mère de la princesse Marie-Christine de Savoie-Carignan et enfin, par celle-ci, grand-mère du roi de Sardaigne Charles-Albert.

Mais par Louis Krasinski, mort en 1644, et Agnès Kryska, leurs ancêtres communs, le grand aumônier de Catherine Opalinska était cousin issu de germain des deux frères Krasinski de la confédération de Bar : 1° Michel-Jérôme (1712-1784), le maréchal, marié à Alexandra Zaluska, grand-père du général Vincent, père lui-même du poète Sigismond, mort à Paris en 1859 : 2° Adam-Stanislas (1714-1799), évêque de Kamieniec.

Louis XV accorda en 1738 à Jean Krasinski l'abbaye de Saint-Éloi-aux-Fontaines, diocèse de Noyon (1). Leszczynski, de son côté, après avoir essayé sans succès de soustraire à la régularité, en sa faveur, le monastère cistercien de Freistroff, dans le diocèse de Metz (2), lui fit don, en juillet 1740, de l'abbaye vosgienne de Chaumousey (3), tout comme Saint-Éloi maison de chanoines réguliers de Saint-Augustin.

Ce n'est pas à dire que, au contraire de son collègue Zaluski, Krasinski ait été un grand aumônier modèle. Lui aussi ne considérait sa dignité de Lunéville que comme très accessoire. Lui aussi ne se fit pas scrupule d'en éluder allégrement les obligations (4). Parti vers le mois d'octobre 1738 dans la « patrie bien aimée » (5),

(1) Comm. de Commenchon, Aisne. Chanoines réguliers de la congrégation de France dits Génovéfains. 8.000 l. de revenu d'après *l'Almanach royal*. Cf. *Gazette de France*, 1738, p. 184 ; de Paris, 12 avril. Dans plusieurs documents polonais concernant Krasinski, Saint-Éloi s'est changé en *Saint-Éligie* et même en *Saint-Eugène*. — Le 8 avril 1738, depuis Lunéville, Catherine Opalinska remercie Fleury de cette nomination. (Arch. Aff. étr., Lorraine, vol. 133, fol. 251.)

(2) Moselle, arr. Thionville, cant. Bouzonville. Abbaye estimée 8.000 l. en 1738. — La Galaizière à Amelot, 24 août 1737 ; Amelot à La Galaizière, de Marly, 18 février 1740. (*Ibid.*, vol. 131, fol. 203 ; vol. 138, fol. 92.)

(3) Vosges, arr. et cant. Épinal. Congrégation de Notre-Sauveur. 10.269 l. de revenu et 19 religieux en 1768. — Brevet du 11 juillet 1740 (Arch. nat., E. 3.217, fol. 37v°). Bulles du 7 des calendes de mars 1741.

(4) Le 8 octobre 1737, « Messire Jean, comte de Krasinsky » baptise, dans la chapelle du château de Lunéville, un fils de M. de Battincourt, capitaine de la 1re compagnie des gardes du corps de Stanislas, qui a le roi pour parrain. On ne trouve pas, sur les registres paroissiaux, d'autre mention du grand aumônier officiant.

(5) « ˮMonsieurˮ, J'ai reçu, il y a quelques semaines, la lettre par laquelle vous m'annoncez votre heureuse arrivée dans notre patrie bien aimée. » Catherine Opaliuska à Krasinski, de Lunéville, 10 novembre 1738. Faisant ensuite allusion à quelque incident ou rumeur regrettable, allusion toutefois assez claire pour que le destinataire, ou après lui sa famille, ait cru sage de raturer deux lignes et demie, la reine ajoutait : « J'en ai été non seulement vexée, mais blessée à

ne fut-il pas absent près de trois ans, en dépit des affectueuses prières de sa souveraine, voire de ses objurgations sévères. « ˙Monsieur˙ », lui écrit, le 11 février 1740, Catherine Opalinska, « J'ai reçu la lettre dans laquelle vous m'envoyez vos vœux pour la nouvelle année. Bien que j'eusse désiré les entendre de votre bouche, je vous remercie de votre souvenir. Je vous annonce que le Saint-Père a envoyé au Roi ˙ des bulles pour nommer aux cinq abbayes qui sont vacantes˙. J'en ai demandé une pour vous, qui rapporte annuellement, à ce qu'il paraît, 12.000 ou 15.000 livres (1). A la réception de cette lettre, je vous prie donc et je vous conjure de laisser toutes vos affaires de là-bas en d'autres mains et de revenir ici le plus tôt possible. Sans quoi, si vous hésitez davantage à le faire, ce bénéfice pourrait être accordé à un autre. Je ne suis pas du reste sans être gravement affectée de ce que depuis un an et demi je n'ai personne auprès de moi pour exercer vos fonctions. J'ai même été en butte aux sollicitations de ceux qui aspirent à vous remplacer. Ainsi je vous réitère ma demande de rentrer sans délai..... Faites-moi savoir quand vous partirez. » Il n'empêche que le 13 juillet la reine de Pologne devait encore presser et gourmander Krasinski : « Je suis très péniblement étonnée que ˙ malgré la conséquence˙ (*sic*) que je vous ai fait communiquer par le Père Radominski, vous vouliez

vif, et je le suis encore. J'ai prié le P. Radominski (son confesseur, cf. *infrà*, p. 140) de vous expliquer mieux lui-même, dans sa lettre, cette énigme, car je n'ose pas répéter une si horrible calomnie. J'ai préféré que vous l'appreniez là-bas qu'ici, afin que vous puissiez réfléchir comment il vous faudra agir en conséquence. » Suscription : *A Monsieur, Monsieur l'abbé comte de Krasinski, mon grand aumônier*. [Bibl. Krasinski, ms. n° 216 (4.011). 12 lettres, en polonais, de la femme de Stanislas à J. Chr. Krasinski, du 4 mai 1726 au 13 juillet 1740.]

(1) Cf. *suprà*, p. 119. Ces cinq abbayes étaient : Freistroff (v. ci-dessus) et Chaumousey, celle réservée à Krasinski ; Villers-Bettnach (v. p. 119), Clairlieu (p. 137) et Sturzelbronn (p. 138).

JEAN CHRYSOSTOME KRASINSKI
GRAND AUMÔNIER DE LA REINE (1737-1747)
ABBÉ DE CHAUMOUSEY

(D'après un tableau du Musée Krasinski, à Varsovie.)

encore rester en Pologne jusqu'à l'automne, c'est-à-dire
jusqu'à la nomination à l'évêché de Warmie (1). Si vous
avez des prétentions à ce siège, je vous fais remarquer
qu'une autre personne a déjà été désignée, ce que je sais
' de source, sans pouvoir ' révéler le nom ' pour raison '
que c'est encore un grand secret. Notre abbé référendaire
a fait, lui aussi, des démarches pour obtenir cet évêché,
mais sans succès. Je ne vous engage donc pas à continuer de vous faire illusion de la sorte, mais je vous demande de revenir au plus vite, ce que j'attends avec
impatience (2). » Nous ignorons la date du retour de l'in-
docile prélat. En tout cas, neuf mois plus tard il n'avait
toujours pas rejoint son poste. C'est par procureur qu'a
lieu, le 16 avril 1741, sa prestation de serment devant la
Cour souveraine en tant qu'abbé de Chaumousey (3).

Pour que, cousin du roi et déjà gentilhomme de la
reine à Chambord (4), Stanislas Miaskowski, d'une famille de la Grande-Pologne, des armoiries de Boncza (5),
— dont l'ancêtre Jean vivait dans la seconde moitié du
xv⁰ siècle et que la descendance de son frère Joseph représente encore aujourd'hui, — n'eût obtenu en 1737
qu'une simple place de gentilhomme de la cour (6), il

(1) Vacant par le décès de Christophe-André-Jean Szembek, mort le
16 mars 1740. Son successeur fut Adam-Stanislas Grabowski, l'évêque
de Culm (cf. *suprà*, p. 115), puis de Cujavie (1738), seulement nommé
le 18 novembre 1741.

(2) Nuance significative, la suscription de ces deux dernières lettres
ne porte plus que : *A Monsieur, Monsieur l'abbé Krasinski*.

(3) Arch. M.-et-M., fonds judiciaires, n⁰ provisoire 5.956.

(4) Avec Jean Tellemby, mort depuis ou retourné dans son pays,
car on ne le retrouve pas à Lunéville. Même remarque pour le grand
veneur Antoine Wininski et le gentilhomme du roi François-André
Buczynski.

(5) *D'azur à une licorne rampant d'argent.*

(6) Cf. *suprà*, p. 106. — Né en 1686, Stanislas Miaskowski était fils
de Maximilien et de Sophie Mycielska. Son grand-père Adalbert,
castellan de Santok, avait pour femme Barbe Leszczynska, petite-fille

fallait que Leszczynski tînt ce parent en médiocre estime. Il était « très débauché », de l'ignorance « la plus crasse » et « assez grossier » d'allures (1).

Aussi fût-ce avec stupéfaction que l'on apprit, au début de 1744, que Miaskowski était clerc tonsuré du diocèse de Posnanie et qu'âgé de cinquante-huit ans, il se proposait d'embrasser le sacerdoce. Pour l'encourager dans ses bonnes intentions, le roi de Pologne lui donnait en commende l'abbaye de Rangéval (2), bénéfice auquel le prince ajouta en 1757 une pension de 1.000 livres sur l'abbaye de Sainte-Marie-Majeure de Pont-à-Mousson (3).

par Venceslas, du palatin de Brzesc Raphaël Leszczynski, bisaïeul du roi. — Joseph, échanson de Poznan, épousa Thérèse Rotaryuszowa. Outre trois sœurs, Anne, Louise et Élisabeth, mariées à des nobles polonais, Stanislas Miaskowski avait un second frère, Alexandre-Joseph, curé de Saint-Michel au château de Cracovie.

(1) CHATRIAN, Anecdotes ecclésiastiques du diocèse de Nancy, *ms. cit.*, t. V, p. 267-268.

(2) Rangéval ou Rengéval, comm. de Corniéville, Meuse. Abbaye de l'ordre de Prémontré, diocèse de Toul. — Faveur annoncée le 20 février 1744 (cf. Journal de DURIVAL, *ms. cit.*, t. I, fol. 76) ; brevet du 19 juin (Arch. nat., E. 3.223, fol. 73v°) ; bulles des nones de février 1745, fulminées à Toul le 5 mars. Ins. du 11 suivant. — Par acte du 21 mars, les revenus de la mense abbatiale de Rangéval de 1744 sont laissés pour 4.100 l. Se montaient à 7.750 l. en 1761 ; à 7.035 l. en 1768, époque où la maison compte 14 religieux. (DURIVAL, *l. cit.* — Arch. nat., K. 1.193.) Stanislas avait toutefois réservé deux pensions de 1.000 l. au profit d'autres bénéficiaires. Miaskowski eut à soutenir plusieurs procès avec les tenanciers de l'abbaye. Voir DUMONT, *Histoire des fiefs de la seigneurie de Commercy*, t. I, p. 465 et s. — GILLANT, *Pouillé du diocèse de Verdun*, t. III, p. 80. — En 1759, Miaskowski consentira à avoir un coadjuteur avec future succession à Rangéval. Jacques Moreau, aumônier du roi, est présenté au pape par lettre du 5 novembre et obtient ses bulles le 5 des calendes de décembre. (Arch. nat., E. 3.247, fol. 285.)

(3) Brevet du 1er octobre 1757. (*Ibid.*, E. 3.243, fol. 365.) A. BENOIT se trompe en faisant également de Miaskowski (*Miakuvski*), de 1762 à 1767, un abbé de Bonfays. (*Les anciennes inscriptions des abbayes de l'ordre de Prémontré dans le département des Vosges* dans *Bulletin de la Société philomatique vosgienne*, 18e année, 1892-1893, p. 92.) — Le 5 janvier 1752, Stanislas avait donné Bonfays

Miaskowski, ayant dans l'intervalle demandé la naturalisation lorraine (1), reçut les quatre ordres mineurs des mains de l'évêque de Toul. Mais, en raison de l'incapacité notoire du vieux séminariste, M. Bégon ne put se décider à lui conférer les majeurs. L'ex-gentilhomme pour la chasse ne s'embarrassa pas pour si peu. Ces ordres qu'on lui refusait à Toul, il alla à Porrentruy les demander à l'évêque de Bâle, qui, moins informé sans doute, se montra plus indulgent (2). Le 13 juin 1747, Miaskowski était à même d'officier au service funèbre célébré en

(comm. de Légéville-et-Bonfays) à Jean des Tournelles — le brevet porte *de Tourneillus*, — originaire de Latowicz et prêtre, lui aussi, du diocèse de Posnanie, son aumônier ordinaire *(ad honores)* [rectifier la *Gallia christiana*, t. XIII, édit. 1874, col. 1152 : « N. *de Tournel* obtinuit an. 1767. »], naturalisé Français le 2 avril 1744 (Arch. nat., E. 3.232, fol. 10ᵛᵒ). Alors licencié et plus tard docteur en droit de la Faculté de Paris, J. des Tournelles, qui en 1755 habitait Nancy et qui conserva son abbaye jusqu'à la Révolution, se retira dès avant 1784 en Pologne, dans sa localité natale, où il dut mourir prévôt. Avec Zaluski et Miaskowski déjà cités, Mathy et Gurowski qui suivent, il complète la liste des prêtres de naissance polonaise à qui Leszczynski accorda des bénéfices dans les Duchés.

En février 1742, à la suite de certaines difficultés avec les chapitres nobles de femmes, Stanislas avait manifesté son intention de faire défense aux différents chapitres de Lorraine « d'admettre à l'avenir aucun sujet étranger », les Polonais exceptés. Fleury s'opposa à cette réserve. « Quelque bonne volonté que ce prince daigne conserver pour eux », écrivait le 13 mars Amelot à La Galaizière, « M. le Cardinal ne croit pas qu'il convienne de chercher à la leur marquer en cette occasion. La défense que Sa Majesté Polonaise fera ne se maintiendra jamais mieux que lorsque elle paraîtra absolue et sans restriction. En en admettant une en faveur des Polonais, c'est ouvrir la porte à d'autres, ou s'exposer à bien des sollicitations pour les obtenir. Ainsi Son Éminence ne saurait s'empêcher de désirer que vous parveniez à faire sentir au roi de Pologne combien pareille exception, dont ce prince tombe d'accord lui-même que sa nation ne se mettrait pas en état de profiter, serait néanmoins contraire au but qu'il se propose. » (Arch. Aff. étr., Lorraine, vol. 140, fol. 145.)

(1) Lettres de naturalité du 8 mars 1745 (Arch. nat., E. 3.224, fol. 95ᵛᵒ) ; de surannation, du 15 mai 1752 (*ibid.*, E. 3.231, fol. 205ᵛᵒ) ; ent. du 19 mai 1752 (Arch. M.-et-M., B. 252, nᵒ 23).

(2) Chatrian, *ms. cit.*, t. IV, p. 75.

l'église des Cordeliers de Nancy à l'intention de Catherine
Opalinska (1).

Le 1er novembre 1748, il chantait « tant bien que mal »
sa première messe dans la chapelle du château, en présence de Stanislas (2) qui, n'ayant eu jusqu'à ce moment
qu'un grand aumônier et des aumôniers de quartier,
créa au profit de son cousin la charge sans traitement,
toute honorifique, de premier aumônier (3).

Si le proverbe dit vrai qu'on ne prête qu'aux riches, il
faut admettre que ni sa famille ni le clergé du diocèse
n'avaient à être fiers de Miaskowski. Ses confrères l'ac-
cusaient de ne pas savoir le latin. Il aurait eu longtemps
à ses gages un ecclésiastique — Chatrian cite le nom (4)
— pour l'aider à célébrer le saint sacrifice, l'instruire de
la liturgie, lui réciter le bréviaire. On reconnaissait au
reste que, menant large vie et traitant bien ses hôtes, du
jour de son ordination il avait vécu décemment, sans
gagner beaucoup en politesse et en modestie. Gratifié de
l'ordre de Saint-Georges de Bavière, Miaskowski fit la
joie de tous en promenant, avec une complaisance excessive, sa décoration par la cour et par la ville.

Au début de 1678, deux marchands parisiens, les frères
Jean et Claude Matthieu, venus vraisemblablement en
Pologne à la suite de Marie-Casimire et dont le nom devait peu à peu se transformer en *Matthei, Matthi, Matthy*
ou *Mathy*, étaient, sur la recommandation expresse du
roi Sobieski, admis par le magistrat de Danzig au droit

---

(1) « L'abbé Miaskowski officia, ayant fait briguer cette fonction
par M. le duc Ossolinski. » (Durival, *ms. cit.*, t. II, fol. 35.)

(2) Cf. Chatrian, *ms. cit.*, t. II, p. 75 ; t. V, p. 267.

(3) Dès le 3 juin 1751, Stanislas désignait pour cet office un successeur en survivance à Miaskowski, l'abbé Henri-Ignace Chaumont
de La Galaizière, frère de son chancelier. Cf. Durival, *ms. cit.*, t. III,
fol. 51.

(4) Jean-François Laurent, de Badonviller, prêtre de 1747.

de bourgeoisie (1). Claude, qui s'est acquis une situation
notable de négociant-banquier, à partir de 1744, puis à
sa mort, en 1716, son fils Louis, qui prit la particule (2),
un autre membre de la famille encore, exercèrent dans le
grand port baltique, durant plus d'un demi-siècle, les
fonctions de commissaire de la marine et de résident de
France (3). Ils y furent ainsi appelés à rendre de grands

(1) Dans la lettre qu'il écrivit à cet effet, le 14 octobre 1677, au
magistrat, Sobieski les désigne ainsi : « Spectabiles Joannes et
Claudius Matthæi, servitores nostri, origine Galli et fidei catholicæ
romanæ addicti... » Et plus loin : « prædictis spectabilibus Joanni
et Claudio Matthæis, fratribus origine Gallis et mercatoribus... »
(Arch. de Danzig, 300, 53, n° 1.049 ; cf. 300, 10, n° 42.) Peu après, lors
d'un voyage à Danzig avec son époux, Marie-Casimire insistait
de vive voix auprès des députés pour l'exonération de la finance en
faveur de ses protégés. Il est donné connaissance de ce désir royal
par le Conseil aux magistrats municipaux le 7 février 1678. C'est le
lendemain 8, que les souverains quittent la ville. *(Ibidem.)*

Claude Mathy avait auparavant épousé une Danzicoise, Concordia
Barckmann. Le poète J.-Fr. REGNARD qui, parti de Stockholm le
3 octobre 1683, débarqua à Danzig et y resta jusqu'au 29 du même
mois, vantant, à propos de cette cité, l'agrément des femmes polonaises, écrit dans son *Voyage de Pologne :* « Les femmes de messieurs
Mathis (*sic*) sont des plus jolies, et particulièrement la jeune, qui
peut passer pour une beauté accomplie. » (Cf. *Œuvres complètes,*
édit. Fournier, p. 518.) Il s'agit évidemment des femmes de Jean et
de Claude. Nous ne croyons pas que cette identification ait été faite
jusqu'ici. Tout récemment encore J. DE MORAWSKI, en reproduisant
ce passage de Regnard *(Quelques témoignages étrangers sur les
mœurs polonaises,* dans la *Revue de Pologne,* 1re année, janvier-mars
1924, p. 460), faisait suivre d'un point d'interrogation ce nom de
Mathis.

(2) Et pour armoiries : *D'argent au chevron accompagné de
3 étoiles, celle en pointe surmontant un lévrier courant, le tout de
gueules.* — Propriétaires fonciers dans la Prusse orientale, les Mathy
furent régulièrement anoblis, le 26 octobre 1775, par Frédéric II ;
confirmation du 11 novembre 1790.

(3) Arch. de Danzig, *passim.* On voit en 1726, pendant l'absence
de Louis Mathy, sa femme Anne correspondre elle-même avec le
ministre. De 1736 à 1744, tandis que la France n'a plus d'ambassadeur
en Pologne, les nouvelles lui en arrivent tant par son envoyé à
Dresde, le comte Des Alleurs, que par le commissaire de Danzig. En
1753, le commissaire de la marine N. de Mathy est chargé de remettre au magistrat une lettre tendant à le faire reconnaître à son tour

services au parti français dans la République. C'est au
résident que s'adresse avant tous Leszczynski lorsqu'il
vient, le 2 octobre 1733, demander asile et protection à
la cité (1). Durant son séjour forcé de neuf mois à Danzig,
plus d'une fois le prince recourut aux bons offices et aux
avances d'argent des Mathy.

Le duc-roi s'en souvint en appelant près de soi les fils
de Louis (2) : Victor-Antoine, qui devint capitaine dans
Royal-Barrois; Joseph-Benoît, prêtre du diocèse de Wladislaw, qu'il choisit pour l'un de ses aumôniers ordinaires.

Les chanoines réguliers de Saint-Augustin, de la congrégation de Notre-Sauveur, souhaitaient avoir dans la province une abbaye chef d'ordre, sauvée par conséquent de
la commende dont étaient menacées, les unes après les
autres, toutes les abbayes lorraines. L'abbé de Domèvre (3) étant mort le 1er janvier 1740, Stanislas proposa
d'unir à perpétuité le généralat et la dignité abbatiale de
cette maison, à condition que, sans plus attendre, remise
lui serait faite de l'abbaye de Saint-Remy de Lunéville,
possédée précisément par le général lui-même, le P.
Bexon (4). Saint-Remy tomberait de la sorte en commende.
Mais le successeur de Bexon serait le dernier titulaire ;
sa disparition marquerait la suppression, au profit de la
communauté, du titre et de la mense abbatiaux. Un accord

comme résident de Sa Majesté. (FARGES, op. cit., t. I, p. 301, n. 3 ; t. II,
p. 35, 151.) — Au xixe siècle, un Mathy fut un numismate réputé. Les
monnaies et médailles composant son cabinet ont été mises en vente
à Danzig, le 2 août 1858. Cf. le *Catalogue* édité par E. Groening, Danzig, et Kœhler, Leipzig, 1858, in-8°.

(1) *Troisième traité de Vienne*, p. 158.

(2) Louis de Mathy avait eu quatre enfants, dont deux filles.

(3) Domèvre-sur-Vezouse, M.-et-M., arr. Lunéville, cant. Blâmont.

(4) CHATRIAN, *ms. cit.*, t. IV, p. 25. — Abbé Ed. CHATTON, *Histoire
de l'abbaye de Saint-Sauveur de Domèvre, 1010-1789.* Nancy,
1897, in-8° ; p. 191, 194 et s.

fut conclu en ce sens. Le 15 février, Bexon remettait sa démission au roi de Pologne (1); et le 1er mars, Joseph de Mathy, à l'intention de qui Leszczynski avait manifesté si grand'hâte de disposer de {la prébende, recevait son brevet d'abbé, de dernier abbé de Lunéville (2). Stanislas grevait ce bénéfice d'une rente de 1.850 livres au profit de six pensionnaires (3); mais il avait, en revanche, accordé à Mathy, le 14 novembre 1740, une pension de 1.000 livres sur l'abbaye de Flabémont(4) et, le 19 juillet 1742, une autre de pareille somme sur la primatie de Nancy (5).

A la cour de Lorraine, Mathy trouvait dans les Béthune et les Jablonowski des neveux de la souveraine à laquelle ses parents devaient, avec leur bourgeoisie de Danzig, leur prospérité matérielle. Un débiteur également, car Béthune de Pologne n'avait pas été autrefois sans puiser à la caisse de son grand-père Claude. L'occasion s'offrait d'essayer de recouvrer cette créance. En bon

---

(1) Acte établi à Lunéville, chez Me Hierosme (auj. Galand). [Cf. Arch. M.-et-M., C. 1.976, fol. 43, n° 13.] Le résignataire avait été nommé abbé de Domèvre le 31 janvier précédent. (Arch. nat., E. 3.225, fol. 22v°.)

(2) Arch. nat., *ibid.*, fol. 37v°. Cf. Journal de DURIVAL, *ms. cit.*, t. II, fol. 2v°. Bulles du 11 des calendes de juillet 1746, fulminées à Toul le 1er août. Ins. du 3 août. Acte de prise de possession par devant Hierosme, le 9 du même mois (Arch. M.-et-M., C. 1.978, fol. 39, n° 13). La *Gallia christiana* fournit la date fausse de 1767. Nous ne savons par suite de quelle confusion CHATRIAN, dans ses différentes notes, prête constamment à Mathy les prénoms de Étienne-Denys ; il en fait aussi à tort le premier aumônier du roi. — Le 1er août 1747, l'abbé de Mathy obtint ses lettres de naturalité (Arch. nat., E. 3.226, fol. 181); ent. du 16 septembre (Arch. M.-et-M., B. 249, n° 63).

(3) En 1761, l'abbaye de Lunéville valait à Mathy, les pensions déduites, 7.679 l. 15 s. (Arch. nat., K. 1.193.) Sept ans plus tard, Saint-Remy comptait 15 religieux et la mense abbatiale était au total estimée 11.921 l.

(4) Ordre de Prémontré. Comm. de Tignécourt, Vosges, arr. Neuf château, cant. Lamarche. — Arch. nat., E. 3.217, fol. 146v°.

(5) *Ibid.*, E. 3.220, fol. 161v°.

fils de commerçants, l'aumônier de Stanislas s'en occupa (1).

Au nombre des Polonais qui, par leurs menées et leurs promesses, entretinrent le mieux le rêve de restauration de Leszczynski, se compte le major général des armées de la Couronne Stanislas Gurowski (2). Le beau-père de Louis XV venait à peine de quitter sa retraite de Prusse, que ce zélé partisan lui proposait, le 8 mai 1736, de reprendre la lutte, l'assurant que, s'il s'y décidait, Turcs et Tatares, adversaires des Moscovites, étaient prêts à le seconder (3). C'est lui que Antoine Potocki, palatin de Belz, l'instigateur du vaste plan de confédération visant à renverser Auguste III grâce au concours des armées ottomanes, envoya à Stamboul, pour se concerter avec le sultan Mahmoud Ier, et ensuite en Podolie, pour fomenter une agitation à laquelle le traité de Belgrade, signé le 18 octobre 1739 entre la Turquie, la Russie et l'Autriche,

----

(1) Par lettre du 3 février 1703, Béthune de Pologne priait Claude Mathy de faire à ses domestiques les avances nécessaires, d'où un débours de 975 l. 12 s. de Fr. Le grand chambellan de Stanislas mort, le comte de Béthune son fils reconnaît la validité de la dette, le 26 septembre 1745. Joseph de Mathy présente le 29 décembre suivant les deux pièces au bureau du contrôle des actes de Lunéville (Arch. M.-et-M., C. 1.976, fol. 10, n°s 13 et 14). Précédemment, le 23 août 1742, l'abbé a fait collationner chez Thiriet (auj. Galand) une promesse de 4.000 écus, souscrite à Breslau, le 5 avril 1721, par le prince Constantin, troisième fils de Sobieski (1680-1726), au profit de Louis Mathy, promesse déjà contrôlée à Paris le 10 septembre 1737. (*Ibid.*, C. 1.959, fol. 24, n° 9.)

(2) Fils de Jean-Melchior, castellan de Poznan, et de Christine Przybyszewska. Mort célibataire. Un de ses frères, Melchior, castellan de Poznan comme leur père, décédé en 1736, eut deux fils que nous retrouverons élèves de l'École des cadets de Lunéville (n°s 11 et 12), où leur oncle les amena sans doute lui-même en 1737. — Arm. Wczele : *Échiqueté d'or et d'argent.* Variantes ultérieures : *Échiqueté* soit *d'or et de sable*, soit *d'or et d'azur,* ou encore *d'azur et d'argent.*

(3) Gurowski à Stanislas, 8 mai 1736. (Arch. Aff. étr., Pologne, vol. 226, p. 44.)

mit forcément terme (1). Ce conspirateur, qui s'était dans l'intervalle rendu à Lunéville, afin d'entretenir du projet le principal intéressé, avait plusieurs parents religieux de l'ordre de Cîteaux. Il eût été étonnant que, dans la distribution de bénéfices dont l'indult de 1740 donna le signal, Leszczynski oubliât cette famille. L'abbaye de Clairlieu, près de Nancy (2), se trouvait vacante depuis 1738 (3). De son couvent de Pologne, Stanislas appela, pour le placer à la tête de cette maison, Melchior Gurowski (4).

Autrefois fameuse et riche, Clairlieu était alors en telle décadence qu'elle n'existait pour ainsi dire plus à la Ré-

(1) C'est sur la fin de 1738, ou au début de 1739, que Gurowski, qui y avait déjà précédemment paru, expédié par le comte Sapieha à l'ambassadeur de France, le marquis de Villeneuve, arriva à Constantinople, où il resta jusqu'au 4 mars. Sa mission avait un caractère nettement défini. L'idée qui l'avait inspirée était peut-être plus digne d'examen que n'affectèrent de le croire, dans leurs rapports, le représentant de Louis XV et ses agents. Cf. H. Zdzitowiecka, *op. cit.*, p. 65-75.

(2) Maison cistercienne. Auj. ferme, comm. de Villers-lès-Nancy.

(3) Par le décès, en 1738, de dom Pancheron.

(4) Fils de Joseph et de Madeleine Chlapowska. Par Samuel-Melchior Gurowski, échanson de Poznan, leur ancêtre commun, il était cousin au 5e degré du major général Stanislas. — Brevet du 11 juillet 1740 (Arch. nat., E. 3.217, fol. 37) ; bulles du 9 des calendes de février 1741. Le 2 mars 1741, « frère Gurowski » prête serment en personne devant la Cour souveraine. — L'histoire de l'abbaye de Clairlieu est assez mal connue pour cette période, ce qui subsiste des archives du monastère (cf. Arch. M.-et-M., H. 458 et s.) fournissant très peu d'indications sur les abbés. C'est ainsi que H. Lepage (*L'abbaye de Clairlieu*, dans *M. S. A. L.*, année 1855, p. 139) suppose dom Gurowski « désigné par Stanislas ou Louis XV, vers 1751 ».
Un Alexandre-Benoît Gurowski, chevalier de l'Aigle blanc, autre frère de Stanislas, fut abbé cistercien de Bledzewo, en Grande-Pologne, maison à la tête de laquelle avait déjà été placé son oncle paternel Joseph-Bernard, mort en 1718. Zychlinski (*op. cit.*, t. XV, p. 44 et s.), qui d'ailleurs n'ignore pas la qualité d'abbé de Clairlieu de son cousin Melchior, fait aussi d'Alexandre-Benoît, par un singulier dédoublement, un « abbé des Cisterciens de Nancy (*sic*) ».

volution (1). D'interminables différends absorbaient ses revenus. Et ce n'est pas la pension de 600 livres sur l'abbaye de Sturtzelbronn (2) et celle de 500 livres sur l'abbaye de Domèvre (3), qu'en 1741 et 1746 le duc-roi accorda par surcroît à son compatriote, qui lui eussent permis grande représentation. Mais Gurowski jouissait d'une certaine fortune personnelle. Aimant le faste, il sauvegardait le décorum. Dom Guyton, visiteur des monastères de Cîteaux, passe en 1746 à Clairlieu. Il y voit « l'abbé régulier, dom *Goubersky* ». « Il y a beaucoup de dettes, remarque-t-il ; l'abbé néanmoins a carrosse à quatre beaux chevaux et deux de main ; il figure (4). » Sans charge définie à la cour, dom Gurowski peut être considéré comme faisant partie de la maison ecclésiastique de Stanislas. Il venait continuellement à Lunéville. Il était de presque toutes les cérémonies religieuses où paraissait le roi. Dans le groupe anodin des commendataires, il apportait le prestige de la régularité.

De même que Marie Leszczynska, le roi et la reine de Pologne ne se confessèrent jamais qu'à des jésuites et en polonais (5).

Le P. Sébastien Ubermanowicz, directeur de conscience et prédicateur de Stanislas, avait d'abord été professeur. A Poznan, il enseigna tour à tour la philosophie, la phy-

----

(1) Cf. Chr. Pfister, *Hist. de Nancy*, t. I, p. 112. — 15.000 l. de revenu en 1746 ; en 1768, 12.191 l. et 7 religieux.

(2) Moselle, arr. Sarreguemines, cant. Bitche ; également monastère cistercien. — Brevet du 1er avril 1741. (Arch. nat., E. 3.218, fol. 56vo.)

(3) Brevet du 30 janvier 1746. (*Ibid.*, E. 3.225, fol. 23.)

(4) Ed. de Barthélemy, *Visite de dom Guyton dans les abbayes de la Lorraine en 1746*, dans *M. S. A. L.*, année 1887, p. 201-202.

(5) C'est donc très gratuitement que les historiens lorrains ont fait du fameux Père de Menoux tantôt le confesseur de Stanislas, tantôt celui de sa femme.

sique et les mathématiques (1). Non sans talent, c'était un orateur prolixe. Durant ses vingt-sept années passées en Lorraine, il tira des instructions prononcées au château un livre d'édification : *Religion, vertu et perfection chrétienne*, édité en 1760, dans sa langue maternelle, simultanément à Kalisz et à Danzig (2). Sous un titre analogue, il recueillit, pour en former sept volumes, les meilleurs de ses sermons (3), sermons qu'il « débitait avec beaucoup de volubilité » (4). Mais le P. Ubermanowicz, à qui les courtisans avaient infligé un surnom ridicule, ne se bornait pas à veiller sur l'âme de son pénitent. Déjà en 1736 Hulin le dénonçait à Chauvelin comme « intrigant et trop vif, pour n'en pas dire davantage » (5). Il voyageait volontiers. Il conduit à Paris les membres de son ordre venus de Pologne. Il se rend à Dresde pour la liquidation des dettes de Leszczynski. Il ne reste pas étranger aux intrigues ourdies pour le rétablissement du prince, protestant d'ailleurs à la cour de Saxe de la sincérité de

(1) Né le 14 janvier 1698 ; reçu dans l'ordre le 11 décembre 1711. — Cf. Sommervogel, *op. cit.*, t. VIII, col. 335. Il y est dit à tort que le P. Ubermanowicz fut 22 ans seulement confesseur du roi de Pologne. Il exerçait déjà son ministère auprès de Stanislas à Kœnigsberg. A partir de 1737, il figura aussi sur l'état de la maison comme prédicateur de la reine.

(2) *Religia, cnota i doskonalose chrzescianska*. 1760, in-8° de 280 p.

(3) *Religion et vertu chrétienne, exposées sous forme de sermons* (en polonais). Les t. I et II, Kalisz, 1764, in-8°, dédiés à Marie Leszczynska ; t. III, 1765 ; t. IV et V, 1766, dédiés à Stanislas ; t. VI et VII, 1767. — A Kalisz parurent encore de lui, en 1769 : *Kazania moralne i swionteczne* (Sermons moraux et sermons pour fêtes).

(4) Le dimanche 1 octobre 1744, pendant le séjour de Marie Leszczynska à Lunéville, le duc de Luynes notait : « Ce matin, la Reine a été à la grande messe à la chapelle... ; après la grande messe, elle a assisté au sermon du confesseur du roi, qui a prêché en polonais, avec beaucoup de volubilité ; il a été assez long, et a commencé par le compliment qui a duré longtemps. La Reine a dit que le sermon a été beau. » (*Mémoires*, t. VI, p. 104.)

(5) De Meudon, 18 juillet 1736. (Arch. Aff. étr., Pologne, vol. 226, fol. 219.)

l'abdication et affirmant au comte de Brühl que Stanislas
ne désire plus que le repos (1).

Comme le P. Ubermanowicz, le P. Jean Radominski,
confesseur de Catherine Opalinska, un Pruthène. avait
débuté dans les collèges de la Compagnie (2). Mais lui
savait vivre dans un discret effacement. « Fort gros et
fort laid », il a la réputation d'un homme « fort vertueux,
très simple et qui ne se mêle de rien » (3). En dépit de
son physique ingrat, on s'accordait à lui reconnaître une
dignité parfaite (4).

Ce serait minutie excessive d'énumérer les compatriotes de Stanislas, plus réduits qu'on ne le supposerait,
qui occupèrent à la cour des charges subalternes. Du
personnel de la chambre nous ne retiendrons que Mathias
Salcinski, dit *Mathis*, depuis fort longtemps attaché au
roi et son premier valet à son arrivée en Lorraine (5).
A différentes reprises Stanislas lui témoigna sa reconnais-

(1) Amelot à Des Alleurs, de Versailles, 27 juin 1742. Des Alleurs à
Amelot, de Dresde, 24 juillet 1742. *(Ibid.*, Saxe, vol. 26, fol. 252 et 380.
Cf. H. ZDZITOWIECKA, *op. cit.*, p. 96.) — Au retour de son voyage de
1742 en Pologne et en Saxe, le P. Ubermanowicz est porteur de
joyaux de famille à lui confiés pour être remis à la duchesse Ossolinska. (Voir 2ᵉ *Mémoire Talmont*, j. cit., p. 17.)

(2) Né le 10 juin 1687 ; entré dans l'ordre le 13 décembre 1704. Pour
commencer, professe la grammaire ; puis 3 ans la rhétorique ; 7 ans
la philosophie ; 1 an la théologie morale et 2 la scolastique. Fut
socius de son provincial. Cf. SOMMERVOGEL, *op. cit.*, t. VI, col. 1383,
qui en fait, par erreur, le confesseur du roi. Il avait remplacé à
Chambord le P. Golonowski. La *Bibliothèque de la Compagnie de
Jésus* ne mentionne du P. Radominski qu'une seule publication, un
*Panégyrique de la règle de Saint-Benoît, prononcé en mars 1720
dans l'église des Bénédictins de Lublin.* Poznan, 1720, 32 p. (en
polonais).

(3) LUYNES, *op. cit.*, t. VIII, p. 461.

(4) Ossolinski à son frère Jean-Stanislas, de Lunéville, 15 avril 1739.
(Bibl. Ossolinski, *ms. cit.*, n° 1.124.)

(5) Mathias Salcinski *(Salcenski)* avait épousé à Deux-Ponts, en
1715, Barbe-Reine Blachniewicz *(Blachnevitz, Blanchenievitz)*, morte
le 1ᵉʳ avril 1749 à Lunéville, où lui-même décéda le 27 mars 1756.

sance de ses soins dévoués. Ayant choisi sa fille Thérèse-Catherine (1) pour « première femme » de la reine, il la maria en 1744 au maître de sa musique, Lapierre (2), non sans intéresser à la situation du ménage le financier Pàris-Duverney (3). Mathias Salcinski fut compris dans la distribution de terrains qu'en 1753, lors de la création à Nancy de la place d'Alliance, le roi de Pologne fit à

(1) Née le 14 octobre 1716 à Tschiflik, maison de campagne que Leszczynski possédait alors près de Deux-Ponts (cf. *Troisième traité de Vienne*, p. 10, n. 4. — *Les châteaux du roi Stanislas*, p. 97, n. 1).

(2) Louis-Maurice Lapierre *(La Pierre, de La Pierre)*, né à Versailles le 7 février 1697.

(3) « Mon très chérissime Vauchoux », écrivait de Lunéville, le 11 janvier 1744, Stanislas à cet ami, « Je ne saurais me dispenser à ne vous pas charger d'une commission qui est toujours pénible quand il est question de demander. Le placet ci-joint vous mettra au fait, auquel je dois ajouter que rien ne me ferait tant de plaisir que si la chose pouvait être faisable. Je suis même sûr que vous vous intéresserez de bon cœur quand vous saurez que cet établissement de La Pierre le mettrait en état d'épouser la Matys, fille de mon valet de chambre, pour qui vous avez des bontés et qu'il mérite de tous les honnêtes gens. Je n'écris pas à M. Du Vernay, que j'embrasse tendrement. Montrez-lui cette lettre et expliquez-lui ce qui m'engage à le solliciter en faveur de l'établissement de la fille d'un très fidèle et émérite serviteur... » Et le 23 du même mois : « Je suis pénétré de reconnaissance de la facilité du cher Du Vernay avec laquelle il accorde sa grâce à La Pierre. Rien de si sûr que cela ne fait pas un établissement. Mais il espère qu'il se rendra digne des grâces de son bienfaiteur et que, par sa protection, il le fixera comme magasinier dans quelque place de guerre à la paix. » (Collection du prince Adam Czartoryski, au château de Goluchów.)
Le mariage de la fille de Mathias Salcinski avec Louis-Maurice Lapierre, qualifié pour la circonstance d' « intendant » de la musique, fut célébré à Lunéville le 17 février suivant. Lapierre étant mort le 1er janvier 1753, sa veuve épousa Jacques-Joseph Petat, dit Montigny, valet de chambre de la duchesse Ossolinska, ensuite du roi, veuf également ; d'où plusieurs enfants. — Du premier lit, Thérèse-Catherine Salcinska, qui fut finalement lingère de la table du roi, aux gages de 400 l., puis de 600, avait eu au moins deux fils, dont l'aîné, Sébastien-Stanislas, fut filleul du roi et de la reine de Pologne, tandis que le cadet, Jean-François-Népomucène, né le 11 mai 1749, était gratifié, du vivant du prince, d'une pension de 336 l. (Arch. nat., K. 1.188, n° 6).

plusieurs de ses commensaux, sous condition d'y élever des hôtels dont sa cassette paierait les façades uniformes (1).

La longue fidélité d'un très obscur serviteur mérite également une mention. Garçon de l'office, inscrit le plus souvent sous son seul sobriquet, Simon Solenski, ou *Polonais*, ne devait jamais prétendre à emploi plus élevé que celui de couvreur de la table des gentilshommes. Mais lorsqu'il mourut, quelques semaines avant son maître, il était le doyen d'ancienneté de toute la maison. A Chambord, à Wissembourg, à Deux-Ponts, au palais même de Varsovie, durant cinquante-cinq années, il fut aux gages de Leszczynski (2).

Parmi les gens des Ossolinski, les Polonais étaient proportionnellement plus nombreux. De parents d'origine française, le secrétaire de M. le Duc, Vital-Constantin Dumont, était né à Varsovie (3). Son valet de chambre Murawski fit plusieurs voyages en Pologne pour les affaires de l'ancien grand trésorier. Comme valets de pied, laquais, cochers, préposés à l'office, filles de cuisine

(1) Concession du 4 avril 1753. L'hôtel que le gendre de Salcinski commença d'élever sur ce terrain passa presque aussitôt au sieur Rousselot, à qui Stanislas remboursa les 5.415 l. qu'avait coûté la façade. (Cf. Chr. Pfister, *op. cit.*, t. III, p. 670.) C'est actuellement le numéro 6 de la rue Girardet (évêché).

A la même époque, Salcinski cédait à Emmanuel Héré un autre immeuble, que le grand architecte, bientôt ruiné, ne put payer. Leszczynski tint à acquitter la dette : « A la Montigny, veuve de Lapierre, maître de ma musique, pour extinction d'un capital d'un contrat de vente faite par Mathis, son père, mon premier valet de chambre, d'une maison à Nancy au sieur Héré, le 21 mai 1753, la somme de 12.000 livres, au moyen de quoi ledit Héré sera déchargé de tout envers ladite Montigny et ses héritiers au sujet de ladite maison : ci : 12.000 l. » (Testament du roi, 30 janvier 1764, art. 5.)

(2) Arch. nat., E. 3.265ª.

(3) Fils d'André et de Françoise Duvergé. Naturalisé le 17 janvier 1752 (Arch. nat., E. 3.232, fol. 5); ent. du 3 février (Arch. M.-et-M., B. 252, nº 7). Marié à Lunéville, le 11 octobre 1755, à Barbe Febvé, fille de Jean, secrétaire des archives du roi.

LE DUC OSSOLINSKI

(D'après un tableau de l'Institut national Ossolinski, à Lwów.)

et de lessive, des Bednarski, des Granatowski, des Mar-
kowski, des Sankowski, des Stachurski, des Stalowski,
des Zarzyczny, des Salomonowa, etc., se rencontrent
ou se succèdent autour du donjon. L'heiduque Thomas
Kutelski père obtint en 1752 une place d'oblat à l'abbaye
de Belchamp(1); mais, à la mort d'Ossolinski, il regagna
la Pologne avec les siens, rapatrié, ainsi qu'une autre
famille, aux frais de la succession (2).

Pour demoiselles de compagnie, la duchesse Ossolinska
eut exclusivement des Polonaises. Hélène Piklówna, par
exemple, qui représenta un jour, à Einville, sa maîtresse
au baptême du fils du peintre Roxin, concierge du château (3); ou Marie Bosiewiczówna, originaire de Lwów,
naturalisée le 14 février 1752, en même temps que Anne
Krotonska, de Wieliszew, dans le palatinat de Mazovie,
et que la fille de chambre Reine Furstein, dite *la Reginska*,
de Konarzew, dans le palatinat de Posnanie (4). Anne

(1) Ordre de Saint-Augustin. Commu. de Méhoncourt. M.-et-M., arr.
Lunéville, cant. Bayon. — Lettre de cachet aux prieur et religieux
du 6 septembre 1752. (Arch. nat., E. 3.233, fol. 78v°.) Thomas Kutelski
fils fut également heiduque d'Ossolinski, puis concierge de sa Ménagerie de Lunéville. — L'heiduque Zarzyczny *(Zarisni, Zariesniey)*
ayant obtenu en 1744 la jouissance, à Lunéville, d'un terrain en
friche, pris sur l'ancien chemin de Blàmont, le long du mur des
Bosquets, et l'ayant transformé en potager, s'en vit accorder, par arrêt
du Conseil des finances du 27 janvier 1748, l'accensement perpétuel
moyennant une redevance annuelle de 1 fr. barrois. (Arch. M.-et-M.,
B. 11.304, avec carte topographique.) Sur la partie ouest de ce terrain,
s'élève aujourd'hui la maison située à l'extrémité de la rue de
Lorraine, entre les Bosquets et la rue Villebois-Mareuil.

(2) Papiers Ossolinski, *j. cit.* — En leur faisant cadeau de chevaux,
Ossolinski avait précédemment facilité ce voyage à quelques serviteurs. Lors de l'inventaire après décès, son intendant rappelle que
M. le Duc a « donné quatre vieilles juments de réforme aux domestiques polonais pour retourner en Pologne ».

(3) 14 janvier 1747. (Arch. comm. d'Einville, GG. 3.)

(4) Arch. nat., E. 3.232, fol. 49v°, 50v° et 51. Ent. du 26 février
(Arch. M.-et-M., B. 252, n°s 10, 11 et 12). Anne Krotonska *(n* accen-
tuée) [*Krotunska, Krolinska, de Krolinska*] était fille de François et

Krotonska, filleule de M. le Duc, qui s'était chargé de son éducation et l'avait amenée à Lunéville, devait épouser en 1759 le Hongrois Joseph Jankovitz, intendant du grand maître, puis à la mort de celui-ci contrôleur ordinaire de la maison de Leszczynski (1). Au cours d'un voyage dans le comitat de Bars, en 1786, leur fils Stanislas (2) réussira à se faire reconnaître comme des leurs par les cinq chefs de la famille des Jankovitz de

d'Agnès Babska, mariés le 25 avril 1717. — Le 22 mars 1754, Marie Bosiewiczówna représente la duchesse Ossolinska, et le contrôleur Jankovitz le roi Stanislas, parrain et marraine, au baptême d'une cloche de l'église d'Einville. (Arch. comm. d'Einville, GG. 4.)

(1) Mariage du 22 août 1759. — Fils de François-Joseph et de Marie Erem, Joseph Jankovitz (et non *Jankowitz*) était né à Szkleno-Permes, comitat de Bars, le 22 février 1706. Naturalisé lorrain le 17 janvier 1752 (Arch. nat., E. 3.232, fol. 6) ; ent. du 3 février (Arch. M.-et-M., B. 252, n° 6). Mort à Lunéville, le 12 octobre 1768.

Son père s'étant réfugié en Pologne après l'insurrection de Rakoczy, Joseph Jankovitz était entré au service de Fr.-M. Ossolinski vers 1722 et avait eu finalement la surveillance de son domaine de Prusse. Quand Leszczynski revint en France en mai 1736, il fut chargé d'acheminer vers la Lorraine, avec des meubles et la cave de son maître, différents effets du roi et de guider les serviteurs. Plus tard, les Jankovitz parleront pompeusement du transfert des « joyaux de la couronne » et de « missions diplomatiques de la plus haute importance ». Ils vanteront les « grandes et illustres alliances » des Krotonski. De demoiselle de compagnie, Anne deviendra, par les Babski, parents des Ossolinski, la fille d'un « secrétaire du petit sceau de la Couronne et grand panetier du roi ». (Arch. nat., *l. cit.* — La *Notice biographique* citée ci-après.)

À Lunéville, Jankovitz était volontiers assimilé aux Polonais. Son nom se rencontre souvent polonisé : *Jankowicz*. Notons que, à Chambord, parmi les gens de la suite de Stanislas, se trouvait un certain Pierre Junkowicz, de Strasbourg, qui n'a rien de commun avec l'intendant.

(2) Antoine-Stanislas-Nicolas-Pierre-Fourier, né à Lunéville, le 7 juillet 1763. Eut pour parrain le roi de Pologne, représenté par Hyacinthe Wiklinski, capitaine des cadets (v. *infrà*, ch. v), et pour marraine la comtesse Thérèse Ossolinska, femme du palatin de Volhynie, belle-fille de M. le Duc (v. *suprà*, p. 54, n. 4), représentée par Marie Bosiewiczówna. Immatriculé au barreau de la Cour souveraine en juin 1782.

Jeszenicze (1). Marié en 1792 à la petite-fille du sculpteur Étienne Falconet, créé baron héréditaire en 1820, président du collège électoral de Château-Salins, il sera de 1806 à 1830 conseiller général, en 1815 et sans interruption de 1820 à 1830 député de la Meurthe (2).

(1) Jugement de la Chambre des comptes de Bars, du 14 juillet 1786. Ent. du 15 janvier 1787. (Arch. M.-et-M., B. 269, n° 1.)

(2) Châtelain de la terre de Marimont (Moselle, arr. Château-Salins, cant. Albestroff), terre acquise par Mme Falconet, sa belle-mère, et sur laquelle il fut autorisé, en 1826, à établir un majorat, le baron de Jankovitz mourut à Versailles le 16 juin 1847. Mme de Jankovitz décéda également dans cette ville, le 1er janvier 1866, dans sa 88e année. En 1830, un accident avait coûté la vie à leur fils unique, Anselme-Firmin-Léon, né à Nancy le 23 février 1806. A la suite de cette perte, M. et Mme de Jankovitz avaient adopté un Hongrois du nom, Vincent, né à Pentola, d'où postérité. Lire (avec réserves) : *Notice biographique et généalogique sur M. le baron de Jankovitz de Jezenice* (Extrait de la *Biographie des membres de la Chambre des députés*, par M. DE LANSAC). Paris, 1847, in-4°. — J.-Alcide GEORGEL. *Armorial des familles de Lorraine titrées ou confirmées dans leurs titres au XIXe siècle*, p. 388-389 ; ouvrage qui fait naître Stanislas Jankovitz en 1764 et à Nancy. — Antony VALABRÈGUE, *Une artiste française en Russie, 1766-1778. Madame Falconet*. Paris, 1898, in-12 ; p. 36 et s.

CHAPITRE V

Les cadets polonais.

En 1737 la Pologne n'a pas encore d'École militaire. — Institutions de cette sorte en Lorraine : l'Académie de Lunéville et la compagnie des cadets. — Stanislas les fond en une seule. — Son École des cadets-gentilshommes. — Part égale y est faite aux fils de ses nouveaux et de ses anciens sujets. — Les premiers cadets polonais et lithuaniens. — Le recrutement. — Comment arrivent et sont admis les élèves. — Durée des études. — Coût du séjour à Lunéville. — Le voyage complémentaire de Paris. — Réputation de l'*Académie* à l'étranger. — Déceptions de Françoise Krasinska. — Les choses vues de près. — Mésentente et indiscipline. — Les duels de Venceslas Matuszewicz. — Les parents laissent leurs enfants sans subsides. — Leurs dettes. — Cadets en détresse. — Découragement du duc-roi et des maîtres. — L'élément polonais disparaît peu à peu. — L'École créée à Varsovie remplacera celle de Lunéville. — Destinée des élèves. — Leurs services en France. — Officiers généraux dans les armées de la République. — Les palatins. — Russophiles et traîtres. — Les patriotes. — L'École de Stanislas n'a fourni à son pays aucun homme illustre. — Son rôle moral.

Dès le milieu du XVIe siècle, l'écrivain André Frycz Modrzewski insistait sur la nécessité de préparer l'élite de la jeunesse polonaise à la carrière des armes (1). Ce projet de fondation d'une École militaire continua d'être envisagé sous Sigismond III Wasa, Ladislas VII, Jean II Casimir, Jean III Sobieski, ainsi que sous la dynastie saxonne. Mais c'est à un roi déchu, et sur une terre d'exil, que la réalisation première en était réservée.

Deux institutions de ce genre existaient en Lorraine, quand Stanislas fut appelé à y régner : l'Académie et la compagnie des cadets.

L'Académie avait été fondée par le duc Léopold à Nancy, en 1699, pour « procurer non seulement à ses sujets, mais encore à la jeune noblesse étrangère, la faci-

(1) *O naprawie Rzeczypospolitey* (De la réformation de la République). 1551.

lité d'apprendre tous les exercices militaires convenant aux personnes de qualité ». Transférée à Lunéville de 1709 à 1715, puis définitivement vers 1725, et réorganisée par François III en 1730, célèbre au loin par la valeur des maîtres qui y professaient, tels l'érudit Jamerai-Duval ou le mécanicien Philippe Vayringe, et par la variété des matières enseignées, elle n'était cependant, en raison du prix élevé de la pension, des dépenses qui s'y faisaient, accessible qu'aux enfants de familles fortunées. C'était en quelque manière une brillante école de cavalerie, par laquelle passèrent nombre de jeunes Allemands, des Anglais, parmi lesquels le futur lord Chatham, quelques Polonais aussi, dont les noms seraient à relever si la liste des académistes nous avait été conservée (1).

La compagnie des cadets, au contraire, où n'étaient reçus que les sujets du duc, constituait une sorte d'école gratuite d'infanterie convenant aux fils de gentilshommes plus modestes, qui non seulement étaient entretenus aux frais du prince, mais touchaient même une solde, et d'où sortirent d'excellents officiers. Formée tout d'abord à Gerbéviller le 1ᵉʳ octobre 1704, déplacée à Einville l'année suivante, supprimée en 1713, elle avait été recréée en 1718, pour être, à partir de ce moment, unie au régiment des gardes (2).

(1) Pour des détails, voir : Jean-Georges KEYSSLER, *Neueste Reisen durch Teutschland... und Lothringen.* 2ᵉ édit., Hanovre, 1751, in-4 : t. II, p. 1478 et s. Cf. Arthur BENOIT, *Lunéville et ses environs,* fasc. 2 *(Le précepteur Keyssler à Lunéville),* Lunéville, 1877, in-8 : p. 31-49. — Chr. PFISTER, *Description de Lunéville, de Nancy et de la cour de Lorraine en 1731,* dans le *Bulletin de la Société philomatique vosgienne,* 35ᵉ année, 1909-1910, p. 7, 20-33. — Henri LEPAGE, *Sur l'organisation et les institutions militaires de la Lorraine.* Paris, 1884, in-8 : p. 301-395. — Lucien DELOC, *L'Académie de Lunéville et l'École des cadets-gentilshommes,* dans la *Lorraine artiste,* année 1892, p. 505, 520, 548. — H. BAUMONT, *Études sur le règne de Léopold,* p. 256-257. — ID., *Hist. de Lunéville,* p. 110-112, 132-135. — Chr. PFISTER, *Hist. de Nancy,* t. III, p. 247-248.

(2) LEPAGE, *op. cit.,* p. 305-309.

Ce sont ces organismes distincts que Stanislas allait fondre en un seul, au profit et de ses nouveaux et de ses anciens sujets. Son École militaire tiendra de l'Académie, dont elle occupa l'hôtel (1) et à laquelle elle emprunta le premier de ses commandants (2), par l'importance laissée aux exercices équestres et à l'hippologie ; de la compagnie des cadets, dont elle prit le nom, par la gratuité du séjour et la simplification du programme, les études ne devant plus comporter, à l'exclusion par exemple du droit, de la philosophie et de la physique, que les langues vivantes, les mathématiques et l'histoire, des leçons d'armes et de danse. En Pologne l'*École des cadets-gentilshommes* de Leszczynski continuera d'ailleurs d'être de préférence appelée l'*Académie*.

Quand le duc Ossolinski écrivait, de Paris, le 15 décembre 1736, à son frère le staroste de Drohiczyn, pour qu'il lui envoyât l'un de ses fils, de qui il aurait plaisir à assurer l'éducation et qu'aussitôt fixé en Lorraine il placerait « à l'Académie de Lunéville, une Académie fameuse dans toute l'Europe (3) », Stanislas avait-il déjà pris une réso-

______

(1) Situé rue Saint-André (aujourd'hui rue Chanzy), entre les ponts de la Vezouse, cet hôtel de l'Académie, puis des cadets-gentilshommes, devait être, Stanislas mort et l'École fermée, mis à la disposition de la gendarmerie de France (*gendarmes rouges*) qui y logea les deux compagnies de la Reine et Dauphin. Resté dès lors une caserne — caserne dite *des Cadets* et à la fin du xixᵉ siècle *Quartier Beauvau*, — puis enfin désaffecté après la grande guerre, il a été vendu par l'État le 26 mai 1923. Éventré pour la percée d'une rue, il vient d'être quant au reste converti en immeubles de rapport. — Les cadets de François III logeaient à l'hôtel des gardes, place des Carmes (*Quartier des Carmes*, ensuite *de La Barollière*).

(2) Ulrich, baron de Schack, placé par François III à la tête de l'Académie en novembre 1730 ; mort le 14 février 1753. Charles de Streiff, comte de Lawenstein, qui fut maréchal de camp, lui succéda comme commandant des cadets le 1ᵉʳ janvier 1747 et eut lui-même pour successeur, le 1ᵉʳ août 1753, François Berthelot, baron de Baye, lieutenant général en 1762.

(3) « Sławna na calon Europen ». (Bibl. Ossolinski, *ms. cit.*, nᵒ 1.123.)

lution en ce sens ; ou cette combinaison ne lui vint-elle à
l'idée qu'un peu plus tard, en présence de complications
imprévues, comme le départ pour la Toscane, à la suite
de François III et malgré les instances du roi, désireux de
se les attacher, des plus éminents professeurs (1) ? Nous
ne savons.

En tout cas, c'est au 1er mai 1737 qu'il faut exactement
fixer l'institution officielle, avec désignation des cadres,
de l'École des cadets (2), ouverte à 48 jeunes gens de
quinze à vingt ans environ, pouvant justifier d'au moins
quatre quartiers de noblesse. 24 places étaient réservées
aux Lorrains et aux Barrois, les 24 autres à des Polonais
et à des Lithuaniens (3), le « dessein » du roi étant, ainsi
que Stanislas le publiera par la suite, « de donner à sa
patrie de Pologne et à ses États de Lorraine des marques
essentielles de sa bienveillance, en faisant élever des
sujets qui puissent rendre des services signalés à leur
patrie et par leurs conseils et par leurs armes » (4).

(1) Cf. Durival, *Description de la Lorraine*, t. I, p. 156.

(2) Ministère de la Guerre ; archives administratives, C. f. v.

(3) Il semble bien résulter d'un passage des *Mémoires* de Matuszewicz, qui fut dès le début en correspondance à ce sujet avec Siruc, que
Stanislas avait tout d'abord pensé réunir 30 Lorrains et 30 Polonais.
18 places auraient été occupées par des Polonais proprement dits et 12
par des Lithuaniens. (*Pamientnicki*, t. I, p. 68.) — L'ancienne compagnie des cadets comptait à sa création 50 « factionnaires » ; 54 en
1707, non compris 2 sergents, 2 caporaux, 2 anspessades et 2 tam-
bours ; 30 en 1720 ; 24 de 1723 à 1726 ; 20 en 1727 ; de nouveau 30 à
partir de juin 1730. Quant aux académistes pensionnaires, ils étaient
15 en 1731 ; à peu près pareil nombre de jeunes étrangers séjour-
naient librement à Lunéville pour profiter à la fois des agréments
de la cour et des leçons privées des maîtres.

(4) Sur l'organisation de l'École, l'habillement des cadets, etc.,
détails dans lesquels il serait superflu d'entrer ici, voir, au *Recueil
des Ordonn. de Lorraine* (t. VIII, supplément, p. 30-44), l' « ordonnance du roi pour la compagnie des cadets-gentilshommes de Sa
Majesté », du 30 décembre 1738, en 49 articles, plus différents règlements relatifs aux cours et exercices, arrêtés tant le même jour
que les 1er et 2 janvier 1740 par le duc Ossolinski, avec approbation
de Stanislas. Tirage à part, Antoine, Nancy, 1740. Publiés aussi sous

Quelques semaines après, le 17 juin, 12 cadets étrangers aux Duchés étaient, pour commencer, admis à l'École, en même temps que 23 nationaux auxquels, le 19 juillet, s'ajoutait le vingt-quatrième ; 9, le 24 août ; 2, le 25 novembre. Soit un total de 23 compatriotes de Stanislas pour cette promotion initiale de 1737.

Le tout premier Polonais inscrit au contrôle est Thomas Skarbek Borowski, fils du castellan de Zawichost. Enseigne de la compagnie dès le 17 septembre, nommé gentilhomme du roi le 1er janvier 1740, mestre de dragons au service de France, il était capitaine dans Royal-Pologne quand il fut tué au combat de Sahay, en Bohême, le 25 mai 1742 (1). Jean Cieszkowski (2), le second, retour-

le titre : *Dispositio Serenissimi Regis..... in rem nobili juventutis...* Cette édition latine, dont on retrouve quelques rares exemplaires en Pologne, était sans doute particulièrement destinée aux élèves étrangers et servait également de prospectus à répandre dans la République.

Arthur BENOIT, *L'École des cadets-gentilshommes du roi de Pologne à Lunéville, 1738-1766.* Lunéville, 1867, in-8° de 33 p. ; et à défaut de ces pages, leur résumé chez H. ZDZITOWIECKA, *op. cit.,* p. 44-47. Le titre de l'étude de BENOIT aura déjà prévenu de l'erreur de l'auteur, qui, retardant de 20 mois, ne fait remonter la création de l'École qu'à la promulgation des ordonnance et règlements précités. Même confusion a été commise par le comte David DE RIOCOUR, *Preuves de noblesse des cadets-gentilshommes du roi Stanislas, duc de Lorraine.* Paris, 1881, in-8°.

(1) Le 1er mars 1741, Thomas avait signé à Lunéville, chez Thiriet (auj. Galand), une procuration à l'effet d'emprunter, au nom de François Skarbek Borowski, chanoine de Cracovie. Cf. Arch. M.-et-M., C. 1.954, fol. 13, n° 5. — Le contrôle de l'École fait remonter sa nomination comme gentilhomme du roi au 1er janvier 1740. D'autre part, dans une lettre datée de Lunéville, 4 mars 1741, le duc Ossolinski, entretenant sa belle-sœur du voyage projeté de son fils Alexandre à Francfort (cf. *suprà,* p. 59), continue : « Je lui donnerai pour compagnon M. Borowski, le fils du castellan de Zawichost, qui, grâce à ses talents, est devenu capitaine dans l'armée française et sera sous peu nommé chambellan de notre cour, gentilhomme d'un beau maintien, pieux, de conduite exemplaire et accompli dans toutes les sciences.... » (Bibl. Ossolinski, *ms. cit.,* n° 1.133.)

(2) Arm. Dolenga. Fils de Victor-Félicien, castellan de Liw.

nera dans sa province de Mazovie au bout de deux ans ;
il y était sous-échanson de Liw en 1748. Joseph Niewics-
cinski (1) deviendra porte-enseigne des armées des terres
de Prusse.

Cousins de l'abbé de Clairlieu Melchior Gurowski (2),
qu'ils précédaient ainsi de quelques années en Lorraine,
les deux frères Gurowski, Raphaël, castellan de Poznan,
puis de Kalisz, et Roch-Ladislas, grand notaire de la
Couronne et finalement grand maréchal de Lithuanie(3),
ne firent pas beaucoup d'honneur à l'Académie, quoique,
par la protection du maître, le premier y soit bientôt
devenu brigadier et le second sous-brigadier. Ils accumu-
lèrent les dettes (4). Ils ont surtout, nous le montre-
rons, laissé dans l'histoire de leur pays le plus fâcheux
renom.

Les Lithuaniens du début furent attirés à Lunéville par
Simon Siruc. Il fit venir, entre autres, son neveu Joseph

(1) Cadet n° 9. Arm. Przegonia. Fils de Ladislas-Antoine, porte-
enseigne de Bydgoszcz, et de Catherine Wiesiolowska.

(2) Cf. *suprà*, p. 137.

(3) Cadets n°ˢ 11 et 12. Fils de Melchior, castellan de Posnanie,
mort en 1756, et de sa première femme Sophie Przyjemska. —
Raphaël, né en 1716, mort à Drezyna en 1797. Castellan de Kalisz,
puis de Posnanie, marié à Louise Tworzyanska (1752). — Roch-
Ladislas, né en 1717, mort à Varsovie le 23 mai 1790. Marié à Anne
Radomicka. Chevalier de l'ordre russe de Sainte-Anne (1761), commissaire chargé des livraisons pour l'armée russe en Grande-Pologne,
membre de la diète de convocation de 1764, où il défendit la cause
du parti russe, ce qui lui valut la charge de grand notaire de la
Couronne (22 décembre 1764). Député à la diète de 1767, maréchal de
la cour de Lithuanie (8 mars 1768). Ordres de Saint-Stanislas et de
l'Aigle blanc (1772). Membre du Conseil permanent (1775), réélu en
1780. Pensionnaire de la cour de Russie. Grand maréchal de Lithuanie
(1784). — Un troisième Gurowski, Joseph (cadet n° 61), étudia à
Lunéville.

(4) Ils partirent en devant notamment à Launay, traiteur de l'Académie, 1.090 l. de Lorraine. Le 7 novembre 1741, différents créanciers
« des sieurs comtes Guroscky » donnent pouvoir à l'un d'eux,
Philbert Anceldo, afin de poursuivre le payement des sommes récla-
mées. (Arch. M.-et-M., C. 1.957, fol. 10ᵛᵒ et 11.)

Prozor (1), qui, marié trois fois, staroste de Bostów, ensuite de Kowno, sera quelque quarante ans plus tard palatin de Witebsk. C'est Charles Bialozor (2), d'une famille célèbre dans le Grand-Duché, portant comme le roi Stanislas les armes de Wieniawa, et ses cousins, les frères Simon et Joseph Zabiello, qui, comme les Ossolinski et les Tarlo, arborent avec fierté la hache des Topór (3). Sous-échanson de Kowno, staroste de Telsze, Joseph Zabiello sera général-major. Maréchal de Kowno, Simon, d'abord colonel d'artillerie, deviendra lieutenant général et, en 1784, castellan de Minsk, gouvernement où l'a précédé Alexandre Józofowicz, père de son condisciple Jean (4).

Ayant, de par leurs charges de grand maître et de conseiller aulique, l'École, dont les élèves étaient compris dans la maison militaire du roi, sous leur dépendance, Ossolinski — que nous avons déjà vu y appeler petits-

(1) Cadet n° 5. Fils de Stanislas, tribun de Kowno, et de Rose Siruc. Épousa : 1° Félicie Niemirowicz-Szczyt ; 2° Alexandra Zaranka ; 3° Marie Chalecka. Staroste de Bostów (1751), major des armées de Lithuanie, petit staroste (1764) et staroste (1768) de Kowno, castellan (1775) et palatin (1780) de Witebsk ; chevalier de l'Aigle blanc. Mort en 1789. — Un frère puîné de Joseph, Simon, lui succéda à l'École (cadet n° 58). Marié à Thérèse Buszynska, il était notaire terrestre de Kowno en 1769.

(2) Cadet n° 4. Fils de Casimir-Étienne-Montwid, staroste de Kejdany, colonel, et de Jeanne Iwanowicz. Mort jeune.

(3) Cadets n°ˢ 14 et 15. 2ᵉ et 3ᵉ fils de Michel, notaire terrestre de Kowno, général-major de l'armée de Lithuanie, et d'Anne Bialozor. Joseph sera décoré des ordres de Saint-Stanislas et de l'Aigle blanc ; Simon, qui mourut en 1793, sans postérité comme son frère, de l'ordre de Saint-Stanislas. D'assez nombreux discours et manifestes politiques de ces deux personnages ont été imprimés à Varsovie, Grodno et Wilno, de 1766 à 1793. Cf. ESTREICHER, *op. cit.* Lire aussi MATUSZEWICZ, *op. cit.*, passim.

(4) Jean Józofowicz ou Józefowicz, cadet n° 17. Arm. Leliwa. Fils d'Alexandre, castellan de Minsk, et de Dominique Massalska. Staroste d'Orsza (1741), maréchal du tribunal de Lithuanie (1762), colonel. Marié à Hélène Nowacka. Leur fils Vincent, staroste de Merecz, député à la Grande Diète (1793), fut conseiller de l'impératrice de Russie. Descendance éteinte en 1805.

CASIMIR KRASINSKI

QUARTIER-MAÎTRE GÉNÉRAL DE LA COURONNE

ANCIEN CADET DE L'ÉCOLE DE LUNÉVILLE (1743-1746)

(D'après le tableau de Bacciarelli conservé au palais de Zegrze,
propriété de feu Mme la princesse Radziwill, née Hedwige Krasinska.)

fils et neveux — et Simon Siruc ne furent pas les seuls officiers de la cour à contribuer au recrutement des cadets. Le grand aumônier de la reine fit inscrire deux des siens. D'abord Antoine Krasinski (1), ensuite son neveu Casimir (2), dont il suivit l'éducation et qui lui témoignait beaucoup d'affection. Curieuse coïncidence, la troisième femme de Casimir Krasinski était fille et épouse divorcée de deux autres cadets. Joseph Zaluski provoque la venue de son petit-neveu Nicolas Garczynski (3), qui n'a guère d'autre titre à notre attention que d'être aussi le neveu d'Étienne Garczynski, palatin de Kalisz et de Poznan, écrivain politique notoire (4).

Au premier aumônier du roi est due l'arrivée de ses neveux Mathias Mycielski (5) et Ignace Miaskowski (6). A

(1) Cadet nᵒ 24.

(2) Casimir Krasinski, cadet n° 59. Fils d'Antoine, frère aîné de Jean Chrysostome, castellan de Zakroczym, et de Barbe Zielinska. Né en 1725. Marié : 1° à Eustachie Potocka ; 2° à Élisabeth Potocka ; 3° à Anne Ossolinska, fille d'Alexandre (cadet n° 32), épouse divorcée de son cousin Joseph-Ignace Ossolinski (cadet nᵒ 152) [cf. *suprà*, p. 59, n. 4]. Quartier maître général de la Couronne, créé comte par le roi de Prusse en 1798. Mort le 25 septembre 1802, à Zegrze, près Varsovie, où il a sa sépulture. Casimir est le trisaïeul du représentant direct actuel de cette branche, le comte Édouard Krasinski, né en 1870, fondateur du nouveau palais de la Bibliothèque et du Musée Krasinski à Varsovie (1912-1914). En janvier 1921, cet établissement comptait environ 300.000 volumes et 8.000 manuscrits.

(3) Cadet nᵒ 39. Fils de Stanislas et de Catherine Zaluska, cousine germaine du grand aumônier.

(4) Étienne Garczynski, partisan très fidèle de Leszczynski, auteur de l'*Anatomia Rzeczypospolitej polskej* (Anatomie de la République polonaise), où sont examinés les vices de la vie économique du pays. Mort en 1757, et lui-même bisaïeul d'un autre Étienne Garczynski, le poète romantique (1805-1833).

(5) Mathias Mycielski, cadet n° 83. Arm. Dolenga. Fils d'Antoine-Joseph, porte-enseigne de Lenczyca, staroste de Wschowa, castellan de Sieradz, mort en 1750, et de Constance Rydzynska. Mort sans descendance vers 1780. Rappelons que la mère de Stanislas Miaskowski était une Mycielska.

(6) Ignace Miaskowski, cadet n° 150. Fils de Joseph, échanson de Poznan, et de Thérèse Rotaryusz. Était colonel des armées de la Couronne en 1770.

Alexandre Dziuli, celle des deux Zwidzinski, fils de sa
sœur Marianne (1). Plusieurs prélats polonais, et non des
moins illustres, eurent pareillement à cœur de faciliter
de leur intervention et de leurs subsides le séjour à l'Académie militaire de Lorraine de parents et de protégés.
Parmi eux distinguons l'évêque de Plock Dembowski (2).
C'est grâce à cet oncle généreux que furent admis Nicolas
Dembowski (3), par la suite aide de camp de l'hetman
Rzewuski, et son cousin Antoine (4), qui, à l'exemple de
son bienfaiteur, devait renoncer au monde pour le sacerdoce. Par leurs recommandations et leurs largesses, deux
évêques de Cracovie, André-Stanislas Zaluski et son successeur Cajetan Soltyk (5), donnèrent à l'École des marques répétées d'intérêt

La majorité des cadets était naturellement choisie chez
les anciens partisans de Leszczynski. Mais cette condition
n'était pas absolue. On vit à Lunéville les représentants
de familles qui n'avaient pas dissimulé leur préférence
pour Auguste III, comme Alexandre Potulicki, fils du

(1) Cf. *suprà*, p. 108, n. 7 ; *infrà*, p. 165, n. 4.

(2) Antoine-Sébastien Dembowski (1682-1763). Prêtre en 1729, après
son veuvage. Tout d'abord diplomate, référendaire de la Couronne,
évêque de Plock (1737), de Cujavie (1752). Mort en 1763.

(3) Nicolas Dembowski, cadet n° 102. Fils de Mathieu, staroste de
Plock, et de Françoise Modlkowska. Marié à Angélique Krasinska,
fille du castellan de Zakroczym (cf. *suprà*, p. 153, n. 2).

(4) Antoine Dembowski, cadet n° 103. Fils de Thomas, chambellan
de Plock, et de Julienne Kampenhauzen. Cousin germain du précédent. Les deux généraux de l'Empire, Louis-Mathieu Dembowski
(1769-1812) et Jean Dembowski (1775-1823), appartiennent à cette
famille. (Cf. BONIECKI, *op. cit.*, t. IV, p. 241-244.)

(5) Cajetan Soltyk, évêque de Kijów (1749), puis de Cracovie (12 février 1759); mort le 30 juillet 1788. Il protégea notamment François
Zelenski (cadet n° 161), petit-neveu du palatin de Sandomir. Une
lettre de Soltyk au roi Stanislas, de Varsovie, 16 avril 1763, nous
apprend que trois fois dans la même année, le prélat envoya des
recommandations à Lunéville. (Arch. Aff. étr., Lorraine, vol. 145,
fol. 99.)

palatin de Czernieckòw (1), ou Léon Moszynski, futur castellan de Lublin (2). Les vives sympathies des Jòzofowicz pour les Czartoryski n'étaient pas cachées ; Jean Józofowicz (3), à son tour, s'en affirma l'ami.

Les études accomplies au dehors avaient toujours eu beaucoup de prestige dans la République. Au nombre des obligations imposées à Henri de Valois par les *pacta conventa*, lors de son élection de 1573, figurait l'engagement de faire élever et instruire gratuitement en France cent gentilshommes polonais (4). Un siècle plus tard, un homme qui y vécut plus de vingt-cinq ans, pouvait encore écrire : « On n'apprend point en Pologne ni à monter à cheval, ni à faire des armes, ni à danser, parce qu'il n'y a aucune académie. C'est ce qui fait que les jeunes seigneurs aiment à voyager dans les pays étrangers pour y apprendre les langues et les exercices. Néanmoins, ceux qni ne sont point sortis de Pologne ne laissent pas de monter à cheval, de faire des armes et de danser à leur manière, avec liberté et sans contrainte (5). » Bien des démarches furent donc faites pour obtenir une place à l'École de Stanislas, soit que les pères des candidats s'a-

(1) Alexandre-Hilaire Potulicki, cadet n° 69. Arm. Grzymala. Fils de Joseph-Remy, staroste de Borzechowo, palatin de Czerniechów (1732), et de sa première femme Sophie Dzialynska. Marié : 1° à Théophile Dzialynska, veuve Szoldrska ; 2° à Éléonore-Thérèse Potocka, veuve Nakwaska. Staroste de Borzechowo. Général-major des troupes de la Couronne (1757). Michel, son fils du second lit, reçut en 1780 la confirmation prussienne du titre comtal. Il est l'ancêtre des comtes Potulicki actuels.

(2) Cadet n° 40. Arm. Nalencz II. Fils de Stanislas, castellan de Radom. Staroste d'Inowlodz, castellan de Lublin de 1766 à 1773, chevalier de l'Aigle blanc.

(3) Cf. *suprà*, p. 152, n. 4.

(4) Cf. Marquis DE NOAILLES, *Henri de Valois et la Pologne en 1572*. Paris, 1867, 3 vol. in-8°; t. II, p. 332.

(5) *Relation historique de la Pologne*....., par le sieur DE HAUTEVILLE (pseudonyme de Gaspard de Tende). Paris, 1697, in-12 : p. 299.

dressassent directement à Lunéville, soit qu'ils employassent les agents diplomatiques à les recommander tout d'abord aux ministres de Louis XV (1).

Différentes familles tinrent à honneur de compter plusieurs de leurs enfants au nombre des cadets. Non seulement de proches parents se succédèrent à l'Académie, mais à plusieurs reprises, comme auparavant à l'Université de Pont-à-Mousson (2), deux cousins germains, deux frères, arrivant ensemble, furent inscrits le même jour. Nous venons de rencontrer dans ce cas les frères Gurowski et les Zabiello. Mentionnons encore Joseph et Michel Butler (3), eux aussi cadets de la première heure ; Mathias et Valérien Luszczewski (4), Jacques et Michel

---

(1) Cf. H. Zdzitowiecka, *op. cit.*, p. 47.

(2) Ce célèbre établissement compta, en effet, quelques Polonais. A deux reprises, deux frères de cette nationalité y furent donateurs de prix, *agonothètes :* André et Henri Firley Dombrowski (*Firley de Dombrovisa*) en 1617 ; Pierre et Stanislas Danilowski en 1618. Cf. abbé Hyver, *Les agonothètes ou les donateurs de prix à Pont-à-Mousson*, dans *Mémoires de la Société philotechnique de Pont-à-Mousson*, t. I, 1874, p. 132-133 (l'auteur a pris le patronyme *Firley* pour le prénom d'un troisième frère). — J. Favier, *Nouvelles études sur l'Université de Pont-à-Mousson*, dans *M. S. A. L.*, t. XXX, 1880, p. 417-418.

(3) Butler ou Buttler, cadets nos 22 et 23. Arm. Butler. Fils d'Alexandre, staroste de Preny, dans le palatinat de Troki, et de Drohiczyn, et de Françoise Szczuka. Michel, staroste de Preny en 1778, chevalier de Saint-Stanislas, épousa : 1º Bénédicte Pac, dont la fille s'unit successivement à deux princes Radziwill ; 2º Marianne Markowska. Joseph, marié à Thérèse Urbanska, mourut en 1749.

(4) Cadets nos 37 et 38. Fils de Michel, *stolnik*, porte-glaive (1725), juge et sous-staroste de Sochaczew, mort en 1736, et de Cécile Zembruska. Assesseur des tribunaux royaux (1752), chambellan d'Auguste III, chevalier de Saint-Stanislas et de l'Aigle blanc (1790), Mathias-Joseph épousa Ève Poninska. Son frère, Valérien-Stanislas, fut staroste de Sochaczew (1779), colonel des armées de la Couronne, chevalier de Saint-Stanislas (1782). Marié à Josèphe Szymanowska, il est le père de Jean-Paul Luszczewski, ministre des Affaires intérieures et des cultes du duché de Varsovie, créé comte par le roi de Saxe Frédéric-Auguste.

Czapski (1), Jean et Gabriel Aksak (2), Louis et Jean-Baptiste Dombski (3), Joseph et Stanislas Aleksandrowicz (4), Jean et Joseph Morsztyn (5).

Pour gagner Lunéville, parfois ces jeunes gens s'embarquaient à Danzig. D'ordinaire, ils traversaient l'Allemagne. A leur arrivée, ceux qui appartenaient aux plus notables maisons, ou dont l'entourage avait des relations à la cour, étaient reçus en audience par Leurs Majestés. Ainsi, en novembre 1739, Ignace Ciercierski, fils du *stolnik* de Drohiczyn, un ami de François-Maximilien Ossolinski (6), qu'avait amené un dominicain, chapelain de ses

(1) Cadets n** 62 et 63. Arm. Leliwa. Fils de Pierre, porte-enseigne de Pomérellie, colonel, et de Christine-Justine Dorpowska. — Jacques, marié à Rose-Ève Czapska, fille de Pierre-Alexandre, palatin de Pomérellie (v. *infrà*, p. 161), devint trésorier de la province de Prusse. Michel-Auguste, staroste de Christburg et de Koscierzyn, fut palatin de Marienbourg [Malborg] (1756), chevalier de l'Aigle blanc (1758) et chambellan du roi (1759). Épousa : 1° Thérèse Przebendowska ; 2° Brigitte Dzialynska ; 3° Anne Ledóchowska. Sa fille Thérèse, née du premier lit, eut pour mari Alexandre Potocki, ministre de la police du duché de Varsovie.

(2) Cadets n** 76 et 77. Arm. Aksak. Fils de Marcien, panetier de Zytomierz, et de sa seconde femme, Catherine Popiel. Jean épousera Marie Wessel, sœur du grand trésorier de la Couronne ; Gabriel, général-major des armées de la Couronne, Domicelle Kuropatnicka.

(3) Cadets n** 84 (v. *suprà*, p. 107) et 85 (v. *infrà*).

(4) Aleksandrowicz ou Alexandrowicz. Cadets n** 120 et 121. Fils de Martin et d'Hélène Bachminska. Joseph fut général-major en 1775, ensuite chambellan. Son frère, après avoir servi en France (v. *infrà*), reçut en 1781 l'ordre de Saint-Stanislas.

(5) Cadets n** 156 et 157.

(6) « Je t'annonce l'arrivée à l'Académie d'Ignace Ciercierski, fils du *stolnik* de Drohiczyn, mon grand ami. Il a été fort bien accueilli par Leurs Majestés. Je l'ai présenté aujourd'hui au commandant de l'École. Nous espérons qu'il nous donnera beaucoup de satisfaction, car c'est un jeune homme d'excellente conduite, modeste et d'une tenue parfaite. » Fr.-M. Ossolinski à son frère Jean-Stanislas, 24 novembre 1739. (Bibl. Ossolinski, *ms. cit.*, n° 1.136.) — Cadet n° 33. Arm. Rawicz. Fils de Balthazard et d'Anne Gembicka. Succédera à son père comme *stolnik* de Drohiczyn en 1750. Marié: 1° à Théodore Korybut Woroniecka (cf. BONIECKI, *op. cit.*, t. II, p. 300, t. III, p. 161-163 ; NIESIECKI, *op. cit.*, t. III, p. 110, écrit : *Wisniowiecka*) ; 2° à N. Podoska. Mort en 1766.

parents. Arrivé le jour de la Toussaint de 1753, avec l'abbé Szadowski pour mentor, Michel Swidzinski est longuement interrogé par Stanislas, qui l'attache deux jours à sa personne, le faisant dîner et souper avec lui, tandis que Ignace, frère du jeune homme, autorisé à titre tout à fait exceptionnel, en sa qualité de neveu du premier écuyer, à se promener à cheval dans la ville, vient caracoler sous les fenêtres du roi et y faire applaudir ses talents équestres (1).

Après vérification et enregistrement au conseil aulique de leurs preuves de noblesse (2), le grand maître présentait les élèves au commandant de l'École. Ils étaient ensuite confiés tout spécialement aux soins du seul officier leur compatriote, Hyacinthe Wiklinski, qui, d'abord comme aide-major, ensuite comme capitaine-lieutenant, se consacra durant tout le règne aux cadets (3).

(1) Alexandre Dziuli à Stanislas Swidzinski, de Lunéville, 4 novembre 1750, etc. (Bibl. Krasinski, ms. n° 488, *j. cit.;* cf. *supra*, p. 110, n. 2.)

(2) Ces preuves des cadets polonais, qui, dans certains cas, seraient si utiles pour leur identification, ne se retrouvent ni aux Archives nationales, ni au ministère de la Guerre. Il semble qu'elles aient été détruites par la Commission de triage des titres, avec tant d'autres papiers de la maison de Stanislas, sacrifiés comme inutiles. Il reste au contraire 4 volumes de preuves de noblesse des cadets lorrains (Arch. nat., E. 3.146-3.149 ; cf. comte DE RIOCOUR, *op. cit.*). Ils concernent 344 jeunes gens (le n° 59 de RIOCOUR est double) ; mais 29 cadets manquent, le premier qui figure dans ce recueil, inscrit le 14 avril 1739, n'étant, en réalité, que le 30e du contrôle.

(3) Hyacinthe Wiklinski ou Wichlinski, capitaine et finalement colonel d'infanterie au service de France, chevalier de Saint-Louis. Successivement aide-major de la compagnie, du 4 mai 1737, second et premier capitaine-lieutenant. Veuf de Marie-Thérèse Compagnot, morte à Lunéville le 10 janvier 1743, se remarie le 9 septembre 1749 [contrat du 4, chez Thiriet (auj. Galand)] à Béatrix-Clémentine Montaut, elle-même décédée le 1er août 1757, âgée de 25 ans, et inhumée, comme la première femme, en l'église des Carmes. De Marie-Thérèse, Wiklinski eut François-Maximilien-Marie, né à Lunéville le 27 décembre 1742, dont Mme de Talmont fut marraine et qui mourut le 4 juin 1754. L'acte de décès l'indique comme « l'un des gentilshommes cadets du roi », mais il n'était pas encore immatriculé. Du second lit sont issus un fils, Joseph-Maximilien, né le 27 août 1750 à Huviller

Il y avait des privilégiés. Alexandre Ossolinski (1), par exemple, n'est pas immédiatement soumis à la discipline militaire. Dans sa hâte d'accueillir ce neveu, qui a fait route sous la conduite de Joseph Celinski (2), M. le Duc est allé au-devant de lui jusqu'à la première poste, où il l'a réconforté d'une collation. A peine l'a-t-il installé dans ses propres appartements, que Stanislas l'y rejoint pour le questionner sur son voyage, demandes auxquelles l'enfant répond *«prudenter et reverenter»*, et l'assurer de sa royale bienveillance. Beaucoup de ces adolescents, soit au départ même, soit à leur passage à Varsovie, dépouillaient le costume national pour s'habiller à la française (3). Mais *Oles* a conservé le sien. Le lendemain, on lui fait donc prendre mesure de vêtements « très propres » et choisir des perruques séant à sa physionomie. Ainsi transformé, il est le jour suivant produit devant toute la cour. Le confesseur de la reine est chargé de le perfectionner dans les études polonaises. On lui donne un maître de danse. Matin et soir, un moine vient passer une heure avec lui, pour lui rappeler les rudiments scolaires et le mettre en état de suivre avec fruit les exercices de l'Académie. Ce n'est qu'après un séjour de plus de quatre semaines au palais, qu'Alexandre est enfin conduit, le 15 mai 1739, à l'hôtel des cadets, où, pour une recrue si considérable, le régime commun s'adoucit. « M. le gouverneur de l'Académie, le baron de Schack, qui est à la fois commandant et colonel de la compagnie des cadets et qui m'est particulièrement dévoué *per estimationem domus*

(Jolivet), filleul du duc Ossolinski et de la duchesse, représentée par Marie Bosiewiczówna ; et deux filles, Catherine-Victoire et Gabrielle-Françoise-Clémentine, nées à Lunéville les 11 octobre 1751 et 8 juillet 1756.

(1) Cf. *suprà*, p. 57-60.

(2) Sur ce client des Ossolinski, voir le chapitre vi.

(3) Cf. Matuszewicz, *op. cit.*, t. I, p. 80.

et de notre nom », écrit M. le Duc, « a de suite déclaré ne pas vouloir l'y placer avec d'autres élèves, parce qu'ils n'ont qu'une chambre pour deux (1) et qu'un seul laquais, sous l'autorité des officiers. Mais il lui a cédé deux pièces de son appartement privé, ainsi qu'une troisième pour son laquais..... Il tient, en effet, à l'avoir sous sa direction personnelle. Il veut le traiter *cum omni distinctione* et être à même de surveiller son éducation. » *Oles* a toute liberté de venir quotidiennement voir le grand maître, dont un équipage est à sa disposition lorsqu'il rend visite au roi et à la reine (2).

Les encouragements ne se font pas attendre. Dès le 19 mai de l'année suivante, le fils du staroste de Drohiczyn est nommé porte-enseigne ou gentilhomme à drapeau, et en octobre 1741, enseigne, bien que ce grade revienne de droit au plus ancien cadet, lorrain ou polonais. « C'est un bel avancement », avoue l'oncle à la mère, « et fort honorable pour lui. Mais il ne lui sera d'aucun avantage matériel, car il a dû, en toute loyauté, abandonner 100 écus annuels à des gradés plus anciens, qui avaient à cette place une juste prétention (3). » Dans de pareilles conditions, Mathias Lanckoronski (4), parent de Catherine Opalinska, inscrit le 3 octobre 1741, devient gentilhomme à drapeau le 14 novembre 1742 et enseigne le 8 avril suivant (5).

<hr>

(1) Il faut donc rectifier A. Benoit, qui écrit dans *L'École des Cadets-gentilshommes*, p. 6 : « Chaque cadet avait une chambre pour lui seul à l'hôtel ».

(2) Détails tirés de la correspondance de M. le Duc avec les parents d'Alexandre. (Bibl. Ossolinski, *ms. cit.*, nᵒˢ 1.124 et s.)

(3) De Lunéville, 3 novembre 1741. *(Ibid.*, nᵒ 1.138.)

(4) Cf. *suprà*, p. 68-69.

(5) Avec Thomas Skarbek Borowski (v. *suprà,* p. 150), un quatrième Polonais, allié à la famille royale, Isidore Ostrorog, fut également enseigne. Cadet nᵉ 29. Arm.. Nalencz. Fils de Joseph-Gaëtan Ostrorog, castellan de Zakroczym, et de Praxède Grzybowska. Après avoir été

La durée normale des études était de trois années. D'assez nombreux élèves, atteints de nostalgie ou supportant mal la contrainte du règlement, n'attendirent pas toutefois l'expiration de ce terme. Joseph Lochocki (1) ne reste à Lunéville qu'un an et sept mois. Les Butler, qu'un an. Au bout d'une année, également, s'en alla Paul Czapski ; et sans avoir obtenu son congé, ce qui ne l'empêchera pas, staroste de Radzyn, de devenir en 1763 général-major des armées de la Couronne. Stanislas n'avait pu qu'être indulgent à l'inconstant. Il était fils d'un de ses meilleurs partisans, Pierre, palatin de Pomérellie, et de cette Constance Gninska qui, à Danzig, avait offert au roi de partager les dangers de sa fuite en se faisant, déguisée en paysanne, passer pour sa femme (2). Antoine

au service de Louis XV, devint panetier de Czersk (1751) ; fut envoyé aux cours de Danemark et de Suède (1765). Marié à Anne Boska. Son frère Adam, époux de Marie Ligenza Kurdwanowska, étudia lui aussi à Lunéville (cadet n° 86). — Pour les autres gradés, se reporter à la liste générale donnée à l'Appendice. Le contingent polonais a fourni 7 gentilshommes à drapeau, dont Constantin Szaniawski, petit-fils de M. le Duc (cf. *suprà*, p. 54 et 58), 4 brigadiers et 4 sous-brigadiers.

(1) Jean-Joseph Lochocki, cadet n° 82. Arm. Junosza. Fils de Stanislas, castellan de Dobrzyn, mort en 1738, et de Théophile Rydzynska de Werbno. Staroste d'Osieck, comme héritier de son père, et de Blonie (1766). Son neveu Joseph-Anastase Lochocki fut, du 16 février à avril 1807, président de la Commission de gouvernement créée à Varsovie par Napoléon le 14 janvier précédent.

()2 C'est la « dame polonaise sachant l'allemand » dont Leszczynski parle dans la *Lettre* bien connue où il raconte sa sortie de la place. Le roi lui avait fait obtenir de la France une pension en 1737.

Paul-Thadée Czapski, cadet n° 68; mort célibataire. Appartenait à une autre branche de la très nombreuse famille de ce nom que les frères Jacques et Michel (v. *suprà*, p. 157, n. 1), avec qui il se trouva à Lunéville et dont le premier devait devenir son beau-frère. Déjà un quatrième Czapski, au sujet duquel Stanislas écrivait le 29 novembre 1737 à Hulin : « rien n'égale la folie de cet homme, à laquelle *tandem* il faut mettre fin », avait, par son « expédition » et ses dettes, causé beaucoup d'ennui à Stanislas. Le prince eût voulu le faire retourner secrètement en Pologne au moyen d'une lettre de cachet qu'aurait signée Louis XV. Cf. *Lettres à Hulin,* n°ˢ 11 et 13, p. 71-72.

Lasocki (1) ne suivit les cours que dix mois. C'est au bout de trois mois seulement qu'Antoine Krasinski retourna chez lui.

Quelques cadets, en revanche, généralement des gradés, furent autorisés à prolonger bien au delà des limites ordinaires leur séjour à l'École. Joseph Prozor (2) et Bonaventure Kurowski (3) y demeurèrent quatre ans. Antoine Gumowski (4), quatre ans et deux mois. Joseph Zabiello (5) et Michel Nosadyni (6), plus de cinq ans. Exception unique, Théodore Moszczenski (7), promu brigadier, jusqu'à sept années.

Les cadets étaient défrayés à peu près de tout. *Ad victum et amictum*, dit Matuszewicz. Le conseil aulique estimait qu'en conséquence il ne leur fallait annuellement que 100 ducats d'or polonais (8) pour faire bonne figure dans la petite ville et y satisfaire leurs saines fantaisies. Dziuli prétendait, au contraire, qu'en raison des leçons particulières qui s'imposaient, tant pour répéter les matières enseignées que pour élargir un programme trop restreint par l'étude de la philosophie, de la « fortification », du dessin, de la musique — plusieurs Polonais

(1) Cadet n° 131. Fils d'Adam, staroste de Wyszogród. Chambellan (1765), castellan de Gostyn (1772), chevalier de Saint-Stanislas (1781), de Sainte-Anne (1788) et de l'Aigle blanc (1789), palatin de Ciechanów (1794). Mort en 1799. De son union avec Thérèse Celinska naquit Isabelle, femme de Michel Oginski, l'auteur des *Mémoires*.

(2) Voir *supra*, p. 152, n. 1.

(3) Cadet n° 128.

(4) Antoine-Casimir Gumowski, cadet n° 13. Arm. Topór. Fils de Jean-François, veneur de Lwów et porte-enseigne de Sanok, et de N. Stadnicka. Panetier de Winnica en 1764.

(5) Voir *supra*, p. 152 et n. 3.

(6) Cadet n° 51. D'une famille d'origine vénitienne, et sans doute petit-fils d'Antoine Nosadyni, secrétaire du roi Michel Wisniowiecki, qui avait obtenu l'indigénat en 1673.

(7) Voir *supra*, p. 107.

(8) 100 czerwonych zlotych.

apprirent à pincer de la harpe, — le passage par l'Académie était, somme toute, assez dispendieux (1).

Un voyage à Paris couronnait les études faites à Lunéville.

La capitale exerçait sur les cadets un tel attrait que plusieurs s'y rendirent prématurément. *Oles* ne fut pas sans partager l'impatience de ses condisciples. « J'ai eu l'intention de vous emmener avec moi à Paris », lui écrit, le 19 mai 1740, le grand maître, à la veille d'accompagner Stanislas à Versailles (2), « et j'ai eu à ce propos une longue et intime conversation avec Sa Majesté. Nous sommes restés tous deux convaincus˙ que vous n'avez pas encore cette perfection˙ que l'on y réclame,˙ et il faut absolument que vous vous dégourdissiez ici auparavant que de vous présenter là˙, où l'on a l'habitude de censurer chaque étranger de fond en comble, des pieds à la tête (3). » Quelque envie qu'ils en eussent, ce déplacement

(1) A. Dziuli à St. Swidzinski, correspondance citée, *passim*. — Parlant de son neveu Ignace, le premier écuyer explique, le 9 juin 1751 : « M. l'abbé Gautier, savant homme, enseigne les mathématiques aux cadets. Il pourrait s'occuper de lui, mais il faudrait lui faire un beau cadeau ou tout au moins le payer 3 ducats, comme font les autres. D'ailleurs c'est avec difficulté qu'on peut obtenir son concours, car il dispose de peu de temps. » Il s'agit ici d'un des maîtres les plus estimés de l'École, où il professait aussi l'histoire, le chanoine régulier Joseph Gautier, dont Stanislas fit un des premiers membres de sa Société des sciences et belles-lettres de Nancy. Plusieurs travaux de Gautier ont été insérés dans les *Mémoires* de cette compagnie, notamment son discours de réception : *Manière de suppléer à l'action du vent sur les vaisseaux*, où, par un système de « rames à feu », il essaie d'appliquer la vapeur à la navigation. On doit également à Gautier une longue *Réfutation du Celse moderne, ou objections contre le christianisme avec des réponses.* Lunéville, 1752, in-12. Réédit. 1765, in-8.

(2) Où le roi de Pologne arriva le 29 mai pour y rester jusqu'au 25 juin.

(3) De Lunéville. Suscription : *A Monsieur, Monsieur le comte Alexandre de Tenczyn Ossolinski, porte-enseigne dans la compagnie des cadets du Roy.* (Bibl. Ossolinski, *ms. cit.*, n° 1.131.) Bien que voyant continuellement son neveu, M. le Duc lui adressait volontiers, dans l'intervalle de ses visites, des billets de ce genre, où il se répand en recommandations sentencieuses.

n'était d'ailleurs pas permis à tous. Si court fût-il, il était
en effet beaucoup plus onéreux que les années scolaires.
Dans des lettres de 1749 à leurs frère et belle-sœur, M. le
Duc et sa femme affirment que la capitale est interdite à
qui ne dispose pas d'au moins 300 ducats (1). Pour le
voyage d'Antoine Granowski (2), la riche *podstolina* de
Sandomir, sa mère, envoie 1.000 ducats (3). *Oles*, qui s'est
contenté à Lunéville des subsides d'usage, dépense, quand
il a licence de réaliser son rêve, plus de 1.000 écus en
deux mois, quoique, de la volonté expresse de Stanislas,
il soit logé chez son ministre Jacques Hulin, chargé de
parfaire l'éducation des sujets les plus distingués et de
les introduire dans les meilleurs cercles (4). Plusieurs de
ces jeunes gens virent la cour. Pour eux s'ouvraient les
salons les plus fermés. Et bien que les partisans de la
Famille y fussent surtout accueillis, un certain nombre
ne furent pas sans être admis affectueusement dans cet
hôtel, nous voulons dire ce « royaume » de la rue Saint-
Honoré, où, depuis que Mme Geoffrin avait contracté en
1741 étroite amitié avec Stanislas Poniatowski, la Pologne
était si fort en faveur (5). Ils s'y rencontrèrent avec les
Czartoryski, les Lubomirski, le comte Branicki ; avec les
fils de Poniatowski, notamment en 1753 le quatrième, le
futur roi Stanislas-Auguste, dont on fait parfois, mais à

(1) Bibl. Ossolinski, *ms. cit.*, n°s 1.135 et 1.145.

(2) Cadet n° 85. Voir *infrà*.

(3) Fr.-M. Ossolinski à son frère, de Lunéville, 7 janvier 1741. *(Ms.
cit.*, n° 1.132.)

(4) Le même à Louise Zaluska, de Lunéville, 11 juillet 1742. (*Ibid.*,
n° 1.143.)

(5) Lire : Charles DE MOUŸ, *Correspondance inédite du roi Stanis-
las-Auguste Poniatowski et de Madame Geoffrin (1764-1777).*
Paris, 1875, in-8°. — P. DE SÉGUR, *Le royaume de la rue Saint-Honoré.
Madame Geoffrin et sa fille.* Paris, 1897, in-8° ; *passim.* — J. MATHO-
REZ, *Les étrangers en France sous l'ancien régime*, j. cit., t. I,
p. 250 et s.

tort, car il ne fréquenta jamais, et pour cause (1), son
École, un pupille de Leszczynski.

Ce titre d'ancien élève de Lunéville était si apprécié en
Pologne, que certains nobles se le sont plus tard attribué,
qui, n'ayant pas été régulièrement admis, s'étaient conten-
tés, se rendant en France, de visiter la résidence de
Stanislas, et peut-être d'assister, auditeurs bénévoles,
à quelques leçons. En tout cas, les véritables cadets ne
manquaient pas, à chaque occasion, de rappeler cette
circonstance honorable de leur vie. Pour plusieurs, les
notices biographiques, les armoriaux en font soigneusement état.

Le *Journal* de Françoise Krasinska (2) nous montre
tout ce qu'à distance le seul nom de Lunéville avait de
séduisant — de trop séduisant — pour les jeunes imagi-
nations. Au début de 1759, Barbe, sœur de Françoise, est
fiancée à Michel Swidzinski, staroste de Radom, dont le
père, Stanislas, palatin de Braclaw, est descendu chez les
Krasinski, au château de Maleszów, près de Kielce (3).

Nous attendons encore de nouveaux hôtes, note Françoise le
5 janvier. Des deux fils du palatin, l'aîné est staroste de
Radom, le cadet est colonel des armées du roi (4). Le palatin,

(1) Voir *infrà*, ch. vi.
(2) Voir sur elle *suprà*, p. 126, n. 3. Son *Journal* a eu différentes
éditions polonaises. On en trouve une traduction, due à Olympe
Chodzko, dans *La Pologne historique, littéraire, monumentale et pit-
toresque*, t. I, p. 75 et s. Cf. *Un roman dans l'histoire. Fragments
du Journal de Françoise Krasinska*, publiés en 1895 dans *le Correspondant* (mars-avril) par la baronne C. DE BAULNY, née ROUHER [ver-
sion trop libre].
(3) Palatinat de Sandomir.
(4) Michel Swidzinski, cadet n° 132. Arm. Pólkozic. Second fils —
et non fils aîné comme le croit Françoise Krasinska — de Stanislas-
Antoine, maréchal de la confédération de Braclaw en 1733, qui avait
avancé des sommes importantes pour la cause de Leszczynski, staroste de Radom et de Lityn, palatin de Braclaw, et de Marianne
Dziulanka, sœur d'Alexandre Dziuli (v. *suprà*, p. 108, n. 7). Marié à
Barbe Krasinska le 25 février 1759. Tribun militaire de Winnica, cas-

veuf depuis plusieurs années, a encore deux filles, l'une mariée à Granowski, palatin de Rawa(1), et l'autre (2) nouvellement à Lanckoronski, castellan de Polaniec. Je suis très curieuse de voir les fils du palatin. Ils ont fait leur éducation en France, à Lunéville ; ils doivent avoir un autre air, d'autres manières que les Polonais. Le bon roi Stanislas, quoiqu'il habite une terre étrangère, cherche toujours à être utile à ses compatriotes ; plusieurs jeunes gens polonais font leurs études à Lunéville, où Stanislas les entretient à ses frais ; il leur fait donner la meilleure instruction. Les fils des meilleures familles briguent cet honneur-là ; ils prennent le prétexte d'une parenté, même très éloignée, avec le vieux roi pour y parvenir (3). Ils n'ont pas tout à fait tort, car, quand on peut dire d'un jeune homme : *il a fait ses études à Lunéville et il a été à Paris*, c'est une bonne recommandation pour faire son entrée dans le monde.

tellan de Radom, Michel mourut le 27 septembre 1788. Son petit-fils Constantin Swidzinski (1793-1855) réunit une importante bibliothèque, augmentée de collections numismatique et archéologique, qui, léguée par lui aux Wielopolski, vint finalement, à la suite de longs débats judiciaires, enrichir en 1860 la Bibliothèque des comtes Krasinski. La fondation dite *Musée Swidzinski* perpétue dans ce dernier établissement (cf. *suprà*, p. 153, n. 2) le souvenir de l'érudit.

Ignace Swidzinski, cadet n° 110, et en réalité frère aîné du précédent, obtint, à sa sortie de l'École, une commission de capitaine réformé dans Royal-Pologne infanterie, régiment où il servit effectivement à la fin de 1753. Dès l'été suivant, Ignace Swidzinski, après être revenu à Lunéville prendre congé de Stanislas, avait regagné la Pologne, où la protection de l'ambassadeur de France à Varsovie, sollicité en sa faveur par le commandant des cadets, lui avait valu son titre de colonel. (Lettres d'Alexandre Dziuli à Stanislas Swidzinski, *j. cit., passim.)*

(1) Casimir Granowski, époux de Bonne Swidzinska, cadet n° 39. Arm. Leliwa. Fils de François, staroste d'Inowlodz, et de Marianne Lipska. Né en 1721, mort en 1774. Staroste de Radom, général-major (1758), lieutenant général (1759), chevalier de l'Aigle blanc.

(2) Alexandra.

(3) Dans aucun pays les liens de parenté, même à des degrés très éloignés, n'étaient autrefois plus complaisamment rappelés qu'en Pologne cf. Adam Moszczenski, *Pamientniki* (Mémoires), édit. Zupanski, p. 118. Tout bon gentilhomme connaissait à fond la plupart des généalogies et s'estimait allié à tous les membres d'une famille dans laquelle une femme de son nom était naguère entrée.

On sait à l'avance qu'il aura des manières comme il faut, qu'il saura le français et qu'il dansera avec grâce le menuet et les contredanses. Tous ces messieurs qui ont été en France obtiennent les plus grands succès ; ils sont très recherchés des dames..... Vraiment, je suis bien curieuse de voir les deux fils du palatin.

Mais à trop espérer on est souvent déçu. Le lendemain, la jeune fille confie à son cahier :

Enfin, ils sont arrivés hier après dîner. Ils ne répondent pas à l'idée que je m'en étais faite. M. le staroste encore moins que son frère..... M. le staroste n'est plus jeune du tout, il a trente ans ; il est gras, il n'aime pas la danse et ne dit pas un mot de français. De temps en temps il lance du latin, comme fait mon père. Le colonel m'a plu davantage. Il porte l'uniforme, il est jeune et dit au moins quelques paroles françaises (1).

Puis le 7 :

Je ne m'habitue pas du tout à M. le staroste. Son air grave ne me plaît pas ; hier il n'a voulu danser que les danses polonaises. A peine s'il parle de Paris et de Lunéville..... Je dirai toujours que son frère vaut mieux ; au moins il est sociable, il parle de Paris et de Lunéville..... (2).

(1) Françoise, on le voit, abusée par les apparences, continue à se méprendre sur l'âge respectif des deux frères. La correspondance de Dziuli nous fournit sur le caractère d'Ignace et de Michel quelques détails. A Lunéville, le colonel, léger, ami du plaisir, n'ayant guère de goût que pour le cheval, se montra assez indiscipliné. Dans sa garnison, dépensant au delà de ses ressources, il faillit ensuite encourir la prison pour dettes. A ce point que, le 30 janvier 1754, l'oncle du jeune homme écrivait au père : « C'est une grande tache pour l'honneur et personne ne peut plus supporter un individu pareil dans la compagnie. » Le staroste, au contraire, se montrait déjà très sérieux. Grâce à des leçons supplémentaires, il poussa beaucoup plus loin son instruction que la plupart de ses condisciples de l'Académie.

(2) Au mariage de Barbe Krasinska, le duc de Courlande était représenté par son favori Kochanowski, qui se vit refuser par les parents la main de Françoise, c'est-à-dire de celle qui l'année suivante allait épouser son maître. « Kochanowski est un jeune homme accompli... », écrit-elle. « Il est si aimable, il cause avec tant de grâce ! Ce n'est pas étonnant, il a été à Paris et à Lunéville [son nom ne

Cette réputation qu'avait en pays slave l'École des bords de la Vezouse ne doit pas abuser. Leszczynski n'exprimait pas entièrement sa pensée quand il déclarait, dans le préambule de son ordonnance du 30 décembre 1738 : « Nous voyons avec plaisir les cadets de l'une et l'autre nation répondre à nos intentions par un attachement et une application exacte à leurs exercices ; en sorte que nous sommes dans la disposition de soutenir cet établissement et de contribuer, autant qu'il sera en nous, à tout ce qui pourrait manquer à sa perfection. Pour y parvenir, nous avons cru ne pouvoir rien faire de plus solide que le règlement suivant, dans lequel sont détaillés les devoirs des officiers et cadets composant ladite compagnie. » Stanislas avait déjà reconnu les inconvénients du double recrutement des élèves, de la brusque transplantation de ses jeunes compatriotes, et il s'agissait, en réalité, d'y obvier dans la mesure du possible par la précision de statuts très stricts. Dans une note remise le 16 avril précédent au conseiller Siruc. Ossolinski l'affirmait : « On ne peut rejeter la garde de nuit que le roi a ordonnée pour la conservation du bon ordre et de la discipline, empêcher et prévenir les désordres dont l'expérience fait foi et qui sont si ordinaires dans une jeunesse si vive, en partie très mal éduquée, laquelle sous de spécieux prétextes cherche à écarter ce qui contrarie les passions de paresse, de mollesse et de libertinage, rend incommode et difficile à contenter les vices du jeu, de l'amour, de l'ivrognerie,

figure pas sur les contrôles des cadets], et n'est de retour que depuis un an. Aussitôt il a été attaché à la personne du prince... » Parlant d'un pensionnat de jeunes filles fondé depuis peu à Varsovie par une étrangère, Mlle Strumle, qui se fait appeler *Madame*, et où on la mit au printemps de cette même année 1759, Françoise Krasinska dit encore : « Toutes les filles de qualité vont y terminer leur éducation. Pour une jeune demoiselle, être restée quelque temps chez Madame Strumle est comme pour un jeune homme avoir été à Lunéville. » (Trad. Chodzko, *loc. cit.*, p. 83-85, 148.)

contrarie les prompts effets de colère, de vengeance et de
querelles, si prochains et d'autant plus facilement suggé-
rés entre deux nations différentes d'éducation, d'humeur
et de mœurs, comme celles dont le corps est composé, de
Polonais et de Lorrains, tous deux dignes sujets du
roi (1). »

Le contact entre les officiers et les maîtres d'une part,
leurs élèves étrangers de l'autre, donna lieu à maints
froissements et à des conflits. Il n'y eut que trop souvent
incompréhension réciproque. L'indiscipline de leurs compatriotes et parents était déplorée à la cour par les dignitaires polonais eux-mêmes. « Si votre fils cadet compte
venir à l'Académie », écrit Dziuli à son beau-frère Swidzi-
zinski, « il faut le prévenir qu'il doit obéir aux officiers
et ne pas imiter nos autres jeunes gens, de qui les commandants se plaignent au roi. Si on veut les punir, ils
regimbent et répliquent : « Non, je ne le ferai pas.... ».
Les Polonais n'acceptent en rien de se plier aux règlements. Ils n'agissent qu'à leur guise. Le roi m'a envoyé
à l'Académie afin de leur communiquer sa volonté et pour
les blâmer de leur désobéissance. Je vous assure que les
officiers ont bien du souci avec notre jeunesse (2). »

Des mesures rigoureuses n'étaient pas sans viser les
sévices et les rencontres entre condisciples. Mais à plusieurs reprises un sang trop vif suscita des rixes, sans
que les sanctions prévues — un an et un jour de prison,
précédant l'expulsion, pour un soufflet, un coup de poing
ou de bâton ; l'application des lois pénales pour un duel,
— fussent appliquées. Ces châtiments eussent décimé
l'École. Venceslas Matuszewicz, qui malgré ses frasques
répétées y resta deux ans et quatre mois, fut sans doute
une des têtes les plus chaudes. « Étant à l'Académie de

____

(1) Ms. n° 406 de la Bibl. de Nancy, *j. cit.*, I, fol. 77.
(2) De Lunéville, 14 février 1753.

Lunéville, il se querellait presque sans cesse, et eut plusieurs duels. Enfin, il prit congé pour aller à Paris. Mais il ne s'y conduisit pas plus tranquillement. Il perça d'un coup d'épée le propriétaire de la maison où il logeait, parce qu'il lui réclamait instamment le prix de son loyer. » L'assassin se sauva caché parmi des sacs de blé, sur une voiture allant au moulin. Puis, ayant réussi à rentrer secrètement dans la capitale et reçu de l'argent pour le retour, il regagna la Pologne en uniforme d'officier français. A peine rentré au pays, il ajoutera à ses exploits en tuant à la chasse un de ses voisins. Le témoignage n'est pas suspect. C'est celui du frère aîné, Martin, l'auteur des *Mémoires*. Martin Matuszewicz avait lui-même ardemment désiré venir de sa lointaine Lithuanie s'instruire à Lunéville. Mais, contraint par les hésitations de ses parents à renoncer à ce projet, alors qu'il avait déjà atteint Varsovie pour se joindre à plusieurs jeunes gens prêts à partir, il avait du moins facilité de ses démarches et de sa bourse le voyage de Venceslas (1).

Les confidences d'Ossolinski à sa belle-sœur nous font connaître d'autres déboires réservés au fondateur de l'École. Les familles de ses cadets comptaient trop sur sa générosité et celle de ses commensaux. Leurs enfants arrivés à Lunéville, elles ne s'en occupaient plus et négligeaient de verser la quote-part qui leur était demandée. « J'accuse réception des 100 ducats d'or que vous avez remis à M. Czempinski pour les besoins d'*Oles*. J'observe que vous êtes les seuls qui vous acquittiez ponctuellement de vos devoirs envers votre fils, car les autres parents,

(1) *Pamientniki Marcina Matuszewicza Kasztelana Brzeskiego Litewskiego, 1714-1765* (Mémoires de Martin Matuszewicz, castellan de Brzesc Litewski). Édit. A. Pawinski, Varsovie, 1876, 4 vol. in-8. Voir t. 1, p. 68, 70, 71-72, 80, 107.

Venceslas Matuszewicz (cadet nº 21), fils de Georges et de Thérèse Kempska. Né à Sierpc, le 24 septembre 1719.

ne craignant pas Dieu, ont oublié ceux qu'ils ont envoyés ici. C'est pour moi un grand chagrin et un grand dérangement, puisque, par bonté de cœur et pour l'amour de mon pays, je dois suppléer à tout cela. Et ils ne répondent même pas à mes lettres (1). »

Pour quelques favorisés qui pouvaient impunément se livrer à d'assez fortes dépenses et prendre à leur service plusieurs domestiques, comme Frédéric Dunin (2) ou Jean et Gabriel Aksak (3), gratifiés chacun par leurs proches d'une pension de 1.000 écus, la plupart des cadets polonais en étaient donc réduits, sans se montrer le moins du monde prodigues, à de fâcheux expédients. En vain le règlement portait-il défense expresse de rien acheter à crédit sans une permission signée du commandant de l'Ecole, et menaçait-il les prêteurs et les négociants complaisants de perdre, même en cas de solvabilité de leurs clients, les sommes avancées ou les marchandises livrées, sans préjudice de 100 livres d'amende (4). Comment ap-

(1) F.-M. Ossolinski à Louise Zaluska, de Lunéville, 26 août 1741. (Ms. Ossolinski, *j. cit.*, n° 1.135.) Pour leur second fils, Antoine (v. *suprà*, p. 58), le staroste de Drohiczyn et sa femme se montreront eux-mêmes plus récalcitrants. « Je serais heureux de pouvoir l'aider de ma bourse », écrit M. le Duc à la mère, le 16 mai 1749. « Mais les temps ont changé. Je dois penser à moi et à ma maison, et suis dans l'impossibilité de faire autre chose pour M. Antoine qu'avancer 100 écus... Sans votre concours et celui du prince-évêque de Cracovie [André-Stanislas Zaluski], il me serait impossible d'y suffire... » (*Ibid.*, n° 1.146). — Dans sa corrdesponnance avec son beau-frère Swidzinski, Alexandre Dziuli ne cesse de réclamer l'argent nécessaire pour le séjour à Lunéville de ses neveux Ignace et Michel. [Bibl. Krasinski, ms. n° 488 (4.053).]

(2) Frédéric-Pierre Dunin, cadet n° 104. Arm. Labendz. Fils de Pierre, staroste de Zator, chambellan d'Auguste II, castellan de Radom, maréchal de la cour de la reine, mort en 1736, et de Frédérique, comtesse de Rochlitz. Staroste de Zator, général-major, chevalier de Saint-Stanislas (1781). Marié à Sophie Malachowska.

(3) Voir *suprà*, p. 157, n. 2.

(4) Articles 11 et 12 de l'ordonnance de 1738. «... Et si le cadet était en état de payer la marchandise ainsi prise chez le marchand, ou de rendre l'argent, il sera confisqué et remis à la caisse des pauvres. »

pliquer ces articles, quand les infractions ne se comptaient plus et étaient en quelque sorte fatales ? Les Gurowski ne furent pas seuls à souscrire des billets douteux.

Alors que différents cadets abrégèrent leurs études, d'autres, le terme régulier échu, criblés de dettes, sans argent, sans vêtements même, se trouvèrent fort empêchés de repartir. Ici encore les familles négligentes semblaient croire que Stanislas disposait de ressources inépuisables. Aux élèves dont le roi n'avait aucune raison d'autoriser le maintien dans la compagnie, il fallut plus d'une fois montrer formellement la porte. « C'est hier que votre fils a quitté l'Académie, parce que Sa Majesté le roi a envoyé un commissaire chez les cadets pour sommer ceux qui ont déjà accompli leurs trois ans de faire place aux nouveaux élèves arrivant de Pologne (1). » — « Par suite de l'ordre signifié précédemment, MM. Malachowski (2), Niszczycki (3), Sierakowski (4) et Godlewski (5) ont quitté l'Académie..... Ils sont encore ici, où ils ont loué des chambres, et ils vivent à crédit en attendant l'argent de leurs familles. Cet ordre est sacro-saint (sic). Au bout de trois ans, il faut que les Polonais et les Lorrains sortent de l'École. Le roi a écrit à M. Celinski, afin qu'il fasse connaître cette disposition à ceux qui doivent venir (6). »

Mais les semaines, les mois même passaient sans que

(1) A. Dziuli à St. Swidzinski, de Lunéville, 28 février 1753.

(2) Pierre Malachowski (cadet n° 111), futur palatin de Cracovie, dont nous reparlerons tout à l'heure.

(3) Cadet n° 112.

(4) Jacques Sierakowski, cadet n° 108. Arm. Ogonczyk. Peut-être Jacques, fils d'Étienne Sierakowski, *podstoli* de Braclaw, et de N. Kloczowska. — Sébastien Sierakowski, qui fut gentilhomme à drapeau, l'avait précédé de peu à Lunéville (cadet n° 72).

(5) François Godlewski, cadet n° 73. Il est à remarquer qu'au contraire de ses camarades et quoi que laisse entendre le signataire de cette lettre, Godlewski, gentilhomme à drapeau, faisait partie de la compagnie depuis plus de cinq ans.

(6) A. Dziuli à St. Swidzinski, de Lunéville, 14 mars 1753.

l'argent arrivât. « M. Malachowski, fils du staroste d'Oswiencim, est encore ici. Il n'a toujours pas reçu sa lettre
de change. M. Stoinski (1) gémit sous les dettes. Après
avoir quitté l'Académie, il y a quelques mois, il ne par-
vient pas à mendier de son père son rachat. Il diffère de
jour en jour de s'acquitter, ce qui augmente ses dettes,
parce que tout revient fort cher quand on est forcé de
chercher du crédit pour se vêtir et pour vivre. Si vous
avez occasion d'exposer cet état de choses à son père,
faites qu'il lui permette de se libérer au plus vite (2). » A
dater de cette époque, pour éviter de telles situations, le
dépôt chez le commandant par tout nouvel arrivant de la
somme nécessaire à son retour en Pologne fut obligatoire.
« C'est une précaution des plus sages », approuve le premier écuyer (3).

On comprend que, découragés par si fâcheuse expérience, Stanislas et son conseil aulique se soient bientôt
montrés peu empressés de combler les vacances. On re-
nonça à la propagande. On n'accueillit plus qu'avec beaucoup de réserve, et même une certaine mauvaise grâce,
les candidatures. A plusieurs reprises, le commandant
des cadets insiste auprès du roi pour la dissolution du
contingent polonais (4). Le prince ne s'y décidant pas, les
professeurs se dépitèrent. Leur zèle faiblit de plus en
plus. « L'Académie a dégénéré », écrit, le 25 mars 1754,
Alexandre Dziuli. « Les professeurs n'instruisent vraiment
que ceux qui les paient. Avec les autres, ils font sem-
blant (5). »

L'égale répartition prévue ne put donc être réalisée.

(1) Hyacinthe Stoinski, cadet n° 79 : cf. *supra*, p. 107, n. 5.
(2) A. Dziuli à St. Swidzinski, de Lunéville, 26 mai 1753.
(3) Du même au même, 14 mars 1753.
(4) Du même au même, 14 février 1753.
(5) Du même au même, 14 mars 1753.

Sur les 564 cadets qui passèrent par l'École, il y eut 397
Lorrains et Barrois ; 167 Polonais et Lithuaniens seulement, c'est-à-dire à peine le tiers. De septembre 1759
à février 1766, la République n'envoya en Lorraine que
14 sujets. Une seule fois, au début, 24 cadets slaves s'étaient
trouvés réunis. Sur un total de 48 élèves en cours d'étude,
nous n'en rencontrons plus que 2 en 1762. Le tout dernier
inscrit, qui vit les funérailles royales et fut compris dans
le licenciement de l'École le 1er avril 1766, est Stanislas
Trembecki. Non l'illustre poète, encore que celui-ci, né
vers 1730 et qui à quarante ans se proclamait toujours un
jeune homme, ait fait quatre voyages en France avant
1774, mais un obscur homonyme, fils d'un Pierre Trembecki
du blason de Brochwicz (1).

Sur la fin du règne, à mesure que vieillissait Leszczynski,
la crainte d'une brusque dispersion de l'Académie, dont
sa mort donnerait le signal, dut aussi détourner bien des
nobles d'y envoyer leurs fils. Si le monarque avait vécu
davantage, sans doute eût-il vu son hôtel des cadets définitivement vide de compatriotes. Dans les *pacta conventa*
de 1764, Stanislas-Auguste Poniatowski a promis de
fonder une école analogue, et la diète de couronnement
n'ayant pas réglé l'affaire, le roi, tenant parole, prend à
son compte, en 1765, la formation d'un corps dont l'organisateur et premier commandant est le prince Adam-
Casimir Czartoryski, général des terres de Podolie, assisté
du prince Auguste Sulkowski. La diète de 1766 confir-
mera l'institution (2). L'École du palais Casimir à Varsovie,
qui subsista jusqu'en 1795 (3) et fut une pépinière d'hom-

(1) Le poète est des armoiries de Prus Ier.

(2) Cette diète siégea du 6 octobre au 29 novembre. Le 10 décembre, Stanislas-Auguste écrivait à Mme Geoffrin : « Ma nation... sera
contente... Les Cadets et la Monnaie sont fixés. » Cf. Charles DE MOUŸ,
op. cit., lettre 48, p. 260.

(3) Elle recevait de 60 à 80 élèves, aptes au service militaire et,
comme on l'exigeait à Lunéville, d'un physique irréprochable. On

mes inébranlablement jaloux de l'honneur polonais, de héros même qui laveront dans leur sang l'infamie des partages, s'ouvrait ainsi à point, au moment où le décès de Leszczynski entraînait la fermeture de l'établissement qui en avait été en quelque sorte le prototype.

Un seul cadet étranger mourut à Lunéville. Inscrit le 24 août 1737, le Lithuanien Romuald Chreptowicz (1) succombait, âgé « d'environ dix-sept ans », le 7 juillet de l'année suivante. On inhuma dans le caveau des Carmes ce jeune représentant de l'une des premières maisons du Grand-Duché, convertie à la foi chrétienne en 1413 et qui se flattait de descendre de Jean Litawor Chreptowicz, voïévode de Nowogród en 1499, soit à la création même du palatinat.

A tout élève régulièrement sorti de l'École, Stanislas assurait une pension de 2.000 livres pendant deux ans, à moins qu'il n'eût plus tôt un emploi le mettant en état de subsister. Le duc-roi fit aussi accorder à de nombreux cadets polonais des brevets de sous-lieutenants, de lieutenants et de capitaines réformés à la suite de régiments français.

Avant de rejoindre leur patrie, 31 servirent effectivement.

La cavalerie n'en accueillit que très peu, malgré d'assez pressantes démarches, dont voici un exemple. Le prince héréditaire de Hesse-Darmstadt, voyageant sous le nom de comte de Nida, venait d'acquérir Royal-Allemand lorsqu'il s'arrêta à Lunéville, en mars 1741 (2). On lui avait

accepta également, plus tard, des enfants de 8 à 12 ans, qui devaient y passer six années. Le roi contribuait sur sa cassette à l'entretien des cadets, les sommes consenties par les diètes n'étant que très irrégulièrement versées et d'ailleurs insuffisantes.

(1) Cadet n° 18. Arm. Odrowonz.

(2) Il y arriva, accompagné de ses deux frères, le 16 mars au soir et repartit le surlendemain. Lire à ce propos : *Un voyage en Lorraine en 1741*, dans *J. S. A. L.*, t. XLV, année 1896, p. 17-22 (Extrait d'une

présenté les cadets (1) et il avait distingué la belle tenue d'Antoine Granowski (2). Ce Granowski, fils unique, ayant vingt ans passés et devant être un jour riche de 600.000 ducats, était lié d'amitié avec la famille du grand maître. Ossolinski projetait de l'unir à une de ses nièces (3). Aussi chercha-t-il à profiter de l'impression produite. « J'ai reçu la lettre que vous m'avez fait l'honneur de m'écrire..... », lui répondait le prince. « Il est vrai, monsieur, qu'en voyant faire l'exercice à la compagnie des cadets de Sa Majesté, j'ai remarqué avec plaisir l'adresse et l'exactitude du comte Granouski, et je suis fort aise de pouvoir lui être bon à quelque chose, surtout puisque vous le protégez. Mais il n'est pas possible de le placer dans mon régiment, car la noblesse dans les États du Landgrave mon père est si nombreuse, et il y a tant de gentilshommes qui demandent des emplois, qu'il n'y a pas assez de places pour eux..... et vous sentez bien que l'on doit toujours donner la préférence aux vassaux sur les étrangers (4). » Privé du plaisir de revêtir cette tenue

relation due à un personnage de la suite). Né le 15 décembre 1719, Louis de Hesse-Darmstadt succédera à son père comme landgrave en 1768, sous le nom de Louis VI.

(1) L'auteur de la relation précitée, insistant sur les prévenances du duc Ossolinski, qui, le 17, traita les visiteurs à sa table « et cela magnifiquement », puis leur fit les honneurs des Bosquets, ajoute : « De là nous allâmes au manège et nous y vîmes manœuvrer le corps des cadets, composé moitié de gentilshommes lorrains et moitié de polonais. »

(2) Cadet n° 25. Fils de Stanislas, colonel des arquebusiers du roi, staroste de Perejaslaw et de Jablonów, et de Rosalie-Marianne Rosnowska. Staroste de Tarnogóra (1748). Marié à Antoinette Waldsztejn. Leur fils Michel fut grand notaire (1784) et grand secrétaire (1785) de la Couronne. — Cousin germain de Casimir Granowski (v. *suprà*, p. 166, n. 1).

(3) Ossolinski à son frère Jean-Stanislas, de Lunéville, 7 janvier 1741. (Bibl. Ossolinski, *ms. cit.*, n° 1.132.)

(4) De Bouxviller, 15 avril 1741. Et en post-scriptum : « Mes frères me chargent de vous faire mille compliments de leur part et vous remercient de votre obligeant souvenir. Permettez, Monsieur, que nous assurions tous trois Mᵐᵉ la duchesse Ossolinska de nos obéissances. » (Collection d'autographes de la Bibl. de Nancy.)

de Royal-Allemand : robe, bonnet à la polonaise entouré
de peau d'ours noir et surmonté d'une calotte rouge, qui
constituait dans la cavalerie une curieuse exception,
Antoine Granowski, après avoir visité Paris, rentrera dans
son pays. Il n'y démentit pas l'opinion que l'on avait eu
de lui à la cour de Leszczynski, puisqu'il devint en 1773
lieutenant général et en 1774 commandant général des
armées de la Couronne.

François Bittoff (1) passa par le régiment Mestre de
camp dragons avant d'être, à son retour en Lithuanie,
lieutenant d'un régiment du Grand-Duché. Bien que, du
vivant de Stanislas, les armées de Louis XV eussent compris jusqu'à sept régiments de hussards (2), 3 cadets polonais seulement y trouvèrent place, et tous trois dans le
corps qu'avait levé en 1720 Ladislas-Ignace de Berchény,
le futur maréchal de France, grand écuyer du duc-roi à
la mort du chevalier de Wiltz (3). Leurs noms sont à
conserver. C'est Casimir Raczynski (4), mort en activité ;
le Lithuanien François Dauska (5) et Martin Rudnicki (6).

(1) Cadet n° 45. Arm. Gryf.

(2) Trois de 1735 à 1743 : Rattzky, Berchény, Esterhazy (devenu David
en 1743) ; six de 1743 à 1745 ; sept de 1745 à 1756 ; et de 1756 à 1758 :
Berchény, Turpin (ancien David) et Polleretzky. Leszczynski se pré-
occupa, à différentes reprises, d'un arrangement pour l'admission dans
ces régiments de ses cadets polonais. Voir notamment Arch. Aff. étr.,
Lorraine, vol. 28, suppl., fol. 71. Cf. H. Zdzitowiecka, *op. cit.*, p. 48. —
Comment ces formations n'eussent-elles pas tenté les enfants d'un
pays dont les *husarze*, se partageant avec les *pancerni* (cuirassiers)
la cavalerie lourde, avaient fourni au xviii° siècle, selon le mot du
général Komarzewski (cf. H. Choppin, *Les Hussards*, p. 3), « la plus
belle gendarmerie de l'Europe » et s'étaient couverts de gloire sous
Sobieski ?

(3) De nos jours le 1ᵉʳ Hussards.

(4) Cadet n° 6. Arm. Nalencz II°. Ne pas le confondre avec un autre
Casimir Raczynski (1739-1824), notaire de la Couronne, plus tard
maréchal de la cour et en 1792 général de Grande-Pologne, un des
partisans les plus déclarés de la Russie.

(5) Cadet n° 129. Arm. Roch-Pierzchala.

(6) Cadet n° 142. Arm. Lubicz. Sans doute l'un des deux cousins

Dans les Volontaires de Saxe ou de Schomberg (1) fut Joseph Oborski (2), qui, rentré en Pologne, fera en 1772 un colonel de la Garde, et sera, en 1779, castellan de Ciechanów (3).

Pour l'infanterie, Jacques Bukowski (4) est volontaire aux Gardes lorraines, créées le 6 avril 1740, et deux Zamoyski, Charles et Cajetan (5), volontaires dans Royal-Lorraine, formé le 30 janvier 1741, avec des milices provinciales, par Chaumont de Mareil, frère du chancelier La Galaizière. Mais c'est de préférence aux régiments dits d'infanterie allemande, que les cadets polonais trouvèrent place. Alsace, avec Louis Sobanski (6), les Courlandiens Thadée et François Lieven (7); Anhalt (Salm-Salm), avec Léopold Kielczewski (8); Lœvendal, levé le 1er septembre 1743 par le comte Valdemar, beau-père d'Alexandre Ossolinski (9), avec Théodore Moszczenski (10) et Michel Czapski (11) qui nous sont déjà connus, Élie-Ignace

germains de ce nom, le premier fils d'Adam et de N. Gulczewska ; l'autre, fils de Jean, tribun de Krasnystaw, et de sa seconde femme N. Buczkowska.

(1) Volontaires de Saxe ou Saxe-Volontaires, par ordonnance du 27 mars 1743; plus tard Uhlans de Maurice de Saxe. Volontaires de Schomberg à partir du 11 avril 1755. Transformé le 1er avril 1762 en régiment de dragons. L'ordonnance de 1743 précise que ces volontaires seront Polonais, Tatares ou Valaques.

(2) Cadet n° 122. Fils de Balthazar, castellan de Liw, et de Thérèse Szydlowska. Marié à Pétronille Ossowska.

(3) Léon Sosnowski (cadet n° 43) servit également dans la cavalerie. Mais nous n'avons pas trouvé l'indication de son régiment.

(4) Cadet n° 160.

(5) Cadets n° s 27 et 48.

(6) Cadet n° 99.

(7) Cadets n°s 133 et 162.

(8) Cadet n° 127. Fils de Charles et de Victoire Kaminska.

(9) Cf. *suprà*, p. 59. — Le premier bataillon incorporé le 18 janvier 1760 dans Anhalt, et le deuxième dans La Marck.

(10) Voir *suprà*, p. 107 et 162.

(11) *Id.*, p. 157, n. 1.

Slawski (1) et Jean Skarbek Kielczewski (2); Nassau-
Infanterie, formé en vertu d'une commission du 1er novembre 1745 par le prince Guillaume-Henri de Nassau-Sar-
rebrück, avec Jean et Thomas Kowalski (3). Et surtout
Royal-Pologne, levé le 25 novembre 1747 par Pierre-Grégoire Orlick (4), puis incorporé le 18 janvier 1760 dans
Royal-Suédois (5), où nous rencontrons Ignace Swidzinski
déjà cité (6), Paul Zalewski (7), Victorin Zaleski (8),
Jean-Baptiste Morsztyn (9) qui, tout comme Christophe
Szczyt (10), fut capitaine avec rang de colonel, Ignace Lebinski (11) et Gordien Podczaski (12), deux futurs généraux
des troupes de la Couronne, Paul Beniowski (13), Georges

(1) Cadet n° 66. Arm. Leszczyc. Était en 1778 tribun de Wieluu.

(2) Cadet n° 67. Arm. Abdank. Peut-être Jean, fils de Joseph et de
N. Gizycka; neveu d'Alexandre Kielczewski, *podstoli* de Urzendów
(1755), ancien partisan de Stanislas, qui, d'après Uruski (*op. cit.*, t. VI,
p. 309), séjourna longtemps en Lorraine.

(3) Cadets n°ˢ 46 et 113. Un troisième Kowalski, Antoine, fut aussi
élève à Lunéville; cadet n° 144.

(4) Sur Orlick (Orlik), voir le chapitre vi. — Plusieurs auteurs,
notamment Mathorez, *op. cit.*, t. I, p. 263-264, et H. Zdzitowiecka,
op. cit., p. 49, ont, à propos du recrutement polonais, confondu ce
régiment avec Royal-Pologne cavalerie, le régiment de Stanislas, de
Wiltz et de Talmont (cf. p. 21, n. 3, et p. 71). Lire G. d'Ostoya, *Les
Polonais au service de la France*, dans *La Pologne politique, économique, littéraire et artistique*, année 1921, p. 351-358.

(5) Sparre jusqu'en octobre 1742.

(6) Voir p. 165, n. 4.

(7) Cadet n° 30.

(8) Cadet n° 92.

(9) Cadet n° 96. — Deux autres Morsztyn passèrent par l'École de
Lunéville : Jean (cadet n° 156), marié à Barbe Lanckorouska, qui fut
chambellan de Stanislas-Auguste, et son frère puîné Joseph (cadet
n° 157).

(10) Cf. *supra*, p. 107.

(11) Cadet n° 71. Général-major en 1768.

(12) Cadet n° 126. Arm. Rawicz. Fils de Georges, castellan de Gostyn,
et de Madeleine Plichta. Staroste de Niedrzew et de Gostyn, échanson
de Gostyn (1774), sous-échanson de Gombin (1780).

(13) Cadet n° 136.

Bertrand (1) et François-Xavier Pujet (2), dont les noms révèlent l'origine française. Joseph Trzcinski (3), enfin, qui mourut à l'armée.

Cas unique, au sortir de l'École Charles Wojakowski (4) offrit ses services à l'étranger. C'est sous le drapeau bavarois qu'il est tué en 1744 aux lignes de Wissembourg, pour la cause de l'empereur Charles VII.

Il ne déplaisait pas à Auguste III de faire bon accueil aux protégés d'un ancien rival. En quittant la résidence du roi de Pologne honoraire, maints cadets allèrent se mettre à la disposition du roi de Pologne effectif. « Vu que le séjour de votre fils ici n'est plus nécessaire et que sa future carrière dépend de l'application de ses beaux talents en Pologne au service de la République et du roi si heureusement régnant », écrivait Ossolinski à sa belle-sœur, quand *Oles* eut terminé ses études, « je l'envoie à la cour de Dresde. Je l'accompagnerai moi-même jusqu'à Strasbourg..... Il est bien instruit de la voie à suivre pour conquérir la fortune et le bonheur (5). »

L'électeur-roi retint près de lui, en qualité de gentils-hommes de la chambre et de chambellans, plusieurs de ces jeunes gens. Ainsi deux cousins et condisciples, Sébastien et Michel Bystrzonowski (6), le premier échanson,

(1) Cadet n° 137. Fils de Christophe, colonel.

(2) Cadet n° 155. Fils de Benoit-Joseph, admis à l'indigénat en 1726, et d'Alexandra Borowska. Staroste de Zawichost, chambellan du roi, chevalier de Saint-Stanislas. Marié à Victoire Zaluska, fille du staroste de Chencin.

(3) Cadet n° 141. Arm. Topor.

(4) Cadet n° 8. Fils de Gaspard et de Gertrude Gonsecka.

(5) De Lunéville, 27 octobre 1742. (Bibl. Ossolinski, *ms. cit.*, n° 1.144.)

(6) Bystrzonowski *vel* Bystrzanowski. Arm. Starykon. — Sébastien (cadet n° 124), fils de Charles, tribun de Chencin, et d'Apollonie Misiowska. Valet de chambre *(pokojowiec)* du roi (1758), chevalier de Saint-Stanislas (1785). Marié : 1° à Madeleine Soltyk, nièce de l'évêque de Cracovie ; 2° à Adalberte Strasza de Ojrzanowa. — Michel (cadet

panetier, puis porte-enseigne de Chencin, le second nommé
sur ses vieux jours conseiller du département de Cracovie et député d'Andrzejów (1813); Benoît Ilinski (1), dont
la famille devait obtenir de l'Autriche en 1779 le titre
comtal ; ou Jean Lopacki (2). Poniatowski, à son tour,
ne pouvait moins faire. Stanislas Aleksandrowicz (3),
Jean Komorowski (4), fils d'Étienne, panetier de Belz et
traducteur du *De Imitatione Christi*, Charles Kalkstein,
de Marienbourg (5), Athanase Walewski (6) furent ses
chambellans.

L'Académie a naturellement fourni aux armées de la
République un certain nombre d'officiers de grades élevés :
des généraux-majors, plusieurs lieutenants généraux, et
un commandant général avec Antoine Granowski. A
divers cadets furent confiés des emplois militaires re-

---

n° 125), fils d'Antoine, sous-échanson de Grabów, et de Catherine Bor-
zyslawska. Gentilhomme du roi (1758), nonce de Podolie. — NIESIECKI
(op. cit., t. X, p. 63) rappelle que Sébastien et Michel ont été
élevés ensemble à l'Académie de Lunéville, avec leurs intimes amis
Malachowski [Pierre M. (cadet n° 111) ; cf. *infra*, p. 184] et Micha-
lowski, chambellan de Cracovie. Ce dernier ne figure pas sur les
contrôles.

(1) Cadet n° 140. Gentilhomme de la chambre (1758), chambellan
(1759) ; mort en 1761.

(2) Jean-Louis Lopacki. Cadet n° 135. Fils de François, castellan
de Zakroczym. Fut trésorier de Ciechanów, député à la diète d'élection de 1764, et mourut en 1792. — Au nombre des anciens cadets
chambellans d'Auguste III, citons encore Mathias Luszczewski (cf.
suprà, p. 156, n. 4) et Joseph Mielzynski (v. *infrà*, p. 183).

(3) Voir *suprà*, p. 157, n. 4.

(4) Cadet n° 143. Arm. Korczak. Sa mère était Marianne Radecka.
Chambellan du roi en 1771 ; porte-glaive de Sandomir en 1777.

(5) Cadet n° 153. Arm. Koss. Fils de Georges, juge terrestre de
Marienbourg, et de N. Kuberska. Marié à Rose Grombczewska. Leur
fils Stanislas, né en 1782, vécut jusqu'au 31 mai 1865.

(6) Cadet n° 154. Arm. Kolumna. Fils de Joseph, castellan de
Lenczyca, et de Louise, née Walewska. Marié à Jeanne Pulawska.
Député en 1776, chevalier de Saint-Stanislas.

cherchés. Casimir. Krzycki (1), Adam Kicinski (2), Jean
Laski (3) furent aides de camp ou adjudants généraux
auprès du grand général de la Couronne, et Stanislas
Ciechanowski (4), aide de camp auprès du grand général
de Lithuanie. Jean-Baptiste Dombski (5) devint inspecteur
général de la cavalerie royale. Casimir Krasinski (6) fut
quartier-maître général de la Couronne.

A Lunéville ont été instruits au moins douze palatins.
Casimir Granowski (7), ami dévoué de Charles de Saxe,
duc de Courlande, fut palatin de Rawa, voïévodie où lui
succéda en 1756 Basile Walicki (8), qui avait été, paraît-il,
l'un des plus studieux des cadets. En 1756, c'est-à-dire

(1) Cadet n° 89. Arm. Kotwicz. Fils de Ladislas, staroste de Zel-
gniewo, et de Thérèse Niezychowska. Marié à Théophile Niezychowska.

(2) Cadet n° 123. Arm. Rogala. Fils de Valérien, notaire du trésor
de la Couronne, staroste de Krzeczów, et d'Isabelle Niemirycz. Trésorier (1759), sous-tribun (1767), tribun (1780) et porte-enseigne (1788)
de Czersk. Juge terrestre au tribunal de Czersk (1764). Lieutenant-
colonel des armées de la Couronne (1765), général-adjudant (1777).
Chevalier de Saint-Stanislas (1789).

(3) Jean-Kanty Laski. Cadet n° 138. Arm. Korab. Fils de Jean,
échanson de Podolie, et de Marianne Olszewska. Fut staroste de
Kopajgród.

(4) Cadet n° 101. Fils de Félix-Nicodème, staroste d'Opsa, et de
Chrétienne Abramowicz. Marié à Vérédianne Bninska, veuve de Léon
Raczynski, castellan de Santok. Colonel des troupes de Braslaw,
meurt sans postérité en 1769.

(5) Cadet n° 85 ; frère de Louis, cadet n° 84 (cf. *suprà*, p. 107).
Colonel (1757), général-major (1769), inspecteur général de la cava-
lerie (1782). Staroste de Klodawa, castellan d'Inowroclaw ; chevalier
de Saint-Stanislas (1779) et de l'Aigle blanc (1785). Épousa : 1° Marie
Karlowska ; 2° Hélène Mieczkowska ; 3° Madeleine Wolska. Mort à
Cracovie en 1810.

(6) Voir *suprà*, p. 153, n. 2.

(7) Voir *suprà*, p. 166, n. 1.

(8) Cadet n° 64. Arm. Lada. Fils d'Alexandre, porte-enseigne de
Rawa, et de Pudentienne Czosnowska. Marié à Rose Nieborska, fille
de Michel, castellan de Plock. Porte-enseigne de Rawa, castellan de
Sochaczew (1758), castellan puis palatin de Rawa ; chevalier de Saint-
Stanislas et de l'Aigle blanc. — Cf. NIESIECKI, *op. cit.*, t. IX, p. 220.

l'année même où Michel Czapski (1) devenait le dernier
palatin de Marienbourg. Nous savons déjà que Mathias
Lanckoronski (2) fut voïévode de Braclaw (1772); Joseph-
Ignace Ossolinski (3), voïévode de Podlachie (1774), et
Joseph Prozor (4), voïévode de Witebsk (1786-1789). On
retrouve Michel Rudzinski (5) à la tête du palatinat de
Mazovie, où l'a précédé son père, du 16 juin 1760 à son
décès survenu en 1765. Gaspard Rogalinski (6) eut en
1778 le palatinat de Livonie. Parent des Opalinski et sur
la demande de Stanislas amené tout jeune à Lunéville par
le P. Ubermanowicz, au retour d'un voyage du confesseur
du roi en Pologne, Joseph Mielzynski (7) se vit attribuer,

(1) Voir *suprà*, p. 157, n. 1.
(2) Voir *suprà*, p. 69.
(3) Voir *suprà*, p. 60, n. 7.
(4) Voir *suprà*, p. 152, n. 1.
(5) Cadet n° 91. Arm. Prus III°. Fils de Casimir, colonel du roi,
maréchal du tribunal de la Couronne, castellan de Czersk, palatin
de Mazovie, mort en 1759, et de sa seconde femme, Élisabeth Potocka.
Staroste de Chenciny.
(6) Cadet n° 53. Fils d'Antoine, staroste de Naklo, et d'Hélène
Rogalinska, de la branche aînée. Successivement staroste d'Oborniki,
de Naklo et de Rogozno. Chevalier de Saint-Stanislas et de l'Aigle
blanc. Comte du Saint-Empire en 1787. Voir aussi *infrà*, p. 185.
(7) Cadet n° 88 (1747). Né en 1738, de François, castellan de Srem,
et de sa seconde femme, Chrétienne Skalawska. Chambellan du roi
(1756), staroste de Radziejów, chevalier de Malte (1758), castellan de
Kalisz (1763). Chevalier de l'Aigle blanc. La mort le surprit à Brix,
en Bohême, alors que, atteint d'hydropisie, il revenait de faire une
cure à Carlsbad. Le *Korrespondent warszawski* du 4 octobre 1792
(n° 67) lui consacra une notice nécrologique, reproduite par ZYCHLINSKI,
op. cit., t. V, p. 141. D'après celle-ci, Mielzynski aurait passé quatre
années aux Cadets et aurait ensuite servi comme lieutenant « au
régiment de la Garde royale lorraine... Après avoir réprimé la mémo-
rable révolte des soldats de la forteresse de Metz contre leur commandant, il obtint le grade de capitaine. En reconnaissance, le roi
[Leszczynski] tint à se l'attacher, le nomma son chambellan et lui
assura les plus hauts rangs. La maladie de sa mère le rappela en
Pologne... » En réalité, Joseph Mielzynski n'est resté que trois ans à
Lunéville et les contrôles de l'École, muets sur des services militaires, précisent que, ce temps écoulé, il repartit dans son pays. —
Anne Mielzynska (1600-1640), femme de Remigian Zaleski, est une
des bisaïeules maternelles de Catherine Opalinska.

le 6 novembre 1786, le palatinat de Kalisz. Il mourut le
5 septembre 1792 — quatre mois avant l'annexion de ce
territoire à la Prusse — à la tête du palatinat voisin de
Poznan. Stanislas Gadomski (1), lieutenant général, élu
au Conseil permanent institué en 1775, maréchal de la
diète de 1786, fut en 1787 le dernier palatin de Lenczyca.
Fils d'Adam Malachowski (2), connu par son attachement aux vieux principes de la liberté dorée, que proté-
gèrent le résident français du Perron de Castera et le
comte de Broglie, un cadet que nous avons vu rester,
faute de viatique, en détresse dans la ville de Stanislas,
Pierre Malachowski (3), staroste d'Oswiencim, castellan
de Wojnicz (1780), sera de 1781 à 1795 le dernier administrateur de la voïévodie de Cracovie, la plus ancienne
de toutes, tandis qu'à l'autre extrémité de la Pologne,
Antoine Lasocki (4), enfin, devient en 1794, à la veille du
troisième partage (octobre 1795), l'unique palatin de
l'éphémère palatinat de Ciechanów.

Nous ne saurions cacher que les cadets de Leszczynski
furent loin d'être tous des patriotes irréprochables. S'il se
réconcilia plus tard avec la cour, à peine revenu de Lunéville où il avait singulièrement écourté ses études, Lasocki
s'affirmait ardent russophile. Après avoir été, quoique
grand admirateur de Frédéric II, l'un des républicains
les plus convaincus qu'ait comptés la Pologne sous Au-

(1) Cadet n° 28. Fils de Simon, échanson de Braclaw, et d'Agathe
Studzinska. Colonel (1756), général-major (1757), lieutenant général
(1762). Chambellan de Sochaczew (1760), chevalier de Saint-Stanislas
(1766), puis de l'Aigle blanc.

(2) Staroste d'Oswiencim, écuyer tranchant de la Couronne, marié
à Anne Rosnowska et cousin germain de Jean Malachowski, grand
chancelier de la Couronne, dont l'un des fils, Stanislas, qui présida
la diète de Quatre ans (1788-1792), mérita d'être surnommé *l'Aristide
de la Pologne.*

(3) Cadet n° 111.

(4) Voir *suprà*, p. 162, n. 1.

guste III, Stanislas Gadomski se rapproche des Czartoryski pendant l'interrègne, pour prendre part, sous les
auspices de Repnin, à la Délégation de 1767-1768 qui
confirma, par ses mesures déplorables, la vassalité de la
République. Rogalinski était entièrement acquis au parti
de la tsarine. Esprit fin, conciliant, il fit d'ailleurs servir
ses sympathies au soulagement de ses concitoyens, soit
quand la noblesse de Posnanie l'eut chargé, en 1759, d'une
mission à Pétersbourg en vue d'obtenir une indemnité
pour les réquisitions en Pologne, soit quand il devint
en 1761, dans la même province, commissaire-intendant
auprès des troupes d'occupation. Il défendit en outre, à
l'encontre des confédérés de Radom (1767), la cause de
Stanislas-Auguste. Admis à l'Académie sur la recommandation spéciale de la duchesse Ossolinska, Thadée Jaraczewski (1), staroste de Solec, prit part à cette néfaste
confédération de Targowica (14 mai 1792) dont les membres n'hésitaient pas à s'appuyer sur la soldatesque russe
pour étouffer les réformes libérales prévues par la constitution du 3 mai 1791.

Avec Raphaël et surtout avec Roch-Ladislas Gurowski (2), on touche au cynisme et à la trahison. Raphaël
ayant accepté de Frédéric-Guillaume II, le 5 novembre
1787, le titre de comte prussien, charge sans pudeur son
blason de l'aigle noire. Roch-Ladislas peut être compté au
nombre des plus infâmes créatures de Catherine II en
Pologne. Il est un des principaux artisans de la diète de
1773-1775, qui sanctionna le premier partage. Ajoutons

---

(1) Cadet n° 98. Arm. Zaremba. Fils de Jérôme-François, staroste
de Solec, vencur de Wschowa, castellan de Lendzk, et d'Éléonore
Korminska. Marié à Marianne, comtesse Wielopolska. Chevalier de
Saint-Stanislas et de l'Aigle blanc. Mort après les partages. — Catherine Ossolinska à Mathé Kozminski, palatin de Kalisz, de Lunéville,
2 décembre 1747. (Bibl. Ossolinski, *ms. cit.*, n° 2.352.)

(2) Voir *suprà*, p. 151, n. 3.

que deux petits-fils de Raphaël devaient, à des titres divers, acquérir une notoriété équivoque. La louche conduite d'Adam le fait tenir en suspicion à la fois par ses compatriotes et par les Russes. Ignace enlève à Paris l'infante Isabelle de Bourbon, nièce du roi Ferdinand VII (1), qu'il épouse à Douvres le 26 juin 1841, malgré l'opposition de la famille.Ses enfants, créés grands d'Espagne, ont constitué la branche des Bourbons-Gurowski (2).

Les Gurowski avaient provoqué à Lunéville la colère de leurs créanciers. Plus de trois ans après la mort de Leszczynski, le premier capitaine-lieutenant de l'École, Wiklinski. donnait procuration « à l'effet de poursuivre M. Ozarowski, ancien gentilhomme-cadet » (3). parti, lui aussi, sans acquitter ses dettes. Curieux rapprochement, il se trouve que, tout comme les Gurowski, ce peu scrupuleux élève devait être flétri par l'histoire. Fils du diplomate improvisé que les Stanislaïstes avaient envoyé en 1734 à Versailles pour essayer d'attendrir ou d'intimider Fleury (4), Pierre Ozarowski (5) fut, avec Félix Potocki, Rzewuski, Branicki et Kossakowski, l'un des fauteurs de la confédération de Targowica. Nommé par elle, en 1793, grand général de la Couronne, lors de l'insurrection qui, au souffle de Kosciuszko, éclata le 24 mars de l'année suivante, il n'échappera pas à la vindicte populaire.

---

(1) Elle était fille de don François de Paule, frère puîné du monarque.

(2) Quant à la branche cadette, elle a actuellement d'assez nombreux représentants en Volhynie.

(3) Procuration dressée à Lunéville, chez Levêque (aujourd'hui étude George aîné), le 27 octobre 1769. Cf. Arch. M.-et-M., C. 2.062, fol. 44, n° 14.

(4) Georges Ozarowski. quartier-maître général de la Couronne, marié à Constance Bobrownicka, mort en 1741. Sur son rôle dans les négociations qui précédèrent l'abdication de Stanislas et la cession de la Lorraine, voir *Troisième traité de Vienne*, p. 301 et s., 349 et s., 359 et s.

(5) Cadet n° 100. Arm. Rawicz. Marié : 1° à Élisabeth Pac ; 2° à Marianne Dzierzbicka.

Condamné au supplice des traîtres, il est pendu à Varsovie
le 9 mai (1).

Mme Geoffrin pouvait-elle prévoir la destinée de ces
jeunes gens et le jugement que la postérité aurait à porter
sur eux, lorsque Roch-Ladislas Gurowski et Pierre Ozarowski, revenus en France, le premier sur la fin de la vie
de Leszczynski, le second quatre ans plus tard, allèrent
frapper à sa porte? Gurowski fit de suite, par «de l'esprit»,
la conquête de l'aimable femme, que Stanislas-Auguste,
plus perspicace, dut mettre en défiance (2). Et n'écrivait-
elle pas, le 30 octobre 1769, à Poniatowski : «Il vient de
partir de Paris tout à l'heure un Polonais dont j'ai été
bien contente, parce que je lui ai vu un grand attachement
pour Votre Majesté, du mérite, de l'esprit et de la vertu.
Réellement, il parle de son roi d'une façon touchante. Il
se nomme Ozarowski... » (3)?

Mais d'autres protégés de Leszczynski ne devaient
jamais oublier les nobles principes qu'on n'avait pas
manqué de leur inculquer à Lunéville. L'un des derniers
cadets, Casimir Cienski (4), qui devint en 1772 commandant de l'historique forteresse de Tyniec, prend part, en
tant que conseiller d'Oswiencim, à la vaillante et trop
tardive confédération de Bar (1768). A celle-ci s'associa
également en 1771, lorsque, président de la Commission
de guerre de la Couronne, il eut résigné ses fonctions
pour protester contre le despotisme de Repnin, le probe

(1) L'empereur Alexandre Ier conféra le titre de comte à deux de
ses fils, Adam et François, ainsi qu'aux enfants d'un troisième,
décédé, Cajetan.

(2) Mme Geoffrin à Stanislas-Auguste, 24 décembre 1765. Cf. Ch.
DE MOUŸ, *op. cit.*, p. 191.

(3) *Ibid.*, p. 362.

(4) Cadet n° 159. Originaire de Polanka, près d'Oswiencim, petit-fils
de Gaspard Cienski, veneur de la Couronne et signataire du manifeste de Kœnigsberg du 30 juillet 1735. Staroste de Dzwinogród.
Mort en 1818.

et intelligent Casimir Granowski (1). On respirait dans la famille de Casimir Horain (2), juge de Wilno, un air de pur patriotisme. De ses frères, le lieutenant Michel, lui aussi un conjuré de Bar, mourut en prison ; commissaire des finances de Lithuanie en 1793, membre du Conseil national institué en 1794 par Kosciuszko, Jean organisa le soulèvement dans le palatinat de Brzesc.

Deux cadets sont entrés dans les ordres : Antoine Dembowski, nous l'avons dit (3), qui fut écolâtre de la cathédrale de Wladislas et chanoine de Pultusk ; Joseph Karnowski (4), que Lunéville avait vu gentilhomme à drapeau et qui d'abord marié, staroste de Mokrsko, consola son veuvage dans la stalle d'un chapitre.

Comme les hommes politiques de tous les pays, particulièrement en leur qualité de Polonais et vivant à une telle époque, plusieurs anciens élèves de l'École se sont fait entendre à la tribune. Leurs discours au sénat et aux diètes ont été en partie imprimés. La liste des *mowy* ou *glosy* de Gaspard Rogalinski, de Stanislas Gadomski, des Zabiello, des Gurowski et d'un Ozarowski hélas ! d'autres encore, occuperait à elle seule plusieurs pages.

Mais aucun n'a vraiment marqué dans les lettres, les sciences ou les arts. Faible titre pour être retenu, Casimir Cienski a, dans sa vieillesse, traduit en polonais, d'après

(1) Cf. *suprà*, p. 161, n. 1 et 182.

(2) Casimir-Thadée Horain. Cadet n° 117. Arm. Szreniawa. Fils de Jean-Antoine, staroste de Mogilno, castellan et palatin de Brzesc, et de Monique Zielinska.

(3) Cf. *suprà*, p. 154, n. 4.

(4) Cadet n° 116. Arm. Junosza. Né en 1728, fils de Stanislas et de Victoire Niszczycka ; époux de Julienne Ostromencka. — Florian Wonsowicz, cadet n° 165 et par conséquent un des tout derniers inscrits à l'École, ne saurait être confondu avec son homonyme, fils de Thomas, mort en 1801 chanoine de l'évêché de Livonie. Celui-ci, en effet, était dès 1761 bachelier et en 1762 docteur en philosophie, avant de devenir aussi docteur en médecine.

l'édition française de 1808, le fameux *Gott ist die reinste Liebe* du Bavarois Charles d'Eckartshausen (1). Érudit, Christophe Wiesiolewski (2) serait seul à citer, encore qu'il n'ait à son actif qu'une dissertation *Sur les avantages résultant de la connaissance de la numismatique ancienne, grecque et romaine*, et une étude *Sur certains mots obscènes dans la langue polonaise* (3).

Considérée du point de vue polonais, l'École de Lunéville fut donc, pour conclure, et beaucoup moins fréquentée et beaucoup moins brillante qu'on ne s'est plu à le répéter. Il n'en est pas sorti d'homme illustre, de grand citoyen. Fermée trop tôt d'ailleurs, quelques-uns de ses élèves ne se sont pas, comme leurs successeurs de l'École de Varsovie : les Kosciuszko, les Niemcewicz, les Jasinski, les Fiszer, les Sowinski, les Madalinski, un Nestor Sapieha, assuré, par leur dévouement, leur sacrifice à la patrie, l'immortalité. Est-ce à dire que l'institution n'ait en rien répondu aux intentions du fondateur, soucieux, dans le secret de sa pensée, de préparer pour le parti stanislaïste des adeptes sur lesquels il pût, le cas échéant, compter ? Loin de là. De cet hôtel des cadets qui, hier encore, conservait à peu près intact l'aspect sous lequel leurs yeux l'avaient connu ; qui, sans mérite architectural, n'en était pas moins, par les souvenirs rappelés, l'un des édifices les plus intéressants de la cité et, si les circonstances l'avaient permis, les plus dignes d'être respectés ; de cet hôtel sont repartis nombre de jeunes Polonais — une

(1) *Dieu est l'amour le plus pur, ma prière et ma contemplation.* Paris, Maradan, 1808, in-18. Cf. Quérard, *La France littéraire*, t. III, p. 7. — *Bóg jest milóscion najczystszon....* Wilno, 1808, in-12. — Estreicher signale une ode à Casimir Cienski pour sa fête du 4 mars 1796.

(2) Cadet n° 163. Arm. Ogonczyk. Né en 1741, mort en 1826.

(3) La première lue, au mois de mai 1808, en séance publique de la Société royale de Varsovie et insérée dans ses *Mémoires ;* la seconde, publiée à Varsovie, 1822, in-8°. L'une et l'autre en polonais.

élite — qui, consciemment ou non, allaient être dans la République les propagateurs des tendances françaises et surtout des idées réformatrices chères à leur royal protecteur (1). Du vivant de Leszczynski, ils n'ont pas peu contribué à maintenir le contact moral entre le prince exilé et sa patrie. Lui mort, en entretenant à leur foyer et autour d'eux le culte de sa mémoire, ils ont servi sa légende.

(1) Dans les papiers des familles polonaises doivent encore exister des correspondances de cadets. On y trouverait peut-être des détails intéressants sur l'École et la cour de Lunéville. Le ms. n° 3.186 de la Bibliothèque Jagellonienne, à Cracovie, n'est malheureusement pas dans ce cas. Il s'agit d'un cahier de 39 fol. contenant, minutes ou copies, 78 lettres en français, non datées mais écrites de 1752 à 1762 environ, adressées par un gentilhomme polonais inconnu, pendant son séjour en Lorraine et à Paris, à des destinataires également non désignés. Leur auteur arrive à Lunéville au moment où son ami Mathieu Kosicki (cadet n° 115) retourne en Pologne. Dans ces *Listy z Lunevilu* ou *Listy Lunevilskie*, rien pour notre sujet ne mérite être relevé. On a là, avant tout, d'ennuyeux exercices de style.

CHAPITRE VI

Hôtes et visiteurs polonais.

Longue serait l'énumération de tous les Polonais notables que, outre ses cousins et ses commensaux, l'on vit à
Lunéville au temps du duc-roi. Ce fut une succession
ininterrompue non seulement de fidèles, venus tout exprès
pour saluer le monarque et s'entendre avec lui ; non seulement de parents de ses dignitaires et de ses cadets —
car on doit admettre, en dépit des récriminations de
François-Maximilien Ossolinski, que ces jeunes gens ne
furent pas tous oubliés des leurs ; mais aussi de compatriotes gagnant Paris (1).

(1) Ceux-ci s'empressaient chaque année auprès de Stanislas, quand
le prince venait voir la reine sa fille. « Nous vîmes hier ici deux seigneurs
polonais que M. le duc Ossolinski nous amena et qui dînèrent chez
moi. Ils sont tous deux fort jeunes. L'un s'appelle le comte Potowski
et l'autre le comte Kredendowski. » (LUYNES, *op. cit.*, t. IX, p. 88 ;
de Versailles, 3 septembre 1748.) — « Le séjour que le roi de Pologne
fait ici attire les Polonais qui se trouvent à Paris et qui lui sont
attachés. Nous y vîmes, il y a quelques jours, M. Potowski ; c'est un
jeune homme d'une des grandes maisons de Pologne. » (*Ibid.*, t. IX,
p. 389 ; 2 avril 1749.) Il s'agit d'un neveu d'Antoine Potocki (cf.
infrà, p. 194, n. 1), que le palatin de Belz, qui passa deux mois et demi
en France, avait amené avec lui. Vers la même époque, le jeune
Majewski (*Majinski*) paraît également à la cour. (*Ibid.*, t. X, p. 4 et
16.) A la fin de 1751, c'est le tour du grand chambellan de Lithuanie

La résidence lorraine était. avec Strasbourg, une étape
de la route d'Allemagne. A moins qu'ils n'eussent choisi
la voie de mer, il y avait peu de voyageurs se rendant de
Pologne en France, ou retournant en Pologne, qui n'em-
pruntassent cet itinéraire. Pour traverser sans arrêt ou
éviter Lunéville, il fallait qu'un motif grave, un complet
désaccord politique avec le maître du lieu, dictât cette
abstention. Au lendemain de la capitulation de Danzig,
deux partis rivaux, groupés d'un côté autour des Czartoryski, de l'autre autour des Potocki, la *Famille*, qui
s'appuyait sur la Russie, les *Patriotes*, qui attendaient le
salut de la vitalité nationale et au besoin de l'aide de la
France ou de la Prusse, s'étaient constitués dans la République ; pour son malheur et pour sa perte, puisque l'éga-

Jean-Charles Mniszech (1716-1759), venu en France pour subir une
opération chirurgicale et qu'accompagne sa femme, Catherine Zamoyska. (*Ibid.*, t. XI, p. 330 et 498.) Les époux ont dû d'autant plus
s'arrêter à Lunéville, qu'ils revendiquent des alliances, bien loin-
taines il est vrai, avec les Jablonowski et les Leszczynski. Ce sont
d'actifs représentants du parti des Patriotes, dont Catherine Zamoyska,
énergique, aux dehors virils, douée d'une forte intelligence, est
même l'Égérie. Le frère du grand chambellan, Georges-Auguste,
castellan de Cracovie et maréchal de la cour, est le gendre du ministre Brühl, qui lui a abandonné tout le détail des affaires en
Pologne. — En février 1757, arrive le séduisant Michel-Casimir
Oginski (1731-1803), que, au bout de trois mois. le duc d'Orléans
emmena comme aide de camp à l'armée. (*Ibid.*, t. XVI, p. 64.) C'est
le futur grand maréchal de Lithuanie (1764), à qui Catherine II, qui
l'aima, refusa toutefois la couronne de Pologne au profit de Poniatowski. Il se rendra fameux par sa résistance anti-russe et par
l'achèvement à ses dépens du canal Oginski, reliant les bassins du
Niemen et du Dniepr. Sans doute Oginski a-t-il été quelque temps,
cette année-là, l'hôte de Stanislas et a-t-il charmé le duc-roi par ses
talents de peintre et d'excellent musicien. Mais nous n'en tenons
pas la preuve. — Le colonel de hussards *Pollorouski*, dont parle
Luynes (t. XI, p. 51), qui, venant de Strasbourg par une forte neige,
croisa, non loin de Bar-le-Duc, le 12 février 1751, selon le récit qu'il
fit trois jours plus tard de cette rencontre à Marie Leszczynska, une
voiture culbutée dans un ravin et une charrette transportant le
cadavre de M. de Boufflers, commandant des gardes du corps de
Stanislas et mari de l'aimable marquise, n'est nullement un Polonais, mais bien le Hongrois Polleretzky, propriétaire du régiment de
son nom (cf. *suprà*, p. 177, n. 2).

lité de leurs forces allait rendre irréalisables les plus
urgentes réformes et leurs querelles se prolonger jusqu'au
démembrement, dont elles auront hâté l'heure. Des Patriotes, sont les Jablonowski, les Tarlo, tous les partisans
de Stanislas, tous les ennemis avoués ou cachés d'Auguste III. Dans la Famille, par contre, Leszczynski ne compte
guère d'amis sincères ; chez elle, les plus loyaux estiment
la rupture préférable.

Vinrent à Lunéville en solliciteurs, au commencement
surtout et trop souvent au gré du prince, d'anciens compagnons de fortune, en quête d'argent ou d'honneurs,
dédommagement de leurs sacrifices, récompense de leurs
services, comme cet Antoine Eperiasz, défenseur résolu
des signataires de Dzików desservis par Ossolinski, Eperiasz, pour qui Stanislas demandait au cardinal de Fleury
une lieutenance générale, « à condition qu'il allàt s'en
décorer en Pologne » (1).

Y vinrent des émissaires chargés de préciser les inten-

(1) Stanislas à Hulin, de Lunéville, 31 octobre 1737. Cf. *Lettres à
Hulin*, n° 11, p. 70. — Eperiasz ou Eperiaszy (*Eperyasz, Eperyeszy*),
après avoir servi 35 ans en Suède et en Pologne sous Charles XII et
Leszczynski, avait finalement commandé un corps de troupes lithua-
niennes qui opéra sur la frontière ottomane. Il est l'un des quatre
plénipotentiaires de Stanislas signataires de la confédération de
Dzików ; il avait adhéré au manifeste de Kœnigsberg du 30 juillet
1735 : *Antonius Eperyaszy, capitaneus Skierstimoniensis, residens
ad latus regium ex ducatu Samogitæ ex campo electorali*. Il arriva
à Lunéville presque aussitôt l'installation de Stanislas, puis séjourna
à Paris. Ossolinski lui reprochait sa façon hautaine d'exposer, en les
exagérant, ses malheurs et ceux des Polonais (cf. H. ZDZITOWIECKA,
op. cit., p. 33-34). Il obtint de la France une pension de 6.000 livres et
eut son pouvoir de lieutenant général le 3 décembre 1737. A son
retour définitif en Pologne, au mois de janvier 1739, il s'arrêta une
dernière fois à la cour de Lorraine. La *Gazette de Hollande* (1739,
n° 13 ; de Lunéville, 31 janvier) nous apprend que Sa Majesté l'y reçut
« avec de grandes marques de bonté » et lui fit « plusieurs magnifiques présents... entre autres une tabatière d'or de grand prix et
ornée de son portrait ». PINARD (*op. cit.*, t. V, p. 191) l'appelle
d'Eperiess et, sur la liste des lieutenants généraux, l'*Almanach royal*
le désigne jusqu'à son décès, en 1769, comme *comte d'Eperless* (sic)

tions du roi et d'élaborer avec lui un plan de restauration, comme le principal d'entre eux, le palatin de Belz, Antoine Potocki, ou Stanislas Gurowski, dont nous avons signalé le rôle (1).

Y vinrent les fondés de pouvoir que Leszczynski entretenait dans sa patrie pour veiller à ses affaires financières ou servir sa politique. Tels Casimir Dombski et Joseph Celinski. Enseigne de la cour, panetier de Brzesc, échanson de la Couronne, « homme influent et fort attaché à Stanislas » (2), Dombski, futur palatin de Sieradz (3), présida habilement les différentes commissions, celle de

(1) Cf. *suprà*, p. 136. — Une lettre de Stanislas à son cousin Joseph-Alexandre Jablonowski, du 1er octobre 1738, citée par H. Szmitt, *op. cit.*, t. I, p. 133, précise qu'à cette date Antoine Potocki se trouvait auprès de lui : « Mes affaires vont, Dieu merci, à souhait en dehors ; Dieu donne qu'il en soit de même en dedans. M. le palatin de Belz est ici chez moi, par lequel, après avoir reçu la nouvelle de ce qui s'agit en Rathènes, j'ai expédié ce qu'il fallait, si bien qu'il ne faut que penser à coller au plus vite possible la confédération générale, pour que celle-ci décide ce qu'elle va trouver comme la meilleure chose. » Sous le prétexte des eaux de Plombières, Potocki reparut plusieurs fois en Lorraine. Il est souvent question du palatin de Belz dans les instructions données aux ambassadeurs et agents français en Pologne. On le considère comme « le chef et l'âme du parti de la liberté » et comme l'un des seigneurs polonais ayant « le plus de popularité et de crédit parmi la noblesse ». — « Quand même les grands intérêts de Sa Majesté en Pologne », explique, le 30 novembre 1754, le secrétaire d'État aux Affaires étrangères Rouillé au résident Durand, « n'engageraient pas à ménager le palatin de Belz, les ministres de Sa Majesté devraient toujours le faire pour une autre raison. La position de ses terres donne une grande facilité pour entretenir par son moyen, avec la Turquie et la Tartarie, une correspondance qui dans les occasions peut devenir très neces. saire... » Cf. Farges, *op. cit.*, t. II, *passim*, et notamment p. 148, 160 et 162.

(2) Le marquis des Issarts, ambassadeur de France, au ministre Puysieulx, de Varsovie, 16 octobre 1748. (Arch. Aff. étr., Pologne, vol. 231, fol. 301.)

(3) Casimir Dombski, marié à Hedwige, née Dombska, mort en 1765. Nous avons vu (cf. *suprà*, p. 107 et 157) que deux de ses fils, Louis et Jean-Baptiste, passèrent par l'École des cadets et que le premier fut chambellan de Stanislas. Sur le second, lire *ibid.*, p. 182, n. 5.

Lissa (*Leszno*) notamment, où furent liquidés les biens
du roi déchu (1), et à son premier séjour à Lunéville, en
janvier 1738, agent officieux cette fois de la cour de Saxe,
essaya de négocier le mariage du prince électoral Frédéric-
Christian avec l'une de Mesdames de France (2). Homme
de confiance d'Ossolinski, puis de Leszczynski, qui, pour
sa propagande, s'en remit bientôt à son zèle, obligé par
son double mandat à d'incessants déplacements entre la
Pologne et la Lorraine, Celinski, échanson de Czernichów (3), sera nommé en 1765, par le duc-roi, son résident
auprès de Stanislas-Auguste (4). Sa petite-fille Isabelle
Lasocka, née de l'ancien cadet Antoine, palatin de Ciechanów (5), entrera dans l'une des premières maisons lithua-

(1) Pour les arrangements antérieurs à 1737, voir H. ZDZITOWIECKA,
op. cit., p. 19. — « M. Dombski, enseigne de la cour, vient d'arriver
de Saxe ; c'est celui à qui j'ai confié les intérêts de mes biens en
Pologne et qui vient pour les terminer, suivant que je les ai entamés
avec le comte Sulkowski et la connaissance que je vous en ai donnée. » Stanislas à Fleury, de Lunéville, 15 janvier 1738. (Arch. des
Aff. étr., Lorraine, vol. 133, fol. 26.) — Le grand maître et sa femme
recoururent également aux bons offices de Dombski. Le 18 mars 1738,
ils lui donnaient procuration pour poursuivre le payement de la dot
de la duchesse (v. *suprà*, p. 25, n. 3). Dombski était de nouveau à
Lunéville au début de 1739 ; voir à l'Appendice, pièce justificative 3,
une lettre du cardinal Lipski à Ossolinski.

(2) Cf. notre étude : *Le roi Stanislas grand-père*, p. 19-20. *M. S.*
A. L., t. LXV (1920-1922), p. 231-232.

(3) Joseph Celinski. Arm. Zaremba. Fils de Michel et de Marianne
Glinska. Marié à Marianne Szostkowska.

Le 15 décembre 1735, Ossolinski écrivait de Paris à son frère : « Je
vous prie d'avoir soin de mes intérêts domestiques et de prendre sous
votre protection M. Celinski tant que je resterai avec Sa Majesté, mon
bien aimé maître et bienfaiteur. (Bibl. Ossolinski, *ms. cit.*, n° 1.123.)
En novembre 1738, Celinski effectue les ventes et partages de biens
prévus par les conventions passées au mois de février précédent
entre M. le Duc et ses fils (v. *suprà*, p. 43, n. 3), perçoit l'argent des
différentes parties et l'apporte à Lunéville. Il y revient dès le 14 avril
suivant avec le jeune Alexandre Ossolinski (*ibid.*, p. 57, 159) ; etc.

(4) *Lettres à Hulin*, p. 23. — *Gazette de Hollande*, 1735, n° 30 ; suppl.,
de Varsovie, 24 mars.

(5) Cf. *suprà*, p. 162, n. 1.

niennes par son union avec Michel Oginski, le lieutenant
de Kosciuszko, dont les importants *Mémoires sur la Pologne et les Polonais* se lisent toujours avec intérêt (1).

A Lunéville furent reçus des envoyés extraordinaires,
comme François Bielinski, staroste de Czersk, venu en
1764 annoncer, au nom de la République, le décès d'Auguste III (2), ou le chambellan Loyko, qui, dépêché par
Poniatowski pour notifier dans les formes son avènement
à Louis XV, trouva le 23 février 1766 Leszczynski mori-
bond (3), et sa mission à Versailles accomplie, repartit
emmenant avec lui Mme Geoffrin, impatiente d'aller jouir
à Varsovie du triomphe de son « fils » couronné (4).

N'omettons pas, enfin, quelques indésirables. Le prêtre
Hudkiewicz, par exemple, arrêté à Nancy en mai 1759 et
conduit, « sous bonne et sûre garde, en la renfermerie et
maison de force de Maréville », où une lettre de cachet le
retint trois mois (5).

De tous ces hôtes, de tous ces visiteurs, logés soit au
château même, soit en ville chez des officiers de la cour,
soit encore, non loin de l'Académie, à cette auberge réputée du *Sauvage*, où des princes voyageant incognito n'hé-
sitèrent pas à descendre, la liste complète ne sera jamais
dressée. Il serait fastidieux de s'arrêter à chacun des per-

---

(1) Michel-Cléophas Oginski (1765-1833), neveu et héritier du grand
maréchal Michel-Casimir (v. *suprà*, p. 191, n. 1). — *Mémoires de Michel
Oginski sur la Pologne et les Polonais depuis 1788 jusqu'à la fin de
1815*. Paris et Genève, 1826-1827, 4 vol. in-8°.

(2) François Bielinski. Arm. Junosza. Fils de Michel, palatin de
Culm, et de Thérèse Peplowska. Grand notaire de la Couronne (1784) ;
marié à Christine, princesse Sanguszko. — Sur sa réception et son
audience à Lunéville, le 20 janvier 1764, voir *Troisième traité de
Vienne*, p. 526-527.

(3) *Ibid.*, p. 541.

(4) Pierre de Ségur, *Le royaume de la rue Saint-Honoré*, j. cit.,
p. 250-251.

(5) Arch. nat., E. 3.246, fol. 294 ; 3.247, fol. 154 v°.

sonnages dont nous avons retrouvé la trace (1). Cinq seulement, choisis parmi les plus représentatifs d'une époque et d'un pays, vont retenir notre attention. André Tarlo, Stanislas Poniatowski, Orlick, Stanislas Konarski et le nain Boruslawski suffiront à donner une idée de la diversité des Polonais qui, durant vingt-neuf années, se succédèrent chez Leszczynski.

Fils d'un cousin germain de Catherine Opalinska, Adam Tarlo (2), arrivé à Lunéville en avril 1738, avait déjà paru douze ans plus tôt, presque un enfant encore, au château de Chambord, où l'un de ses oncles paternels jouissait d'un grand crédit. Unique parent qui eût consenti en 1714 à lier son sort au leur, Michel Tarlo (3) n'avait plus, en effet, quitté les souverains détrônés. A Deux-Ponts et à Wissembourg, leur négociateur officieux à Paris et à Stockholm (4), constamment il s'était ingénié à adoucir

(1) Grâce souvent aux archives des notaires ; parfois même à une simple mention du contrôle des actes. C'est ainsi que la présence à Lunéville, en 1750, de Marc Podlewski ne nous est connue que par l'enregistrement de la procuration qu'il fait établir le 26 mars, chez M⁰ Thiriet, en faveur de « Charles Podlewski et consors, à l'effet de régir ses affaires ».

(2) Né en 1713 de Stanislas, maître d'hôtel de la Couronne, et d'Anne Tarlo d'une branche cadette de cette ancienne et illustre maison. Arm. Topór. Son grand-père paternel, Adam, palatin de Smolensk, avait pour femme Françoise Opalinska, tante de la reine. Lui-même épousa en 1736 Dorothée Tarlo, également de l'autre branche, veuve du petit général et palatin de Mazovie Chomentowski, de beaucoup plus âgée que son second mari. — L. HUBERT, *Adam na Melsztynie... Tarlo, woj. lubelski*, dans *Biblioteka warszawska*, t. I, 1859, p. 1 et s. — ID., *Pamientniki historyczne* (Mémoires historiques), t. II, Varsovie, 1861, p. 115-280.

(3) Plusieurs ouvrages polonais le prénomment Nicolas *(Mikolaj)*. En sens contraire, les actes authentiques.

(4) Cf. *Troisième traité de Vienne*, p. 22, 26 et n. 3. Les indications antérieurement données sur la parenté respective des différents Tarlo sont annulées par celles de la présente étude. — Comme Meszek (cf. *suprà*, p. 91), Michel Tarlo eut à rendre des services d'un autre genre : il sollicite des subsides ; il écoule une partie des pierreries de Cathe-

cette infortune. Lorsque, en 1725, un féerique caprice du sort eut tiré Marie Leszczynska de la médiocrité où elle se consumait, pour l'asseoir sur le trône des lys, c'est Michel Tarlo que Stanislas munit de sa procuration pour signer au contrat de mariage (1) ; Tarlo, fait lieutenant général (2) et honoré de l'ordre du Saint-Esprit, qu'à différentes reprises le père inquiet envoya à Versailles, afin de guider de ses conseils l'épouse et nouvelle reine au milieu des embûches tendues à son inexpérience (3).

Au décès de Michel, sur la fin de 1727 (4), le neveu regagnait la Pologne (5). Mais combien étonnante avait été depuis sa carrière politique. Avant d'avoir atteint ses dix-huit ans, il est directeur au tribunal du Trésor à Radom, chef d'escadron, député au tribunal de la Couronne, nonce à la diète. Il n'a pas accompli sa vingt et unième année, que, idole de la noblesse, il est mis à la tête de la confédération générale formée le 5 novembre 1734 pour soutenir contre l'usurpateur saxon le Piast légitimement

rine Opalinska (cf. *Souvenirs du danseur Favier* — maître de danse de Marie Leszczynska à Deux-Ponts, — dans *J. S. A. L.*, année 1897, p. 247-248).

(1) Paul DE RAYNAL, *Le mariage d'un roi*. Paris, 1887, in-12 ; p. 263, 269.

(2) Son nom manque dans la *Chronologie historique militaire* de PINARD.

(3) Stanislas à Du Bourg, de Chambord, 19 juillet 1726 ; de Saumery, 5 et 23 août 1726 ; etc. (Ms. n° 6.615 de la Bibl. de l'Arsenal.)

(4) Mort au château même de Chambord — et non à Blois, comme il a toujours été dit jusqu'ici — le 24 novembre 1727, âgé d'environ 50 ans. (Arch. comm. de Chambord, GG. 3. Cet acte de décès n'est pas compris dans le détail de l'*Inventaire sommaire des arch. comm. ... de Loir-et-Cher, suppl. à la série E.*)

(5) Il était accompagné à Chambord de son gouverneur, Jean Hildebrant. Durant son séjour, « Messire Adam, comte de Tarlo » tient, le 15 août 1727, à Saint-Dyé-sur-Loire, sur les fonts baptismaux, avec Catherine Opalinska, un fils du confiseur et chef d'office de la reine. (Arch. comm., GG. 18.) Un peu plus tard, il est, à Chambord même, parrain, avec la comtesse de Linange, de la fille d'un serviteur polonais. (Arch. comm., GG. 3.)

élu (1). Avec toute la fougue, l'audace d'un âge qui ne connaît pas le doute, avec ses imprudences aussi et ses violences regrettables, le précoce maréchal de Dzików s'est dépensé pour le succès d'une cause perdue d'avance. Un des derniers à se soumettre, il n'a quitté Kœnigsberg que le 28 avril 1736, quand Stanislas s'en est éloigné lui-même (2). Auguste ne l'en a pas moins aussitôt nommé palatin de Lublin (3).

Alors que l'électeur de Saxe avait affecté cette générosité à l'égard d'un adversaire, Leszczynski ne pouvait, pensera-t-on, que réserver le plus franc et chaleureux accueil à son chevaleresque défenseur. Il n'en fut rien pourtant. Si une feuille publique annonce que le roi et la reine de Pologne ont, à Lunéville, reçu Adam Tarlo «avec beaucoup de distinction » (4), Stanislas, dans une lettre à Fleury, s'excuse presque de ne pas lui avoir fermé sa porte, assurant le cardinal qu'il a mis tout en œuvre pour dissuader le palatin de se présenter chez lui (5).

Dans l'éclat d'un renom européen, avec le prestige d'une rare popularité,

> Charmant, jeune, traînant tous les cœurs après soi,

Adam Tarlo devina vite, sous les compliments et les

---

(1) Cf. *Troisième traité de Vienne*, p. 304 et s.

(2) HUBERT, *Adam Tarlo*, j. cit., p. 443. — *Troisième traité de Vienne*, p. 443.

(3) A la place du vice-régimentaire Jean Tarlo, frère de Michel, promu au palatinat de Sandomir. Un autre Adam Tarlo, mort en 1709, fut également palatin de Lublin ; de la branche cadette, il avait épousé en secondes noces Marianne Potocka, veuve elle-même de Charles-Stanislas Jablonowski, oncle de Leszczynski.

(4) « ... Ce seigneur fera quelque séjour en cette cour, où il est fort goûté par son esprit et par sa politesse. Il se propose d'aller ensuite faire un tour en France. » (*Gazette de Hollande*, 1738, n° 35 ; de Lunéville, 19 avril.)

(5) Stanislas à Fleury, de Lunéville, 11 avril 1738. (Arch. Aff. étr., Lorraine, vol. 133, fol. 252.)

caresses, la contrainte, le malaise que provoquait sa présence. C'est que, malgré son dévouement et son courage, par sa légèreté, ses inconséquences, il avait mis naguère singulièrement à l'épreuve la patience de Leszczynski, excédé de ses façons au point de s'être un jour écrié qu'il n'en faudrait pas davantage pour le décider à abandonner la partie (1). C'est qu'il avait réussi à s'aliéner Ossolinski. C'est qu'il était fort mal vu du confesseur du roi, le P. Ubermanowicz, indigné de la désinvolture avec laquelle, troisième larron, évinçant un Swidzinski et un Sapieha, il avait séduit à Kœnigsberg la femme de son compagnon Mokronowski, l'Italienne Castello; d'où certain sermon satirique prononcé par le malicieux jésuite sur ce texte fantaisiste : *Venit mulier de castello in civitate peccatrix* (2). C'est, avant tout, que l'objet du voyage de Tarlo était de réclamer une compensation aux pertes subies pendant la récente lutte, le remboursement des avances consenties depuis 1732 par sa maison au profit de la politique française en Pologne ; de rappeler l'assurance formelle, tour à tour donnée par Marie Leszczynska et sa mère, par l'ambassadeur Monti et les ministres, du payement de larges indemnités. Or Leszczynski prévoyait bien l'humeur où cette démarche jetterait Fleury, dont la parcimonie s'indignait des exigences des Stanislaïstes, dont jamais la rancune ne désarma à l'égard des partisans trop zélés qui avaient contrarié ses vues pacifiques en prolongeant une inutile résistance.

A cette irréductible hostilité du cardinal, se heurta ensuite l'inopportun créancier, quand, après un séjour de six semaines à Lunéville, il se présenta à Versailles (3). L'inter-

(1) MATUSZEWICZ. *op. cit.*, t. I, p. 54.

(2) Stanislas MNÉMON, *L'origine des Poniatowski*. Cracovie, 1913, in-8° ; p. 164.

(3) « M. le comte Tarlo, palatin de Lublin, est ici depuis quelques jours ; c'est un homme assez jeune et fort estimé. Il avait montré

é

vention de Stanislas et de Catherine Opalinska, reconnaissants somme toute, et de qui l'amour-propre de parents était en cause, ne l'aida aucunement à se faire entendre. Pour n'être pas témoin de cette froideur qu'il pressentait, ni directement atteint par les refus opposés à son ami, le duc-roi recula son voyage annuel à la cour (1). L'été venu, il essaiera de convaincre de vive voix son gendre (2). D'autres instances de Leurs Majestés Polonaises seront pareillement inefficaces (3).

Lorsque, trois années d'attente écoulées, il cède aux objurgations des siens, le pressant de renoncer à un insaisissable cordon bleu, qui d'ailleurs ne l'enrichirait guère, et de ne pas plus longtemps, car il lâcherait la proie pour l'ombre, s'endetter à l'étranger, c'est les mains vides qu'Adam Tarlo repasse par Lunéville (4), où, en

beaucoup d'attachement au parti du roi Stanislas, et cependant il conserve une grande réputation auprès du roi de Pologne (Auguste III), tant par l'importance de son palatinat de Lublin que par la réputation personnelle qu'il a acquise. » (Luynes, *op. cit.*, t. II, p. 161 ; du 24 mai 1738.)

(1) Stanislas à Fleury, lettre citée ; du même au même, de Lunéville, 11 mai 1738. (Arch. Aff. étr., *ibid.*, fol. 354.)

(2) Luynes (*ibid.*, t. II, p. 215) note, le 16 août, qu'au nombre des affaires que Stanislas s'était proposé de traiter pendant ce déplacement (24 juillet-11 août), il y en avait deux concernant Tarlo : « pour que le Roi le fît chevalier de l'Ordre ou au moins lui donne une gratification ; il a été refusé sur ces deux articles. »

(3) Catherine Opalinska à Fleury, de Lunéville, 18 mai 1739 ; Stanislas au même, de La Malgrange, 19 mai. (Arch. Aff. étr., Lorraine, vol. 136, fol. 254, 295.)

(4) Ce n'est qu'après 13 ans de réclamations, Fleury et Adam Tarlo morts, que satisfaction fut à peu près donnée à cette famille. Jean Tarlo obtint en 1749 de Louis XV une pension viagère de 40.000 livres. Skibinski, *Europa a Polska w dobie o sukcesje austryjacka w latach 1740-1745* (L'Europe et la Pologne durant la guerre de la Succession d'Autriche, années 1740-1745). Varsovie, 1913 ; t. I, p. 184. — St. Mnémon, *op. cit.*, p. 226-229. — H. Zdzitowiecka, *op. cit.*, p. 37-39.

Rappelons que le cadet Mathias Lanckoronski (cf. *suprà*, p. 69), arrivé à Lunéville peu après le départ d'Adam Tarlo, en octobre 1741, était un fils de Françoise, sœur de ce dernier.

mars 1744, on apprendra avec stupeur, et peut-être non
sans quelque remords, sa fin tragique (1). Le 14 de ce
mois, près de Varsovie, le petit-neveu de Catherine Opalinska est tombé mortellement atteint par Casimir Poniatowski, frère aîné de Stanislas-Auguste, dans une de ces
terribles rencontres où, escortés de leurs intimes et de
leurs clients, deux grands seigneurs polonais vidaient
moins une querelle privée qu'ils n'assouvissaient des
haines de famille et n'exacerbaient dans le sang des rivalités politiques (2).

Personne, au château, ne pleura sans doute la victime
d'un cœur plus sincère, que la femme mystérieuse que nul
n'a nommée jusqu'ici et sans laquelle, pourtant, ce tableau
de la cour de Leszczynski resterait incomplet. Nous ignorons presque tout d'elle, sinon qu'elle était polonaise (3) et
avait été une grande amie de Sophie Moszczenska, gouvernante de Marie Leszczynska (3). Son nom de naissance
nous est inconnu, car, veuve de bonne heure d'un tréso-

(1) Cf. Luynes, *op. cit.*, t. V, p. 378.

(2) On prétendit aussi que le coup d'épée avait été porté en dessous
par le baron courlandien Korff, témoin de Poniatowski. L'origine ou
plutôt le prétexte de cette rencontre — la deuxième — était une
algarade survenue dans un bal. En réalité, les Tarlo et les Potocki
d'une part, les Czartoryski et les Poniatowski (la mère de Casimir
est la fière Constance Czartoryska), toute la *Famille*, d'autre part,
s'affrontaient. L'affaire eut un énorme retentissement. Les historiens
polonais s'en sont fréquemment occupés. Lire entre autres : L. Hubert, *Adam Tarlo*, j. cit. — L. Glatman, *Pojedynek Tarly* (Le duel
de Tarlo), dans les *Szkice historyczne*, Cracovie, 1906. — Sz. Askenazy, *Sprawa Tarly* (L'affaire Tarlo), dans *Dwa stulecia : przedos-
tatnie bezkrolewie* (Deux siècles : avant-derniers interrègnes), t. II.
— St. Mnémon, *op. cit.*, p. 229-256.

(3) Elle fut plusieurs fois chargée de traduire des documents polonais.

(4) Sophie Moszczenska vivait encore à Chambord en 1733. Elle y
est nommée, en tant que marraine, dans un acte de baptême du
7 août de la même année : « dame Sophie *Mouchinska*, gouvernante
de la princesse de Pologne, reine de France, et dame d'honneur de
la reine de Pologne ». (Arch. comm. de Chambord, GG. 4.)

rier de la reine de Pologne, le sieur Louis Regnier, et ancienne dame de la suite de cette princesse (1), elle signe invariablement : *Catherine Regnier* (2), et n'est pas autrement désignée dans les documents qui la concernent, même sur son acte de décès, où l'âge a de plus été laissé en blanc.

Dès Deux-Ponts, Catherine Regnier se présente à nous comme très liée avec Michel Tarlo, à qui, par deux fois au moins, elle a consenti des prêts importants (3). C'est à elle que ce seigneur devait léguer son somptueux lit de damas cramoisi, galonné d'or, sa toilette d'argent massif, ses meilleures tapisseries, ses fourrures, ses dentelles, la tabatière enrichie de diamants qu'au lendemain des noces royales lui avait offerte la femme de Louis XV. C'est elle qu'il a chargée d'acquitter après lui ses dettes. Elle s'est occupée de ses obsèques. Plus tard, elle a veillé au transfert de sa dépouille mortelle, déposée provisoirement dans l'église du Collège des Jésuites de Blois — où dormait déjà la mère de Stanislas, — chez les Récollets de Zakliczyn, gardien des tombes de ses ancêtres (4).

(1) « Dame Catherine *Renier*, confidente de la reine », mention en qualité de marraine. (*Ibidem ;* cf. *Inventaire sommaire,* p. 102.) — « Catherine *Regnier*, dame de la suite de la reine. » (Arch. de Loir-et-Cher, B. 1727.) — « Dame Catherine *Reignier*, dame de S. M. la reine de Pologne », acte de décès. (Arch. de l'état civil de Lunéville, GG. section 2, n° 35.)

(2) Ou plus exactement : *Catherin* Regnier.

(3) 1.000 ducats à Deux-Ponts (24 mars 1721) ; 2.800 écus, argent d'Allemagne, à Wissembourg (6 mai 1721). Billets en polonais rappelés par Michel Tarlo dans son testament daté de Wissembourg, 10 février 1725. (Arch. de Loir-et-Cher, B. 1727, bailliage de Blois.) Cet acte, complété par un codicille daté de Saint-Dyé-sur-Loire, 10 septembre 1727, ainsi que quatre testaments ou projets de testaments de Catherine Regnier (Ménars, 25 juillet 1729 ; Chambord, 9 mai 1732 ; Saint-Cyr, près Versailles, 9 janvier 1734 ; Lunéville, 2 août 1743, inachevé) conservés aux Arch. de M.-et-M., B. 10.974, nous ont fourni, avec les pièces relatives à la liquidation des deux successions, auxquelles ils sont joints, la plupart des renseignements utilisés ci-dessus.

(4) Après avoir précisé dans l'acte mortuaire (cf. *supra*, p. 198, n. 4),

Dans quelles conditions s'était fortifiée cette confiance
et pourquoi Catherine Regnier vouait-elle aux Tarlo un
véritable culte? En l'absence d'indications sérieuses, il
serait déplacé de risquer une supposition. Contentons-
nous de fixer aujourd'hui le souvenir de celle qui, ayant
recommandé à Dieu « sa pauvre âme pécheresse », vivait
au palais de Lunéville, avec ses deux servantes, dans un
petit appartement de l'aile de la Reine, entourée des ves-
tiges d'un luxe incontestable (1). fort dévote à saint François Népomucène, ne cessant de broder des chasubles et

qu'il administra au défunt, « haut et puissant seigneur messire
Michel, comte de Tarlo de Pologne, de la cour du roi Stanislas de
Pologne, chevalier commandeur de l'ordre du Saint-Esprit, lieutenant général des armées du Roi Très-Chrétien....., les derniers sacrements pendant sa maladie », le curé de Chambord ajoute : « Le
corps a été conduit aussi par moi à Blois le lendemain et livré aux
RR. PP. Jésuites pour être inhumé dans leur église, en présence
d'une partie de la cour de Sa Majesté Polonaise. » Le cercueil de
Tarlo s'y trouvait encore près de deux ans plus tard, en juillet 1729,
puisqu'à cette date Catherine Regnier écrit : « Au cas que lors de
mon décédé le corps de M. Michel de Tarlo..., qui est en dépôt dans
l'église des Jésuites de Blois, n'ait pas été porté en Pologne, suivant
qu'il l'a ordonné par son testament, je veux qu'il y soit porté à mes
frais et mis dans l'église des RR. PP. Récollets de... (sic). De même,
je veux aussi que les ornements que j'ai fait faire pour l'église des
RR. PP. Récollets de..., qui se trouveront au jour de mon décédé,
leur soient envoyés comme un présent que je leur fais, et outre
cela, je leur donne encore la somme de... (sic), afin qu'ils prient
Dieu pour l'âme de défunt M. Michel comte de Tarlo. » — Le transfert
était fait en mai 1732. Cette attente était assez dans les habitudes
polonaises. Le poète REGNARD remarque dans son *Voyage de Pologne*
(édit. cit., p. 524) : « Les Polonais font des dépenses considérables en
enterrements, et les diffèrent longtemps par magnificence. Il y a
des grands seigneurs que l'on n'enterre que cinq et six ans après
leur mort, et sont en dépôt dans des chapelles ardentes qui coûtent
beaucoup. » — Les historiens blésois passent sous silence Michel
Tarlo. Il n'en est pas question notamment dans le travail de l'abbé
O. PETIT, *L'église Saint-Vincent de Blois ou l'ancienne église des
Jésuites.* Voir *Mémoires de la Société des sciences et belles-lettres de
Loir-et-Cher*, t. XIV, année 1900.

(1) Elle possédait encore à Lunéville sa berline. Mais les chevaux
avaient été vendus, dès Ménars (1729), à Béthune de Pologne, qui
mourut d'ailleurs sans les avoir payés.

des ornements d'autel pour la chapelle de Zakliczyn, ne fréquentant guère que Meszek, Miaskowski, Dziuli, l'abbé Mathy, le P. Radominski.

En cette discrète retraite où Catherine Regnier semble avoir voulu se confiner dès le début pour le reste de ses jours, la visite d'André Tarlo dut être sa plus vive joie. Et c'est chez cette femme que, de son côté, le palatin de Lublin dut trouver, au cours d'un décevant voyage, les seules marques de sympathie exemptes d'arrière-pensée.

Depuis longtemps alors, Catherine Regnier destinait formellement au jeune homme, don propre ou restitution à sa maison, presque tout ce qu'elle possédait de précieux. La disparition prématurée du légataire devait rendre la clause caduque. Mais la testatrice, en une sorte de pressentiment, y avait suppléé (1). Quand elle s'éteignit, onze mois après le fatal duel, le 13 février 1745 (2), le produit de la vente de ces objets, que ne dédaignèrent pas Leurs Majestés et de hauts personnages de la cour (3), fut, selon

(1) « Je veux, j'entends et j'ordonne que tout ce que M. le comte Michel de Tarlo m'a laissé par son testament soit envoyé et remis entre les mains de M. le comte Adam Tarlo, son neveu le cadet, fils de défunt Monseigneur le comte Stanislas de Tarlo, à savoir.... De plus je lui donne... (énumération de son argenterie). Cependant, si ledit M. le comte Adam de Tarlo était mort avant mon décédé et avant que le tout lui soit remis, je veux et j'ordonne que le tout ci-dessus nommé soit vendu et appliqué pour faire dire des messes pour le repos [de l'âme] de feu M. Michel le comte de Tarlo et de la mienne. »

(2) Elle fut inhumée le lendemain, selon son désir, dans l'église des Capucins.

(3) Sitôt le décès, Stanislas ordonna par écrit au maréchal de la cour, Meszek, et à l'intendant aulique, Alliot, d'apposer les scellés chez « Madame Reignier » et de procéder ultérieurement à l'inventaire sans qu'aucun juge du bailliage fût appelé. A défaut de l'expression des dernières volontés de la morte, ils auraient à s'adresser à la reine et à se conformer aux dispositions qu'elle jugerait à propos de prendre. — Lors de la vente, le roi de Pologne acquit le lit, les tentures et les tapis de Michel Tarlo; Ossolinski, ses fourrures. Le marquis de Choiseul et le juif Mayer se firent adjuger l'argenterie. Catherine Opalinska acheta son propre portrait au pastel, « pour

ses recommandations, employé à assurer son salut éternel et celui des deux êtres qui lui avaient été les plus chers. Voilà comment à Lunéville, à Saint-Nicolas-de-Port, à Nancy, à La Malgrange, à Einville, capucins, minimes, carmes, jacobins, cordeliers et tiercelins eurent à célébrer plus de 1.000 messes pour le repos de l'âme de Michel Tarlo (1); comment aussi, dans la capitale lorraine, chez les jésuites du Collège et des Missions, il fut beaucoup prié à l'intention de l'ex-maréchal de la confédération de Dzików.

Le 1er janvier 1741, le roi de Pologne eut une désagréable surprise. Stanislas Poniatowski, se rendant soi-disant aux eaux de Barèges, mais chargé en réalité par Auguste III, à la suite de la mort de l'empereur Charles VI (2), de s'enquérir de l'attitude probable de la France dans les affaires autrichiennes, s'annonçait au château (3). Le

l'envoyer à la reine de France ». Le portrait de Marie Leszczynska fut donné à Miaskowski et celui de Tarlo à Dziuli. Le prix de la voiture fut distribué aux pauvres par l'abbé Mathy. Les Capucins de Lunéville eurent, avec les livres de la défunte, les dentelles provenant de l'oncle du palatin de Lublin : « pour leur tabernacle ». D'un habit de cour en velours noir de sa confidente, Catherine Opalinska fit confectionner trois chasubles, l'une pour les Capucins encore, la deuxième pour l'église paroissiale, la troisième pour être envoyée à Notre-Dame de Bon-Secours de Nancy. Enfin, Catherine Regnier avait remis de son vivant une paire de boucles d'oreilles en diamants à sa femme de chambre, Barbe Moserin. L'épouse de Stanislas signe et ajoute de sa main sur l'état de répartition : « CATHERINE, Reyne de Pologne : je laisse les boucles d'oreilles à la Barbe. »

(1) 1.074 messes pour Tarlo et 1.360 pour Catherine Regnier elle-même.

(2) 20 octobre 1740.

(3) Stanislas Poniatowski était né le 15 septembre 1676. Marié vers 1697 à Thérèse Woyna-Jasieniecka, veuve de Charles Oginski, porte-glaive de Lithuanie, qui ne tarda pas à divorcer, il épouse en 1720 la belle et ambitieuse Constance Czartoryska. D'abord au service de l'empereur, il entre dans le corps étranger de l'armée lithuanienne, se fait remarquer de Charles XII, qui, vaincu et blessé, devra, après Poltawa, la vie au colonel — bientôt général — Poniatowski. Pendant sa captivité de Bender, il se montra également très dévoué à

conseiller de guerre saxon Fritch l'accompagnait (1). Ce n'est pas tant l'amertume laissée chez Leszczynski par l'abandon de 1734, encore que sa joyeuse promptitude le lui eût rendu particulièrement cruel, que le peu d'illusion conservée sur le caractère oblique de cet ancien ami, qui causait la répugnance du duc-roi à se retrouver

Stanislas, qui, arrivé en 1714 sous sa protection à Deux-Ponts, le nomme gouverneur de cette place, lui conservant son estime et son amitié quand, à la mort du roi de Suède (décembre 1718), il va chercher fortune auprès d'Auguste II. Envoyé par l'électeur-roi à Stockholm pour négocier la paix, et quelque temps prisonnier des Danois (juin-juillet 1719), Poniatowski devient successivement lieutenant général d'infanterie, grand trésorier de Lithuanie, colonel de la Garde, grand régimentaire de la Couronne (1728), palatin de Mazovie (1731). — En 1733, il se déclare pour Leszczynski et au champ d'élection, bien qu'ayant été lui-même un moment candidat, le recommande comme le seul prince capable de maintenir la tranquillité dans la République. Mais dès la chute de Danzig, place où ses conseils avaient entraîné Stanislas, il est le premier des assiégés à faire sa soumission à Auguste III, et dès lors il consacrera tous ses efforts et toute son éloquence à détourner du beau-père de Louis XV et à désabuser les partisans que rallie, au contraire, et encourage Adam Tarlo. (Pour plus de détails, voir *Troisième traité de Vienne*, p. 144 et s.) — Staroste de Lublin (1740), castellan de Cracovie (1752), charge qui lui donnait la prééminence sur tous les palatins, Poniatowski mourut le 20 août 1762. Lire notamment sur lui : KANTECKI, *Ojciec Stanislawa Augusta* (Le père de Stanislas-Auguste), *Ateneum*, t. III, l. 7 ; Varsovie, 1876. Travail réédité avec des additions sous le titre : *Stanislaw Poniatowski*. Poznan, 1880.

L'ignorance où demeurèrent les contemporains du secret de la naissance de Poniatowski, le silence singulier que l'intéressé lui-même garda constamment à ce sujet, ont donné lieu à des suppositions très diverses. Dans son curieux ouvrage : *L'origine des Poniatowski. Partie préliminaire, notes biographiques et aperçus psychologiques*, j. cit., Stanislas MNÉMON [pseudonyme] s'applique à démontrer que le palatin de Mazovie est bien réellement fils de François Ciolek Poniatowski et d'Hélène Ligenza Niewiarowska.

Rappelons que, outre Casimir (cf. *suprà*, p. 202), l'aîné, qui devint grand chambellan de la Couronne (1721-1800), et le roi Stanislas-Auguste (né le 17 janvier 1732), Poniatowski eut encore, entre autres fils : André, dont la naissance coïncida avec la prise de Danzig par les Moscovites, père lui-même du prince Joseph Poniatowski, maréchal de France (1763-1813), et Michel-Georges, archevêque de Gniezno, primat de Pologne (1736-1794).

(1) St. MNÉMON, *op. cit.*, p. 183 et s.

face à face avec lui. Le prince n'ignorait pas son absence
de scrupules sur le choix des moyens, l'art qu'il avait de
s'adapter aux circonstances et de différer de manière
selon le milieu (1). Pour que, malgré sa défection — qui
au point de vue politique, n'est pas, ajoutons-le, sans
excuse, les intérêts de Stanislas se séparant nettement,
après Danzig, de ceux de la Pologne, — le palatin de Mazovie ne craignît pas de solliciter cette audience, il fallait
qu'il nourrît quelque arrière-pensée. Va-t-il d'aventure
faire des offres pour la Pologne? Il est de ceux dont on
doit craindre les présents.

Soyons sûrs, en tout cas, que Leszczynski, sur ses
gardes, sut lui-même composer à merveille son personnage, et que quand Poniatowski, conservant malgré ses
soixante-cinq ans, avec sa souplesse d'âme redoutable,
ses nobles traits et son port olympien, fut introduit chez
Sa Majesté, des bras large ouverts l'accueillirent.

Que se dirent les deux interlocuteurs? Poniatowski nous
l'apprend, lui qui, dès le lendemain, expédiait à Dresde
au comte de Brühl une relation détaillée de l'entrevue.
De cette dépêche, il ressort que, sans le moindre embarras
et sans grand préambule, soit qu'il eût été expressément

(1) Les instructions aux agents français en Pologne dénoncent à
plusieurs reprises ce caractère inquiétant. « Le comte de Poniatowski, si connu dans le monde par les différents personnages qu'il
a faits suivant les divers partis auxquels il s'est attaché... » (1er août
1744 et 31 juillet 1746). « Le comte Poniatowski a suivi les sentiments
de ses beaux-frères, autant par inconstance et par esprit d'intrigue,
que par déférence pour sa femme dont tout l'objet est de jouer un
grand rôle dans la République » (30 novembre 1754). Cf. FARGES,
op. cit., t. II, p. 41, 90 et 163. — « Le comte Poniatowski, homme
aussi habile qu'intrépide, insinuant, souple, né avec le don de per-
suader et de plaire à toutes les nations », a dit VOLTAIRE dans
l'*Histoire de Charles XII*. Cf. édit. d'Amsterdam, 1739, t. I, p. 278.
Ce passage a disparu dans les éditions postérieures aux *Remarques
d'un seigneur polonais* (v. *infrà*). MNÉMON (*op. cit.*, p. 3), pourtant
très favorable, compare Poniatowski au caméléon, « captivant chacun par une couleur différente ».

chargé de le faire, soit que l'initiative lui en eût paru adroite, le palatin aurait osé amener la conversation sur le terrain le plus brûlant. Et comme Leszczynski, en une candeur feinte, lui vante le bonheur qu'il goûte en Lorraine, proteste de ses sentiments les plus cordiaux à l'égard de la maison de Saxe, de son absence de toute ambition, si chère lui soit la patrie perdue, Poniatowski de pousser sa pointe plus à fond et d'arracher au roi l'assurance qu'il est prêt à certifier, fût-ce par écrit, cette résolution de ne plus quitter les Duchés. « J'ai pris l'occasion de lui dire franchement qu'en conscience... il devait désabuser ses amis de la chimère que quelqu'un pourrait se mettre en tête de le voir, par les révolutions d'aujourd'hui, arrivées tant en Russie qu'à Vienne, de retour...; que Sa Majesté le roi mon maître était dans une situation de ne point appréhender la moindre révolution; que tous les gens sensés étaient trop contents de son doux gouvernement; mais que, par sa déclaration positive, surtout conforme aux sentiments de la cour de France, qu'il n'y songe jamais de revenir, il calmerait les esprits, fols de ne point songer aux troubles qui causeraient la perte infaillible de la Pologne. Le prince m'a promis religieusement de le faire; aussi, de la façon qu'il vit en Lorraine, il est cent fois plus heureux qu'il n'aurait jamais été en Pologne, ce qu'il conçoit parfaitement bien (1). »

Avec le pénible souvenir qui les séparait, il était besoin d'une certaine impudeur pour mener si allègrement pa-

____

(1) S. ASKENAZY, *Dwa stulecia...*, j. cit., t. I, p. 203-204. — M. SKIBINSKI, *Europa a Polska...*, j. cit., t. I, p. 444, t. II, p. 625. Ces auteurs supposent que Poniatowski avait été expressément chargé de savoir si Stanislas accepterait la couronne au cas où Auguste III y renoncerait. La restauration éventuelle de Leszczynski aurait été réellement envisagée au cours de cette visite d'une grande importance. En sens contraire : KONOPCZYNSKI, dans *Kwartalnik historyczny rocznik* (Annales historiques trimestrielles), t. XVIII, fasc. 2, Lwów, 1914 ; p. 227. — Cf. H. ZDZITOWIECKA, *op. cit.*, p. 81-83.

reille enquête, réclamer si formelle garantie (1). Le départ
de Poniatowski, qui d'ailleurs ne s'attarda guère à Lunéville (2), dut être pour Leszczynski un profond soulagement. Mais l'inquiétude et le soupçon persistaient. «Le roi
m'a dit», écrit le 12 Solignac à Hulin, « qu'il vous croyait
le seul capable de découvrir le sujet du voyage de M. le
palatin de Mazovie en France. Ainsi soutenez cette bonne
opinion et tâchez de satisfaire Sa Majesté à cet égard.
Vous pouvez trouver jour à nous éclairer sur ce point.
Nous ne pouvons espérer en être instruits que par
vous (3). » Un an plus tard, Frédéric II demandera de
même à Fleury des « éclaircissements suffisants sur l'é-
trange mission du comte Poniatowski... », qu'il juge
« patelin, intrigant et capable de tout entreprendre pour
parvenir à ses fins » (4).

Plus intéressante encore à connaître serait peut-être la
conversation que ne manquèrent pas d'avoir ensemble

(1) Par la suite, Poniatowski reviendra sur cette déclaration. Dans
une lettre à Fleury, du 20 juin 1742, il rappelle l'assurance que lui
aurait donnée Stanislas de respecter le repos de la Pologne et même
de contribuer au paisible gouvernement d'Auguste. (Arch. Aff. étr.,
Pologne, vol. 227, fol. 478.)

(2) « Nous avons expédié d'ici, il y a peu de temps, M. Antoine
Granowski, staroste de Jablonów, de notre Académie (v. *suprà*,
p. 164 et 176), à Paris, en compagnie du palatin de Mazovie, que
nous avons eu l'honneur de saluer ici, à son passage au nouvel an. »
Ossolinski à son frère, de Lunéville, 7 janvier 1741. (Bibl. Ossolinski,
ms. cit., n° 1.132.) — Le comte Poniatowski « arriva ici, il y a quelques jours, de Dresde et en dernier lieu de Lunéville ». (*Gazette de
Hollande*, 1741, n° 4 ; de Paris, 6 janvier.) « M. de Poniatowski est
arrivé ici ces jours-ci, chargé de négociations importantes de la part
du roi de Pologne, électeur de Saxe. Il a avec lui un autre homme
de confiance de la même cour, que l'on nomme, je crois, M. Freisch.
On dit que M. de Poniatowski ne fait que passer ici pour aller aux
eaux de Barèges ; mais il y a lieu de croire qu'il est chargé d'affaires
importantes. » (LUYNES, *op. cit.*, t. III, p. 303 ; 10 janvier 1741.)

(3) Cf. notre édition des *Lettres à Hulin*, p. 26.

(4) ASKENAZY, *op. cit.*, p. 414-415, annexes. — St. MNÉMON, *op. cit.*,
p. 179, 191.

Poniatowski et Ossolinski, si bien faits pour s'entendre, et en particulier sur la rentrée éventuelle de Stanislas dans la République (1). Lorsqu'il franchit le vestibule du donjon, gravit l'escalier conduisant chez le grand maître et sa femme, dans les appartements de laquelle il put voir son propre portrait (2), à remarquer ces trophées turcs que la piété filiale du duc Léopold avait partout fait sculpter en mémoire du glorieux Charles V et qui semblaient maintenant une allusion directe aux faits d'armes analogues du grand-père des occupants, l'hetman Stanislas Jablonowski (3), ne fut-ce pas soudain pour Poniatowski comme l'évocation inattendue de la période la plus curieuse de sa vie romanesque (4)? Ils lui rappellent, ces attributs, son séjour de plusieurs années en Turquie (1710-1714), cette ambassade à Stamboul où, non seulement

(1) L'ambassadeur de Suède en France, Charles-Gustave Tessin, écrit le 10 novembre 1741 au ministre Gyllenborg, que Hulin lui a représenté, d'ordre de Leszczynski, qui s'en est aussi ouvert à la reine de France, que le moment est venu de former une confédération en Pologne. Mais Ossolinski (lettres à Tessin des 5 mars, 5 avril et 19 mai 1742) va déclarer ce projet impraticable : les bons patriotes ne sauraient l'emporter sur le parti de la cour. (Communication de M. Ladislas Konopczynski, d'après les Archives d'État de Stockholm.)

(2) L'inventaire après décès des Ossolinski mentionne au château de Lunéville, dans le petit cabinet jaune de la duchesse, le « portrait de M. Poniatowski, palatin de Moscovie *(sic)* ».

(3) Voir *suprà*, p. 18, n. 1.

(4) D'autant plus qu'à cette époque, il a déjà commencé de rédiger, ou rédigera incessamment, ses notes complémentaires et rectificatives du récit de Voltaire. L'écrivain mandait de Bruxelles, le 2 mai suivant, à l'abbé Moussinot : « J'ai reçu les nouveaux mémoires de M. Poniatowski, avec un formulaire de procuration que je suivrai exactement.... M. de Poniatowski est-il encore à Paris ? Il m'est important de le savoir. » (Édit. Garnier, t. XXXVI, p. 48.) Et le 6 octobre, à Thieriot : « Je suis très fâché qu'on ait imprimé ces *Réflexions d'un seigneur polonais* sur l'*Histoire de Charles XII*, et le seigneur polonais doit n'en être pas trop content. » (*Ibid.*, p. 162.) Voir [Poniatowski], *Remarques d'un seigneur polonois sur l'Histoire de Charles XII, roi de Suède, par Monsieur de Voltaire*. La Haye, 1741, in-12.

vêtu et vivant à l'orientale, mais se révélant au moral un
véritable Asiatique, il était parvenu à exercer un étrange
ascendant sur le sultan Ahmed III et n'avait cessé d'agiter
de cabales le sérail, dont même il força le secret. De ces
louches et patientes machinations, plus que quiconque
le grand vizir Chourli Ali avait su quelque chose, lui
dont Poniatowski s'était appliqué, pendant quatorze mois,
afin de le mieux perdre en servant Charles XII, à gagner
l'affection, les faveurs, et qui chargé d'aller, au nom du
grand seigneur, complimenter le roi de Suède, avait
été étranglé, à 20 lieues de Bender, par ordre de son
maître, grâce aux bons offices de l'étranger reconnaissant (1).

Bien que Poniatowski eût fait presque coup sur coup
deux autres voyages en France, pour ne prendre définitivement congé de Louis XV qu'au mois de mai 1742, tout
donne à penser qu'il ne reparut plus à Lunéville. La confiance ne pouvait renaître dans le cœur de Leszczynski.
Ces deux hommes, qui avaient traversé en commun d'extraordinaires aventures, dont les noms étaient associés à
jamais pour l'histoire, n'avaient plus rien à se dire. Le
meurtre d'Adam Tarlo allait du reste augmenter l'éloignement du duc-roi pour le beau-frère des princes Michel
et Auguste Czartoryski, devenu bientôt le chef incontesté
de la *Famille*.

(1) « L'insinuation réussit partout : il ne paraissait vêtu qu'à la
turque ; il se procurait toutes les entrées.... C'était une chose bien
surprenante de voir un chrétien, un Polonais, un agent sans caractère d'un roi suédois réfugié chez les Turcs, cabaler presque ouver-
tement à la Porte contre un vice-roi de l'empire ottoman, qui de plus
était agréable à son maître. » (*Hist. de Charles XII*, livre v.)

Dans ses *Remarques* (p. 72-73), Poniatowski avoue, avec un tran-
quille égoïsme, la trame qu'il a ourdie contre le grand vizir, reconnaissant que celui-ci n'avait rien négligé pour l'obliger. Dans sa
Relation (p. 66), il conclut que ce fut là une entreprise « heureusement terminée ». — Voir St. Mnémon, *op. cit.*, p. 58-88, « Stanislas
Poniatowski en Orient ».

Un hôte que François-Maximilien Ossolinski ne voyait pas sans déplaisir séjourner à Lunéville, c'est Grégoire Orlick (1).

A lire, d'après la *Chronologie historique militaire*, ses états de service, ce personnage apparaît simplement comme un officier dont la valeur justifie la brillante carrière. Ayant obtenu en 1734 du roi de France une commission de lieutenant-colonel réformé, il est à Philippsbourg et sur le Rhin. Employé en 1741 à l'armée de Westphalie et en 1742 à celle de Bohême, combattant en 1744 sous Ségur, en 1745 et 1746 sous Condé, il prendra part aux sièges de Mons, de Charleroi, de Namur ; se trouvera à Raucoux et à Lawfeld. Brigadier en 1745, propriétaire du régiment Royal-Pologne infanterie levé, nous l'avons vu, par ses soins en 1747 (2), devenu maréchal de camp en 1748, il combat à Rosbach, est blessé à Bergen. Promu lieutenant général quelques jours après cette action, le 21 avril 1759, Orlick meurt le 29 novembre suivant, non sans avoir encore figuré à Minden (3). Créé comte en 1753, marié à Louise-Hélène Le Brun de Dinteville (4), il était chevalier de Saint-Louis et commandeur de l'ordre suédois de l'Épée.

En réalité, le métier des armes n'absorba chez cet homme que la moindre partie d'une prodigieuse activité. A cette vie avouée s'en superpose une autre, presque en tout ignorée jusqu'ici et non la moins remplie.

Pierre-Grégoire Orlick de Laziska était né vers 1698 en

(1) Il est à remarquer que, ce nom n'étant pas slave, le *c* ne se prononce pas. Les Polonais écrivent en conséquence *Orlik*. Nous maintenons la forme originale.

(2) Cf. *suprà*, p. 179.

(3) Cf. PINARD, *op. cit.*, t. V, p. 636-637.

(4) Fille de Guillaume Le Brun, marquis de Dinteville, brigadier des armées du roi, et d'Élisabeth Quentin de La Vienne. Dame de la Croix étoilée, Mme Orlick mourut à Paris, le 12 décembre 1775, dans sa 67e année.   14

Ukraine (1), où son grand-père, originaire de Silésie, s'était fixé au commencement du xviie siècle. Son père est ce Philippe Orlick qui, secrétaire de Mazeppa, avait succédé dans son commandement au légendaire hetman des Cosaques, puis, déchu après Poltawa pour avoir lié sa fortune à celle du roi de Suède, avait joué un rôle important durant la guerre russo-turque de 1711, pour se réfugier en 1714 à Stockholm avec sa famille (2) et s'installer enfin à Salonique en 1718. C'est dans ces conditions que Grégoire avait terminé ses études à l'Université de Lund, puis fait comme volontaire ses premières armes sous Charles XII. Entré dans le régiment de la garde de Saxe, capitaine en 1725, il ne tardait pas à passer en Pologne, où il devenait aide de camp du grand général de la Couronne.

Mais il n'était pas en vain le fils du remuant hetman qui, après avoir contribué avec Poniatowski à la perte du grand vizir, partisan de la Russie, des bords de la mer Égée ne cessait, par lettres et manifestes, d'exciter les Cosaques zaporogues demeurés fidèles à secouer le joug moscovite. Il avait la passion de l'intrigue.

En novembre 1729, après la séparation de la diète de Grodno, nous voyons donc Orlick ouvrir avec une imperturbable ardeur la série de ses tractations secrètes, en venant, sous un nom d'emprunt, non seulement essayer d'intéresser la cour de France à la situation de son père exilé, mais, de l'aveu du primat Potocki et de l'ambassadeur de Frédéric de Hesse, exposer dans quelles conditions pourrait être envisagé, grâce à des diversions opportunes

(1) FARGES (op. cit., t. II, p. 29), qui consacre à Orlick une brève notice, le dit d'origine lithuanienne. Nous avions à tort, au cours de nos précédents travaux, donné foi à cette assertion d'une publication de caractère officiel.

(2) Philippe Orlick eut trois fils : Pierre-Grégoire, Jacques, filleul de Charles XII, mort en 1716, et Alexandre.

opérées par les Turcs, les Tatares et les Cosaques, le rétablissement de Leszczynski. Il avait en même temps gagné
Chambord et là, sans peine, on le devine, éveillé une
curiosité confiante (1). Durant près de sept années, Orlick
n'allait plus cesser d'être intimement mêlé à l'affaire de la
Succession de Pologne.

C'avait été, de 1730 à 1732, diverses missions occultes
en Turquie et en Crimée. Prétendu sieur de La Motte, il se
rend à Marseille, à Stamboul, à Smyrne. Il confère avec
le khan des Tatares, Kaplan Ghiraï (2). Auguste II mort,
la Pologne s'ajoute à son champ d'action. Varsovie est,
tant à l'aller qu'au retour, une des étapes d'un troisième
voyage à Constantinople (3). Il s'agit cette fois d'un certain M. Hag des dépêches confidentielles (4). Le 22 août

(1) « Nous sommes très disposé », écrivait Louis XV à son ambassadeur à Constantinople, le marquis de Villeneuve, le 18 février 1730,
« à donner au général Orlick quelque soulagement dans son état.
Son fils est venu à la cour de Chambord. Il montrait même quelque
dessein d'aller trouver son père. Je vous manderai dans la suite le
parti qu'il aura pris. » (Arch. Aff. étr., Turquie, vol. 81.)— « Il est
venu avec des projets de me fournir cent mille Cosaques », rappellera
plus tard Stanislas. Lettre à Hulin, de Lunéville, 25 juillet 1737 (n° 9
de notre édition, p. 67).

(2) Un « Détail des voyages que j'ai faits pour le service du Roy
depuis 1729 jusqu'en 1736 », dressé par Orlick et conservé aux Arch.
Aff. étr. (Turquie, vol. 90), permet de suivre presque pas à pas l'infatigable négociateur. Le 1er mars 1730, Orlick quitte Paris, après un
séjour de trois mois, pour s'embarquer à Marseille vers Constantinople. Il en repart le 4 octobre 1731 et va s'embarquer à Smyrne. En 1732,
à Marseille, il quitte de nouveau la France pour l'Orient. Revenu à
Smyrne, il y demeure trois mois, puis le 12 juin gagne par terre Constantinople, d'où, un mois plus tard, il se rend en Crimée. Il est porteur d'une lettre de Louis XV pour le khan, qui, le 1er novembre, lui
confie sa réponse, rapportée par la même voie détournée qu'à l'aller.

(3) C'est le 6 mars 1733 qu'Orlick partait pour Varsovie afin de
mettre l'ambassadeur français, le marquis de Monti, au fait des dispositions de la Porte. De Varsovie, Monti l'envoie le 19 du même mois
à Constantinople. Il retourne le 3 mai à Varsovie, qu'il quitte le 23
pour aller rendre personnellement compte à Fleury de ses pourparlers.

(4) Hag ou Haag. Cf. *Troisième traité de Vienne*, p. 134-135.

1733, Orlick reprend de France le chemin de la capitale polonaise. Mais avec quelle grave responsabilité. Il protège et guide Stanislas allant tenter la chance au camp de Wola (1). Et voici que, le 20 septembre, un prétendu gentilhomme livonien appelé Barthel apporte, en pleine nuit, à Versailles, la nouvelle de la réélection du roi : il n'est autre encore que l'infatigable Orlick (2). L'officieux agent

(1) « Pendant lequel voyage, écrit Orlick, je souffris une fatigue extrême d'esprit et de corps, en courant le risque de ma liberté et de ma vie. Le roi de Pologne me permit de garder le restant de l'argent du voyage : 3.300 livres. » — Détail nouveau à ajouter à ceux que nous avaient fournis les documents officiels, obscurs à dessein et pleins de réticences (cf. *Troisième traité de Vienne*, p. 141-142) : Orlick était donc, ainsi que le jeune d'Andlau, l'une des trois personnes qui, du 22 août au 8 septembre, accomplirent avec Leszczynski la mystérieuse course de Berny à Varsovie. C'est lui qui en assuma la direction, et c'est avec lui, non avec d'Andlau, qu'il faut confondre certain compagnon du roi parlant jusqu'à huit langues. « M. d'Orlick », écrivait en effet, le lendemain même du départ, Monti à Fleury, « M. d'Orlick est un officier de courage, qui parle toute sorte de langues et particulièrement le polonais et l'allemand comme s'il était né dans le pays, qui connait toute la Basse Allemagne et la Pologne sur le bout de son doigt». Dans un « État des choses à préparer pour le départ du roy Stanislas » (Arch. Aff. étr., Pologne, vol. 201), sont mentionnées des « épées de défense, pour M. Hag ». Le comte d'Argenson, recommandant en 1741 Orlick à la bienveillance de Louis XV, est très explicite : « Lorsque le roi Stanislas traversa incognito une grande partie de l'Allemagne pour se trouver à Varsovie au moment de l'élection, M. d'Orlick eut de la part du ministère la marque de confiance d'être chargé de la conduite de ce prince, à qui il fit éviter tous les obstacles qu'il pouvait rencontrer sur sa route, et il se rendit à Varsovie au temps marqué, fait dont j'ai été aussi témoin... »

(2) « Le 12 septembre, M. le marquis de Monti m'expédiant pour porter l'importante nouvelle de l'élection du roi de Pologne, je partis le même jour de Varsovie, à six heures du soir. J'arrivai le 20 à dix heures et demie de nuit. J'eus le bonheur de rendre compte au roi et à la reine du voyage du roi de Pologne et de son élection. Leurs Majestés et Son Éminence me témoignèrent une grande satisfaction des services que je leur avais rendus. » De son côté, dans sa lettre à Louis XV précédemment citée, Argenson le rappelle : « ...Ce fut lui qui apporta à la cour de France la nouvelle de l'élection du roi de Pologne, que l'on attendait avec impatience... » — Qu'il ne faille plus voir désormais dans le Livonien Barthel dont les contemporains

ne s'accorde pas de repos. A peine Stanislas s'est-il enfermé dans Danzig, qu'il y paraît lui-même (1), pour bientôt retourner en Turquie afin d'y travailler , selon la combinaison qui lui est chère, à fomenter la guerre entre la Porte et la Russie, tout au moins à arracher au grandseigneur la permission pour son père d'aller se mettre à la tête de ses Cosaques, prêts, dit-il, à accourir au secours du rival malheureux d'Auguste III. Il sera derechef reçu et entendu par le khan (2). Au lendemain des Préliminaires de Vienne, sur la fin de 1735, c'est à Orlick que Fleury confie la tâche ingrate d'aller à Kœnigsberg, conjointement avec l'abbé Langlois, décider Stanislas à l'abdication (3). C'est lui qu'en 1736 le cardinal dépêche en Autriche, afin

vantèrent la prouesse (il n'avait mis que huit jours pour accourir de Varsovie), dont l'arrivée aussi causa tant de joie à la famille royale (cf. *Troisième traité de Vienne*, p. 148), et dans Orlick qu'une seule et même personne, cela ne nous paraît pas douteux. L'avocat BARBIER, qui ne donne pas dans son *Journal* le nom de l'envoyé et que l'on eût pu supposer inexactement renseigné, ne consigne-t-il pas, approchant au contraire de la vérité : « C'est un gentilhomme suédois qui était très attaché au roi Stanislas, et qui, de Chambord, faisait très souvent des voyages en Pologne, uniquement pour lui rendre compte de ce qui s'y passait »? Il y a plus. Orlick, qui avait ensuite gagné Chambord, où Catherine Opalinska se trouvait encore avec Hulin, nous apprend que, le 15 octobre suivant, il fut dépêché à Danzig. Or, le 27, Stanislas d'écrire de cette ville à Hulin (lettre nº 1 de notre édition, p. 54) : « Barthel est revenu et m'a dit l'agréable nouvelle de vous avoir laissé à Chambord... » Ici, la preuve est faite.

(1) Cf. la note précédente. — Orlick repartit de Danzig dès le 19 novembre, chargé par Monti de faire valoir à Versailles l'utilité d'une invasion de la Saxe par les troupes françaises.

(2) C'est le 1er février 1734 qu'il se mit en route. Embarqué à Toulon, il quittait le 12 mars Constantinople pour la Crimée et en revenait le 12 décembre. Les lettres de créance de Louis XV à Orlick auprès du khan sont datées de Marly, 1er janvier 1734. Le 13 mars 1735, du lazaret de Marseille, Orlick expédie à Fleury un long mémoire sur les affaires de Turquie, auquel il joint une lettre du khan au roi. (Arch. Aff. étr., Turquie, vol. 87.)

(3) Il part de Versailles le 30 octobre 1735 ; quitte Kœnigsberg le 12 décembre. Sur cette mission, voir *Troisième traité de Vienne*, p. 342 et s.

d'y veiller à différents arrangements relatifs à la cession de la Lorraine (1).

Pour cette affaire manquée de la restauration de Leszczynski, Orlick, si l'on totalise les chiffres que lui-même a notés de ses différents itinéraires, n'avait pas accompli moins de 7.830 lieues par terre et 4.260 par mer. Ses pérégrinations avaient coûté à la France exactement 51.454 livres.

Tant de peine prise pour sa cause méritait une récompense de la part de Stanislas. Le roi de Pologne était encore en Prusse, que Fleury s'inquiétait de la charge qui serait réservée en Lorraine à son négociateur. Mais le caractère aussi indépendant qu'ombrageux d'Orlick, sa soif d'aventures, le disposaient mal à accepter des obligations sédentaires. Il se rendait également compte que Stanislas lui gardait rancune de son intervention de Kœnigsberg et, quoi qu'il fît désormais, le tiendrait en suspicion. En chemin pour le retour, de Bütow, dans la Poméranie brandebourgeoise, n'écrivait-il pas au cardinal, avec une susceptibilité peut-être excessive : « Il serait donc indigne de moi d'aller manger le pain de grâce du prince qui me regarde toujours avec des préjugés aussi peu conformes à ma façon de penser, et je préférerai plutôt mendier mon pain, que de dégénérer des principes où je suis élevé. D'ailleurs, Monseigneur, on connaît mon attachement pour vous. Avec les préjugés que Leurs Majestés Polonaises ont contre moi, conviendra-t-il que j'aille suivre une cour qui me regardera comme votre espion ? »

Quand Stanislas lui offre, depuis Lunéville, une place

(1) Orlick entreprit ce voyage de Vienne le 12 janvier 1736. Ayant à son retour reçu l'ordre d'aller retrouver Stanislas, qui avait officiellement abdiqué le 27 janvier, et de le tenir au courant des négociations, il rejoignait le prince à Angerbourg (cf. *suprà*, p. 33, n. 2) le 30 mars.

d'exempt de ses gardes du corps (1), Orlick refuse de même et se contente d'accepter une pension (2).

Ce n'est pas à dire que le fils de l'ancien hetman eût de ce moment renoncé à son projet favori du ferme rétablissement de Leszczynski. Il n'a pas cessé d'estimer désirable l'intervention des Cosaques, chez lesquels on le retrouve dès 1737, cherchant, une fois de plus, à les mettre en branle (3). Une brouille très vive, encore que passagère avec le duc-roi (4), n'empêche pas davantage Orlick de se proposer, en 1741-1742, pour courir soit à Stockholm, soit à Danzig, s'aboucher avec les Stanislaïstes et les inviter à une confédération générale qu'appuierait un débarquement des forces suédoises. Mais Dresde effrayée obtint, sinon l'arrestation qu'elle réclamait de Fleury, du moins une injonction formelle à Orlick de ne pas partir (5). Ce fut là, croyons-nous, le terme de ses intrigues.

Dans l'intervalle de ses entreprises et de ses campagnes, revenait souvent à Lunéville cet officier, vantard sans doute, mais si brave, qui sut agiter l'âme de Stanislas de sentiments extrêmes : gratitude émue et colère indignée, brûlants espoirs et pires découragements. Alors, que devait-il penser des mesquines passions des courtisans, des impromptus aux belles marquises ou des puérilités d'un Panpan Devaux, le fougueux enfant de l'Ukraine, qui, outre le latin, le grec, le polonais, le suédois, le fran-

(1) « Je vous prie de dire ... à Orlick que je le fais exempt de mes gardes du corps, à condition qu'il vienne sur-le-champ exercer sa charge et qu'il cesse de faire son petit ministre. » Stanislas à Hulin, 11 avril 1737. (Lettre nᵒ 3 de notre édition, p. 59.)

(2) A la mort d'Orlick, sa veuve fut elle-même portée pour 1.000 livres sur l'état des pensions accordées par le roi de Pologne.

(3) Orlick à Fleury, 29 décembre 1736. (Arch. Aff. étr., Pologne, vol. 226.) En mai suivant, Orlick gagnait une fois de plus l'Ukraine.

(4) Voir à ce propos la curieuse lettre écrite par Stanislas à Hulin le 25 juillet 1737. (Nᵒ 9 de notre édition, p. 67-68.)

(5) Cf. H. Zdzitowiecka, *op. cit.*, p. 92-97.

çais et l'allemand, parlait comme sa langue propre le turc
et le tatare ; qui avait failli être assassiné, entre Smyrne
et Constantinople, par des voleurs de grand chemin,
enlevé dans les déserts séparant la Crimée de la Bessara-
bie, englouti par une tempête sur les côtes de Négrepont ;
ce faux La Motte, ce faux Hag, ce faux Barthel, vrai Fré-
goli de la diplomatie secrète, différemment apprécié des
ministres et des ambassadeurs (1), un moment terreur
d'Auguste III et de qui la Russie mit longtemps la tête à
prix (2)? Combien au château de Stanislas se doutaient de
telles péripéties, soupçonnaient cette étrange existence ?
Et pourtant, il nous semble, à chacune des apparitions,
toujours brusquées, d'Orlick, sorte de « condottiere politique (3) » attardé dans le xviiie siècle. sentir passer sur la
petite cour, volontiers somnolente, un peu du libre vent
des steppes.

Amenant avec lui un jeune parent, qu'il fit inscrire
le 8 à l'École des cadets, Stanislas Konarski arrivait
à Lunéville au début de mars 1747 (4). Il y fut témoin

(1) Il avait la confiance de Fleury, de Chauvelin, de Monti et de
Villeneuve. Plus tard, le comte d'Argenson et le marquis de Lanmary,
ambassadeur de France à Stockholm, en firent grand cas. Mais, au
même moment, l'envoyé extraordinaire à Dresde, Des Alleurs, lui
est beaucoup moins favorable.

(2) De l'affirmation d'Argenson, elle l'était encore en 1744. —
« Vous savez la haine implacable de la cour de Russie contre notre
famille », écrit Orlick à Fleury le 14 avril 1736.

(3) Le mot est de K. WALISZEWSKI, *Potoccy i Czartoryscy, 1734-
1763* (Les Potocki et les Czartoryski). Voir t. I (Cracovie, 1887, in-8°),
p. 21-22.

(4) Le dernier des onze enfants de Georges, castellan de Zawichost,
et d'Hélène Czerminska, Jérôme-François Konarski, qui devait prendre
en religion le prénom de Stanislas sous lequel il est connu, naquit à
Zarczyce, palatinat de Cracovie, le 30 septembre 1700. Entré à l'âge
de neuf ans comme élève chez les piaristes, puis l'un de leurs professeurs à Podoliniec, il prononça ses vœux le 29 août 1718. Il mourut
à Varsovie, le 3 août 1773. — On trouvera en tête du choix d'écrits
politiques de Konarski (*Wybór pism politycznych*) édité par Ladislas

de la mort de Catherine Opalinska, décédée le 19. Il dut
suivre le convoi de la princesse, à laquelle le liait une
ancienne et respectueuse amitié ; et sans doute revint-il
assez tôt, après un séjour de plusieurs semaines à Paris,
pour assister au service solennel célébré le 19 mai à Notre-
Dame de Bon-Secours de Nancy, en présence du chancelier et des corps de l'État. De toute façon, il était de retour
à Lunéville le 25, puisque nous l'y voyons, ce jour-là,
recourir aux offices d'un notaire (1).

Chroniqueurs et historiens locaux sont muets sur ce
passage en Lorraine de l'illustre piariste, une des plus
belles, des plus pures figures dont s'honore la Pologne.
A Versailles, le duc de Luynes, si minutieux, si averti,
semble n'avoir eu lui-même qu'une très vague idée des
mérites de l'étranger, quand il note : « Il y a ici un Polonais que l'on appelle Konarski ; la Reine dit que c'est un
homme de grande condition. ...C'est un homme d'une
taille médiocre, qui paraît avoir environ 40 ou 50 ans, un
caractère fort sérieux et même triste ; il voyage beaucoup
et l'on prétend qu'il se mêle de beaucoup de choses (2). »

Ce voyage, accompli pour raison de santé, paraît-il (3),
n'était pas le premier que Konarski effectuait en France.

Konopczynski pour la *Bibljoteka narodowa* (Bibliothèque nationale),
série I, nᵒ 35, outre une courte mais substantielle notice biographique,
une liste des principales œuvres du réformateur et des plus récents
travaux le concernant.

Ignace Konarski (cadet nᵒ 90) n'a pu être identifié, même à l'aide
des papiers de la famille. Le seul Ignace dont les documents fassent
mention pour cette époque est un frère aîné du piariste. Encore
s'appelait-il Stanislas-Charles et Ignace n'était-il qu'un nom monas-
tique. Il était né en 1695 et en aucune manière il ne saurait s'agir
de lui.

(1) « Procuration par le Révérend Stanislas Konarski à... *(en blanc)*
à l'effet de régir ses affaires. » Thiriet et Galland (aujourd'hui étude
Galand). Cf. Arch. M.-et-M., C. 1.982, fol. 7, nᵒ 4.

(2) Luynes, *Mémoires*, t. VIII, p. 199, n. 1.

(3) *Ibidem.*

En 1729-1730, atteignant la trentaine, depuis longtemps
professeur distingué, mais toujours désireux de s'instruire,
il avait fréquenté la Sorbonne. Secrétaire de Georges
Ozarowski, envoyé officiel des Stanislaïstes (1), il avait,
en 1735, résidé à Saint-Cyr auprès de la reine de Pologne,
et dans les conférences orageuses auxquelles il participa,
travaillé de tous ses moyens à ce que les ministres de
Louis XV sauvegardassent les intérêts de Leszczynski et
remplissent les engagements formels pris envers son
pays (2).

Homme d'étude et homme d'action, Stanislas Konarski
revenait, cette fois, avec les titres les plus sérieux à la
notoriété. Auteur d'élégies latines en l'honneur de la
Sainte-Vierge (3), il n'a pas que rédigé une grammaire
latine qui en est déjà à sa troisième édition (4), traduit
en vers polonais l'*Othon* de Corneille (5), ou, comme
Joseph Zaluski, de qui le rapprochent la multiplicité et
la variété des productions, abordé l'art dramatique avec
un *Épaminondas* donné précisément au public cette
année 1747 (6). Son recueil des lois et constitutions de la

(1) Cf. *suprà*, p. 186.

(2) A la mort d'Auguste II, Konarski n'avait pas été sans hésiter
quelque peu sur le parti à prendre. Enfin décidé à soutenir Leszczynski,
il l'avait fait avec persévérance et fidélité, composant différents écrits
de circonstance qui se distinguent des nombreuses productions
similaires par leur chaleureuse logique. Citons entre autres un
*Exposé des raisons et motifs qui militent en faveur de l'élection de
Stanislas comme roi* et une *Lettre aux amis...* (1733, en polonais).
Ses *Epistolæ familiares sub tempus interregni* avaient, la même
année, défendu la libre élection contre la pression des cours étrangères. — BIEGELEISEN a consacré, dans la *Biblioteka warszawska*,
1883, t. IV, un article à « Konarski diplomate ».

(3) Varsovie, 1723-1724, in-12.

(4) *Grammatica latina*. Varsovie, 1741, 1742 et 1743. — *Grammatica
latina ad usum juventutis, editio correctior*. Varsovie, 1752. —
Grammatyka lacinska. Wilno, 1759.

(5) Varsovie, 1744, in-4°.

(6) Varsovie, in-4°.

Pologne, connu sous le nom de *Volumina legum*, est un monument aussi remarquable qu'imposant (1). Aussitôt sa mission diplomatique terminée, il s'est voué de toute son ardeur aux réformes pédagogiques, si nécessaires dans la République, où l'instruction de la noblesse, abandonnée presque entièrement aux jésuites, laissait beaucoup à désirer. Joignant l'exemple à la théorie, il a fondé à Varsovie, en 1740, le *Convictus* ou *Collegium nobilium* de Jolibord, dans lequel jusqu'en 1832 tant d'esprits les plus éminents de la Pologne reçurent une direction (2).

Institutions se complétant l'une l'autre, le Collège de Konarski, l'École des cadets de Stanislas réalisaient ainsi presque simultanément un progrès incontestable dans la formation de la jeunesse polonaise. Combien, dès lors, le piariste s'intéressa sur place au fonctionnement de l'Académie de Lunéville ; quelles idées en matière d'éducation durent échanger les deux novateurs, on peut le supposer (3).

Bien curieuse est d'ailleurs la présence dans une cour dévouée aux jésuites et où, à cette époque, l'influence de l'exubérant P. de Menoux restait encore prépondérante, du religieux austère et concentré qui fut pour les fils de saint Ignace et leurs méthodes traditionnelles un si rude adversaire, soit qu'il défendît contre les prétentions de la Compagnie le collège des piaristes de Wilno, soit que, s'en prenant à un langage trop fleuri et à un goût discu-

(1) *Leges, statuta, constitutiones, privilegiæ regni Poloniæ... a comitiis Wisliciæ 1347 celebratis usque ad ultima regni comitia.* Varsovie, 1732-1739, 6 vol. in-fol.

(2) Fixé à Cracovie en 1736, puis à Rzeszów en 1738, enfin à Varsovie, passant à Wilno, à Lwów, à Lublin, allant à Rome, à Dresde, partout Konarski montra dans cette tâche une activité infatigable. Il veillait aux programmes, aux manuels, cherchait et recueillait des fonds.

(3) En 1754, Konarski publiera à Varsovie un *De viro honesto et bono cive ab ineunte ætate formando oratio.*

table, il ait mené campagne pour la pureté de l'éloquence (1).

Mais les réformes politiques ont également préoccupé au plus haut point Konarski. Autre sujet tout indiqué d'entretien pour le roi et son hôte. Comment n'auraient-ils pas, par exemple, agité avec complaisance la question du *liberum veto* (2)? Après que Stanislas Szczuka eût répandu en 1709 son *Eclipsis Poloniæ* (3) et avant que Konarski à son tour n'entamât la lutte par le mordant *Discours d'un gentilhomme campagnard à son voisin sur les circonstances actuelles* (4), l'oncle du roi, le père de la duchesse Ossolinska, avait été, avec le *Skrupul bez skrupulu* (5), un des premiers à entrer en lice. Dans le portefeuille du duc-roi dort une œuvre manuscrite établie sur les notes rassemblées par Tercier et Solignac durant le siège de Danzig et qui deux ans plus tard, en 1749, va paraître antidatée : le *Glos wolny* ou *La voix libre du citoyen* (6). Ce n'est pas qu'on doive s'attendre à trouver dans ce livre pleine communauté de vues entre Leszczynski et Konarski. Le neveu s'y montre plus timide que ne

(1) *De emendandis eloquentiæ vitiis liber*. Varsovie, 1740, in-8°.

(2) Voir sur celle-ci le beau travail de Ladislas Konopczynski, *Liberum veto. Studyum porównawczo-historyczne*. Cracovie, 1918. gr. in-8°.

(3) Ou *Zacmieniu Polski*.

(4) *Rosmowa pewnego ziemianina ze swoim sonsiadem...* Varsovie, 1733.

(5) Cf. *suprà*, p. 20.

(6) Sur cet ouvrage, les conditions dans lesquelles il parut et ses différentes éditions jusqu'en 1898, voir notre *Troisième traité de Vienne*, p. 175, n. 3. [Ajouter l'édition polonaise de M. St.-K. Bukara, Wilno (?). 1790.] — Alexandre Rembowski a donné depuis une nouvelle édition du *Glos wolny* (Varsovie, 1903, in-8°), d'après le manuscrit autographe conservé à la Bibl. Krasinski [n° 453 (2.965)]. Ce dépôt possède aussi [n° 454 (3.518)] l'exemplaire ms., avec vignette à la plume, qui probablement servit de modèle pour la soi-disant impression de 1733.

l'avait été le palatin de Russie. « O *veto, veto* », s'était
écrié Jean Jablonowski, « toi qui ne sers que pour le
mal, quand comparaîtras-tu enfin devant le tribunal de
Dieu, et quand comprendra-t-on que par ton seul nom —
ici l'auteur de risquer un intraduisible jeu de mots — tu
es déjà un malheur. *Var to* (1) ! » Timide, Stanislas l'est
infiniment plus que, dans son traité des moyens infailli-
bles pour établir des réformes dans les diètes en abolis-
sant le *liberum veto,* écrit révolutionnaire, gros d'influence — du moins par les adhésions de principe qu'il
suscita, car, pour ce qui est des réalisations, bien peu,
toujours, qui ne reculassent, — ne devait par la suite se
montrer Konarski, adversaire impitoyable de la formule
néfaste (2). Leszczynski ne s'en prend pas au droit à la
fois exécré et chéri dont jouit tout citoyen de rompre une
diète par sa seule opposition, et au moyen de quatre lettres magiques de paralyser la République. Il considère
le *liberum veto* comme intangible. Il y voit le symbole
des libertés polonaises ; l'honneur de la noblesse ; qui
sait ? même en certaines occurrences le salut de la nation (3). Le pensait-il vraiment, le roi qui, en 1733, avait
manqué de subir personnellement l'exorbitante entrave
du *veto*, par la boutade d'un simple gentilhomme volhy-
nien (4), et ne se rendait-il pas compte, au contraire, que
ce qui résultait de cette indépendance de chaque particulier consacrée par les lois de la Pologne, c'était en
réalité, comme le remarque Montesquieu, l'oppression de
tous (5) ? Mais une égoïste prudence le conseille. En can-

(1) *Biada to*, malheur cela.

(2) *O skutecznym rad sposobie.....* Varsovie, 1761-1763, 4 vol.

(3) Cf. Konopczynski, *Stanisław Konarski*, p. 22-23.

(4) *Troisième traité de Vienne*, p. 145.

(5) « L'indépendance de chaque particulier est l'objet des lois de la
Pologne, et ce qui en résulte, l'oppression de tous. » (*De l'esprit des
lois*, l. xi, ch. 5.) En note de ce passage, l'éditeur précise : *Inconvé-*

didat prévoyant, il a dicté à ses collaborateurs leur réserve. Il n'aurait garde de s'exposer à perdre sa popularité. Il ménage des électeurs éventuels. Il n'est pas donné à tous, fût-ce à un roi deux fois détrôné, de se prononcer avec la claire franchise et le courageux désintéressement d'un Stanislas Konarski.

Pourvu de quelques subsides (1), Konarski ne s'éloigna pas de Lunéville sans espoir de retour. Plusieurs autres absences le retiendront hors de Pologne ; à deux reprises notamment il reverra l'Italie. Mais bientôt les Duchés vont lui être moralement interdits. Favorable aux Lubomirski, ayant pris position, après 1753, dans l'affaire de « l'ordination d'Ostrog » (2), à l'encontre des sympathies de Louis XV, il s'aliénera la cour de France, dont il perd une pension, et par contre-coup la cour de Lorraine.

C'est la raison sans doute pour laquelle le piariste ne fit pas partie de l'Académie de Nancy. Sans ce conflit, Konarski aurait été dès sa création un associé étranger tout indiqué au choix de Stanislas, n'eût-il eu même à l'appui de sa candidature que certain *Carmen in adventu Stanislai I ad regiam Ludovici XV* (3). Dans ce poème

nient du *liberum veto*. L'*Esprit des lois* est de 1748. Déjà dans les *Lettres persanes* (1721), Montesquieu avait dit : « ...Voici ceux [les historiens] du Nord et entre autres de la Pologne, qui use si mal de sa liberté et du droit qu'elle a d'élire ses rois, qu'il semble qu'elle veuille consoler par là les peuples ses voisins, qui ont perdu l'un et l'autre. » (Lettre 136.)

(1) Konopczynski, *op. cit.*, p. 12.

(2) Voir *supra*, p. 87, n. 2.

(3) *Carmen in adventu serenissimi et potentissimi Stanislai I, regis Poloniæ, magni ducis Lithuaniæ, et ducis Lotharingiæ et Bari, ad regiam Ludovici XV, anno 1747, 20 aprilis.* Paris, Le Breton, 1747, 9 pp. in-4°. En-tête de J.-M. Papillon, 1743. Approbation de Crébillon du 25 avril ; permis d'imprimer du 1er mai. Édité également la même année comme : *Carmen epicum de Stanislai Leszczynski virtutibus.* Cette pièce se retrouve dans le recueil des *Opera lyrica* de Konarski (Varsovie, 1767, in-16 ; cf. édit. Andraszek, 1826) sous ce titre : *Carmen in adventu ad regiam versaliensem Stanislai I regis Poloniæ, ducis Lotharingiæ, post mortem reginæ uxoris. Anno 1747*mo.

de 292 vers, d'une facture élégante mais de contenu assez pauvre, l'auteur célèbre la venue à Versailles, où lui-même se trouve depuis quelques jours, du mari de Catherine Opalinska, installé le 20 avril 1747 au soir à Trianon pour y rester jusqu'au 7 mai. Assemblés au château de Chanteheux, sous la présidence de Jupiter, les dieux discutent des moyens d'alléger le chagrin que ressent Sa Majesté Polonaise de son récent veuvage. Mars, Minerve, Diane, les Nymphes, la déesse des bâtiments,

> pulcherrima Glyphe
> .Edibus ac templis divum dea nata struendis,

donnent successivement leur avis, et l'on devine quel il peut être. C'est Junon qui voit juste. La meilleure consolation, Leszczynski la trouvera chez son auguste fille, auprès de son gendre et de ses petits-enfants (1).

De ce lyrisme mythologique peu de choses à retenir. La description même de Chanteheux, par laquelle débute le morceau, réserve une déception. Konarski, qui a visité le fameux *Salon*, vante la superbe avenue rectiligne qui y mène et la vue dont on jouit de ses terrasses, vue si étendue qu'il se le figure construit sur une éminence, au milieu de sa vaste plaine :

> Est locus Elysiis et si qua simillima campis
> Planities. Medio placidus consurgit in arvo
> Collis. Apex collis mitissimus aspicit ingens
> Undique terrarum spatium, sata læta, Deorum
> Turres, oppida, pagorumque rubentia tecta.
> Ludentes pratis et amœnis vallibus amnes.
> Aspectus sed parte tamen magis allicit illa
> E regione domus latè quà regia fulget.

(1) L'édition collective l'explique : « Poeta incipit a descriptione Chanteux (*sic*) quæ pulcherrima domus e regione arcis Lunevillæ pro deliciis campestribus delineata et extructa magnificentissimo opere fuit a Rege Poloniæ. In hujus domus regia aula fingitur cœtus et consilium deorum de sublevando mærore ac orbitate vidui Regis. »

> It via, quà non est via lætior Appia, recta ;
> Tendit Apollineo telum non rectius arcu.
> Hâc arcem spectat, spectarique ambit ab arce
> Collis. . . . .

En termes plus recherchés que précis, il s'émerveille des harmonieuses proportions de l'édifice, de sa voûte à pendentifs, de ses stucs, de la profusion des ors et de ses statues :

> Splendida delubris atque æqua capacibus aula ;
> Invideant multum cui templa Serapidis aurum.
> Picturas vitæ similes, spirantia vitam
> Marmora, parietibus rutilans genus omne metalli.
> Fornicem, et in Pariis laquearia mixa columnis.

Il en dit le féerique éclat lorsque, aux jours de gala, la lumière des lustres, reflétée à l'infini par les glaces, semble embraser tout entière cette demeure qui, deux ans et demi plus tôt, avait fait l'admiration de Louis XV [1].

Ce qu'il faut surtout noter, c'est l'affirmation que ce chef-d'œuvre est dû au génie de Stanislas qui en dressa les plans :

> Formam operis, quæ sola daret legemque, modumque.
> Ars regis, mens regis erat. . . . .
>
> . . . .
> Rex mensus, rex descripsit, rex duxit amussim.

La consigne a été bien observée. Comme à chaque voyageur et spécialement aux hôtes de marque [2], on n'a pas manqué d'insinuer à Konarski que le maître était non

---

seulement l'instigateur mais le dessinateur des bâtiments et des parterres à travers lesquels on le promenait. Et de tous les éloges que le piariste prodigue à Leszczynski, fût-ce ceux adressés par la bouche de Mars à l'ancien compagnon de Charles XII :

> Ambo fuere mei (mihi erat nil carius illis.)
> Sarmatiæ rex et gothicus bellator, alumni.

fût-ce ceux qu'il prête à Minerve :

> Inter adoratas populis felicibus aulas,
> Quo non est, qui sceptra gerat, sapientior alter.
> Non cingit diadema caput quo doctius ullum
>
> . . . .

de tous ces éloges, aucun assurément ne dut chatouiller plus agréablement la vanité de Stanislas que ce témoignage rendu au prince bâtisseur d'avoir su être son propre architecte (1).

En quittant le précurseur de la constitution polonaise. le courageux novateur en l'honneur de qui Stanislas-Auguste fit frapper une médaille, avec cet éloge d'une si éloquente concision : *Sapere auso*, nous éprouvons une sorte de gêne à nous arrêter, pour finir, à la falote personne d'un Boruslawski.

Les pays slaves furent longtemps pour les nains, dont aimaient à s'entourer souverains et riches seigneurs, une terre de prédilection. Ils semblent avoir eu aussi, à certaines époques tout au moins, le triste privilège d'en produire en plus grand nombre qu'ailleurs. De Pologne étaient originaires plusieurs des nains qu'affectionnaient tant

---

(1) C'est aussi ce que, sur la fin de juin de cette même année 1747, écrit de Lunéville MONTESQUIEU à Maupertuis : « Vous ne sauriez croire les choses charmantes que le roi a faites dans toutes ses maisons. Il est lui-même son propre architecte, il a formé ses ouvriers et il n'y en a aucune où vous ne voyiez le génie de ce prince pour l'architecture. » (*Correspondance*, édit. F. Gebelin, t. I, p. 445.)

les Valois (1). Parmi ceux de Catherine de Médicis, se distingue le fils d'un castellan de Podlachie, Krasowski, « plein d'esprit et de savoir-faire », fort avant dans les bonnes grâces de la reine-mère, et qui, par les renseignements fournis sur sa patrie, la correspondance qu'il y entretenait avec maintes familles influentes, ne fut pas, assure-t-on, sans jouer un rôle appréciable lorsqu'il s'agit de préparer l'élection du duc d'Anjou au trône des Jagellons (2).

Au milieu du XVIII⁰ siècle, alors que la mode des nains est tombée en désuétude dans les cours occidentales, il faut venir à Lunéville, chez un monarque polonais, pour rencontrer encore, tout comme en Russie, faisant partie intégrante de la maison princière, un de ces pauvres êtres. C'est du reste Mme de Talmont qui, aussitôt qu'elle eût vu Nicolas Ferry, dit *Bébé*, descendu vers 1747 de ses montagnes des Vosges (3), s'en est, par un penchant atavique, follement engouée ; qui a décidé Stanislas à le garder près de lui ; qui en a entrepris l'impossible instruction et, s'en déclarant la protectrice, l'a imposé à l'adulation générale.

Françoise Krasinska nous apprend dans son *Journal* que ses parents, en leur château de Maleszów, se divertissaient de deux nains, dont le préféré avait, durant les repas, licence de se promener sur la table, « entre les plats et les bouteilles, comme s'il était dans un jardin » (4).

Une tante maternelle de la jeune fille, Mme Humiecka,

---

(1) Cf. Édouard GARNIER, *Les nains et les géants*. Paris, 1884, in-8⁰ : p. 100-102.

(2) Marquis DE NOAILLES, *Henri de Valois et la Pologne en 1572*, j. cit., t. I, p. 48-49.

(3) Et non en 1752 comme le dit A. BENOIT dans sa notice : *Bébé, le nain du roi Stanislas*, p. 4. Né en novembre 1741, Bébé arriva, en effet, à la cour de Lunéville à l'âge de cinq ans.

(4) Du 1er janvier 1759. — Cf. Traduction Chodzko, *loc. cit.*, t. I, p. 79.

femme d'un porte-glaive de la Couronne, possédait elle aussi son nain. Ce dernier, Joseph Boruslawski, né dans les environs de Chalicz en novembre 1739, appartenait, de même que l'officieux Krasowski, à une maison noble mais pauvre. La comtesse Tarnowska s'était d'abord chargée de son éducation, puis avait cédé l'enfant à son amie, qui le laissa jusqu'à l'âge de quinze ans dans sa terre de Rychty en Podolie, pour le faire enfin venir à Vienne, où *Joujou*, ainsi qu'il fut surnommé, eut l'honneur d'être présenté à Marie-Thérèse et de prendre place sur les genoux impériaux.

Lorsque Mme Humiecka, venant de Munich, arriva à Lunéville, le 1er décembre 1759, escortée de cet étrange familier, et qu'elle y reçut, pour tout un mois (1), l'hospitalité de Stanislas, qui voulait bien reconnaître en elle une parente éloignée (2), si blasé que l'on dût être au château sur ce genre de phénomène, par la vue journalière de Bébé, le minuscule Polonais ne fut pas sans produire une très vive sensation. Le comte de Tressan, grand maréchal des logis du roi, qui s'empressa de l'examiner, s'inquiéta des circonstances de sa naissance, des anomalies présentées par ses proches, nous explique cet admiratif étonnement par l'élogieux portrait que dans un mémoire rédigé, dès le surlendemain, pour l'Académie des sciences de Paris, dont il est l'associé, il trace du petit étranger :

Bébé, nain du roi de Pologne, n'a plus rien qui doive surprendre depuis qu'on a vu celui-ci.

(1) Elle partit, avec Boruslawski, le 30 décembre pour Paris.

(2) Anne, fille de Michel Rzewuski, palatin de Podolie, et de Françoise Cetner. Mariée à Joseph Humiecki, porte-glaive de la Couronne (1748), mort en 1754, dont elle n'eut pas d'enfant. Joseph Humiecki était frère d'Angèle, mère de Françoise Krasinska. Mme Humiecka vivait encore en 1782. C'est à elle que Thomas Aleksandrowicz a dédié sa traduction polonaise de l'*Héraclius* de Corneille (Lwów, 1759).

M. Borwslasky (1) a vingt-deux ans (2), sa hauteur est de 28 pouces ; il est parfaitement bien formé dans sa taille, la nature ne s'est point échappée, et nulle partie monstrueuse ne le défigure. Sa tête est bien proportionnée, ses yeux sont beaux et pleins de feu ; tous ses traits sont agréables. Sa physionomie est douce, spirituelle et annonce la gaieté, la politesse et toute la finesse de son esprit. Sa taille est droite et bien formée ; ses genoux, ses jambes et ses pieds sont dans les proportions exactes d'un homme bien fait et vigoureux. J'ai su, des personnes qui le servent, qu'il est en pleine puberté. Il lève avec facilité, d'une seule main, des poids qui paraissent très considérables pour sa stature.

Il jouit d'une bonne santé, il ne boit que de l'eau, il mange peu, il dort bien et il résiste à la fatigue. Il danse avec justesse, il est adroit et léger. La nature n'a rien refusé à cette aimable créature ; elle semble même avoir voulu le dédommager de son extrême petitesse par les grâces qu'elle a répandues sur sa figure et par celles qu'on découvre à tous moments dans son esprit.

Il joint aux manières les plus gracieuses des reparties fines et spirituelles, il parle très sensément de tout ce qu'il a vu, sa mémoire est très bonne, son jugement fort sain ; son cœur est sensible et capable de reconnaissance et d'attachement ; il n'a jamais montré de colère ni de méchanceté ; il est d'une complaisance extrême, mais il sent vivement tout le prix des politesses qu'on lui fait, surtout lorsqu'on lui parle comme à un homme de vingt-deux ans et avec les égards dus à un gentilhomme ; cependant il ne montre ni impatience, ni humeur à ceux qui abusent un peu de sa petitesse pour badiner ou causer avec lui comme avec un enfant.

..... Il est très instruit dans la religion catholique qu'il professe. Il lit et écrit bien, il sait l'arithmétique..... Il est d'une

____

(1) Le nom de Boruslawski est le plus souvent orthographié fautivement. On trouve encore : *Borlawski*, *Borulawski*, *Boruslaski* et jusqu'à *Borwilaski*. Les différentes éditions de ses *Mémoires* (v. *infrà*) offrent elles-mêmes cette forme impossible : *Boruwlaski*.

(2) Il venait en réalité d'entrer dans sa 21ᵉ année.

adresse extrême pour tous les ouvrages qu'il entreprend.....
En quatre mois il a appris l'allemand suffisamment pour ses
besoins, et le français assez à fond pour s'exprimer avec facilité
et en termes choisis. En un mot, il n'a rien qui tienne à l'enfance et à cette espèce de faiblesse et d'imbécilité qui, dans le
nain du roi de Pologne, se manifeste souvent et plus encore
que dans un enfant de quatre ans.

Et Tressan de poursuivre par cet impitoyable parallèle :

Bébé est dans sa vingtième année (1). Il eût reçu la meilleure
éducation, s'il eût été capable d'en profiter. Il a présentement
36 pouces de haut (2), son dos semble courbé par la vieillesse,
son teint est flétri, une de ses épaules est beaucoup plus grosse
que l'autre, son nez aquilin est devenu monstrueux, l'apophyse
nasale s'est élevée d'une façon difforme dans sa partie supé-
rieure. Son esprit n'est nullement formé ; on n'a jamais pu lui
donner une idée de la religion, ni lui apprendre à connaître
une lettre. Il n'a jamais pu faire le plus petit ouvrage. Il est
imbécile, colère, et le système de Descartes sur l'âme des bêtes
serait plus facilement prouvé par l'existence de Bébé que par
celle d'un singe ou d'un barbet.

Ce que j'ai rapporté de M. Borwslasky prouve au contraire
un esprit doux et très intelligent dans ce jeune Polonais.
J'avoue même que je n'ai jamais vu Bébé qu'avec répugnance
et une secrète horreur qu'inspire presque toujours l'avilissement de notre être. Le jeune Polonais, au contraire, plaît par
sa figure et par son esprit, il intéresse par ses sentiments, il
n'inspire enfin que l'attendrissement et le désir d'adoucir tout
ce que son sort peut avoir d'humiliant et de douloureux.

Le jeu était quelque peu cruel de mettre en présence ces
deux homoncules, si dissemblables dans leur commune
disgrâce, et d'exciter la jalousie du moins favorisé. Stanislas ne résista pas au plaisir qu'il attendait d'une pareille
confrontation. Placé en face de Bébé, Joujou s'excusa

(1) Il faut lire : sa 19ᵉ année.
(2) Plus exactement 33. Voir *infrà*, p. 235.

poliment de l'emporter en exiguïté. « Je suis fâché, Monsieur », lui dit-il, « que la nature m'ait fait plus petit que vous. Vous ne devez vous en prendre qu'au hasard. » Mais Bébé, tout contrit, de répondre sans aménité qu'il a été malade, ce qui l'a fait grandir, et de se retirer en boudant (1). « Il crève de chagrin », note un témoin, « de se voir effacé par ce nouveau petit homme, à qui le roi et toute la cour ont fait mille caresses (2). »

Les cajoleries prodiguées à Boruslawski, les gronderies de son maître, qui lui vantait l'intelligence et l'agrément de ce rival comparés à sa sottise morose de « petite machine », achevèrent d'ulcérer le cœur de l'infortuné nain. Si bien que s'étant trouvé seul avec Joujou près d'une cheminée, Bébé le prit traîtreusement à la taille et essaya de le jeter dans le feu. L'assailli sut se défendre. Averti par le bruit, Stanislas intervint à temps et fit administrer une correction au coupable (3).

Le prince et sa suite pouvaient se divertir de ces enfantillages. Mais quelqu'un qui le prit fort mal, ce fut Marie Jablonowska, outrée de voir son élève, naguère exclusivement choyé, déchu de sa misérable supériorité et désormais relégué au second rang. Furieuse, Mme de Talmont le fut plus encore quand le comte de Tressan, ayant publié sa communication à l'Académie (4), la *Gazette de Hollande* s'avisa d'en reproduire le passage le plus défavorable à Bébé (5). Au *Mémoire* du grand maréchal des

(1) DURIVAL, *Description de la Lorraine*, t. I, p. 232. — *Lettre d'une personne de Lunéville...*, citée *infrà*.

(2) Journal ms. de DURIVAL, t. V, fol. 39v° ; du 2 décembre 1759.

(3) *Mémoires* de BORUSLAWSKI, cités *infrà*.

(4) *Mémoire envoyé à l'Académie royale des sciences*, par M. le comte DE TRESSAN, associé. Nancy, veuve et Claude Leseure [1759], 19 p. in-16. Imprimé également à Paris, chez P.-Al. Le Prieur, 1760, 7 p. in-4°.

(5) *Gazette de Hollande*, 1760, n° 31 ; de Paris, 7 avril. — Cf. *Encyclopédie*, t. XI (1765), v° *Nain*.

LE NAIN JOSEPH BORUSLAWSKI A LUNÉVILLE

(Dessin de Victor de Bouillé, d'après un tableau, détruit en 1871,
du Musée historique lorrain, à Nancy.)

logis, la cousine de Leszczynski répondit par la *Lettre
d'une personne de Lunéville à un de ses amis de Paris* (1),
pages tout à fait dans la manière de l'irritable femme,
car elles manquent de mesure et Tressan, qui s'est permis
de faire tort à Bébé de 3 pouces — puisqu'il lui en donne
36, alors qu'il n'en compte que 33, — y est, par endroits,
assez vertement houspillé.

Quant aux sentiments du cœur. Bébé annonce un être raison-
nable. Flatté des louanges comme sensible aux reproches, il
connaît tout le prix de la petitesse de sa figure. Il a été touché
jusqu'aux larmes de ce que l'arrivée de M. Borwslasky lui a
fait perdre l'unité de mérite, sentiment naturel pour un cœur
sensible, qui n'a d'autre avantage que la singularité ; réflexion
douloureuse qu'aigrissaient encore des brocards injustes. Je
l'ai vu touché au point de ne vouloir prendre aucune nourri-
ture, de l'avilissement où M. de Tressan le réduit dans son
Mémoire. *C'en est fait*, ce sont ses propres paroles que j'ai
ouïes moi-même, *c'en est fait, je ne suis plus rien*, a-t-il dit ;
*le Roi ne se souciera plus de moi. Qu'ai-je donc fait à M. de
Tressan pour me dénigrer ainsi ?* De pareils sentiments
tiennent-ils du singe ou du barbet ? Qu'il serait malheureux
pour la plupart des hommes, et même des hommes en place,
si le manque d'esprit prouvait le système de Descartes sur l'âme
des bêtes. Il ne serait pas besoin de recourir à Bébé.

La comparaison entre le nain lorrain et le nain polonais est reprise, au profit cette fois du premier, « sur-
prenant par la délicatesse de ses traits et la finesse de ses
proportions.... miniature qui semble échappée des mains
de la nature ». Son nez « n'est ni monstrueux, ni difforme,
c'est un nez aquilin très bien pris, et qui lui donne
l'avantage du proverbe ». Il « n'est vieux que pour ceux
qui l'ont vu dans sa jeunesse ». Que dirait M. de Tressan

(1) *Lettre d'une personne de Lunéville à un de ses amis à Paris
au sujet du Mémoire envoyé à l'Académie des sciences par M. le
comte de Tressan, associé.* S. l., n. n., n. d., 15 p. in-8°.

« si l'on reprochait à quelqu'un de ne pas conserver dans
l'âge viril ….. la même fraîcheur que dans l'adolescence »?
Comment ne rallierait-elle pas les suffrages, la gentille
créature « qui a eu le bonheur de plaire à un roi fait
pour régner sur les cœurs par ses vertus, comme sur les
esprits par les lumières de son génie » ? Au reste, argu-
ment personnel et péremptoire :

Une princesse qui sait égaler le goût et les talents à la grandeur de sa naissance ne vient jamais faire sa cour à notre roi,
à qui elle est parente, qu'elle ne jouisse journellement du plaisir que doit causer ce prodige.

Dans son enthousiasme pour le nouveau venu, M. de
Tressan avait-il été trop sévère envers Bébé? Peu importe
ici. Ce qui est certain, c'est que, trois ans et demi plus
tard, le nain de Stanislas disparaissait en pleine décrépitude. Joseph Boruslawski, au contraire, devait mener
une existence longue et accidentée. A la suite d'une intrigue amoureuse qui le fait chasser par Mme Humiecka, il
se marie et a des enfants. Il voyage dans presque toute
l'Europe, s'exhibant et donnant des concerts. Poniatowski
le pensionne. George IV s'intéresse à lui. Il rédige, ou
fait rédiger sous son nom, des *Mémoires* (1), dans lesquels son séjour de Lunéville et ses démêlés avec Bébé,
à qui il n'a gardé aucune rancune, ne sont pas oubliés.

(1) Publiés tout d'abord simultanément en français et en anglais :
*Mémoires du célèbre nain Joseph Boruwlaski, gentilhomme polonois,
contenant un récit fidèle et curieux de sa naissance, de son mariage
et de ses voyages, écrits par lui-même. Memoirs of the celebrated
dwarf….. written by himself, translated from the french by Mr.
Des Carrières*….. Londres, 1788, in-8°. (Bibl. nat., M. 17.287 ; rectifier
GARNIER, *op. cit.*, p. 139-140.) Réédités en 1820 sous le titre : *Memoirs
of the life and travels of count Boruwlaski a polish dwarf*. Durham,
in-8°. Une traduction allemande, due à Wichmann, parut à Leipzig,
chez Weygand, en 1790 : *Leben des bekannten Zwerges J. Boruwlaski,
eines polnischen Edelmannes*. Des fragments en ont enfin été donnés,
peu après la mort du personnage, par le périodique *Przyjaciel ludu*
(L'ami du peuple), t. I, 1838.

C'est seulement le 5 septembre 1837 que, retiré depuis longtemps en Angleterre, il meurt à Durham, dont la cathédrale reçoit sa frêle dépouille, à l'âge respectable de quatre-vingt-dix-huit ans (1).

(1) Ce qui n'empêche pas le *Dictionnaire* de LAROUSSE de le faire mourir « comme Bébé, de décrépitude, avant l'âge de 30 ans ». — GARNIER, p. 152, cite les principaux portraits connus de Boruslawski. A cette liste, il y a lieu d'ajouter le portrait peint lors du passage du petit Polonais à Lunéville : Joujou, en costume de son pays, y était représenté debout sur une table, soutenu par un heiduque. Cette toile, provenant de Suster, valet de chambre de Stanislas, se voyait au Musée historique lorrain (n° 793 du *Catalogue* de 1869). Elle a été détruite dans l'incendie du Palais ducal en 1871. Victor de Bouillé en avait fait un dessin, reproduit en lithographie, chez Christophe à Nancy, avec cette légende erronée : *Bébé nain de Stanislas.*

CHAPITRE VII

Le déclin et la fin.

Bien que, à aucun moment, ses compatriotes n'y eussent
constitué la majorité, la cour de Stanislas apparaît à son
début comme une cour polonaise. Polonaise avant tout,
elle resta plusieurs années. Transplantés dans un milieu
si différent du leur, un peu perdus parmi les Lorrains et
les Français, à Lunéville ces étrangers ne pouvaient assurément pas prétendre à donner le ton. Du moins y avaient-
ils le pas sur les autres et y faisaient-ils la loi.

Que ce fût là sa volonté formelle, le prince ne s'en
cachait pas. Plusieurs fois il marqua nettement en public
cette préférence qu'il accordait aux siens et à ceux touchant aux siens. A la première grande manifestation religieuse du règne, lorsque la Fête-Dieu est célébrée à
Lunéville, le 20 juin 1737, dans l'église paroissiale, en
présence de Leurs Majestés et de tous les courtisans (1),
qui voit-on, aux côtés de l'évêque de Toul, porter proces-
sionnellement le dais? Le duc Ossolinski et Jean Wielopolski (2), deux cousins du roi: le comte de Béthune de

(1) Cf. *Gazette de Hollande*, 1737, n° 54: de Lunéville, 20 juin.
(2) Sur Wielopolski, voir *supra*, p. 69.

Pologne et, pour représenter la Lithuanie, un Pociej (1).
Le 9 août suivant, Leszczynski fait son entrée à Nancy.
Un seul carrosse précède sa chaise. C'est à Ossolinski et à
Joseph Zaluski qu'il a été réservé (2). Le 14 juillet 1738, quand
le duc-roi et son chancelier se rendent à Saverne chez le
cardinal de Rohan, puis de là à Strasbourg, et que s'é-
branle un cortège de cinquante chevaux, quels personnages accompagnent immédiatement le souverain? Ossolinski encore et Marie Jablonowska, Béthune de Pologne
et les Belle-Isle (3). La place d'enseigne de la compagnie
des cadets revient de droit au plus ancien élève de l'École,
quelle que soit sa nationalité. Mais, à l'origine, des Lorrains et des Polonais ont été inscrits le même jour. Il y
a lieu de choisir. C'est Thomas Borowski qui est désigné (4).

Le crédit « des princes du sang » et de leur entourage
fut d'abord absolu. Pour que cette suprématie cédât, il
fallut des défections et des morts, creusant dans ce petit
groupe exclusif des vides qui ne furent pas comblés. De
réelles sympathies, l'intérêt bien entendu amenèrent
alors, mais alors seulement, entre l'élément local et l'élément polonais, une fusion qui ne fut jamais ni très
sincère, ni complète.

Nous avons vu Simon Siruc assumer avec succès, sous
le contrôle d'Ossolinski, grand maître de la cour, et de
Meszek, grand maréchal, l'administration de la maison
du roi. Cherchant à obtenir de meilleurs résultats encore,

(1) Pociej ou Pociey. Arm. Waga II°. Soit Antoine de Rzeczyca,
grand régimentaire de Lithuanie, mort en 1749 : soit son frère Alexandre, castellan de Witebsk (1739) et de Troki (1740), palatin de Troki
(1742), mort en 1770. Fils de Casimir-Alexandre Pociej, tous deux
avaient été en 1733 partisans déclarés de Leszczynski.

(2) *Journal* du libraire J.-Fr. Nicolas, édit. Pfister, p. 112.

(3) Journal de Durival, *ms. cit.*, t. I, fol. 22. — *Miscellanea* de
Jamet (Bibl. nat., ms. fr. n° 15.363), p. 1738.

(4) Voir *supra*, p. 150.

ce triumvirat eut une idée singulière. Il voulut ériger le
conseil aulique en un véritable tribunal qui connaîtrait
au civil et au criminel. Conception d'un autre âge et d'un
autre pays, dont put être enchanté Stanislas, mais qui
souleva chez ses officiers beaucoup d'émoi. La Galaizière
en référa à Fleury. Le malencontreux projet dut être
abandonné. Le secrétaire du conseil aulique, Dubois,
dont le seul tort était de ne pas avoir assez protesté, fut
accusé d'en avoir été l'instigateur. Lieutenant général du
bailliage de Saint-Dizier, on le pria, en décembre 1737,
de rejoindre son ressort judiciaire avec une pension de
100 livres (1). Siruc, de qui les ministres s'étaient toujours
défiés (2), se sentant suspect, regagna sa Lithuanie. Client
dévoué des Kossakowski et des Zabiello, il deviendra
en septembre 1750 staroste de Kowno et castellan de
Witebsk le 23 octobre 1752 (3). C'est dans ces conditions
que le conseil aulique échappa aux étrangers, pour tom-
ber bientôt aux mains intègres, mais quelque peu tatil-
lonnes, de ce rigide Alliot (4) qui se vantera un jour
d'affamer Voltaire.

Pour Meszek, il cessa de s'intéresser aux détails
domestiques, se contentant de prêter son nom à différents
arrangements imaginés par Stanislas en vue de ses fonda-

(1) « J'ai une liasse sur cette misère qui nous fit barbouiller bien
du papier », dit JAMET, que sa situation dans les bureaux de La Galaizière mettait particulièrement à même de connaître l'affaire. « Stanislas en était tout à fait coiffé. » (Ms. n° 730 de la Bibl. de Nancy,
p. 331.)

(2) Hulin à Chauvelin, de Meudon, 18 juillet 1736. (Arch. Aff. étr.,
Pologne, vol. 226, fol. 219.)

(3) ZYCHLINSKI, *op. cit.*, t. II, p. 276. — MATUSZEWICZ, *op. cit.*,
passim.

(4) François-Antoine Alliot, choisi comme secrétaire du conseil en
remplacement de Dubois, puis intendant aulique en avril 1742, à la
mort de Charles-Bernard Colin de Coutrisson, successeur immédiat
de Siruc.

tions (1). Lorsque, nonagénaire, il mourut d'apoplexie, le 10 juin 1747 (2), depuis longtemps la charge de grand maréchal était si superflue qu'on la laissa provisoirement vacante (3).

(1) Pour l'acquisition en 1740, par exemple, de la terre et seigneurie de Chanteheux, dont les Ossolinski auraient après Meszek la jouissance (v. *supra*, p. 39) et, eux disparus, l'hôpital de Lunéville la propriété, les revenus en devant être alors tout spécialement employés au traitement des calculeux. A propos des nombreuses opérations de la taille faites dans cette maison, Durival (*Description de la Lorraine*, t. I, p. 172) écrit : « Stanislas soutint cet établissement... ; mais il fallait le rendre perpétuel, et le roi se servit pour cela de Stanislas-Constantin baron de Meszek... Le nom de cet étranger doit être conservé dans nos fastes avec reconnaissance. Le 17 février 1740, il acheta du comte Duhautoy la terre de Chanteheux, de laquelle il faisait don à l'hôpital Saint-Jacques de Lunéville, après sa mort, celle du duc Ossolinski, de la duchesse Ossolinska, et celle du roi Stanislas. » Durival est mal informé. Meszek n'a aucun mérite dans cette fondation, dont Leszczynski devait, du reste, changer totalement par la suite les modalités. Le *Recueil des fondations* (p. 62) nous apprend déjà qu'un gagnage faisant partie des terres de Chanteheux a été « acquis par M. de Meschek *des deniers de S. M...* ». Les articles 21 et 22 du testament du roi de Pologne sont plus affirmatifs encore. « Ayant considéré que par la donation faite à l'hôpital Saint-Jacques de Lunéville par le sieur baron de Meschek, le 10 mars 1740, de la terre et seigneurie de Chanteheu, acquêtée en son nom du sieur du Hautoy, par contrat du 17 février 1740 et *payée de mes propres fonds...* — Et comme par le même acte de donation, le sieur de Meschek donne audit hôpital les meubles et effets mobiliers qui se trouvent à Chanteheu... il n'a pu comprendre dans cette donation que les meubles à lui appartenant de son vivant et qu'il aurait laissés à sa mort, je déclare que, lors du décès dudit sieur de Meschek, *il n'y avait audit Chanteheu aucun meuble ni effet mobilier dont il fût propriétaire...* » Sur les raisons qu'avait le roi de Pologne de recourir à l'entremise de Meszek, lire *Les châteaux du roi Stanislas*, p. 34.

(2) L'acte de décès porte : « âgé d'environ 90 ans ». A cette date, Durival note sur son Journal (*ms. cit.*, t. II, fol. 35) : « M. de Mezchek, maréchal de la cour du roi de Pologne, est mort aujourd'hui, à 3 heures de l'après-midi, d'apoplexie. Il était âgé et ne se mêlait presque plus de la maison. » Il fut inhumé le lendemain dans l'église des Capucins. — A la veille d'intervenir dans les arrangements pour Chanteheux, Meszek, « appréhendant que sa naissance étrangère ne fût un obstacle à la possession de ladite terre », avait demandé, et obtenu le 16 février 1740, des lettres de naturalité (Arch. nat., E. 3.216, fol. 114v°). Ins. du 18 février. Ent. du 20 (Arch. M.-et-M., B. 244).

(3) C'est seulement en novembre 1748 que Stanislas la remplaça

Quand Thomas Ossolinski s'en va, sur la fin de 1738 (1), c'est un Lorrain, le marquis de Choiseul, qui est fait chevalier d'honneur de la reine.

De quelque intermittent et capricieux éclat qu'il y eût brillé, un foyer de la pensée slave s'éteignit à Lunéville au départ précipité de Joseph Zaluski. Maints Polonais étalèrent en Lorraine une insouciante ignorance (2). Dominant de sa vaste érudition leur médiocrité, le grand aumônier du roi se portait garant qu'ils représentaient mal leur pays. Si, au lieu de s'éloigner dès 1742 (3), il était demeuré quelques années encore auprès de Stanislas, quelle part eût-il pris à la vie intellectuelle de la cour ? Quelles eussent été, par exemple, ses relations avec Voltaire, dont il a traduit le *Catilina* ou *Rome sauvée*, — *Catilina* composé précisément à Lunéville en 1749, — de même qu'il traduisit le *Caton d'Utique* de Métastase ? Eût-il donné d'autres versions polonaises du théâtre de l'écrivain français ? Pour le distraire ou l'édifier, se fût-il complu, car il avait la faiblesse d'être lui-même dramaturge, à faire représenter devant Leszczynski ses propres œuvres, et eût-on vu alors un *Saint Casimir, prince héritier*, un *Witenes ou la vengeance divine*, un *Édouard III ou l'amour du bien public*, un *Joseph reconnu par ses frères*, *Isaac*, la *Déposition de la croix*, un *Jugement*

par la charge équivalente, et désormais tout honorifique, de grand maréchal des logis, dont fut pourvu le marquis du Châtelet-Lomont, à qui le comte de Tressan succédera lui-même en 1751.

(1) Voir *suprà*, p. 55-56.

(2) Le prince de Lichtenstein, ambassadeur impérial à Paris, ayant reçu de Lunéville des lettres anonymes, en français et en latin, peu respectueuses pour son maître, les soupçons se portèrent sur la colonie polonaise. Mais, enquête menée, on s'aperçut qu'aucun compatriote de Stanislas se trouvant alors dans cette ville (Zaluski est absent) n'eût été capable d'écrire aussi correctement dans l'une ou l'autre langue. La Galaizière à Amelot, 31 octobre 1739. (Arch. Aff. étr., Lorraine, vol. 137, fol. 138.)

(3) Cf. *suprà*, p. 122.

dernier, tragédies spirituelles ou mélodrames (1), alterner sur la scène du château avec le *Glorieux*, *Nanine*, *Zaïre* et *Semiramis?* Ou bien encore, dans l'adaptation qu'il tenta par la suite de quatre satires de Boileau (2), dont l'une suscita dans la République si véhémentes protestations de la part de grands seigneurs, n'eût-il pas risqué de transparentes et pour nous fort instructives allusions à des personnages polonais de la cour lunévilloise?

Béthune de Pologne, que les « princes du sang » considéraient comme des leurs, meurt inopinément à Paris le 19 décembre 1744 (3), la veille exactement du jour où son gendre, le maréchal de Belle-Isle, se rendant en mission à Berlin, est arrêté, avec le chevalier son frère, par les Hanovriens à Elbingerode, pour être conduit en Angleterre et gardé huit mois prisonnier au château de Windsor (4). Le second office de la cour, dans lequel le

(1) Ces pièces, en polonais, écrites principalement de 1749 à 1754 et éditées séparément, se retrouvent pour la plupart dans le recueil de Minasowicz, Varsovie, 1756, t. IV et V.

(2) *Proba pióra nowego poety w trzech starych satyrach* (Essai d'un poète moderne en trois anciennes satires). Varsovie, 1753. *Satyra o słowie obojentnosci boskiej...* Ibid., 1754.

(3) « M. le comte de Béthune mourut il y a quelques jours : il n'a été que deux jours malade ; il avait environ 76 ans... Sa maladie a commencé par un rhume, et sa poitrine s'est remplie en fort peu de temps. » (Luynes, *op. cit.*, t. VI, p. 192 ; du 22 décembre 1744.) — Trois jours après le décès, Alliot, sur l'ordre exprès de Stanislas prescrivant de plus de ne faire aucun inventaire, apposa les scellés dans l'appartement qu'occupait au château le grand chambellan, en présence du sieur Viard, secrétaire du défunt, de son valet de chambre et de son suisse. Le procès-verbal existe aux Arch. de M.-et-M., B. 10.974. — La comtesse vécut jusqu'au 25 avril 1764.

(4) Avant son départ, le maréchal était venu saluer Stanislas. Durival [*ms. cit.*, t. XIV (appendice), fol. 458] consigne le 21 novembre : « M. de Belle-Isle est arrivé ici pendant la comédie, ce qui a été cause que le roi de Pologne n'a point voulu de petite pièce ; il dormait à la grande. » — La nouvelle de l'arrestation parvint à Lunéville le dimanche 3 janvier. (*Ibid.*, t. I, fol. 100.) — Nous retrouvons Belle-Isle à La Malgrange le 6 décembre suivant ; il en repart le 9 pour Metz. (*Ibid.*, fol. 114 v°.) Les passages et même les séjours du

fils du grand chambellan eût vivement souhaité remplacer
le défunt (1), va être ainsi soustrait à l'influence des
Jablonowski. Il passera au comte de Laval-Montmorency,
puis, à son décès en 1751, au marquis du Châtelet-
Lomont.

La mort de Catherine Opalinska, survenue le 19 mars
1747, fut un désastre pour la cour polonaise. Plus même
que son mari, la princesse incarnait leurs regrets, leurs
espoirs. Sa fière attitude d'exilée en imposait aux Lorrains. Elle désirait à ce point maintenir la cohésion entre
ses compatriotes, que, ayant eu tant à se plaindre des
cousines du roi, elle ne manqua jamais, dans les circonstances solennelles, de se rapprocher d'elles avec affectation et d'affirmer, sur cette terre d'emprunt, la solidarité
du sang et de la race.

Cette disparition de la reine provoqua tout d'abord de
nouveaux départs. Son grand aumônier va reprendre
sans tarder sa stalle canoniale en Warmie. Désigné en
mars 1748 comme suffragant par l'évêque de Chelm,
Joseph Szembek, Jean Chrysostome Krasinski, préconisé
à Rome sous le titre d'évêque de Loryma et sacré le 8 novembre suivant en présence d'Auguste III, continuera de
résider à Frauenbourg (2). Il y mourut le 25 mars 1757 et

maréchal à Lunéville et dans les différentes résidences de Stanislas
continuèrent d'être fréquents. Le 17 juillet 1754, Belle-Isle écrivait
au comte d'Argenson : « Je suis revenu hier de Commercy, j'y ai
mené avec moi M. de Caumartin (le nouvel intendant de Metz), que
j'ai présenté au roi de Pologne, dont il a été très bien reçu. Je lui ai
fait faire toutes les connaissances de cette cour. Nous y avons passé
deux jours. »

(1) Pour adoucir ce refus, Stanislas lui accorda le 31 décembre une
pension de 3.000 livres, soit la moitié des appointements, pension
qui, supprimée tout d'abord au décès du prince, fut rétablie à la
sollicitation de Marie Leszczynska déclarant « prendre un intérêt
particulier à cette demande ». Journal ms. de DURIVAL, t. I, fol. 98 v°.
— Arch. nat., E. 3.265¹.

(2) Arch. du chapitre de Frauenbourg.

fut inhumé dans le caveau du chapitre (1). A la mémoire
de son oncle et bienfaiteur, le quartier-maître Casimir
Krasinski, héritier de ses biens, en particulier de la terre
de Dronzewo (2), fera élever un beau monument dans
l'église de Krasnystaw, province de Lublin.

C'est Krasinski qui semble avoir décidé Joseph de
Mathy à venir le rejoindre dans sa calme retraite. L'aumônier ordinaire du roi quitta, en effet, peu après le
grand aumônier de la reine, sa neuve église abbatiale de
Saint-Remy, toute pimpante sous ses enjolivures rococo,
pour l'austère cathédrale gothique, sorte de citadelle aux
six tourelles de défense, où l'attendait, lui aussi, en 1749
à Frauenbourg, un canonicat(3). Plusieurs années durant,
l'abbé de Chaumousey et l'abbé de Lunéville purent ainsi
s'entretenir, sur les bords du Frische-Haff, de leur séjour
dans la lointaine Lorraine. Et sans doute au spectacle
quotidien de la machine élévatoire due à Copernic, modèle, dit-on, de celle de Marly, les deux amis se rappe-
laient-ils, dans leurs causeries, les roues ingénieuses de
la Vezouse et les jeux hydrauliques des Bosquets de
Leszczynski.

Sa tâche terminée, nul n'aurait été plus désireux de
rentrer en Pologne que le directeur de conscience de
Catherine Opalinska. Mais plus âgé que lui de dix ans, le
confesseur de Marie Leszczynska, le P. Labiszewski, se
plaisait à voir dans le pieux jésuite son successeur auprès
de sa royale pénitente. Il insista tant pour qu'il ne s'éloi-
gnât pas, que le P. Radominski resta à Lunéville en

(1) Le registre capitulaire n'indique pas l'âge du défunt, qui devait
être dans sa 61ᵉ année. La *Gazette de France*, 1757, p. 251-252, annonce,
par une double erreur, ce décès comme survenu au mois d'avril et à
Danzig. Les nobiliaires polonais (cf. BONIECKI, *op. cit.*, t. XII) donnent
même la date de 1763.

(2) Dronzewo Krasnosielce, province de Plock, Mazovie.

(3) Arch. du chapitre de Frauenbourg.

qualité de « prédicateur polonais » (1). Au mois de février
1748, Radominski se rendait à Paris pour le règlement
de certaine affaire, lorsque lui parvint, à Châlons, la nouvelle du décès du P. Labiszewski. Il hésitait à poursuivre
sa route. Une lettre de Stanislas l'y encouragea. Malgré
ses scrupules, il fut déclaré, le 3 mars, confesseur de la
reine de France (2). Le P. Radominski ne devait plus
reparaître à Lunéville. Mais Stanislas avait grande satisfaction à le revoir chaque année à Versailles; il y partagea
même quelquefois ses repas (3).

Cependant la perte de Catherine Opalinska eut pour les
Polonais de Lunéville des conséquences plus fâcheuses
que de réduire leur nombre. Elle permit à des Lorrains,
aux Beauvau, de saper plus avant la fortune des Ossolinski et de se préparer sans détour à prendre leur
place.

Douée de peu d'agrément physique, sans grand esprit,
malade comme elle le fut bientôt, Catherine Jablonowska

---

(1) CHATRIAN, Anecdotes ecclésiastiques du diocèse de Nancy, *ms.
cit.*, t. IV, p. 64. — LUYNES, *op. cit.*, t. VIII, p. 446, n. 1.

(2) LUYNES, *ibid.*, p. 445, 461, 462, n. 1. — Le 21 février, le duc
écrit (*ibid.*, p. 452) : « La Reine, qui est toujours affligée, vit avant-
hier, pour la première fois depuis la mort (survenue le 11 précédent)
de M. l'abbé Labiszinski (*sic*), le confesseur de la feue reine de Pologne, qui est un jésuite polonais. Il n'est point encore décidé dans ce
moment s'il sera confesseur de la Reine. On dit qu'il fait beaucoup
de difficultés pour prendre cet engagement. »

(3) Par exemple le 28 avril 1749. Cf. *Gazette de Hollande*, 1749,
n° 37 ; de Paris, 2 mai.
Tout comme son prédécesseur, le P. Radominski eut la complète
confiance et l'affection de Marie Leszczynska. Il mourut d'une crise
d'asthme à Versailles, le 18 janvier 1756. Cf. LUYNES, *op. cit.*, t. XIV,
p. 349 et s. Voir aussi *Lettres sur les ouvrages de piété*, 1756, t. II,
p. 324-333. Le 23 janvier, Stanislas déclarait à sa fille : « Je ne sais
comment j'ai la force de vous écrire aujourd'hui, ayant le cœur
pénétré de douleur et l'esprit égaré quand je pense à la vôtre. Le
cher défunt que j'aimais et estimais, comme il en était assurément
bien digne, mérite tous mes regrets. Mais quand je songe par rapport à ce que vous perdez, cela met le comble à mon affliction. »

n'était pas pour retenir un prince sensuel et volage. Le roi voulait être diverti. Cette parente exigeante et morose lui avait été vite à charge. La lassitude venue, Leszczynski ne cachait pas à ses intimes que les avances de sa cousine, plutôt que son propre penchant, avaient noué leur liaison, et qu'à une courte passion n'avait pas tardé à succéder un long ennui (1). Diverses infidélités du roi et à l'épouse et à la maîtresse eussent été sans conséquence sur la situation des partis à la cour, si, digne fille de Mme de Beauvau-Craon, la marquise de Boufflers, « très gaillarde, très drôlesse, fort spirituelle, aimant l'argent, le jeu et les galants (2) », n'avait jugé le moment propice d'abandonner son plus récent amant, le chancelier La Galaizière, pour le monarque en personne, et de reprendre à Lunéville le rôle que sous Léopold, au profit de toute la famille, y avait tenu sa mère (3).

Ce que le succès de l'enjôleuse marquise bouleversa une femme chez qui les médecins avaient déjà constaté « un grand épuisement, de l'agitation, des spasmes, des vertiges, des troubles du cœur, des insomnies », d'autres désordres encore (4), on peut l'imaginer. La duchesse Ossolinska n'en eut pas que des vapeurs. A la lettre, elle en devint à moitié folle (5). Juste retour des choses, puis-

(*Lettres de Stanislas à Marie Leszczynska*, n° 8, p. 67.) Nous avons reproduit, dans notre introduction aux *Lettres de Stanislas à Hulin* (p. 35-36), plusieurs billets de Marie prouvant combien la souveraine se préoccupait de la santé de son confesseur et fut attristée par sa fin.

(1) Cf. « Mon histoire avec le roi de Pologne », ms. de Mme DE LA FERTÉ-IMBAULT, cité par Pierre DE SÉGUR, *op. cit.*, p. 137.

(2) *Ibidem.*

(3) Lire sur elle : E. MEAUME, *La mère du chevalier de Boufflers*. Paris, 1885, in-8°.

(4) Consultation du 10 octobre 1741, *j. cit.*; cf. *supra*, p. 52, n. 7. Bagard et ses confrères qualifient cette maladie de « compliquée » et déclarent que, outre l'ébranlement des nerfs, « elle a occasionné le dérangement de l'estomac et de la matrice ».

(5) SÉGUR, *op. cit.*, p. 137, d'après le ms. de Mme DE LA FERTÉ-IMBAULT.

que moins les revers politiques de Stanislas que les infortunes conjugales dont elle était en partie la cause avaient réduit, avant elle, la reine de Pologne à semblable déséquilibre mental. Tant que Catherine Opalinska vécut, la favorite avait dû compter avec la souveraine et Stanislas conserver une apparence de retenue. Mais cette contrainte écartée, quand Mme de Boufflers put s'afficher sans vergogne, les Ossolinski se sentirent irrémédiablement atteints, diminués.

Le désespoir de la duchesse s'était alors changé en une véritable fureur. Elle accable Stanislas de ses récriminations. Il y a de tout dans les reproches qu'elle adresse à son oublieux cousin, dans les invectives dont elle poursuit sa rivale(1). Si encore « Madame Bouffleurs », comme elle écrit, était digne de Sa Majesté. Mais ce qui surprend tout le monde, la reine de France la première, c'est justement un pareil choix, puisque nul n'ignore le passé de l'intrigante. Et c'est :

en premier lieu vos jugements, Sire, vos jugements mêmes sur elle, alors qu'autrefois vous conseilliez aux honnêtes gens d'éviter sa société contagieuse, comme vous désapprouviez maintes fois sa conduite déréglée.

En février 1749, la colère de Catherine Ossolinska semble être à son paroxysme. Dans une interminable lettre (2), où les protestations d'amour, d'adoration, de respect absolu se mêlent aux sanglots, la cousine éperdue, feignant de ne lui rapporter que des propos publics auxquels elle se refuse à croire, prodigue au roi de Pologne de dures vérités.

Cela me coûte une peine infinie, et la plus grande que j'aie eue de ma vie. Mais le sacrifice que je fais doit vous convaincre, Sire, de mon attachement fidèle et éternel pour votre

(1) Bibl. du Musée des princes Czartoryski, à Cracovie, ms. n° 592.
(2) *Ibid.*, sans quantième.

personne sacrée... Comment se fait-il que ce Prince si plein de
religion, le vrai modèle des princes chrétiens dans le cours de
toute sa vie, que sa grande piété a accompagné dans tous les
revers de la fortune et a rendu respectable à tout l'univers, qui
a montré toujours de connaître mieux que tout autre l'étendue
des bienfaits, des merveilles et des faveurs du ciel répandus
sur lui, paraisse sur ses vieux jours changer tout à fait de sentiments et s'oublier au point que ni les scandales que ces chan-
gements occasionnent, ni la surprise générale de la cour et des
peuples, ni les mécontentements de tous les honnêtes gens, ni
rien ne le touche? Une femme, malheureux objet autrefois de son
mépris et de celui de tous les gens de bien, l'a ensorcelé et en
a fait son jouet. Il n'épargne rien de ce qui peut la convaincre
de son attachement outré pour elle ; il ne ménage rien ; il semble
même vouloir faire voir à tous qu'elle est la sultane de la cour
et la maîtresse, puisque aucun prince au monde ne saurait
faire davantage pour une maîtresse déclarée˙...

Vous savez, Sire, que je ne mets pour ainsi dire pas le pied
hors de chez moi. Je préférerais ne rien entendre de ces bruits
extérieurs, de nature à m'affliger. Mais que je le veuille ou non,
j'en ai ˙de temps en temps˙ les oreilles rebattues, car non
seulement chez tous vos commensaux de Lunéville ˙jusqu'au
valet˙, non seulement chez tous les habitants de la résidence
royale ˙jusqu'au dernier bourgeois˙, non seulement à Nancy
dans toutes les classes de la société, non seulement en Lorraine
tant parmi la noblesse que parmi les gens du commun, mais
à Strasbourg aussi et dans tout Paris, mais encore dans les
camps, ˙aux Pays-Bas et en Italie˙, en Saxe et en Pologne, les
mêmes médisances sur Votre Majesté ˙prennent partout le
dessus˙.... Les gens de votre maison et vos hôtes colportent
mille histoires... Ils racontent, par exemple, que Votre Majesté
s'éloigne de ses confesseurs, qu'Elle a supprimé des instructions religieuses, réduit autant que possible le nombre des
offices..., que ˙vous vous êtes dégoûté de tous vos amuse-
ments passés, qui vous ont été autrefois agréables ; que vous
avez changé jusqu'à l'heure du dîner, du coucher et du sommeil ; qu'on a introduit des jeux de hasard par complaisance
seule pour la dominante, des jeux que Votre Majesté avait autre-

fois en horreur et qu'Elle avait sévèrement défendus tant à Lunéville qu'à Nancy, et qui ont ruiné et ruinent bien des gens de la cour, qui ne se vantent point de leurs pertes, mais qui jurent et chargent de mille malédictions ce jeu, et qui, comme Votre Majesté même peut l'apercevoir, se retirent et laissent les appartements vides, étant obligés de jouer pour faire leur cour à Madame. On ne parle que de la succession de la Reine. Elle y a plus participé, elle et les siens, que la reine de France. On dit qu'on aperçoit en vous un ennui, un chagrin qui vous désole dans l'absence de l'objet ; que les jours mêmes de communion, on vous voit tout abattu, soupirant et mélancolique, cherchant la rencontre des jeux vis-à-vis d'elle quand elle joue. Il y a parmi le menu peuple un conte affreux, qu'un curé de village ayant réprimandé la mauvaise conduite d'une femme convaincue du crime, celle-ci a répondu : « Vous avez un beau zèle contre une misérable qui ne fait le mal que pour soulager son extrême indigence, et, vous autres prêtres, vous ne dites rien à Madame Bouffleurs, laquelle certainement n'est pas forcée par la misère' ».

N'a-t-on pas prétendu, et jusqu'à Versailles :

...' que M. de Bouffleurs fut fait expressément commandant des gardes du corps pour donner le prétexte à sa femme de demeurer à la cour après la mort de la Reine (1) ; qu'on a accordé des pensions à beaucoup d'autres dames pour que la dominante ne fût pas seule et ne donnât pas trop dans les yeux du public' (2).

La duchesse dissimule mal son profond dépit des grâces qu'à son tour la marquise sait obtenir de Leszczynski :

(1) C'est le 27 février 1747 que M. de Boufflers avait obtenu cette faveur. Le 9 mars, alors que la reine de Pologne était moribonde et que l'on disait pour elle, dans les églises, les prières des quarante heures, Stanislas donnait, à Jolivet, en l'honneur du marquis, un grand dîner, au sortir duquel il présidait à la prise de commandement. Cf. Journal ms. de Durival, t. II, fol. 26 v° et 28.

(2) Au décès de Leszczynski, quatorze dames ou demoiselles ayant été attachées à la feue reine touchaient encore à ce titre des pensions, dont les plus fortes, telle celle de Mme de Boufflers, n'étaient que de 2.000 livres.

On évalue les joyaux, on décrit les toilettes, l'argenterie, les parures ; 'à tort et à travers', on suppute les sommes données, jusqu'aux centaines de mille et jusqu'aux millions (1). ' On lui a entendu dire 'après une forte perte au jeu : « 'Il faut que je caresse mon Sarmate », puisqu'elle appelle souvent Votre Majesté son Sarmate, son bon Sarmate, son vieux Sarmate. Ses chambres retentissent de railleries sanglantes. Elle assure ses amis : « Pour le coup, je le tiens, je ne le lâcherai pas '. »

Mais c'est avant tout le partage d'une influence auparavant exclusive et la lutte que Mme de Boufflers et son cercle mènent contre la colonie étrangère qui exaspèrent M. le Duc et sa femme.

' Cette dame fait tout et se donne tous les airs pour paraître et pour être reconnue la dominante. Elle prend le ton de maîtresse. Elle a osé dire à une personne : « Est-ce que vous ne savez pas que tout ce que j'ordonne est approuvé par le Roi ? » Elle ordonne de la part du Roi 'même à l'insu de Votre Majesté '. Elle est obéie autant que vous. Quiconque souhaite quelque chose de Votre Majesté ' sait qu'il faut passer par Madame Bouffleurs'. Désormais ni le duc Ossolinski, ni le chancelier ne comptent plus.... ' C'est le langage de la cour, de la noblesse, des officiers, des financiers, des avocats, des valets et du bas peuple, que c'est aujourd'hui le seul canal des grâces du roi de Pologne, comme autrefois était M. La Gazelière (*sic*) tant qu'elle était sa favorite. Elle a dominé avant par le chancelier, elle domine à présent par elle-même '...

Elle a refroidi la sollicitude naturelle de Votre Majesté pour nous. Elle est cause des continuels chagrins de mon mari, car

(1) Catherine Ossolinska se rencontre ici avec Jamet, toujours exact dans les faits qu'il avance, sinon modéré dans ses appréciations. Le secrétaire de La Galaizière affirme que Mme de Boufflers coûta au roi deux millions. Suivant Voltaire, Stanislas aurait à peine donné à sa maîtresse « de quoi acheter des jupes ». C'est là plaisante boutade, qu'ont prise trop à la lettre les admirateurs de la marquise, pour la représenter comme une amie désintéressée. Elle n'est, il est vrai, portée que pour 12.000 livres sur l'état des pensions personnellement accordées par Stanislas. Mais différents documents nous ont fourni la preuve qu'elle fut comblée d'autre manière.

elle prétend qu'il n'est qu'un grand maître en peinture, que
ses prières et ses conseils sont sans portée... 'Quand il s'agit
de donner quelque chose à quelques-uns qui ont mérité les
bienfaits de Votre Majesté, les plus fortes et les plus justes
représentations du grand maître sont toujours suivies du refus
et du ressentiment de Votre Majesté ; les recommandations
de Madame produisent toujours l'effet des augmentations considérables pour ses favoris '. Pendant ce temps mon mari reste
sans crédit et ne pouvant plus réussir en rien 'est exposé au
mépris de tous et en essuie les railleries mordantes '. Cela lui
occasionne aussi d'énormes dépenses inutiles et il le paie de sa
santé.

Tous se plaignent d'elle, et les Lorrains et les Polonais...
Mes compatriotes ont sans cesse l'occasion d'entendre répéter
les mille propos qu'elle tient avec ses confidents contre notre
nation... Elle a médit de moi et de ma sœur auprès de Votre
Royale Majesté. Après avoir empiété sur moi, elle a voulu, sans
votre permission, enlever à ma sœur l'appartement que Votre
Majesté lui avait accordé, cela afin de l'écarter pour toujours
de Lunéville. Durant la dernière maladie de mon mari, à Lunéville, alors que dans sa bonté Votre Majesté avait témoigné du
souci que lui causait son état, n'aurait-elle pas dit : « 'Que
le Roi ne craigne pas, il ne crèvera pas cette fois-ci '». On voit
là ses bons sentiments à notre égard et à l'égard de tous les
Polonais.

Ni ces doléances, ni de pathétiques objurgations à son
cousin de prendre soin enfin de sa renommée dans les
siècles futurs, à un âge surtout où il devrait être « à l'abri
de toute attaque », ne changèrent rien au penchant et
aux dispositions nouvelles de Stanislas. Dans ces conditions, c'eût peut-être été la séparation définitive, si
d'autres liens, ceux de l'affection rompus, n'avaient pour
toujours rapproché ces parents. Un nœud aussi solide
que celui resserré à Kœnigsberg se relâche, il ne se défait
plus. Lasse de lutter, Catherine Jablonowska va donc se
renfermer dans une rancune hautaine, pour mener plus

que jamais au donjon sa vie solitaire et distante, tandis
que son mari, faisant contre fortune bon cœur, veille à
consolider les avantages acquis, sans négliger de s'en
assurer quelques autres.

Cette situation se prolongea jusqu'en 1756. Mais le
5 janvier de cette année-là, la duchesse Ossolinska, âgée
seulement de quarante-sept ans, rendait le dernier soupir à
Lunéville (1) ; et le lendemain, vers minuit, elle était, de
l'ordre exprès de Leszczynski, inhumée à Nancy dans la
crypte royale de Bon-Secours, qui renfermait déjà les
restes de Catherine Opalinska, en présence de Maximilien
Ossolinski, petit-fils de M. le Duc, du comte de Belac,
premier écuyer de la reine, et du secrétaire d'État Gallois,
officiellement chargé de faire ouvrir et refermer le
tombeau (2).

Six mois après, jour pour jour, même lugubre mission

(1) A deux heures de l'après-midi, d'après l'acte de décès et une
lettre du même jour de M. de Lucé, envoyé de Louis XV, au ministre
Rouillé (Arch. Aff. étr., Lorraine, vol. 143). A une heure et demie,
d'après Durival (*ms. cit.*, t. IV, fol. 25).

(2) « Le roi de Pologne voulant bien, M., faire recevoir dans la
sépulture royale que Sa Majesté avait fait construire pour Elle et la
feue reine à Bon-Secours le corps de feu Mme la duchesse Ossolinska,
sa cousine », écrivait aussitôt le décès le chancelier au secrétaire
d'État Gallois, « son intention est que vous fassiez ouvrir le caveau
dans ladite église, pour ledit corps y être déposé au moment qu'il
sera présenté, après quoi vous ferez refermer ledit caveau et rétablir
dans l'état où il est actuellement, dont vous dresserez procès-verbal
qui sera par vous envoyé au greffe du Conseil. » Cf. Durival, *ms.
cit.*, t. IV, fol. 25. — Le convoi funèbre comprenait plusieurs voitures
drapées. Dans l'une était la bière, qui avait d'abord été conduite à
l'église paroissiale de Lunéville et qu'accompagnait le curé de cette
ville, assisté de plusieurs ecclésiastiques. Elle fut reçue à Bon-
Secours par le provincial des Minimes, supérieur du couvent voisin,
à la tête de ses religieux. L'absoute donnée, le cercueil fut descendu
dans le caveau, et après avoir été ouvert pour la reconnaissance du
corps par Gallois, puis refermé, placé au pied de celui de la reine.
Le procès-verbal fut signé au couvent « vers une heure après minuit,
le mercredi 7 janvier ». L'expédition collationnée destinée aux Minimes s'en trouve aux Arch. de M.-et-M., H. 1.031.

attendait Gallois. M. le Duc, tombé malade à La Malgrange
et dont depuis plusieurs semaines l'état de langueur laissait peu d'espoir (1), s'est éteint à son tour, le 1er juillet,
dans sa quatre-vingt et unième année, au pavillon de la
Ménagerie (2). Tandis que le corps du grand maître était
exposé dans son oratoire privé, on confectionnait à Nancy

(1) Le 12 septembre 1752, LUYNES (*op. cit.*, t. XII, p. 145) observe
qu'Ossolinski n'est pas d'une aussi bonne santé que Stanislas : aussi
le roi de Pologne, qui se rend avec lui à Versailles, effectue-t-il,
« par complaisance » pour son cousin, le voyage avec moins de dili-
gence qu'il ne le souhaiterait personnellement. Il est vrai qu'à propos
du déplacement de 1753, le même auteur note (t. XIII, p. 66) : « M. le
duc Ossolinski, grand maître de sa maison, est arrivé avec lui. Il a
aussi une très bonne santé, mais il ne monte pas à cheval aussi souvent que le roi de Pologne. » — « Le Roi m'ordonne, M., de vous
marquer que vous ferez plaisir à Sa Majesté de vous rendre ici, à
l'issue de son dîner, avec MM. Salmon et Platel, pour vous parler
sur l'état de santé de M. le duc Ossolinski... » Alliot à Bagard, président du Collège de médecine, de La Malgrange, 22 mai 1756. (Collection d'autographes de la Bibl. de Nancy.) — « Au reste, je voudrais
vous dire quelque chose de positif sur l'état du duc Ossolinski. Mais
sa langueur persévérante ne décide encore rien, puisqu'il n'avance
ni ne recule, tout ce qui me flatte que tout d'un coup son bon tem-
pérament prendra le dessus ; en attendant, je souffre dans l'esprit
toutes les douleurs de son corps. » Stanislas à Marie Leszczynska,
de La Malgrange, 27 juin 1756. (Lettre n° 10 de notre édition, p. 70.)

(2) A une heure du matin. Dans l'après-midi, Stanislas retournait
à Lunéville. (Journal ms. de DURIVAL, t. IV, fol. 39 v°.) — L'acte de
décès se trouve aux Arch. comm. d'Heillecourt, alors paroisse de La
Malgrange (GG. 2). Constatation curieuse, il n'a été établi que trois
mois au plus tôt après l'événement, étant compris sur le registre
entre un acte du 28 septembre et un acte du 23 octobre. Bien qu'at-
testées par témoins, ses indications relatives au jour et à l'endroit
précis de l'inhumation sont fausses, ainsi qu'on s'en rendra compte
en comparant à notre récit la teneur de cette pièce : « L'an mil sept
cents cinquante-six, le premier juillet, est décédé en cette paroisse,
après avoir reçu les sacrements de pénitence, d'eucharistie et d'extrê-
me-onction, Messire François-Maximilien duc d'Ossolinski, grand
maître de la maison du Roy, président de son Conseil aulique et
chevalier d'honneur de la Cour souveraine de Lorraine et de Bar, et
a été enterré le même jour dans sa chapelle à Bonsecours, avec les
cérémonies ordinaires, en présence des témoins soussignés. BONDI-
DIER (*curé d'Heillecourt*). Pierre dit... (*illisible*). Dominique DUFOUR
(*concierge du duc Ossolinski à La Malgrange*). »

une couronne de prince du Saint-Empire, destinée au catafalque, et 122 écussons à ses armes, tant pour la décoration de la chapelle ardente que pour celle du portail et de l'intérieur de Bon-Secours. Conduite dans ce sanctuaire sur le grand « grand vourste des dames », peint en noir pour la circonstance et remis peu après en sa couleur primitive, la dépouille de François-Maximilien Ossolinski, traînée par six chevaux, y fut déposée le 3, pour être enfin, toujours de la volonté du roi, descendue dans le caveau le mardi 6, à huit heures du soir (1). Ainsi se trouvaient réunis, en attendant que le protagoniste lui-même les rejoignît en cette demeure dernière, les trois acteurs d'un drame domestique : l'épouse outragée, la maîtresse délaissée, le complaisant mari.

Bien que son intention eût toujours été de reposer à Bon-Secours, M. le Duc n'avait pas compté, du moins avant la mort de sa femme, sur cette promiscuité posthume. Comme Stanislas, il était fort dévot à la Vierge, et ce n'est pas sans raison que le graveur Dominique Collin lui a dédié, avec énumération de ses titres et reproduction de ses armoiries, une *Image miraculeuse* de la statue de Mansuy Gauvain (2). Lors de la construction du nouveau sanctuaire que le roi de Pologne substitua à l'antique chapelle

(1) En présence seulement du secrétaire d'État Gallois et des Minimes. Dans l'intervalle, le cercueil avait été déposé dans la chapelle de M. le Duc, dont nous allons parler. — Le mémoire des frais funéraires existe aux Arch. de M.-et-M., fonds judiciaires, n° provisoire 4.998. Le procès-verbal d'inhumation, *ibid.*, H. 1.031. Au nombre des services funèbres subséquents, mentionnons celui qui fut célébré en l'église Saint-Remy de Lunéville le 8 du même mois et pour lequel furent fournis 372 cierges, pesant 255 livres, d'une valeur de 879 l. 15 s. Le luminaire de Bon-Secours avait coûté 1.647 l. Le total des dépenses se monta à 4.944 l.

(2) *L'Image miraculeuse de Notre-Dame de Bon-Secours.* Dédié (*sic*) à Monseigneur le Duc de Tenczin Ossolinski... par son très humble et très obéissant serviteur Colin. On se rappelle que l'artiste avait déjà gravé, pour le *Cannaméliste français* de Gilliers, une vignette aux armes d'Ossolinski (v. *suprà*, p. 46, n. 1).

des Bourguignons (1), en même temps que le monarque
prescrivait l'aménagement, sous le chœur, de la crypte
destinée à le recevoir ainsi que la reine, au cas où il ne
leur serait pas donné de regagner leur patrie, Ossolinski avait fait creuser son propre caveau dans une
petite chapelle située à main gauche en entrant à l'église,
chapelle dont il prit la riche ornementation à sa charge.
Dédiée à saint François de Paule, son patron et celui des
Minimes, gardiens de l'édifice, on l'appelait également :
chapelle Ossolinski ou chapelle des Princes (2). C'est à
son autel que les Minimes s'étaient engagés, par acte du
6 juillet 1746 et en reconnaissance d'un capital de 3.000
livres de Lorraine, à dire une messe basse à perpétuité,
le premier dimanche de chaque mois, à l'intention du
fondateur (3). De son vivant, Ossolinski y avait même
son monument funéraire. M. le Duc avait profité du séjour
dans la province de Nicolas-Sébastien Adam, venu en

(1) Août 1738-septembre 1741. Pour l'histoire et la description de
cet édifice, se reporter à la belle monographie de M. l'abbé Léon
JÉRÔME, *L'église N.-D. de Bon-Secours à Nancy*, Nancy, 1898, in-8º.
Cf. Chr. PFISTER, *Hist. de Nancy*, t. I, p. 569-610.

(2) Les historiens de Bon-Secours ne sont pas affirmatifs sur l'emplacement de la chapelle Ossolinski, mais la préférence donnée par
M. l'abbé JÉRÔME (*op. cit.*, p. 248 et note) à la chapelle sise actuellement à gauche du portail, sur celle de droite, est tout à fait justifiée.
La première seule, en effet, existait au xviiiᵉ siècle, l'enfoncement
symétrique ne servant alors que de passage pour la communication
avec le couvent. Le mémoire des frais funéraires nous apprend qu'à
la mort de M. le Duc il n'y avait à Bon-Secours que trois petits
autels, dont le sien. DURIVAL (*Description de la Lorraine*, t. II, p. 43)
écrit dans le même sens : « Il y a deux autels dans la nef et une
petite chapelle à côté de la porte. » Et LIONNOIS (*Hist. de Nancy*, t. I,
p. 594) : « Enfin, au côté gauche de la porte de cette église, est la
chapelle de M. le duc Maximilien de Tenezin (*sic*) Ossolinski.... Elle
n'est pas fort élevée, étant placée sous la tribune qui la domine. Mais
elle est très proprement et très richement ornée. » Or Lionnois,
quand il ne précise pas d'une autre façon, situe toujours subjective-
ment.

(3) Arch. M.-et-M., H. 1.030.

MAUSOLÉE DU DUC OSSOLINSKI

DANS L'ÉGLISE NOTRE-DAME DE BON-SECOURS, A NANCY

1749 veiller à la mise en place du mausolée de Catherine Opalinska, pour commander à cet artiste, que signalait à l'attention des amateurs opulents une œuvre superbe, le morceau de sculpture en marbre blanc qui surmonterait son tombeau (1). Se détachant sur le manteau des chevaliers de l'ordre du Saint-Esprit et un trophée de drapeaux à l'arrière-plan, c'est, accosté de deux gracieux génies, un cartouche ovale offrant les armes de la maison de Topór, que timbre la couronne princière et qu'adornent le cordon bleu de France et le collier de l'Aigle blanc de Pologne.

Lorsque furent ramenés à Bon-Secours, au mois de janvier 1807, les monuments qui en avaient été enlevés en 1793 pour être abrités au musée de la Visitation (2), on a commis, guidé sans doute par une recherche de symétrie, l'erreur de disposer dans l'abside, comme pen-

---

(1) Cf. H. Thirion, *Les Adam et Clodion*. Paris, 1885, in-4°; p. 168. — N.-S. Adam resta en Lorraine de 1749 à 1753 environ, et fut pendant ce temps pressé de commandes.

Que le monument du duc Ossolinski se trouvât en place à sa mort, la chose n'est pas douteuse. Deux textes sont péremptoires. Le jour même du décès, Durival note sur son Journal (*ms. cit.*, t. IV, fol. 39 v°) : « Son corps sera déposé dans l'église de Bon-Secours, où il avait bâtir son tombeau. » Le mémoire des frais funéraires mentionne 80 petites armoiries « qui ont été posées tant sur les autels qu'autour du mausolée de Bon-Secours », le mot mausolée devant être ici compris dans son sens strict, puisqu'il est également, dans la même pièce, question du catafalque.

Il est à remarquer que, dans leurs descriptions du sanctuaire, les auteurs du XVIIIe siècle négligent le petit monument en question. Lionnois (*ibid.*, t. I, p. 588), qui signale dans le chœur les mausolées royaux et le « petit tombeau » rappelant le dépôt du cœur de Marie Leszczynska, dit trop laconiquement à propos de la chapelle Ossolinski : « Ce duc y a eu sa sépulture. » Cf. Durival, *Description de la Lorraine*, t. II, p. 43.

(2) Sur ce double transfert, ainsi que sur la violation du caveau royal, la profanation des restes de Stanislas, de la reine et des Ossolinski, puis les mesures expiatoires prises pour recueillir ces ossements, voir Abbé Jérôme, *op. cit.*, p. 117-120, 137-139, 141-142, 289-291.

dant au mausolée du cœur de Marie Leszczynska (1), le mausolée d'Ossolinski (2). Le cousin par alliance est honoré à l'égal de la reine de France, alors que, dans le sanctuaire tout entier — silence peut-être préférable — rien, attributs ou épitaphe, ne remémore la duchesse sa femme, la princesse du sang, à qui, une fois dans la tombe, n'avaient plus songé ni Stanislas, ni les Jablonowski.

Par une seconde atteinte à l'histoire et au goût, que ne sauraient excuser les libéralités de la famille bénéficiaire, car l'on rompait, pour des particuliers, l'harmonieuse association de grands souvenirs lorrains et polonais exclusivement offerte jusqu'alors par Bon-Secours, la chapelle Ossolinski, tombée à l'abandon pendant la Révolution, puis chapelle des fonts après l'érection de l'église

(1) Œuvre de Vassé, 1771. Le cœur de la reine de France avait été déposé à Bon-Secours le 22 septembre 1768.

(2) Au-dessus du cartouche fut apposée en 1820 une table de marbre avec cette inscription :

D. O. M.

Ici repose

François - Maximilien

comte de Tenezin

duc d'Ossolenski

chevalier de l'ordre

du St Esprit

grand trésorier de la

couronne de Pologne

grand maître de la maison

de Stanislas Ier

roi de Pologne

duc de Lorraine et de Bar

décédé à la Malgrange

le 1er juillet 1766.

Nous ne nous arrêterons pas à deux fautes sans grande importance : *Tenezin* pour Tenczin, dont LIONNOIS (cf. *suprà*, p. 256, n. 2) est sans doute responsable, et *Ossolenski*. Remarquons cependant que *d'Ossolenski* est un pléonasme. Il fallait écrire ou *d'Ossolin*, ou simplement *Ossolinski*. Plus regrettable est l'omission du titre de prince du Saint-Empire. En l'absence de cette précision, la couronne fermée surmontant l'ensemble ne s'explique pas.

en paroisse (1844), est devenue une chapelle de Meneval (1). Dans le caveau inutilisé que s'était préparé M. le Duc, a trouvé place en 1860 la femme du baron de Meneval, ministre plénipotentiaire de France en Bavière, plus tard Mgr de Meneval, prélat de Sa Sainteté. Deux ans auparavant, là même où devrait encore se voir, dans une pénombre discrète, le monument exécuté par Adam pour l'ancien grand trésorier de Pologne et grand maître de la cour de Lunéville, avait été encastré, œuvre du statuaire Jouffroy, de l'Institut, le monument où se lit le nom de naissance de l'occupante imprévue du lieu : Marie-Joséphine-Camille Jeannequin.

La mort prématurée de sa femme ne modifia pas seulement les dispositions prises par M. le Duc en ce qui concernait sa sépulture. Elle déjoua ses calculs d'intérêt.

Plus âgé que Stanislas de dix-huit mois, le grand maître eût été vain d'espérer profiter longtemps soi-même des avantages promis à la disparition du roi (2). Mais, jeune encore, la duchesse survivrait, malgré sa faible santé. Elle aurait la jouissance du château d'Einville, dont elle ferait sans doute sa principale habitation en Lorraine ; elle aurait la jouissance de Jolivet (3), comme déjà le décès de Meszek avait procuré en 1747 aux époux celle de Chanteheux. Pour les Ménageries de Lunéville, d'Einville et de La Malgrange, ne leur étaient-elles pas définitivement acquises ? Considérant que si les diverses donations mobilières consenties le 12 avril 1740 étaient formelles, puisque Stanislas avait pris l'engagement de ne « jamais les révoquer pour quelques causes ou raisons

(1) Abbé Jérôme, *op. cit.*, p. 248-255.

(2) Voir *suprà*, p. 39 et s.

(3) Bien qu'ils ne dussent jouir de Jolivet (précédemment *Huviller*) qu'à la mort de Stanislas, on trouva chez les Ossolinski, à leur décès, « un grand coffre de bois de chêne contenant les titres et papiers de cette terre et seigneurie ».

ce soit ou ce puisse être » et exprimé sa volonté que ses cousins considérassent ces richesses, « dès à présent et à perpétuité, comme chose à eux », la possession des pavillons de plaisance et des fermes, tenus à titre d'acensement, restait au contraire précaire, M. le Duc en effet avait amené Stanislas à régulariser et à consolider ses droits. Afin de « leur éviter toutes inquiétudes à l'avenir », le prince avait cédé à ses parents, le 23 avril 1750, cette fois « en toute propriété et fonds », l'ensemble des bâtiments et terrains, qu'ils fussent d'origine domaniale ou d'origine patrimoniale, c'est-à-dire achetés de ses deniers, « pour de leur part et pendant leur vie en disposer comme à eux dûment appartenant », et avec faculté au survivant de les transmettre « en faveur de qui bon leur semblerait » (1). Dès le lendemain, Ossolinski s'était occupé d'en faire reconnaître la consistance. Des cartes topographiques avaient été dressées (2). A sa requête, un arrêt du Conseil des finances du 21 juillet, aussitôt insinué à la Cour souveraine et entériné à la Chambre des comptes, avait été rendu dans ce sens, tandis que, garantie dernière, un arrêt du Conseil d'État de Louis XV, du 26 janvier suivant, confirmait « tout ce qui avait été fait par Sa Majesté Polonaise au profit de M. le Duc » (3).

La duchesse n'étant plus et son mari approchant de sa fin, c'en était fait pour les Ossolinski des château et parc d'Einville, ainsi que de l'habitation de Jolivet. Chanteheux

----

(1) Deux actes de donation, passés au château de Lunéville, devant Me Pierre, notaire à Nancy et tabellion de l'hôtel. (Arch. M.-et-M., B. 11.311. Cf. *Ibid.*, C. 1.995, fol. 36, nos 5 et 6.)

(2) Requête d'Ossolinski tendant à cette visite et à ces levers de cartes, du 24 avril 1750. Arrêt du Conseil des finances nommant le conseiller en la Chambre des comptes Lefebvre pour y faire procéder, du 25. Procès-verbal de reconnaissance du 7 au 10 juillet. (Arch. M.-et-M., B. 11.311.) Cartes et plans (*Ibid.*, B. 11.316 et 11.317).

(3) Lettres à la Chambre des comptes pour l'exécution de l'arrêt, du 18 août 1750. (Arch. nat., E. 3.229, fol. 255 v°.) Ent. du 5 septembre. (Arch. M.-et-M., B. 11.071, n° 138.)

allait bientôt retourner au roi. Mais de tout le reste le grand maître a liberté de gratifier sa famille. Ces biens iront à Maximilien Ossolinski, car, ses enfants n'ayant plus rien à prétendre sur sa succession par suite des arrangements conclus en 1738 (1), M. le Duc a décidé de laisser sa fortune à ce petit-fils. Le colonel à la suite du régiment d'Alsace est apte à recueillir en Lorraine l'héritage de son aïeul. Le grand maître a eu soin, dès le décès de sa femme, de lui faire obtenir la naturalisation nécessaire (2). Par testament olographe du 6 février (3), Ossolinski a institué Maximilien son légataire universel, suppliant en outre Stanislas de daigner continuer au jeune homme ses bontés et ses grâces.

Précautions inutiles et prières superflues. M. le Duc n'était pas inhumé, que Leszczynski essayait, au moyen d'arguments spécieux, d'amener Maximilien à renoncer aux trois Ménageries. Dans une lettre datée de Commercy, 12 juillet, Alliot recommande à Vannier, procureur du roi à Lunéville, d'agir à cette fin. Par une pression qui ne fait guère honneur à sa droiture, Stanislas tenta même d'arracher aux curateurs à la succession une consultation en forme concluant qu'un tel abandon serait tout à l'avantage du petit-fils (4). Puis, comme Maximilien ne se laisse

(1) Voir *supra*, p. 43, n. 3.

(2) Lettres du 19 janvier 1756. Stanislas y rappelle, une dernière fois, l'attachement des Ossolinski à sa personne et « les services signalés que nous a rendus, dit-il, lors de notre élection à la couronne de Pologne et ceux qu'a continué et continue depuis de nous rendre, en qualité de grand maître de notre maison et cour, notre dit cousin ». (Arch. nat., E. 3.240, fol. 39 v°.) Ent. du 22 du même mois. (Arch. M.-et-M., B. 254, n° 6.)

(3) L'original et un codicille, du 16 suivant, déposés à Lunéville chez Thiriet (auj. étude Galand). Le procès-verbal d'ouverture et de publication est du 1er juillet, jour même du décès du signataire. (*Ibid.* Cf. Arch. M.-et-M., C. 2.027, fol. 40, n°s 2, 3 et 4.)

(4) Arch. M.-et-M., fonds judiciaires, n° provisoire 4.998.

pas convaincre, le roi de Pologne, après avoir obtenu l'assentiment de Louis XV à ce reniement de sa signature, fait rendre, le 26 juillet, par le Conseil des finances, un arrêt portant réunion au domaine de « tous héritages, terrains, emplacements et bâtiments » naguère concédés au duc et à la duchesse Ossolinski (1). La reprise effectuée, Stanislas garda pour son agrément personnel les Ménageries de Lunéville et d'Einville. Mme de Boufflers, dont le frère, le prince de Beauvau, reçut, en remplacement de M. le Duc : le 31 octobre ses provisions de grand maître et le 22 novembre sa commission de gouverneur du château et capitaine des chasses du district de Lunéville (2), se vit accorder, le 25 août, la Ménagerie de La Malgrange (3). Impuissant à résister, Maximilien Ossolinski en fut réduit à déposer, le 15 septembre, chez son notaire, une protestation secrète contre pareille éviction (4).

(1) Durival, qui transcrit dans son Journal (*ms. cit.*, t. IV, fol. 40) le dispositif de cet arrêt, précise : « Messieurs du Conseil s'étaient séparés et ne comptaient plus s'assembler aujourd'hui ; mais les lettres de la poste étant arrivées, ils se sont rassemblés et il a été rendu l'arrêt ci-dessous. Plusieurs de MM. du Conseil d'État en étaient, quoique ce fût en finances. »

(2) Arch. nat., E. 3.241, fol. 148, 175 v° et 176 v°.

(3) Donation sous seing privé. La pièce originale est conservée au Musée historique lorrain. — Arrêt du Conseil des finances de Lorraine du 1er avril 1757, confirmé le 26 par le Conseil d'État de France. Cf. nos *Châteaux du roi Stanislas*, p. 63-64.

(4) Étude Thiriet. A l'acte de protestation était jointe une expédition de l'inventaire des meubles d'Einville, les deux pièces contenues dans un paquet cacheté. (Arch. M.-et-M., C. 2.056, fol. 96 v°.) — On ne soupçonna pas dans le public la vérité. Luynes (*op. cit.*, t. XV, p. 224) écrivait le 17 septembre 1756 : « M. Ossolinski aurait désiré avoir une habitation auprès d'Inville (*sic*) et le roi de Pologne avait fait faire quelques bâtiments qui servaient de ménagerie et d'habitation à M. Ossolinski, mais qui avaient été construits aux frais du roi de Pologne ; ces bâtiments ne font point partie de la succession. Le roi de Pologne les a réunis au domaine d'Inville. Il avait eu la complaisance de destiner dans presque toutes ses maisons de campagne une habitation particulière pour M. et Mme Ossolinski, mais c'était un bienfait qui leur était personnel et sur lequel l'héritier n'a rien à prétendre. »

Ce n'est pas tout. Lorsque l'héritier de M. le Duc voudra procéder en 1758 à l'enlèvement des meubles du château d'Einville, le roi de Pologne de s'y opposer et de lui dénier même un droit quelconque sur ceux des appartements de Lunéville, dont un certain nombre, pourtant, ne provenaient pas de ses libéralités. Inexplicable refus, que suivit une nouvelle protestation (1). En vain le père de Maximilien cherchera-t-il, pendant un séjour dans la résidence ducale en 1763, à faire revenir Stanislas sur sa décision. C'est seulement à la mort de Leszczynski que ces doléances furent en partie entendues. Louis XV se montra plus équitable que son beau-père. Non seulement le colonel Ossolinski fut enfin autorisé à prendre possession du mobilier du château de Lunéville. Le roi de France, voulant, « en considération du zèle avec lequel ses parents avaient constamment suivi Sa Majesté Polonaise et de leur attachement à sa personne », lui « donner une marque particulière de sa satisfaction », lui accorda le mobilier d'Einville et celui de la Ménagerie des Bosquets, bien que Stanislas eût jugé bon de léguer ce dernier, par une clause expresse de ses testament et codicille, au prince de Beauvau (2).

Est-ce encouragé par ces dispositions meilleures ? Lorsqu'un arrêt du 5 janvier 1767 eut prescrit l'acensement à perpétuité des bâtiments et terrains possédés par Leszczynski dans ses diverses résidences, et que des affi-

(1) 15 septembre 1758. Étude Thiriet. Cf. Arch. M.-et-M., C. 2.051, fol. 93, nᵒ 9.

(2) Articles 25 du testament (30 janvier 1760) et 5 du codicille (23 juin 1764). — En conséquence de cette concession, la protestation secrète du 15 septembre 1758 fut retirée de l'étude de Radès, successeur de Thiriet, et un procès-verbal du retrait dressé le 22 avril 1766. Cf. Arch. M.-et-M., C. 2.051, fol. 93, nᵒ 9. Tous les autres meubles des demeures du roi de Pologne devaient être, à la même époque, sur l'ordre formel de Louis XV, vendus aux enchères. Voir *Les châteaux du roi Stanislas*, p. 106 et s.

ches eurent invité les adjudicataires à présenter leurs offres (1), Maximilien n'hésita plus à faire devant la Chambre des comptes de Lorraine opposition à l'aliénation des Ménageries. Mais, par sentence du 5 septembre suivant, la Chambre décida de passer outre et le demandeur fut condamné aux dépens (2).

L'héritage de son grand-père occasionna au jeune homme d'autres ennuis. Catherine Ossolinska était morte intestat. Quand, une demi-année plus tard, M. le Duc succomba lui-même, aucun inventaire des biens de sa femme n'avait été dressé, aucun arrangement pris, la santé chancelante du grand maître ayant empêché que l'on insistât. De ce fait, les deux successions, d'une valeur globale de 1.100.000 à 1.200.000 livres, se trouvaient confondues (3). Or, à l'ouverture du testament, vif avait été le dépit de Mme de Talmont d'apprendre que son beau-frère s'était assuré d'un héritier régnicole par la naturalisation hâtive de Maximilien, et que, dans le nombre des legs que le vieillard avait multipliés avec une prodigalité qui lui attira les reconnaissantes louanges de ses amis et de la plupart des commensaux du château (4), elle était

(1) *Les châteaux du roi Stanislas*, p. 115 et s.

(2) Arch. M.-et-M., B. 11.515. Dernière et inutile mesure, la protestation du 15 septembre 1756 va cesser d'être secrète. Un procès-verbal d'ouverture et de dépôt sous cette nouvelle forme est dressé chez Radès le 8 mai 1768. Cf. *Ibid.*, C. 2.056, fol. 96 v°.

(3) Le duc et la duchesse s'étaient fait le 21 mars 1742, par devant Me Pierre, donation mutuelle d'une somme de 60.000 livres de France.

(4) 48.000 livres étaient à répartir entre diverses personnes, dont 6.000 au maréchal de Berchény et 4.000 à chacun de ses quatre enfants, 3.000 l. au ministre Hulin, 2.000 à Solignac, 1.000 à Miaskowski, Mme Kurdwanowska et Lazowski (v. ch. VIII) ; etc. — 64.915 l. étaient destinées aux officiers et domestiques de sa maison, dont 20.000 au secrétaire Dumont et 10.000 à l'intendant Jankovitz. M. le Duc n'avait pas oublié ses vingt filleuls ou filleules encore vivants : 2.000 l. — Outre ses enfants et neveux de Pologne, gratifiés de bijoux et de vaisselle d'or et de vermeil, différents parents et amis recevaient des souvenirs de valeur. A Stanislas, Ossolinski a destiné sa

simplement comprise pour la petite vaisselle d'argent
et une montre, dans la confiance, disait le testateur, que
« sa très chère et très honorée belle-sœur ne dédaignerait
pas de recevoir cette marque de son tendre souvenir ».
M. le Duc prescrivait de plus qu'on restituât à la princesse les joyaux de famille, que Marie Bosiewiczówna,
demoiselle de compagnie de la duchesse, connaissait
pour les voir depuis nombre d'années. Mais, à la remise
de ces bijoux, l'indignation de Marie Jablonowska avait
été plus grande encore. L'estimation qu'elle en fit faire
ne dépassa 3.558 livres, somme dérisoire, protestait-elle,
en comparaison des magnifiques parures entassées dans
les cassettes de sa sœur et des 50.000 florins de pierreries
qu'au contrat de mariage des Ossolinski, leur grand'tante
d'Arquien avait garantis à la future épouse.

Mme de Talmont entendait recouvrer la totalité de ces
pierres; elle entendait prélever les 100.000 florins de dot
stipulés en 1732 (1); elle entendait que fût partagé à son
profit, après les reprises respectives, l'ensemble des biens
de communauté, notamment ceux provenant de la longue
suite de dons royaux.

A ces exigences, Ossolinski répliquait que la dot — ce
qui est certain — n'avait pas été payée; que des pierreries

robe à la turque doublée de zibeline et au colonel Vauchoux celle
doublée de petit-gris. Belle-Isle eut une tabatière d'or provenant de
la reine de France, peut-être la « très belle boîte » donnée à Ossolinski par Marie Leszczynska le 6 octobre 1744, à son départ de Lunéville (cf. LUYNES, *op. cit.*, t. VI, p. 110); et Gisors, l'ordre du Saint-
Esprit du défunt, enrichi de diamants ; etc. Les legs pieux ne s'éle-
vaient qu'à 8.350 l., dont 1.000 à l'hôpital de Lunéville et 1.000 à
l'hôpital Saint-Charles de Nancy, 600 aux prisonniers de Lunéville et
de Nancy ; le reste partagé entre quinze couvents d'hommes et de
femmes de Lunéville, Nancy, Saint-Nicolas, Pont-à-Mousson et Commercy.

(1) Le florin polonais ne valait que 16 sols argent de Lorraine ou
12 sols de France, change qui devait être au désavantage de Mme de
Talmont.

— et c'est chose des plus probables — la duchesse, encore
que Mme de Talmont crût devoir arguer aux débats d'un
état, non signé, établi par la palatine de Russie, leur
mère, pièce dont Stanislas authentiqua lui-même l'écriture, n'avait jamais reçu autre chose que ce qui venait
d'être versé.

Nous ne saurions entrer dans les détails du retentissant
procès qui, toutes tentatives de conciliation ayant
échoué, s'engagea devant les tribunaux locaux. Il pas-
sionna l'opinion en Lorraine. On s'en entretenait à Versailles (1). Avec une curiosité extrême on en attendit
l'issue en Pologne. De copieux mémoires imprimés expo-
sèrent les prétentions contradictoires des parties, qui, à
la suite d'incidents de procédure, furent bientôt simultanément demanderesses et défenderesses (2). Les avocats,

(1) Cf. Luynes, *op. cit.*, t. XV, p. 222 et s.: t. XVI, p. 74, 82, 373-
374.

(2) *Mémoire pour Madame la princesse de Talmond, sœur et unique
héritière de Madame la duchesse Ossolinska, contre M. le comte
Ossolinski, légataire universel de M. le duc Ossolinski, son ayeul.*
Nancy, Pierre Antoine, in-4° de 51 p. Permis d'imprimer du 8 mars
1757.

*Mémoire pour Monsieur Maximilien, comte de Tenezin Ossolins,
colonel à la suite du régiment d'Alsace pour le service de France,
en qualité d'unique héritier régnicole et de légataire universel de
Monsieur Maximilien-François, duc de Tenezin Ossolins, son ayeul,
en tout ce qu'il a délaissé en Lorraine et en France, partie saisie,
demandeur en main-levée, intimé et défendeur sur le principal,
contre Madame Marie-Anne-Louise, née comtesse Jablonowska,
épouse non commune de M. Anne-Charles-Frédéric de la Trémoïlle,
duc de Châtelleraud, prince de Talmont, se disant héritière de Madame Catherine comtesse Jablonowska, à son décès épouse en secondes noces de mondit Sr. duc Ossolinski, saisissante, défenderesse en
main-levée, appelante et demanderesse au principal.* Nancy, H. Thomas père, 1757, in-folio de 60 p. Permis d'imprimer du 7 mai 1757.
Réponse au mémoire précédent.

*Second mémoire pour Madame la princesse de Talmond contre
Monsieur le comte Ossolinski.* Nancy, Pierre Antoine, 1757, in-4° de
62 p. Signé de Mathieu de Moulon. Permis d'imprimer des 22 et 24 mai
1757. Réplique.

Mémoire pour Monsieur Maximilien, comte de Tenezin Ossolins,

MAXIMILIEN OSSOLINSKI

(D'après un tableau de l'Institut national Ossolinski, à Lwów.)

Claude-Georges Mathieu de Moulon, pour la princesse, maître Louis Grandjean, pour Maximilien Ossolinski, tous deux du barreau de Nancy, eurent beau jeu à panacher de droit lorrain et de droit polonais leurs conclusions et leurs plaidoiries. On invoqua la coutume du Duché et les lois de la République. On s'appuya sur le droit romain, les droits de Culm et de Magdebourg. On ne cita pas que Cujas, Denis Lebrun, Domat, et plus particulièrement, comme il convénait, le Danzicois Lengnich (1689-1774) dans son *Jus publicum regni Poloniæ*. On fit appel aux rois Ladislas, Alexandre et Sigismond, étonnés de se voir confirmés ou contredits par tel article de la coutume de Berry. L'on se garda d'oublier l'autorité de Stanislas se prononçant par *La voix libre du citoyen*. On ne railla pas seulement un notaire de Lunéville, qui s'était mêlé de passer un contrat en latin, langue dont il ne savait pas le premier mot. On ergota sur deux traductions opposées du testament, rédigé en polonais, et dont l'une, due à Hyacinthe Wiklinski, le capitaine-lieutenant des cadets, semblait trop favorable au légataire universel.

Complexe était la question des biens de communauté, car le colonel Ossolinski entendait démontrer que les lois du royaume de Pologne ne les admettaient pas et que, s'il avait été prévu au contrat de mariage de M. le Duc que les *bona regia* dont il serait gratifié pour services rendus à la République deviendraient communs à sa femme, on n'avait pu viser les faveurs consenties en Lorraine, les biens royaux polonais ne s'accordant, au reste, qu'en usufruit et non en propriété. Pour que des biens soient

colonel à la suite du régiment d'Alsace pour le service de France, demandeur et défendeur en cassation contre Madame Marie-Anne-Louise, née comtesse Jablonowska, princesse de Talmond, aussi demanderesse et défenderesse en cassation. Nancy, H. Thomas père et fils, in-fol. de 78 p. Signé de Mᵉ Grandjean. Permis d'imprimer du 29 novembre 1757.

royaux, disait l'un, « il faut au moins que le roi les ait possédés comme roi, sans cela ce sont des biens de l'homme ». « Pour qu'un don soit royal », répliquait l'adversaire, « il suffit qu'il provienne d'un roi. Un bijou qui sort d'une main royale pour en gratifier un sujet est un don royal, comme l'immeuble que le roi donne ; ce n'est pas la chose que l'on doit considérer, mais la source d'où la chose part ; or, la source étant royale, tout ce qui en coule est royal. » Il fut ainsi beaucoup parlé de starosties, de tenuties et d'avocaties. Le contrat, disait Mme de Talmont, n'avait pas limité les bienfaits à ceux d'Auguste. Il ne le désignait pas nommément. C'est le roi de Pologne seul qu'il mettait en cause. Le roi de Pologne ? Mais il y en avait deux vivants. Lequel devait prévaloir ? Question délicate, qu'on évita de trancher.

On s'entendit naturellement aussi pour ne pas préciser la nature des rapports entre Stanislas et ses cousines, et pour admettre que « ce prince bienfaisant devait être considéré moins comme leur parent que leur père ». Par contre, l'adversaire d'Ossolinski fut sans générosité pour le quinquagénaire remarié. Le grand trésorier avait-il fait preuve de désintéressement en suivant Stanislas en Lorraine, ou seulement son strict devoir, qui était de tenir jusqu'à Lunéville le serment de fidélité prêté au souverain ? « Un veuf dans un âge très avancé, qui a quatre enfants (*sic*) d'un premier lit, épouse une demoiselle qui réunit le sang le plus illustre aux grâces de la jeunesse ; l'époux pouvait être son aïeul ; n'était-il pas juste qu'il fît oublier la disproportion. Cette indemnité est le partage des récompenses que le roi accordera à ses services, sans cela il n'y eût pas eu de mariage... Dans ces circonstances, tout doit s'interpréter en faveur de la jeune épouse qui s'est sacrifiée. »

Bref, tandis que l'avocat de la princesse protestait qu'il

était impossible de dépouiller le sang de l'auguste monarque des bienfaits qu'il avait versés sur sa famille et de
laisser passer en Pologne des sommes aussi considérables,
Maximilien Ossolinski, s'adressant directement à Stanislas,
de s'écrier : « Votre Majesté, Sire, connaît parfaitement
les lois de la Pologne, qui doivent régler la décision. Elle
a déclaré qu'Elle y soumettrait sa propre autorité; l'or
n'est pas assez précieux pour imprimer ce mot, digne de
la grandeur de tous les trônes... La voix publique parle
pour le petit-fils de celui qui prit tant de part à vos destins
et quitta tout pour demeurer inviolablement attaché à
votre personne sacrée. »

Pendant que le maréchal de Belle-Isle, exécuteur testamentaire de son cousin, s'agitait fort à son habitude,
chacun des plaideurs avait ses partisans. En France, l'on
était généralement favorable à la princesse. En Pologne,
on faisait des vœux pour qu'Ossolinski l'emportât. « Prie
Dieu », écrira le 11 juin 1757 l'évêque de Cracovie Zaluski
à sa nièce Thérèse Lanckoronska (1), « prie Dieu que le
partage se fasse avec équité. Serait-il possible que Lunéville se montre injuste à l'égard du petit-fils, après que
l'aïeul a eu tant de mérites ! » (2).

Stanislas était fort perplexe. Sa préférence secrète va à
Mᵐᵉ de Talmont; mais craignant d'être accusé d'arbi-
traire, il insiste sur l'impartialité absolue de ses sentiments. Il a ordonné que l'inventaire fût fait — quoique
long ouvrage — « avec la plus grande exactitude » (3).

(1) La femme de Thomas Ossolinski ; cf. *suprà*, p. 56.
(2) 11 juin 1757. (Bibl. Ossolinski, ms. nᵒ 856.)
(3) Alliot à Jankovitz, de Commercy, 27 juillet 1756. Alliot écrivait
également de Commercy, le 6 août suivant, au procureur du roi à
Lunéville : « Sa Majesté souhaite que l'inventaire de M. le Duc
avance, en le faisant néanmoins avec la plus grande et la plus exacte
régularité. » (Arch. M.-et-M., fonds judiciaires, nᵒ provisoire 4.998.)
Les procès-verbaux authentiques d'apposition et de levée des scellés,
d'établissement de curateurs, ainsi que les inventaires (2 juillet-

Et la censure hésitant à laisser paraître un factum
d'Ossolinski, le roi, se l'étant fait lire, opine pour l'impression (1). Il n'est toutefois que trop évident, à lire
certaines pièces du dossier, que, par le canal du conseiller
aulique, l'intime désir de Leszczynski parvint jusqu'aux
juges. Le 6 août 1756, Alliot n'écrivait-il pas de Commercy
au procureur du roi au bailliage de Lunéville : « Vous
n'ignorez pas les prétentions de Mme la princesse de
Talmont. Il faut tâcher de ne pas lui donner sujet de se
plaindre. Je souhaite que vous pensiez comme moi (2). »

Cependant, Mme de Talmont ayant fait appel d'une
première décision relative à la saisie qu'elle réclamait,
on ne plaida pas au principal devant le bailliage, et, dès
la première audience consécutive aux vacations de 1756,
l'affaire vint devant la Cour souveraine, dont l'arrêt du
30 mai 1757 se ressent — car il est boiteux — de l'embarras
où se trouvaient les conseillers en si épineuse affaire (3).
Aussi peu satisfaits l'un que l'autre, la princesse et Maximilien Ossolinski, reçus en cassation le 10 juin suivant,
ne le furent pas davantage de la sentence définitive,
rendue le 18 février 1758 par le Conseil d'État de Stanislas.
Leszczynski a eu soin de ne pas assister à la séance
même ; mais, à son issue, les conseillers se sont assemblés

30 septembre 1756), le tout provenant du greffe du bailliage de Lunéville, sont conservés sous la même cote. L'expédition faite à l'intention de Maximilien Ossolinski et qui servit à Jankovitz pour la délivrance des legs et des dons, un vol. in-fol. de 346 ff., est le ms. n° 192
de la Société d'archéologie lorraine.

(1) Il s'agit du premier *Mémoire*. Le 6 mai 1757, La Galaizière écrivait de Lunéville à M. Vigneron, second avocat à la Cour souveraine :
« Le roi s'est fait lire, Monsieur, la pièce d'écriture ci-jointe et n'y a
rien trouvé par rapport aux connaissances personnelles qu'a Sa Majesté de l'affaire dont elle traite, qui puisse empêcher que vous
donniez permission à l'imprimer. » (Journal ms. de DURIVAL, t. IV,
fol. 50 v°.)

(2) Arch. M.-et-M., *ibid.*

(3) Cf. LUYNES, *op. cit.*, t. XVI, p. 74-75, 82.

chez Sa Majesté « pour mettre la dernière main à
l'affaire » et lui rendre compte de ce qui les avait déter-
minés (1). Le petit-fils de M. le Duc était condamné à délivrer à Mme de Talmont 100.000 florins polonais, pour raison
de la dot constituée à la duchesse Ossolinska, et 50.000
florins, même cours, pour les diamants et les bijoux.
Mme de Talmont devait avoir moitié du capital de 200.000
livres tournois placé par le grand maître sur la ferme
générale de Lorraine et Barrois, et la moitié des acquêts
immeubles faits durant le mariage, quand la duchesse se
trouverait dénommée acquéreur au contrat ; le tout avec
intérêts depuis l'ouverture de la succession et dépens
compensés (2). Encore que le Conseil eût, en ce qui concernait la dot hypothétique et les pierreries insuffisantes,
grandement favorisé la princesse, c'est elle de qui
Stanislas redouta avant tout les reproches et qui mani-
festa en effet le plus bruyamment sa très mauvaise
humeur (3).

La décision en dernier ressort rendue, les deux plaideurs réglèrent leurs affaires financières (4). Mais c'est
seulement à la mort de Stanislas que Maximilien,

(1) Journal ms. de Durival, t. IV, fol. 67 v°.

(2) Luynes, *op. cit.*, t. XVI, p. 373. — *Gazette de France*, 1758,
p. 138 ; de Paris, 18 mars.

(3) Voir la lettre que Stanislas écrivait à ce propos à son ministre
en cour de France, le 21 février : « Comme vous êtes chargé, mon
cher Hulin, de supporter toutes mes iniquités, prêtez-moi votre dos
pour garantir le mien des coups que je m'attends de recevoir de ma
chère cousine... etc. » N° 54 de notre édition des *Lettres à Hulin*,
p. 124-125.

(4) C'est ainsi que Mme de Talmont obtient dès le 7 avril suivant,
comme subrogée à la duchesse Ossolinska, son inscription pour
5.000 livres de rente nominative constituée sur la ferme générale de
Lorraine et Barrois (Arch. M.-et-M., B. 254, n° 74) ; ou que, le 5 juin,
Maximilien Ossolinski donne procuration depuis Lunéville au banquier Richay, à Paris, à l'effet de recevoir 156.000 livres dues par le
fermier général Des Fourniels (cf. *suprà*, p. 45). [*Ibid.*, C. 2.032,
fol. 75, n° 7.]

nous l'avons vu, put disposer de l'opulent mobilier qui
lui revenait. Alors partirent pour la Pologne, avec de
multiples objets d'art, les nombreux portraits de
membres de diverses maisons régnantes, de hauts personnages polonais et français, qui faisaient des demeures
du grand maître et de sa femme de véritables galeries historiques (1). Bien des pièces de cet ensemble, données par
l'héritier en surplus des legs ou, son choix fait, vendues
par ministère d'huissier (2), ne quittèrent pas la Lorraine
Au contraire de ce que l'on constate pour le mobilier de
Stanislas, les objets pouvant être attribués avec certitude
aux Ossolinski sont pourtant aujourd'hui excessivement
rares dans nos musées et dans les collections privées. Au
Musée de Lunéville, installé depuis la dernière guerre
dans les appartements mêmes du duc et de la duchesse (3),
et d'où leurs propres effigies, presque introuvables, sont
absentes (4), il n'y a guère à signaler, comme prove-

(1) Parmi ceux-ci, citons deux tableaux particulièrement intéressants pour l'iconographie de Stanislas et ainsi mentionnés à l'inventaire : « Un portrait du Roy dès son bas âge, peint sur toile, représenté nu. » — « Le portrait du Roy allant à la chasse du côté de
Chambord, peint à la détrempe. »

(2) Notamment la plupart des meubles personnels à la duchesse et
presque tous ceux de la Ménagerie de Lunéville.

(3) Inauguration du 29 octobre 1922.

(4) A Nancy, le Musée historique lorrain possède seulement (n° 459
du *Catalogue* de 1895) un portrait en miniature de Catherine Ossolinska, don de la baronne de Jankovitz. Un portrait à l'huile de la
duchesse, offert à ce dépôt par l'architecte Joly (n° 711 du *Catalogue*
de 1869), a disparu dans l'incendie de juillet 1871. A l'hôtel de ville
se voyait au xviiie siècle le portrait de M. le Duc par Senémont ; il a
été compris dans l'autodafé auquel se livra le bataillon des fédérés,
le 12 novembre 1792. Cf. Jules RENAULD, *Le peintre Senémont*. Nancy,
1877, in-8° ; p. 38. Cet auteur fait toutefois erreur en parlant d'un
autre portrait d'Ossolinski, détruit dans le sinistre du Palais ducal ;
il doit s'agir du n° 711 cité ci-dessus comme représentant la duchesse.
— A l'Institut Ossolinski de Lwów, où il n'existe aucune effigie de
la femme du grand maître, se trouvent deux toiles, provenant presque
sûrement de Lunéville, où est figuré Fr.-M. Ossolinski dans la dernière partie de sa vie. Sur l'une, le personnage est simplement vu

nant d'eux, qu'un portrait de femme, non identifié (1).

Des archives et des livres furent, au décès du grand trésorier, soustraits par des tiers ou négligés du colonel au régiment d'Alsace. L'intendant de François-Maximilien Ossolinski, qui, à la mort de Stanislas, recueillit dans la chambre à coucher du monarque maints autographes précieux (2), avait conservé de ses premiers maîtres un certain nombre de papiers intimes — papiers que la baronne de Jankovitz, sa belle-fille, eut plus tard la bonne inspiration de destiner au Musée historique lorrain (3), — ainsi que tout un lot d'ouvrages polonais aux armes d'Ossolinski et de Jablo-

---

en buste ; sur l'autre, de grandes dimensions, il est en pied, de trois quarts et en costume d'apparat. Ce tableau, que nous reproduisons en frontispice, doit être de Girardet, et sans doute faut-il le rapprocher de l'étude ainsi signalée sous le n° 5.221 du *Catalogue raisonné des collections de M. Noël* (Nancy, t. II, 1850-51, p. 693) : « Un portrait en pied, aux trois quarts, encre de Chine. Au bas, la description de l'habillement ; daté de Champigneulles le 22 septembre 1755. C'est le dessin fait par Girardet pour exécuter en grand le portrait du duc Ossolinski, qui alors demeurait (?) à Champigneulles. Ainsi cette pièce forme un original et un autographe de Girardet. »

(1) Au dos cette mention : *Original do xmcia xmci Ossolinskiego nalezoncy. 1741 ;* ce qu'il faut comprendre : *Original do ksiencia jegomosci...* etc. (Original appartenant à Monsieur le duc Ossolinski). — Cette année 1741, peut-être à la suite des donations de mobilier à lui consenties par Stanislas, Ossolinski fit établir un relevé exact de ce qui lui appartenait. Non seulement sur presque tous les livres à ses armes que nous avons rencontrés, mais sur ses portefeuilles (v. la note suivante) se lit cette indication : *Ex libris F.-M. Ducis de Tenczyn Ossolinski. Lunevillæ d. 12 7bris 1741.* Cf. ms. n°s 129, 241, 251, 259, 271, 278, 279, 292, 293, 307, 308 et 345 de la Bibl. Ossolinski. Il est à remarquer que M. le Duc n'a pas eu d'exlibris gravé. — Le Musée lorrain a acquis en 1922 un petit fer de reliure, d'une facture très défectueuse, aux armes accolées : Ossolinski et Jablonowski.

(2) Voir : *Le roi Stanislas grand-père*, p. 87-89.

(3) Carton Jankovitz. Nous avons reproduit ou signalé, au cours de la présente étude, les plus importants de ces documents, dont deux billets de Marie Leszczynska à Ossolinski (v. *suprà*, p. 51) et deux brefs de Clément XII.

nowski, venus, après la vente du château de Marimont, échouer, il y a une trentaine d'années, sur le marché de Nancy (1).

A la Bibliothèque municipale de cette ville, existent deux des portefeuilles frappés de la hache des Topór — les numéros 7 et 15 — où François-Maximilien, toujours prévoyant, avait réuni pêle-mêle en 1741 quantité de documents, lettres, mémoires, manifestes, brochures, placards, en polonais, en français, en allemand, en latin, se rapportant beaucoup plus aux affaires politiques ou privées de son royal cousin qu'aux siennes propres, portefeuilles dont il faut aller jusqu'à Lwów pour compléter, sinon reconstituer, la série (2).

Qu'il nous soit permis, avant de clore cette énumération, de nous arrêter sur un petit livre de prières, relié en chagrin noir, à fermoirs et à tranches dorées, qui, longtemps conservé dans une collection particulière, appartient depuis peu à la Bibliothèque de Nancy. Ce sont, nous traduisons le titre polonais, les *Heures de l'adoration perpétuelle du Très Saint Sacrement, disposées en forme d'offices*, imprimées à Lwów en 1727 ; œuvre posthume du jésuite Thomas Perkowicz (3). Avant d'être placé à la tête des collèges d'Ostrog et de Lwów, l'auteur

(1) De ces volumes, que se sont partagés les amateurs, l'un des plus intéressants est certainement l'exemplaire de la réédition du *Skarb nieskonczonego waloru* (v. *suprà*, p. 31) ayant appartenu à la duchesse et où, au grand titre, se lit de sa main : X. *Ossolinska* [Duchesse *(Ksienzna)* Ossolinska]. Ce livre appartient aujourd'hui à M. Paul Chenut, de Nancy.

(2) Ms. nº 406 (2 vol.) de la Bibl. de Nancy : nºˢ 307 et 308 de la Bibl. Ossolinski.

(3) *Godziny ustawiczney adoracyi Nayswietszego Sakramentu, nieteskliwym nabozenstwem rozlozone.* Lwów, S. J., 1727, petit in-8º, sans pagination. Nº75.983 ; fonds Thiéry-Solet. Même mention manuscrite (p. 5) que sur l'exemplaire du *Skarb nieskonczonego waloru* cité ci-dessus. — Sur les différents ouvrages du P. Perkowicz (1652-1720), voir SOMMERVOGEL, *op. cit.*, t. IV, col. 540-541.

avait été le précepteur des enfants du grand général
Stanislas Jablonowski, par conséquent de la mère du roi
Leszczynski, et de Jean Jablonowski, père de Mmes Ossolinska et de Talmont. Ce dernier et Jeanne de Béthune,
sa femme, ont fait les frais de l'édition. En guise de préface, la palatine de Russie y rappelle, dans un style d'une
obscurité recherchée, qu'elle a longtemps tenu ces médi-
tations sur son cœur à l'intention de sa fille Louise,
pour les lui offrir aux fêtes de la canonisation de Stanislas
Kostka et de Louis de Gonzague. Quatre vers s'y lisent
également où le palatin (1), prenant texte de la parole du
Christ à Cana : *Mon heure n'est pas encore venue*,
commet une sorte de pieux jeu de mots :

> Tu n'es pas l'heure de Jésus où se changea l'eau en vin,
> Mais celle où se change le vin en sang et le pain en chair.
> Là où il y a seulement apparence de pain et de vin,
> Là est la substance tout entière de Jésus.

Cet exemplaire d'un ouvrage si évocateur de lointains
souvenirs pour la femme du grand maître est l'exemplaire personnel de Catherine, qui y a inscrit son nom.
C'est celui dont elle avait fait, sans doute, dans les derniers
temps de sa vie, son livre de chevet ; auquel, durant sa
réclusion du château de Lunéville, et tandis que certaine
horloge rapportée de Danzig sonnait pour elle chaque
quart d'heure des journées de regrets et de repentir (2),
la rivale malheureuse de Mme de Boufflers demanda des
consolations.

(1) Voir *suprà*, p. 19-20.

(2) Une pendule à poids, dans une boîte de bois, la pendule mar-
quant les secondes, les minutes et les heures, sonnant les heures et
les quarts, le tout en cuivre, faite à Danzig, placée dans l'anticham-
bre, estimée 150 l. » (Inventaire après décès de 1756.) — C'est très
probablement cette horloge, devenue à la mort des Ossolinski la
propriété de leur intendant, que les Jankovitz devaient montrer plus
tard comme étant celle même que Leszczynski « portait sur ses
épaules lorsqu'il s'enfuit de Danzig ». N'en déplaise au correspon-

Le duc et la duchesse Ossolinski disparus, les « princes du sang » ne devaient plus être représentés auprès de Stanislas que par Mme de Talmont, qui n'aura bientôt plus elle-même la satisfaction de rencontrer un seul de ses cousins Belle-Isle.

Quand le maréchal succombe à Versailles le 26 janvier 1761, il a été précédé dans la tombe par sa femme et par leur fils unique (1). Si l'on regretta sincèrement à Lunéville, en 1755, la fille de Béthune de Pologne (2) ; si l'on s'y attendrit avec toute l'Europe sur la perte de ce

dant de l'*Intermédiaire des chercheurs et curieux* (voir t. XXXIII, col. 451, 730-731) qui signe *L'ex-car* et se rappelle, en 1896, avoir vu l'horloge en question au château de Marimont, domaine « du baron de Jankovitz, ancien député, qui tenait ce meuble de son père... », « toutes les relations » de l'évasion princière n'appuient pas cette singulière version du roi déguisé non en paysan, mais en ouvrier horloger. Stanislas n'a-t-il pas, dans son propre récit, décrit le costume qu'on lui composa, « pour me faire mieux ressembler, dit-il, aux paysans de ces cantons » ?

Il n'est peut-être pas absolument hors de propos d'ajouter ici que, d'autre part, l'on montre, au Rathaus de Danzig, une horloge en bronze doré, avec cadran d'émail blanc et bleu signé *Gaudron à Paris*, offerte, prétend-on volontiers, soit par Stanislas, soit par Louis XV, à la cité, en reconnaissance de son hospitalité au roi malheureux. Mais aucune pièce d'archives ne confirme, ni n'infirme, cette attribution.

(1) Inhumés tous trois dans l'église de Vernon (Eure).

(2) Morte à Paris, sur la paroisse Saint-Sulpice, le 3 mars 1755, « avec une tranquillité d'esprit et une piété admirables ». — « Elle n'avait que 46 ans et avait eu toujours un courage au-dessus de ses forces. » Et LUYNES, qui en fait cet éloge, ajoute (*op. cit.*, t. XIV. p. 74-76) : « Enfin, elle était aimée et respectée de tous les officiers tant généraux que particuliers de nos troupes et de tous les étrangers. » — « On la regrettera comme une femme de mérite et de courage, et j'ai été témoin à Francfort de tout ce qu'elle valait. » (Duc DE CROŸ, *op. cit.*, t. I, p. 304.) Voir aussi : *Oraison funèbre de très-haute et très-puissante dame Mme la maréchale duchesse de Belle-Isle*, prononcée le 5 mars 1755 dans l'église cathédrale de Metz, par le P. Chérubin BERGERON, récollet. Metz, J. Collignon, 1756, in-4°. — L. LECLERC, *op. cit.*

charmant Gisors (1), successeur désigné de son père au gouvernement de Metz et à la lieutenance générale de la Lorraine et du Barrois (2), mortellement frappé à Crefeld le 23 juin 1758 (3), l'infortune d'un homme voyant, au comble de la prospérité, devenir soudain sans objet le fruit de ses travaux et s'écrouler tout ce qui pouvait soutenir son zèle, n'avait pas désarmé l'hostilité des habitants du pays et celle des courtisans. A leurs précédents griefs (4), s'ajoutait le reproche fait à Belle-Isle d'avoir soutenu de son crédit l'architecte et ingénieur nancéien Jean Gautier, moitié habile inventeur, moitié chevalier d'industrie, dont l'assurance, les captieuses promesses avaient causé bien des ruines dans la province, et qui n'avait finalement échappé à la potence où venait de le condamner, le 18 août 1760, comme « insigne faussaire »,

(1) « ...le comte de Gisors, dont la mort avait arraché des pleurs à toute l'Europe... » (DE CROŸ, *op. cit.*, t. I, p. 433). Cf. LUYNES, *op. cit.*, t. XVI, p. 488 ; BARBIER, *op. cit.*, t. IV, p. 277 ; PINARD, *op. cit.*, t. VIII, p. 510.

(2) Lettres de provision du 9 mai 1753 pour le gouvernement de Metz et des Évêchés, enregistrées le 30 juillet au Parlement, avec les lettres de « retenue de service et d'appointements » de son père. Lettres de provision signées par Stanislas le 3 juillet suivant, et brevet de Louis XV du 31, pour la charge de lieutenant général de Lorraine et de Bar, avec pareilles lettres de retenue. (Arch. nat., E. 3.235, fol. 6 et 8.) — Le 23 mai de cette même année 1753, le comte de Gisors avait épousé Hélène-Julie-Rosalie Mazarini-Mancini, fille du duc de Nivernais qui, son gendre mort, succédera lui-même, comme lieutenant général des Duchés, au maréchal de Belle-Isle, sur la démission de celui-ci, le 30 décembre 1758. (*Ibid.*, E. 3.245, fol. 309 v°.) De cette union, le jeune homme n'eut pas d'enfant. Gisors qui, à la suppression de son régiment de Royal-Barrois, avait reçu en compensation, le 1er février 1749, Champagne-infanterie, était aussi mestre de camp lieutenant du régiment royal des Carabiniers.

(3) Mort à Neuss, au camp ennemi, le 26, dans sa vingt-septième année. Cf. Général PAJOL, *Les guerres sous Louis XV*, t. IV, p. 247. — *Oraison funèbre de très-haut et très-puissant seigneur Louis-Marie Foucquet, comte de Gisors*, etc..., prononcée le 9 août dans l'église cathédrale de Metz par le P. CHARLES, de la Compagnie de Jésus. Metz, J. Collignon, 1758, in-4°.

(4) Voir *suprà*, p. 103-104.

une sentence de la Chambre des comptes de Nancy, que par la contumace (1). Durival constate dans son Journal : «On apprend la mort du maréchal de Belle-Isle. Beaucoup de gens ici en sont bien aises, à cause de l'appui qu'il donnait à Gautier, à qui l'on s'en prend du bouleversement de beaucoup de fortunes (2). » Seul Leszczynski, peut-être, ressentit un réel chagrin de ce deuil (3).

De cette situation unique, l'importance de Mme de Talmont s'est accrue. Dans son besoin d'agitation et de plaisirs, la princesse se mêle volontiers aux gentilshommes lorrains et français, que voulaient, en leur morgue sans souplesse, ignorer les Ossolinski. Elle n'en prétend pas moins, chaque fois que la lubie lui en passe, maintenir à son profit, et dans toute sa rigueur, l'étiquette étroite imposée à la cour par la famille polonaise. Ne rencontrant plus d'occasions de pécher et aussi pour s'avancer dans les bonnes grâces de Marie Leszczynska, de galante que nous l'avons connue jusqu'à la cinquantaine, elle commence à devenir, comme son défunt mari, mais sans son désir d'isolement, dévote. Elle n'a pas encore renoncé à porter en bracelet le portrait de son dernier amant. Le médaillon n'a été que retourné et c'est la figure du Christ qui est visible. A la comtesse de Rochefort qui s'étonnait du rapprochement et cherchait

----

(1) Sur ce Gautier, voir notamment : DURIVAL, *Description de la Lorraine*, t. I, p. 201. — Auguste PROST, *J.-F. Blondel et son œuvre*. Metz, 1860, in-8° ; p. 51-55. — Pierre BOYÉ, *Les salines et le sel en Lorraine au XVIIIe siècle*. Nancy, 1904, in-8° ; p. 33-34.

(2) Journal ms. de DURIVAL, t. V, fol. 107 ; du 30 janvier 1761. — Dans son *Testament politique* (Amsterdam, 1761, in-12 ; p. 28), le maréchal reconnaît que s'il a « protégé longtemps » Gautier, c'est « fort mal à propos, puisque le Parlement de Nancy (lire : *la Chambre des comptes*) l'a condamné à être pendu ».

(3) « La troupe de Nancy joue la comédie à Lunéville... Le roi de Pologne, ayant appris la mort du maréchal de Belle-Isle avant la comédie, n'a pas voulu y aller. » (Journal de DURIVAL, *loc. cit.* ; du 31 janvier.)

un rapport entre les traits du Prétendant d'Angleterre et l'image divine : « Celui, répondit-elle, qui résulte de ce passage de l'Évangile : *Mon royaume n'est pas de ce monde* » (1).

L'étrangeté de ses allures a augmenté. Ne sachant « jamais ce qu'elle désire, ce qu'elle craint, ce qu'elle hait, ce qu'elle aime », elle se rend la personne du monde la plus malheureuse et souvent la plus ridicule. Tel est son esprit fantasque, qu'à l'approcher, « on dirait qu'elle communique aux autres la bizarrerie de son caractère ». Ce que pouvait être, sur la fin du règne, son appartement du château de Lunéville, on en jugera par le récit de la visite que lui fait en 1765 (2) au Luxembourg, où elle a maintenant droit à un logement, Horace Walpole, reçu malgré la haine qu'en sympathie pour Charles-Édouard, elle a vouée aux Anglais. « Nous la trouvâmes, raconte l'épistolier, dans une vaste salle tendue d'ancien damas rouge, avec quelques vieux portraits d'anciens rois de France, et éclairée seulement par deux bougies. L'obscurité était si grande que, lorsque je m'avançai vers la princesse, qui était assise dans un coin reculé de la salle, sur une petite couchette entourée de saints polonais, j'allai broncher contre le chien, le chat, un tabouret, un crachoir; et lorsque je fus enfin parvenu auprès d'elle, elle ne trouva pas un mot à me dire. Enfin, après une visite de vingt minutes, elle me pria de lui procurer une levrette blanche et une autre noire, pareilles à celles qu'elle avait perdues, et que je n'avais jamais vues (3). » Walpole est mordant. Les détails sont peut-être poussés à la satire. Le fond ne s'invente pas.

---

(1) L'anecdote est rapportée par WALPOLE. Cf. *Lettres de la marquise du Deffand*, j. cit., t. III, p. 49.

(2) Walpole était arrivé à Paris le 25 septembre.

(3) *Ibidem.*

Malgré tout, Marie Jablonowska faisait encore grande
figure en Lorraine; et avec les années, Stanislas s'atten-
drissait de plus en plus au souvenir des jours de Chambord,
où la jeune palatine de Russie n'avait pas su lui être
cruelle.

A cette époque, Alexandre Dziuli est devenu, par la
disparition ou l'éloignement de tous les autres, le plus
important officier polonais de la maison. Quand Bielinski
arrive, en janvier 1764, pour faire part de la mort
d'Auguste III, le premier écuyer l'introduit au château. Il
a le privilège d'assister à l'audience (1). C'est Dziuli que
le vieux roi, surexcité par la vacance du trône, charge
d'une correspondance secrète en vue de rallier une fois
fois encore sur son nom les suffrages, bien douteux, de
ses compatriotes (2).

Témoin avec Dziuli des débuts de la cour, le P. Ubermanowicz n'en vit pas comme lui la fin. Il ne vit pas
davantage l'achèvement de l'édition de ses sermons, dont
les cinq derniers tomes sont posthumes (3). Dédiés à
Marie Leszczynska, les deux premiers venaient à peine
d'être imprimés, que le confesseur de Stanislas décédait,
le 13 décembre 1764. Couché sur un brancard, porté par
deux mulets, et accompagné du curé de Lunéville, en
rochet et étole noire, le corps fut conduit le 14 à Nancy.
On l'inhuma le lendemain dans l'église du Noviciat des
Jésuites (4).

(1) Voir *Troisième traité de Vienne*, p. 526-527.
(2) *Ibid.*, p. 522 et s. — « S. M. P. me fit l'honneur de me communiquer hier de nouvelles lettres de Pologne que M. le comte de
Dziulli, son premier écuyer, venait de recevoir. » M. de Lucé à Choi-
seul-Praslin, de Lunéville, 8 janvier 1764. Le 4 février suivant, Lucé
parle à son ministre de « différentes lettres adressées à M. le comte
de Dziulli, chargé de la part de S. M. P. d'entretenir dans cette con-
jecture une correspondance suivie avec ses compatriotes ». (Arch.
Aff. étr., Lorraine, vol. 145.)
(3) **Cf.** *suprà*, p. 139, n. 3.
(4) CHATRIAN, Anecdotes ecclésiastiques du diocèse de Nancy, *ms.*

Lithuanien, originaire comme Siruc du palatinat de
Witebsk, aux confins de la Russie, le successeur du
P. Ubermanowicz, le P. Étienne Luskina (1), se présenta
à Lunéville le 12 février suivant (2). Stanislas l'avait
mandé du collège de Varsovie, où il enseignait la philosophie, la physique et les mathématiques, sur la désignation spéciale de la reine de France, tremblante que son
père ne s'avisàt, dans l'intervalle, de recourir à un confesseur qui n'appartiendrait pas à l'Ordre (3). Le prince
ne regretta pas ce choix. « Je continue à ètre très content
du P. Luskina », écrivait-il à sa fille le 9 mars, « et à
vous remercier de m'avoir déterminé à le faire venir (4). »

Agé de trente-huit ans, le P. Luskina se trouvait ètre

cit., t. V, p. 156. — L'acte de décès lui donne 76 ans au lieu de 66.
CHATRIAN indique à tort la chapelle du séminaire royal des Missions
comme lieu de sépulture. Enfin, par une double erreur, SOMMERVOGEL
(*op. cit.*, t. VIII, col. 335) fait mourir le P. Ubermanowicz à Nancy, le
14 décembre.

Dans un contrat du 15 février 1745, passé entre le roi et les jésuites
du Noviciat, Stanislas avait, par l'article 13, assigné à la maison des
Missions un capital de 40.000 l. de France, mais avec charge d'assurer
tout d'abord aux PP. Ubermanowicz et Radominski deux pensions
viagères de 800 l. Au décès du P. Radominski, Leszczynski révoqua,
le 5 février 1757, cette disposition en ce qui concernait le survivant.
Mais il légua ensuite à son confesseur, par son testament de 1761,
une somme de 12.000 l., « qu'il lui sera libre de placer où et comme
il voudra, même hors de mes États ».

(1) Né le 2 décembre 1725 ; reçu dans la Compagnie le 4 septembre
1742.

(2) Accompagné d'un autre jésuite polonais. CHATRIAN, *ms. cit.*,
t. V, p. 161.

(3) « Au reste », lui avait répondu Leszczynski le 19 décembre 1764,
« je suis étonné que vous êtes si occupée de mon confesseur. Vous
serez obéie ; mais, en vous obéissant, je me donne la liberté de vous
remontrer que cela ne fait ni chaud ni froid aux Jésuites, qui savent
que j'attends mon confesseur de Pologne pour être perpétuel. En
attendant son arrivée, je voulais en bon gentilhomme de campagne
me servir de mon curé. Mais depuis ce que vous me dites, je me
servirai d'un jésuite. » (N° 92 de notre édition des *Lettres de Stanislas à Marie Leszczynska*, p. 140.)

(4) *Ibid.*, n° 96, p. 141.

presque un jeune homme pour le vieillard. Il possédait une forte culture littéraire. N'avait-il pas fait représenter en 1750 par ses élèves, dans la capitale polonaise, sous les auspices du prince Xavier de Saxe, une tragédie latine de sa composition : *Titus* (1)? Mais c'était plutôt un mathématicien, et avant tout un astronome, que divers mémoires avaient signalé à l'attention du monde savant. On lui doit la construction d'instruments pour l'étude des aurores boréales. En mars 1761, Leszczynski avait amicalement accueilli et fait recevoir à son Académie le P. Boscovich, se rendant à Constantinople pour étudier, le 6 juin, le passage de Vénus sur le disque du soleil (2). Or, tandis que le célèbre jésuite dalmate observait le phénomène sur les rives du Bosphore et qu'en Lorraine, le comte de Tressan à Bitche — où l'on ne vit rien en raison de la nébulosité du ciel, — ou à Montaigu, près de Nancy, le P. Dupré, professeur de mathématiques, l'imitaient (3), à Varsovie, du haut de la Bibliothèque Zaluski, le P. Luskina s'était, le même jour, livré à des expériences dont il publia et les préparatifs et les résultats (4). Plus récemment, l'éclipse de soleil du 1er avril 1764, à l'annonce de laquelle s'affolèrent tant les populations des Duchés (5), l'avait occupé (6). Pour l'arracher à ses calculs, il avait fallu cette imprévue nomination à Lunéville.

(1) *Virtus amore et timore fortior, sive Titus...* Varsovie, 1750, in-4°.

(2) Cf. Durival, *Description de la Lorraine*, t. I, p. 237.

(3) *Ibid.*, p. 238.

(4) *L'observation astronomique du passage de Vénus par le disque du soleil, qui doit se faire à Varsovie sur la terrasse de la Bibliothèque de Zaluski le 6 juin 1761.* S. l., 1761, in-4°. — *Autre mémoire* en polonais, s. l. n. d., in-4°. — *Relation de l'observation astronomique...* (en polonais). S. l., in-4°.

(5) Durival, Journal ms., t. VI, fol. 43 et 45 v° ; *Description de la Lorraine*, t. I, p. 248.

(6) *De solis eclypsi anni 1764 exercitatio astronomica in regio collegio varsaviensi S. J., præside P. Stephano* Luskina *S. J., matheseos et physices experimentalis publico professore.* S. l., 1764, in-4°. — Cf. *Mémoires de Trévoux*, juillet 1765, p. 164-174.

Dans la cour languissante, où il ne verra plus que de
rares compatriotes, le jésuite eut tout loisir de vite les
reprendre. Le cabinet de physique de l'École des cadets
ne lui fut pas sans utilité. A défaut de la terrasse du palais
Danilowicz, c'est de celle du donjon que le confesseur-
astronome braqua plus d'une fois sa lunette vers les
astres.

Stanislas l'avait appelé « pour être perpétuel », comme
il disait. Mais la mission du P. Luskina fut courte. Un an
après son arrivée (1), le 23 février 1766, son auguste pénitent mourait de mort tragique (2).

(1) SOMMERVOGEL (*op. cit.*, t. V, col. 194) dit *quatre* ans.

(2) Pour des détails, voir notre étude : *Les derniers moments du
roi Stanislas*. Nancy et Cracovie, 1898, in-8°.

CHAPITRE VIII

Les survivants.

Laissons passer environ sept années, et demandons-nous ce que sont devenus au début de 1773 les principaux survivants polonais de la cour dispersée de Leszczynski.

Née presque avec le siècle, la princesse de Talmont ne quitte plus Paris que pour Versailles, où elle a grand crédit auprès de Madame Adélaïde. Elle se partage toujours entre la dévotion et le monde, car elle ne peut se résigner à choisir. Aux offices, elle édifie les fidèles. Dans les salons, elle scandalise les prudes. Elle fréquente fort le P. de Poix, du couvent des Capucins de la rue Saint-Honoré (1), qu'elle avait jadis attiré à Commercy et à qui elle a suggéré d'écrire une histoire de Stanislas, projet qu'au défaut du savant hébraïsant réalisera l'abbé Proyart (2). Elle accepte avec la Du Barry les soupers

---

(1) Louis de Poix, né à Croixrault (Somme) en 1714, mort à Paris en 1782. Étudia le grec, l'hébreu, les langues syriaque et chaldaïque. Directeur de la Société hébraïque, il a publié, avec sept de ses confrères du couvent, d'assez nombreux ouvrages, notamment des commentaires sur les Livres saints, une *Nouvelle version des Psaumes* (1762) et un *Essai sur le livre de Job* (1768).

(2) Ayant d'abord accepté en 1766 de retracer la vie du prince, le P. de Poix avait conçu cette œuvre sur un plan singulier. C'eût été une sorte de roman historique, dont le héros aurait été désigné sous l'anagramme *Tassalis*. Mais, absorbé par ses sévères travaux en vue d'une nouvelle Polyglotte, le capucin — et il faut sans doute s'en féliciter — avait dû renoncer à cette œuvre. C'est alors qu'il mit

fins de Richelieu (1). De Ferney, où lui en parviennent les échos, son vieil ami Voltaire sourit de cette incurable frivolité : « Pour vous, Madame, qui êtes dans un port assez commode, je conçois quel est le chagrin de votre belle âme de voir les peines de vos compatriotes. Vous avez toujours pensé avec grandeur, et j'ose dire qu'il y a une espèce de plaisir à sentir qu'on ne peut souffrir que par le malheur des autres (2). » Mais pour les personnes qui, comme Marie Jablonowska, n'ont pas su vieillir, il est ingrat de survivre à son époque. Elle s'est d'ailleurs brouillée avec nombre d'amies.

Le 18 décembre, Mme du Deffand mande à l'abbé Barthélemy : « Madame de Talmont est très mal, ce qui intéresse peu de gens (3). » Elle meurt le 20, « en héroïne

« la plume à la main » à l'abbé Proyart, principal du collège du Puy, auteur de la *Vie du Dauphin, père de Louis XVI* (1777) et de la *Vie du Dauphin, père de Louis XV* (1778). Il lui procura d'excellents matériaux en décidant l'ancien intendant aulique Alliot à entr'ouvrir son portefeuille et à communiquer des papiers autrefois rassemblés par Solignac dans la même intention. — Cf. PROYART, *Histoire de Stanislas premier*, édit. de 1785, livr. I, p. 1-12, ces pages tenant lieu d'introduction sans en avoir le titre.

(1) « M. le maréchal de R [ichelieu] donne ce soir un grand souper à trois dames, qui sont : Du Barry, de Talmont, de Valentinois... Il y aura dix-huit personnes. » (*Correspondance complète de Mme du Deffand avec la duchesse de Choiseul... etc.* Paris, 1877, t. I, p. 231 ; lettre du 2 juillet 1769.)

(2) De Ferney, 23 février 1771 ; cf. édit. Garnier, t. XLVII, p. 363. Les lignes qui précèdent le passage ci-dessus sont curieuses : Voltaire s'y montre, du moins pour l'avenir immédiat, assez mauvais prophète : « Je suis persuadé que votre respectable nation conservera toujours ce qu'il y a de plus précieux au monde, la liberté. Les Turcs n'ont jamais pu l'entamer, nulle puissance ne la ravira. Vous essuierez toujours des orages, mais vous ne serez jamais submergés : vous êtes comme les baleines, qui se jouent dans les tempêtes. » Un an plus tard, mois pour mois, l'Autriche, la Prusse et la Russie signent la convention de partage ; en août, leurs armées entrent en Pologne. La République va être amputée des deux cinquièmes de son territoire.

(3) *Correspondance complète de Mme du Deffand...*, j. cit., t. III, p. 57.

de roman ». Elle avait, les jours précédents, conté la
marquise à Horace Walpole (1), « ses médecins, son confesseur et son intendant auprès de son lit ; elle dit à ses
médecins : « Messieurs, vous m'avez tuée, mais c'était en
suivant vos principes et vos règles » ; à son confesseur :
« Vous avez fait votre devoir en me causant une grande
terreur » ; à son intendant : « Vous vous trouvez ici à la
sollicitation de mes gens, qui désirent que je fasse mon
testament ; vous vous acquittez tous fort bien de votre
rôle ; mais convenez aussi que je ne joue pas mal le mien. »
Après cela, elle se confessa, communia, ajouta un codicille à un testament qu'il y avait longtemps qui était
fait (2)... On prétend qu'elle avait fait faire une robe
bleue en argent pour être enterrée, et qu'elle s'était fait
coiffer avec une très belle cornette de point. L'archevêque n'a pas approuvé ce luxe, il a fait vendre habit et
cornette pour en faire des aumônes (3)... » L'inhumation
eut lieu le 22 dans l'église de sa paroisse, Saint-Sulpice,
où aucun monument, aucune épitaphe, pas un nom,
fût-ce dans les cryptes, ne perpétue son souvenir (4).

(1) 29 décembre 1773. *Lettres à Horace Walpole*, j. cit., t. III, p. 46-47.

(2) Reçu par M⁰ Baron le jeune et un confrère, le 18 décembre 1773.
Des extraits aux Arch. de M.-et-M., B. 1.859 et 1.862. — Les quelques
détails relatifs aux clauses du testament, dans lesquels entre ensuite
Mᵐᵉ du Deffand, se trouvent, vérification faite sur l'acte lui-même,
être parfaitement exacts. Cette constatation est en faveur de la véra-
cité du reste de ses dires.

(3) Dans *La femme au XVIIIᵉ siècle* (Paris, nouv. édit., 1918,
p. 521-522), les GONCOURT ont utilisé cette lettre : « C'est le siècle où
l'agonie, dépassant l'insouciance, atteindra à l'épigramme, le siècle
où une princesse moribonde appelant ses médecins, son confesseur
et son intendant auprès de son lit, dira à ses médecins : « Messieurs
« vous m'avez tuée.... *etc.* » L'âme de la femme va à la mort parée
d'esprit, comme le corps de la princesse de Talmont va à la terre
dans une robe bleue et argent. »

(4) Sur les sépultures de cette église, où avait également été
inhumé Montesquieu, voir HAMEL, *Hist. de l'église Saint-Sulpice*

Écartant de sa succession les trois filles mineures du comte de Béthune, ses nièces à la mode de Bretagne et uniques héritières naturelles en France (1), Mme de Talmont instituait Madame Adélaïde, non seulement l'aînée mais la plus polonaise des filles de Louis XV, sa légataire universelle (2). Divers objets de valeur et quelques sommes d'argent furent distribués selon les intentions de la défunte. Mesdames se partagèrent les bijoux. Maurepas, que n'aurait pas seulement perdu en 1749 ses épigrammes, mais dont la testatrice avait peut-être hâté la chute en le compromettant dans l'affaire du Prétendant (3), eut, à la veille d'être rappelé au pouvoir, une montre et les porcelaines. A l'hôpital des Enfants trouvés était assurée une rente de 5.000 livres sur les domaines de Lorraine et Barrois (4), la somme même

Paris, 1900, in-8°. D'après cet auteur, indépendamment des personnages marquants qui reposaient dans les chapelles et des caveaux distincts, de 1743 à 1793 de très nombreux corps trouvèrent place dans les cryptes. Ces sépultures furent profanées et les caveaux presque en totalité détruits pendant la Terreur (p. 448).

(1) Adélaïde-Joachim-Augustine, née en 1756 ; Louise-Charlotte, née en 1759 ; Adélaïde-Françoise-Léontine, née en 1761. Deux autres filles étaient mortes en bas âge. Elles avaient perdu leur père en 1769 (cf. *suprà*, p. 98, n. 1).

(2) « Je supplie le Roi de trouver bon le legs que je fais de tous mes biens à Madame Adélaïde, espérant qu'elle voudra bien faire exécuter mes intentions sur les états qui lui seront remis, signés de moi, par mon exécuteur testamentaire ci-après nommé. » Cet exécuteur testamentaire était l'ancien avocat au Parlement Joseph-Anselme d'Outremont, déjà désigné en cette qualité par le maréchal de Belle-Isle, et aux services de qui avait eu aussi, de son vivant, recours Stanislas. Cf. *Lettres à Hulin*, n° 55, p. 126 et n. 1.

(3) Lorsque Louis XV reprit à Maurepas, le 25 avril 1749, le porte-feuille de la Marine, on crut en effet découvrir dans les relations du léger et inconséquent secrétaire d'État avec la princesse de Talmont (v. *suprà*, p. 78-79) l'une des principales causes de cette disgrâce. Cf. ARGENSON, *op. cit.* t. V, p. 481.

(4) Soit 5.747 l. 18 s. 9 d. de Lorraine. A charge de pensions viagères, d'un total de 3.150 l., à deux prêtres, à son secrétaire, Antoine Calmet, et à des domestiques.

qu'en 1758, lors de son grand procès, le Conseil d'État de Stanislas avait attribué à la princesse, lui faisant ainsi compte égal avec Maximilien Ossolinski (1).

Le petit-fils du grand maître de la cour de Stanislas vit également à Paris. Il venait d'acquérir pour 6.000 ducats la starostie de Sandomir, lorsqu'était mort son aïeul. Dénoncé de ce chef par Mme de Talmont comme incapable, malgré sa récente naturalisation, de recueillir un héritage dans les Duchés, Maximilien Ossolinski avait répliqué qu'en réalité rien n'était conclu, et il s'était, de ce moment, abstenu de faire en quoi que ce fût acte de citoyen polonais. Mais, le litige tranché, faisant venir à l'École des cadets son jeune frère Joseph-Ignace (2), qui sera naturalisé à son tour (3) afin de se trouver apte, en cas de disparition de l'aîné, à hériter de ses biens de Lorraine, le colonel réformé au régiment d'Alsace avait regagné la Pologne, où en 1760 les jésuites du collège de Sandomir, selon la tradition et comme trente ans plus tôt pour son père, le congratulaient en termes pompeux de son élévation à la starostie (4). Situation paradoxale. Maximilien était-il resté lorrain ? Redevenait-il polonais ? Il ne pouvait perdre impuné-

(1) Voir *suprà*, p. 45 et 271. — Chaque semestre, Mme de Talmont signait, pour deux quartiers d'arrérages, le bordereau-quittance destiné au receveur général des domaines et bois de Lorraine et Barrois. Le dernier est daté de Paris, 12 juillet 1773. [Arch. M.-et-M., B. 1.794 (année 1759) à B. 1.859 (année 1773).] La mutation se fit par acte notarié du 5 mars 1774, « le tout convenu à l'égard de Madame [Adélaïde] en son appartement du château de Versailles, le dit jour ».

(2) Inscrit le 20 mai 1759. Voir *suprà*, p. 60, n. 7.

(3) Lettres patentes datées de Commercy, 30 juin 1761. (Arch. nat., E. 3.250, fol. 368v°.) Ent. du 13 juillet. (Arch. M.-et-M., B. 256, n° 14.)

(4) *De gloria et felicitate provinciæ sandomiriensis in ascensione ad præfecturam regiam sandomiriensem Ill. Excels. D. D. Maximiliani, Excels. Ducis in Ossolin et Principis S. R. I.,... oratio coll. sand. Soc. Jes.* Sandomir, 1760, in-fol. — Cf. SOMMERVOGEL, *op. cit.*, t. VII, col. 551, n° 28, et col. 552, n° 35.

ment le statut lorrain, ayant à le revendiquer pour ses intérêts dans la province. Y prétendre encore, c'était se dénier tout droit à sa starostie. A plusieurs reprises les rois de Pologne avaient refusé la jouissance des biens royaux aux étrangers et, prescrivant l'exclusion de ceux-ci, c'est précisément Sandomir que Sigismond Ier avait pris comme exemple (1). Pour sortir de ce dilemme, Ossolinski avait donc cédé en 1764 ses droits de Pologne à Joseph-Ignace (2) et était revenu à Lunéville. Après le décès de Leszczynski, tous ses intérêts réglés en Lorraine, il s'est fixé dans la capitale. Il ne la quittera qu'en septembre 1785, pour retourner définitivement dans sa véritable patrie (3). Célibataire, nous le rencontrons à Sandomir, le 17 avril 1789, staroste une seconde fois (4).

Au palatinat de Witebsk, l'ancien conseiller aulique Simon Siruc, l'organisateur de la maison du duc-roi en

(1) « Probavit superiora Sigismundus I illustravitque ut dignitas *sandomiriensis, Sandomiriensi*, et reliquarum terrarum suis terrigenis obveniat, et si extraneo dignitas aut officium datum fuerit, ut is famà et bonis mulctetur, nisi monitus ultro cesserit. » Cf. G. LENGNICH, *Jus publicum regni Poloniæ*, t. I, l. II, ch. 13.

(2) Cf. SOMMERVOGEL, *op. cit.*, t. VII, col. 552, n° 37.

(3) Comme Mme de Talmont, on peut le suivre trimestre par trimestre, grâce aux acquits de sa rente sur la Lorraine, qu'il toucha jusqu'à la Révolution, conservés au nombre des pièces justificatives de la recette des domaines et bois (Arch. M.-et-M., B. 1.794-1.915). De juin 1774 à juillet 1785, tous les bordereaux sont remplis de la main d'Ossolinski, datés de Paris et agrémentés d'un paraphe qui est une véritable curiosité calligraphique. Il signe d'abord *Ossolinski col.*, puis *D'Ossolin col.*, enfin *D'Ossolin* seulement. Avant de repartir pour la Pologne, le petit-fils de M. le Duc laissa comme fondé de pouvoir, par procuration en brevet passée le 1er septembre 1785 devant Rouin et Saulnier, notaires à Paris, « le sieur Abert, prêtre chanoine et capiscol de l'église collégiale de Barjols, diocèse de Fréjus ».

(4) Bien à tort, LUSZCZYNSKI, dans son *Summarum documentorum stirpem Ossolinski enucleans* [1878] (ms. n° 3.261 de la Bibl. Ossolinski, voir tabl. v), en fait tout à la fois un porte-glaive de la Couronne et un *podstoli* de Lithuanie.

1737 (1), est proche de sa fin. Elle surviendra en 1774 (2).

Reparti de bonne heure pour la Pologne, le chambellan Louis Dombski (3) y a épousé en 1760 Marie Sapieha. Staroste de Pokrzywnica, de Gniewków et d'Inowroclaw, porte-enseigne et castellan de Brzesc Kujawski, chevalier de Saint-Stanislas et de l'Aigle blanc, il mourra sans postérité le 27 février 1783.

Théodore Moszczenski, l'ex-gentilhomme de Catherine Opalinska (4), est devenu général-adjudant de l'armée de Lithuanie, staroste de Brzesc Kujawski (5) et castellan d'Inowroclaw (1772), où ainsi les deux anciens collègues de Lunéville se retrouvent. Marié à Joséphine Nieroslawska, il fut lui-même chevalier de Saint-Stanislas (6).

Après avoir entendu la suprême confession de Stanislas et conduit sa dépouille à Bon-Secours, le P. Étienne Luskina n'avait pas quitté de suite la Lorraine. A la prière de Marie Leszczynska, avide aussi de se faire redire les derniers moments de son père, il a officieusement suivi le règlement de la succession du prince ; il a fait plusieurs voyages entre Lunéville et Versailles. Mais, à l'automne de 1767, il est remonté dans sa chaire du collège de Varsovie (7). Il continue d'encourager de son mieux, par son exemple et ses conseils, l'étude du firmament. Recteur de son établissement, procureur provincial,

(1) Voir *suprà*, p. 92 et 239-240.

(2) Cf. ZYCHLINSKI, *Zlota ksienga*, t. II, p. 276.

(3) Voir *suprà*, p. 107.

(4) Voir *suprà*, p. 107 et 162.

(5) Après son frère André, qui, dernier palatin d'Inowroclaw, berceau de leur famille, fut créé comte prussien en 1788.

(6) Son fils Alexandre-Ezechiel, staroste de Brzesc, prit part à l'insurrection de 1794.

(7) La même année, il faisait paraître dans cette ville, en polonais et en latin, une *Instructio brevis ad dirigendos eos qui voluerint modico sumptu observationes instituere.*

aussitôt la suppression de l'Ordre, auquel il avait abandonné sa fortune (juillet 1773), le P. Luskina fera don à Stanislas-Auguste de son cabinet de physique et de tous ses instruments d'astronomie, sollicitant en retour un privilège de journaliste, *edendi notitias diei* (1). Dix-huit années durant, il assura la rédaction de la *Gazette de Varsovie* (2). Il mourut dans cette ville le 12 août 1793 (3).

Avant de s'éloigner de Lunéville, le savant jésuite avait donné pouvoir à dom Gurowski pour toucher à l'avenir en son nom les arrérages de sa pension d'ancien confesseur du roi (4). Or, l'abbé de Clairlieu ne devait pas tarder à s'éloigner également. Du vivant de Leszczynski, il avait déjà songé à échanger cette abbaye, au brillant passé mais si déchue de sa splendeur, pour un bénéfice moins modeste et une résidence moins austère. Comme on lui offrait en 1750 Bledzewo (5), il avait même démissionné, sous réserve d'une pension de 1.500 livres. Son successeur avait été présenté à l'agrément du pape, le 20 juillet, en la personne du procureur du monastère,

(1) Ms. n° 782 de la Bibl. du Musée Czartoryski, à Cracovie, p. 316-317. — SOMMERVOGEL, *op. cit.*, t. V, col. 196, et *addenda*, p. II (suppl. à la col. 196).

(2) *Gazeta warszawska.*

(3) Son souvenir est conservé dans une ode, non datée et d'ailleurs sans grande envolée, que lui dédia, à l'occasion de sa fête, le P. Adam NARUSZEWICZ, son compatriote lithuanien (1733-1796), travailleur presque aussi étonnant que Joseph Zaluski, devenu évêque de Smolensk (1775) et de Luck (1790). Voir ses *Wiersze różne* (Poésies diverses), édit. Th. Mostowski, Varsovie, 1804 ; t. I, p. 116-118 ; l. II des *Liryków*, ode 2 : *Do Ksienza Stefania Luskiny Soc. Jesu, procuratora Prow*. Naruszewicz y rappelle les mérites divers de l'homme qui enseigna la jeunesse, compta les astres, guida les rois et donna toute sa fortune à la Compagnie de Jésus.

(4) 3 août 1767, par devant Chedville et Lévêque, notaires à Lunéville (auj. études Marie et George aîné). Cf. Arch. M.-et-M., C. 2.055, fol. 35.

(5) Cf. *suprà*, p. 137, n. 4.

dom Marien (1). Mais, soit regrets, soit insistance de
Stanislas, Melchior Gurowski était revenu sur sa décision, et il avait conservé Clairlieu (2). Au décès de
Leszczynski, n'ayant plus en compensation de sa solitude
de la forêt de Haye les séjours de Lunéville, les offices
pompeux au château, il n'aurait sans doute pas attendu
plus de deux ans encore pour reprendre avec soulagement le chemin de son pays, sans d'affectueuses relations entrenues avec la reine de France. Dans sa maladie
de langueur, dom Gurowski apporta à la souveraine des
consolations précieuses. On le vit à son chevet (3). Mais,
aussitôt morte la femme de Louis XV, il s'est empressé
de résigner (4). Le voici à la tête de l'abbaye d'Obra (5).
Il vivra jusqu'au 15 juillet 1785 (6).

C'est au cœur de la Russie, à Kalouga, où il est interné

(1) Arch. M.-et-M., H. 482. — Journal ms. de DURIVAL, t. III, fol. 17.

(2) On lit sur le registrata de la chancellerie, en marge de l'acte de
désignation de Marien : « N'a pas eu lieu, attendu que l'abbé Gurowski
a conservé l'abbaye. » (Arch. nat., E. 3.229, fol. 223.)

(3) Dans ses Anecdotes du diocèse de Nancy, ms. cit., t. V, p. 324,
CHATRIAN écrit, à la date du 1ᵉʳ mars 1768 : « Dom *Gorowski*, abbé
de Clairlieu, qui devait officier pontificalement à un service anniversaire (pour Stanislas) chez les Minimes de Bonsecours, ayant été
informé la veille du danger de la maladie de la reine de France, est
parti en poste pour se rendre à Versailles, et n'a pu officier. Cette
princesse a été administrée ce jour même 1ᵉʳ mars par l'évêque de
Chartres, son aumònier. » On sait que Marie Leszczynska mourut le
24 juin suivant.

(4) Avant la fin de ce même mois de juin. Le brevet de son successeur, choisi par Louis XV, est du 21 août ; les bulles, des ides de
septembre. Ins. du 4 février 1769. A en croire CHATRIAN, ms. cit.,
t. V, p. 324, c'est le 15 septembre que Gurowski partit pour la
Pologne, accompagné d'un religieux bernardin lorrain.

(5) Également de l'ordre de Saint-Bernard. Obra, village de Posnanie, sur la rivière du même nom, affluent de la Warta.

(6) Dom Gurowski eut pour successeur à l'abbaye d'Obra, le 4 août
suivant, son petit-cousin Melchior-Mathieu, frère des deux anciens
cadets de Lunéville Raphaël et Roch-Ladislas (cf. *suprà*, p. 151, 185),
chanoine de Cracovie et de Poznan, mort à Poznan, le 6 avril 1794.

depuis cinq ans passés, qu'il faut se transporter pour rejoindre Joseph Zaluski.

Ses mérites littéraires, son zèle éclairé ont valu à l'ancien grand aumônier de Stanislas, à défaut des hautes charges ambitionnées et de la carrière politique rêvée, quelques-uns tout au moins de ces honneurs qu'il recherchait tant à Lunéville. Après l'ouverture de sa Bibliothèque, il a reçu la riche abbaye cistercienne de Wonchock (1), déjà donnée autrefois en récompense à son oncle André-Chrysostome. Le 24 septembre 1759, il a été porté au siège épiscopal de Kijów (2) et est ainsi devenu sénateur (3). Mais l'auteur des *Duo gladii adversus dissidentes* (4) a refusé de se plier aux exigences de la tsarine, qui voulait obliger la Pologne à admettre pour ceux-ci l'égalité. Sa violente campagne de protestation, une lettre pastorale intransigeante lui ont valu d'être compris, avec l'évêque de Cracovie, Cajetan Soltyk (5), et Venceslas Rzewuski, dans l'odieux attentat de Repnin du 13 octobre 1767. Arrêté pendant la nuit par les soldats de Catherine II, traîné hors des frontières et retenu contre les règles les plus élémentaires du droit des gens, Zaluski trompe l'ennui de sa solitude par la relation en vers — d'assez mauvais vers, on doit l'avouer, — des cir-

---

(1) Diocèse de Cracovie, district d'Opatów ; à la collation du roi.

(2) Christ.-Gottl. Friese, *De episcopatu kijoviensi ex Okólscii opere.* Varsovie, 1763 ; avec une *vita* de Zaluski.

(3) Il est aussi chevalier de l'Aigle blanc. — Dans plusieurs actes rédigés en français, Zaluski énumère dès lors ainsi ses différentes dignités : « Évêque de Kijowie et de Czernichowie, abbé commendataire de Wonchock en Pologne, de Fontenay en Bourgogne et de Villers-Bettnach en Lorraine, sénateur de Pologne, chevalier de l'Aigle blanc, grand prévôt de Varsovie, capitulaire de Cracovie. »

(4) Voir *suprà*, p. 115, n. 2.

(5) Prédécesseur (1749-1759) de Joseph Zaluski à Kijów et successeur de son frère André-Stanislas à Cracovie.

constances de sa captivité (1). De si loin, il veille encore, malgré des difficultés de toute sorte, à augmenter ses collections. Dans les conditions les moins propices, il rassemble les éléments de sa *Bibliothèque des historiens, légistes, hommes politiques et autres auteurs polonais et étrangers ayant écrit sur la Pologne*, que recueillera son secrétaire Minasowicz et que publiera en 1832 J. Muczkowski (2). Manquant souvent des plus indispensables instruments de travail, sa mémoire prodigieuse le sert; cette mémoire qui lui permettait de revoir par la pensée, avec leurs moindres particularités typographiques, les éditions rares et de reconstituer à volonté des textes entiers, avec tant d'exactitude, assure-t-on, qu'il n'omettait même pas les fautes de l'original.

Peut-il aussi, dans son exil, entièrement oublier ce monastère du diocèse de Metz dont il est toujours l'abbé commendataire ? Le soin du temporel de Villers-Bettnach n'a plus cependant à le préoccuper. De sérieux et renaissants débats, engagés naguère avec les régisseurs, se sont terminés en 1764 par une transaction (3). Sept ans plus tôt, Zaluski a en outre consenti à la dési-

(1) *Przypadki niektore w niewoli Moskiewskiej, 1767-1773.* Édit. J.-K. Minasowicz, 1773.

(2) *Biblioteka historyków, prawników... wierszem.* Cracovie.

(3) Voir notamment les arrêts du Conseil d'État de Lorraine, des 9 et 23 août 1743, 26 juin et 5 décembre 1744, 5 mars 1745, rendus en faveur de Zaluski. Commissions sur arrêt des 16 novembre 1743, 18 janvier et 7 juin 1745. (Arch. nat., E. 3.222, fol. 140vo ; 3.224, fol. 52vo et 160vo.) — Arrêt de la Cour souveraine du 24 mars 1763. Transaction du 30 janvier 1764 et arrêt d'insinuation du 20 novembre suivant. (Arch. de la Moselle H. 1.757.) Zaluski eut d'abord comme fondé de procuration un sieur Chardin. Par acte passé le 5 mars 1749 devant Albrecht, notaire à Cracovie, il donnait pouvoir, en tant qu'abbé de Villers-Bettnach et de Fontenay, à dom Gurowski pour régir ses affaires. Par un autre acte du 28 mai 1756, établi chez Thiriet (auj. étude Galand), il a désigné comme mandataire M. Baranowski, « prêtre à Lunéville ». Cf. Arch. M.-et-M., C. 1.991, fol. 45, no 6 ; 2.027, fol. 20, no 9.

gnation d'un coadjuteur avec future succession en la personne du prince Camille de Rohan (1), qui prend maintenant dans les actes la qualité de « commissaire et administrateur des revenus de l'abbaye » (2).

L'épreuve touche d'ailleurs à son terme. Bientôt Zaluski sera libre. Il va partir pour Varsovie, où l'attend une réception quasi-triomphale. Mais, épuisé de fatigue et de privations, il jouira peu de ce réconfort. Le 7 janvier 1774, la Pologne déplorait sa perte. Il y a plus de trente ans que, dans un mouvement de colère, il a quitté la Lorraine, et on l'y a bien perdu de vue. A lire dans la *Gazette de France* le décès de « Joseph Zaluski, évêque de Kiev », à qui le monde savant doit une admirable bibliothèque, Durival observe simplement : « Je crois que c'est notre abbé de Villers-Bettnach (3). »

Au contraire de Zaluski, Joseph de Mathy, tantôt dans son logis canonial de Frauenbourg, tantôt sur sa terre de Makohlen, près de Heilsberg, cette ville où avait eu lieu, le 20 mars 1704, la première entrevue de Leszczynski et de Charles XII, coule des jours sans histoire. En 1761, il a été élu doyen de son chapitre; mais il n'a pas tenu à conserver cette dignité (4).

Depuis son départ de Lorraine, l'abbé de Saint-Remy n'a pas toujours été en plein accord avec ses religieux. Ils lui ont même intenté un procès, qui s'est réglé à

(1) Le don par Stanislas de cette coadjutorerie à Eugène-Hercule-Camille de Rohan, « clerc tonsuré au diocèse de Paris », est du 19 octobre 1757. (Arch. nat., E. 3.243, fol. 260 v°.)

(2) Cf. Arch. M.-et-M., 11.361, fol. 39.

(3) Journal ms., t. VIII, fol. 92v° ; du 10 février 1774. — Le 25 du même mois, Mme Geoffrin écrivait de Paris à Stanislas-Auguste : « J'ai été fâchée de la mort de l'évêque de Kiovie ; c'était un bon homme, sans esprit, mais bon évêque. Sa bibliothèque était très nombreuse ; mais je ne sais si elle était bien choisie. Cela sera toujours utile au public. » Cf. Ch. de Mouÿ, *op. cit.*, p. 462.

(4) Arch. du chapitre de Frauenbourg.

l'amiable (1). Empruntant la voie de Silésie et de Saxe, la
correspondance entre l'Ermeland et la Lorraine est souvent fort lente; bien des lettres sont égarées. C'est une
cause d'embarras pour l'accommodement des affaires, en
particulier lorsqu'il s'agit de pourvoir aux vacances des
cures des environs de Lunéville — Mont-Xermaménil,
Rehainviller. Frémonville ou Bénaménil — qui sont à la
collation de l'abbé. On s'impatiente parfois dans le clergé
local du retard de ce que les initiés appellent « les nouvelles de Pologne » (2). Du vivant de Stanislas, l'un des
titulaires désignés par Mathy a eu la surprise de recevoir
son brevet agrémenté d'une mention imprévue. Dans
l'hiver de 1757-1758, durant la campagne de Silésie, un
pli adressé de Warmie a piqué la curiosité du roi de
Prusse. Il contenait la nomination à la cure de Bénaménil
du P. Barthélemy Poincelet, prieur conventuel de Saint-
Remy. Déçu sans doute, en tout cas amusé, Frédéric II,
avant de refermer le paquet, d'ajouter de sa main : « Je

(1) Le 28 novembre 1761, les prieur et chanoines de Saint-Remy
donnent mandat à leur procureur, Claude Mathis, à l'effet de terminer amiablement leur procès pendant à la Cour contre leur abbé.
Chez M⁰ Olivier, notaire à Lunéville (auj. étude André) ; cf. Arch.
M.-et-M., C. 2.040, fol. 49, n° 11. — Le 16 août 1765, Jean Otelin,
bourgeois de Lunéville, et sa femme vendent à l'abbé de Mathy une
maison et un terrain sis dans cette ville, moyennant 3.100 livres.
Chez Febvrel (auj. étude André); cf. Arch. M.-et-M., C. 2.050, fol. 27, n° 1.

(2) « 16 avril 1766. On reçut de Lunéville des nouvelles de Pologne.
M. l'abbé Mathy avait nommé à la cure de Rehainviller le curé de
Frémonville... [non acceptant], et il a fallu tout de nouveau écrire à
Warmies (sic) et attendre encore une réponse. » (CHATRIAN, Anecdotes
ecclésiastiques du diocèse de Nancy, ms. cit., t. V, p. 222.) — « 9 janvier 1778. M. l'abbé de Ventoux [vicaire général] ayant appris la
vacance de la cure de Mont, près de Lunéville, et se doutant que les
nouvelles de Pologne n'arriveront pas de sitôt pour y nommer un
curé chanoine régulier, vient d'y envoyer en qualité d'administrateur... » [Id., Journal ecclésiastique lorrain (avant 1905 ms. n° 198 —
catalogue Vacant — de la Bibl. du Grand Séminaire de Nancy),
t. I, p. 9.]

n'empêche que ledit Poincelet soit curé de Bénaménil » (1).

D'une santé délicate, presque impotent, sous peu l'abbé de Mathy se déchargera sur les siens, son frère Victor-Antoine, l'ex-capitaine de Royal-Barrois, et une sœur, qui l'assiste, du souci de cette gestion (2). Ayant usé une dernière fois, en avril 1779, de son droit de patronage en ce qui concerne la cure de Frémonville, il consentira à ce que le chapitre de Saint-Remy fasse lui-même à l'avenir les désignations (3).

Dès le 23 avril 1775, on recommandait aux prières des paroissiens de Lunéville Mathy comme dangereusement malade (4). Il prolongera pourtant jusqu'au 24 septembre

(1) CHATRIAN, Anecdotes ecclésiastiques du diocèse de Nancy, t. IV, p. 319.

(2) C'est dans ces conditions que Victor-Antoine de Mathy date à son tour de Frauenbourg, 11 juin 1774, une procuration pour les affaires de l'abbaye, contrôlée au bureau des actes de Lunéville le 30 décembre 1778. Cf. Arch. M.-et-M., C. 2.111, fol. 42, n° 9. — « 8 février 1779. On a enfin reçu des nouvelles de Pologne au sujet de la cure de Mont... M. l'abbé Mathy, chanoine de Warmie, sain d'esprit, mais très infirme de corps, a donné depuis plusieurs années une procuration à M. son frère pour agir en son nom en toutes affaires. Celui-ci, ainsi que sa sœur qui demeure avec M. Mathy, l'abbé, écrivent et envoient une commission à M. l'évêque de Toul d'y nommer en la place de leur frère, et lui proposent à cet effet trois chanoines réguliers, savoir... » (CHATRIAN, Journal ecclésiastique lorrain, ms. cit., t. I, p. 43.)

(3) Après avoir fait connaître à l'évêque de Toul le nouveau titulaire de son choix et prié le prélat de l'instituer en la forme ordinaire, Mathy ajoute : « Nous supplions de même très humblement Monseigneur l'Évêque, Primat, en cas de vacances à l'avenir, si Dieu par sa miséricorde infinie pourrait encore me prolonger la vie, de vouloir bien confirmer et instituer le sujet qui lui sera présenté par le prieur et le chapitre de Lunéville, leur ayant cédé mon droit de nomination. » De Frauenbourg, 25 avril 1779. Attestation du 26, par André Marquart, chanoine et chancelier de l'église cathédrale de Warmie, et Joseph Szulc, secrétaire, que ces présentation et renonciation sont bien de la main de Mathy. (Arch. M.-et-M., H. 1.506, copie collationnée. Cf. Ibid., C. 2.113, fol. 43, n° 5. — CHATRIAN, ibid., t. II, p. 133.)

(4) CHATRIAN, Journal ecclésiastique toulois (ms. n° 187, même fonds, du Grand Séminaire de Nancy), s. p., à la date citée.

1783 sa dolente existence (1). Quand l'annonce de sa fin
parvint dans l'ancienne résidence princière, le 12 octobre
suivant (2), bien peu de gens s'y souvenaient de lui.
L'événement n'eût guère attiré l'attention si, en la personne de Joseph de Mathy, ne s'était éteint, après plus de
sept siècles de durée, le vieux titre abbatial de Saint-
Remy (3), et si, en vertu d'un contrat passé le 19 mai 1759
entre Stanislas et le chapitre, la ville ne se fût trouvée
dès lors soulagée dans ses finances. Elle gagnait à cette
mort un cinquième frère des Écoles chrétiennes, une
sixième sœur de la Charité; elle n'aurait plus à payer les
quatre régents et le préfet du collège. Ces charges incom-
beraient à l'avenir aux chanoines réguliers, en compensation de la réunion à la mense canoniale de tous les biens
et revenus de la mense abbatiale (4).

(1) On lit simplement à cette date sur le registre capitulaire de
Frauenbourg : « Josephus de Mathy Can. W. hodie hora 4ta matutina
pie in Domino obiit. » Aucun document de ces archives ne renseigne
sur l'âge du défunt. CHATRIAN (Journal ecclésiastique lorrain, *ms. cit.*,
t. VI, p. 261) lui donne « environ 80 ans ». Une liste des vassaux du
cercle de Heilsberg lui attribue au contraire 56 ans en 1774 (cf.
Zeitschrift für die Geschichte und Altertumskunde Ermlands, t.
XIX, p. 398), chiffre peu admissible, puisque Mathy, mort à 65 ans,
serait alors arrivé tout jeune en Lorraine. Bien que nous le sachions
originaire de Danzig, la vérification par son acte de baptême est
impossible, les registres paroissiaux des églises catholiques de cette
ville n'existant plus pour la période correspondante.

(2) CHATRIAN, *ibid.*, p. 261 et 290. Le rédacteur du Journal ecclésiastique mentionne, ce jour-là, que l'on a « des nouvelles très sûres »
de la mort de l'abbé, mais il la fait remonter au 13 septembre.

(3) Voir *suprà*, p. 134.

(4) Cf. *Recueil des fondations et établissements faits par le roi de
Pologne*, p. 77. — BAUMONT, *Hist. de Lunéville*, p. 216 et 221. — C'est
en septembre 1761 que Mathy avait donné son consentement formel
à la suppression du titre abbatial et à cette réunion éventuelle des
deux menses. Voir à l'Appendice les pièces justificatives 6, 6 *bis* et
6 *ter*, cette dernière avec reproduction du cachet armorié du signataire, offrant les insignes de sa double dignité d'abbé de Saint-Remy
et de chanoine de Warmie.

JOSEPH-BENOIT DE MATHY

AUMÔNIER ORDINAIRE DU ROI

ABBÉ DE LUNÉVILLE (1740-1783) ET CHANOINE DE WARMIE (1749-1783)

(D'après une sépia originale du Cabinet des estampes, à Berlin.)

A Frauenbourg, au bord de la lagune baltique, sous le
chœur de la cathédrale où avait déjà été inhumé leur
lointain collègue Copernic, *canonicus varmiensis*, de qui
des admirateurs trop zélés devaient par la suite se partager les restes (1), dort aujourd'hui encore, d'un sommeil
inviolé, aux côtés de Jean Chrysostome Krasinski (2),
cet autre dignitaire de la maison de Leszczynski, l'aumônier ordinaire du duc-roi, le dernier abbé de Lunéville (3).

Mais autour du château étaient restés et achevèrent
leurs jours, fidèles au passé ou retenus par l'âge, quelques
témoins de la cour abolie.

C'est d'abord le premier aumônier de Stanislas. Miaskowski n'a guère conservé de rapports avec la Pologne.
Accablé d'infirmités (4), il vit des revenus de son abbaye

(1) En 1802 on rechercha, en effet, les ossements du grand astronome, à qui un monument funéraire avait été élevé en 1581. Le
chapitre ne retint que le sixième de la dépouille. Une partie fut trans-
portée dans le temple de la Sibylle à Pulawy ; une autre conservée
par la Société des amis des sciences, à Varsovie.

(2) Voit *suprà*, p. 244-245.

(3) De même que J. Chr. Krasinski, Mathy n'a pas d'inscription
funéraire dans une église où, pourtant, en 1766 on ne comptait pas
moins de 101 épitaphes, la plupart de chanoines [cf. Epitaphia ecclesiæ varmiensis, 1332-1766 (*ms.* n° 511 de la Bibl. Krasinski)].

Au Cabinet des estampes de Berlin est conservé (collection Krasicki,
carton Sliwisky) une sépia originale représentant Joseph de Mathy.
Ce portrait, reproduit ci-contre, provient d'Ignace Krasicki, qui fut
évêque de Warmie (1766-1795) et mourut à Berlin, archevêque de
Gniezno, le 14 mars 1801.

Un arrière-petit-fils de ce Jean Matthei que nous avons vu (cf.
suprà, p. 132-133) s'installer à Danzig avec son frère Claude, grand-
père de l'abbé, par conséquent un cousin au 7e degré de ce dernier,
Ignace-Antoine-Stanislas de Mathy (on écrit pour lui de préférence
Matthy), né en 1765 à Kobierczyn, cercle de Stargard, mort en 1832
évêque de Culm, devait être nommé en 1793 à la cure de Frauenbourg
et à partir de 1803 administrer plusieurs années l'évêché, pendant
une vacance du siège. Sa notice dans la *Zeitschrift für die Geschichte und Altertumskunde Ermlands*, t. III, p. 340 et s.

(4) Arch. nat., E. 3.265³. — Dès le 3 juin 1751, Stanislas avait
nommé l'abbé Henri-Ignace Chaumont de La Galaizière, un des frères
du chancelier, premier aumônier en survivance de Miaskowski. Cf.
Journal ms. de DURIVAL, t. III, fol. 51.

de Rangéval (1). Comme Leszczynski lui servait une pension de 600 livres, il en avait sollicité la continuation. Mais la reine de France, qui ne pardonnait sans doute pas à l'ancien gentilhomme pour la chasse sa conduite relâchée, s'était refusée, au contraire de ce qu'elle fit pour la plupart des serviteurs de son père, à appuyer la demande de ce vieux cousin. Le ministre L'Averdy l'avait donc écartée (2). Le 3 avril 1767, Miaskowski mourait. On l'enterra avec un certain faste (3), comme il l'avait prescrit, dans l'église des Minimes. Son valet de chambre, Sébastien Thiéry, bénéficia de la modeste fortune qu'il laissait en Lorraine (4).

Sur le contrôle général des habitants de Lunéville pour 1769 (5), sont compris, sans autre désignation que celle de chevaliers de Saint-Louis : M. *Viklinsky*, le sieur *Schreder* et le sieur *Korvanosky*. Sous ces noms déformés, reconnaissons le commandant en second des cadets, le porte-étendard des gardes du corps et le premier écuyer du roi.

(1) Arch. nat., K. 1.188, n° 8.

(2) Arch. nat., E. 3.265³. Dans son placet, Miaskowski, dont les idées doivent déjà être troublées, explique fort inexactement qu'ayant été pendant 30 ans au service de Stanislas, il le fut notamment 22 ans (lire *environ 15 ans*) en qualité de son premier aumônier et qu'il a obtenu à sa retraite (en réalité dès *1744*) l'abbaye de Rangéval. — Le duc Ossolinski avait compris sur son testament Miaskowski pour une somme de 1.000 livres. Stanislas le passe sous silence dans la longue liste de ses libéralités après décès.

(3) CHATRIAN, Anecdotes du diocèse de Nancy, *ms. cit.*, t. V, p. 267.

(4) Testament du 2 octobre 1736 et codicille du 2 septembre 1766. Procès-verbal d'ouverture du 3 avril 1737 (chez Aubertin, notaire à Lunéville, auj. étude Toussaint). Nicolas Durand, avocat exerçant au bailliage, était l'exécuteur testamentaire. Parmi de menus legs à la charge de la succession, mentionnons 50 l. de Fr. « pour aider à l'entretien des pauvres malades et infirmes de l'hôpital ».

(5) Publié par Ch. DENIS, *Inventaire des registres de l'état civil de Lunéville*, p. 257 et s. Voir p. 262, 278 et 282.

Logé dans le voisinage immédiat de son ancienne École (1), Hyacinthe Wiklinski, que ses deux femmes et son fils aîné attendaient dans le caveau des Carmes, est allé les y rejoindre, à soixante-huit ans, en juin 1771 (2).

A soixante-dix-huit ans, le 6 septembre 1775, disparaîtra à son tour Schræder (3). En 1759, le roi lui avait accordé une place d'oblat au prieuré bénédictin de Lay-Saint-Christophe (4). Mais le dévoué Danzicois, ne se résignant pas à la retraite, avait repris sa place dans sa brigade, où, d'après le contrôle, on le retrouve encore en 1761.

Le colonel Étienne Kurdwanowski était de beaucoup leur aîné. Lorsqu'il mourut le 21 juin 1780, il avait atteint cent ans et six mois (5). Le vénérable vieillard conserva « jusqu'au trépas la santé et la présence d'esprit d'un jeune homme ». Les mathématiques étaient demeurées son étude favorite. Il ne cessa de s'y adonner. Il avait une belle bibliothèque, qui fut mise en vente à son décès (6). Son appartement était situé non loin du couvent des sœurs de Sainte-Élisabeth (7). C'est dans l'église de ces

(1) Au numéro 13 de la rue Saint-André (auj. rue Chanzy, avec sept autres locataires, dont Lestang, maître d'armes de l'Académie.

(2) Mort le 16 juin.

(3) Il habitait en 1769 au numéro 1 de la place Neuve (place Léopold actuelle), avec quatre autres locataires.

(4) Lettre de cachet aux religieux du prieuré, du 1er avril 1759. (Arch. nat., E. 3.246, fol. 187.)

(5) En 1766 Kurdwanowski figurait parmi les pensionnés serviteurs de la feue reine pour une somme de 2.200 l., que lui continua Louis XV. (Arch. nat., K. 1.188, n° 6 ; E. 3.2653.)

(6) « Elle est composée de livres choisis dans toutes les langues ; il est inutile d'annoncer que c'est principalement dans la partie des mathématiques qu'elle est le mieux assortie. » (*Affiches des Évêchés et Lorraine*, 1780, n° 29 ; 30 juillet.) La courte notice qu'à l'occasion de cette vente les *Affiches* consacrent à Kurdwanowski, lui attribue 104 ans. — Le 6 décembre 1766, le défunt avait fait un testament olographe, enregistré le 22 juin 1780 ; cf. Arch. M.-et-M., C. 2.119, fol. 11 v°, n° 9.

(7) Du moins en 1769, époque où il logeait au numéro 6 de la rue des Sœurs-Grises (rue Castara), avec quatre autres locataires, dont

religieuses, où l'avait précédé dès 1757 sa compagne, qu'il
voulut reposer.

Seul, peut-être, Alexandre Dziuli aurait été à même en
1766 d'aller se refaire une existence dans sa patrie. Mais
ayant servi Leszczynski pendant toute la durée du règne,
il ne put tout d'abord se résoudre à quitter une ville dont
il était devenu en quelque sorte citoyen et où il devait
passer quarante-trois années (1). Ce n'est pas qu'avec
l'âge et un isolement toujours plus complet, les regrets
du ciel de Pologne ne l'eussent travaillé. Ses longues
lettres à son neveu Casimir Granowski (2), à sa nièce
Alexandra Lanckoronska (3), sont empreintes de cette
nostalgie.

En mars 1771, Dziuli s'informe du coût du transport
par mer de ses bagages jusqu'à Danzig. Ou bien ne
serait-il pas préférable de leur faire prendre la voie de
terre? Ils descendraient ensuite le Danube jusqu'à Vienne,
pour de là être acheminés sur Cracovie. Mais tandis qu'il
tergiverse, effrayé par la dépense, car ses débiteurs de
Pologne ne le paient pas, les plus graves événements se
précipitent. Les trois puissances de proie ont commencé
le dépècement de la République. La convention secrète
qui va réaliser le premier partage est signée le 5 août
1772. En l'incertitude des nouvelles, l'exilé s'affole. Sa

Saucerotte, médecin stipendié de la ville, deux tailleurs, une blan-
chisseuse, un manœuvre et « les filles Plaid ».

(1) On le trouve en 1769 au numéro 11 de la Grande-Rue, maison
qu'il partage avec neuf ou dix autres personnes.

(2) Bibl. Krasinski, ms. n° (4.100), 18 lettres, en polonais, du
26 mars 1771 au 8 janvier 1774. — Sur Casimir Granowski, ancien
cadet et palatin de Rawa, voir *suprà*, p. 166, n. 1, et p. 182.

(3) Bibl. Krasinski, ms. n° (4.104). 32 lettres, également en polonais,
du 13 décembre 1737 au 24 juillet 1780. De nul intérêt pour l'histoire
de la cour de Stanislas. Rappelons que Alexandra Lanckoronska, née
Swidzinska, femme du castellan de Polaniec, était la sœur de Bonne,
mariée elle-même à Casimir Granowski, et des deux anciens cadets
Michel et Ignace.

province natale de Sandomir est-elle comprise dans le démembrement? Ses domaines sont-ils toujours sous le sceptre de Stanislas-Auguste? « Je voudrais bien savoir quelque chose sur les frontières qui limitent maintenant la Pologne », écrit-il le 19 novembre au palatin de Rawa. « Est-ce que Lublin, Opole, Sandomir, Radom ont été sauvés? Est-ce que nous restons aussi territoire polonais? Est-il bien vrai, comme le disent les journaux, que la Grande-Pologne et la Posnanie nous sont conservées? Jusqu'où s'étendent donc les frontières du tsar et celles de la Prusse? Ici, nous ne savons rien de précis. »

La réponse arrivée, plus que jamais Dziuli brûle de repartir et de reprendre l'exercice de ses droits polonais. « J'ai l'envie de me rendre en Pologne, mais je n'ai pas de quoi... J'ai peur qu'on me confisque mes biens. Je vous prie de m'envoyer une formule d'adhésion à la confédération, que je pourrais, une fois remplie, adresser par la poste. » N'ayant plus de carrosse, il se décide à acheter une chaise de voyage. Dans une lettre à sa nièce, du 8 janvier 1774, il est tout à la joie d'un prochain retour. L'hiver rigoureux, la fatigue le font cependant hésiter. Et bientôt le vieil écuyer comprend qu'il lui faut définitivement renoncer à son rêve.

Alors Dziuli se résigne à solliciter la naturalisation française (1). Il la fait acquérir également à Vincent Straszewski, enfant de sa sœur Françoise (2), appelé auprès de lui pour lui tenir compagnie et qui sera son

----

(1) Lettres patentes de Louis XV de novembre 1774 (sans quantième). Ent. du 7 décembre. (Arch. M.-et-M., B. 263, n° 59.)

(2) Voir *supra*, p. 108, n. 7. Né à Kosty, palatinat de Cracovie. Son père, Florien Straszewski, avait servi avant 1719 comme capitaine dans un régiment français; rentré dans son pays, il devint trésorier de Cracovie. Remarié à N. Kotowska, il en eut un fils, Antoine. Ce frère consanguin de Vincent, qui épousa successivement une Komecka et une Chomentowska, fut un des élèves de l'École de Lunéville (cadet n° 80). Arm. Radwan.

héritier dans le pays (1). Lorsque, au mois de février 1781,
ce petit-fils de Valaques, octogénaire et le dernier de son
nom, va reposer dans les caveaux de l'église Saint-
Remy (2), on chercherait en vain à Lunéville, et dans
toute la Lorraine, un autre compatriote de Leszczynski
ayant vraiment fait figure à sa cour.

Au nombre de ceux-ci on ne peut guère, en effet, comprendre Jean-Baptiste Lazowski. Encore qu'il soit qualifié
dans un acte de 1776 « gentilhomme polonais » et « ancien
maître d'hôtel du feu roi de Pologne » (3), que dans un
contrat de 1785 il s'intitule « écuyer »(4), Lazowski, né vers
1714 à Ciechanowiec, était d'humble extraction (5). Illettré
au point de remplacer sa signature par une croix (6), il n'occupa jamais d'emploi plus élevé que ceux de chef d'office
chez le roi, puis de contrôleur de l'office (7). Pas davan-

(1) Le 17 octobre 1766, Alexandre Dziuli avait, depuis Lunéville,
donné procuration à son frère aîné Michel pour gérer ses intérêts en
Pologne. [Chez Lévêque et Febvrel (auj. études George aîné et André) ;
cf. Arch. M.-et-M., C. 2.053, fol. 38, n° 5.] Michel étant mort avant
lui, il en avait hérité le domaine de Skul, qui s'ajouta à sa terre de
Radzanów. (BONIECKI, op. cit., t. V, p. 246.) En 1776, Étienne Kurdwanowski cédait à Dziuli, moyennant 600 ducats de Hollande ou
3.600 l. de Fr., tous les biens propres qu'il possédait encore dans la
République. Acte sous seing privé, en polonais, du 15 octobre ; cf.
Arch. M.-et-M., C. 2.101, fol. 16, n°° 1-3.

(2) Décès du 2 février. — Le 21 juillet suivant, Vincent Straszewski
donne procuration à Roch Gumulaski, chanoine de Lowicz, également présent à Lunéville, au sujet de la succession de son oncle.
(Arch. M.-et-M., C. 2.124, fol. 14, n° 8.)

(3) Acte de mariage de sa fille Françoise (v. infrà), 1er octobre 1776.
cf. DENIS, op. cit., p. 228.

(4) Achat par Lazowski d'une maison à Lunéville (v. infrà, p. 310).

(5) Il était fils d'André Lazowski, lui-même occupé dans les cuisines
ou à l'office du roi de Pologne, et de Marie Kozłowska.

(6) Quittance d'une somme de 1.000 l. à lui léguée par le duc
Ossolinski : 3 juillet 1756. (Arch. M.-et-M., fonds judiciaires, n° provisoire 4.998.) — Stanislas devait de son côté donner par testament
4.000 l. à Lazowski.

(7) En 1746, J.-B. Lazowski n'a pas encore d'emploi dans la maison
de Stanislas, du moins d'emploi dont on se prévale dans un acte. En

tage qu'une dizaine de serviteurs ou veuves de serviteurs polonais, attachés soit à Stanislas, soit aux Ossolinski, qui eux aussi n'abandonnèrent pas en 1766 Lunéville (1),

1748, il est dit « officier de bouche du roi » ; chef d'office vers 1751, c'est en 1758 qu'il devient contrôleur de l'office, aux appointements de 900, puis finalement de 1.200 livres.

(1) La plus en évidence de ces personnes est, avec le Varsovien de hasard Vital-Constantin Dumont, secrétaire d'Ossolinski (v. *supra*, p. 142, n. 3), mort le 20 août 1777 (cf. Journal ms. de DURIVAL, t. IX, p. 155), la veuve du contrôleur Joseph Jankovitz, Anne Krotonska (v. *supra*, p. 143-144), qui habitait la belle demeure correspondant au numéro 36 actuel de la rue Gambetta. Viennent ensuite, et cette énumération doit être à peu près complète : Thérèse-Catherine Salcinska, épouse remariée Petat-Montigny (v. *supra*, p. 141), qui vécut jusqu'en 1791 et dont la descendance, par son fils aîné du premier lit, Sébastien-Stanislas Lapierre, s'est prolongée en Lorraine jusqu'à nos jours. Une des filles de Sébastien-Stanislas, uni à Marie-Anne Breton, Marie-Françoise, a en effet épousé Nicolas-Claude-Antoine Parisot, grand-père de l'éminent professeur d'histoire de l'Est de la France à l'Université de Nancy, M. Robert Parisot. — Marc-Joseph Granatowski (*Granakoski, Grandoski, Crantosky*), valet de chambre de M. le Duc, puis huissier de la chambre du roi, né à Ciechanów, naturalisé le 17 janvier 1752, le même jour que Dumont (Arch. nat., E. 3.232, fol. 6 ; Arch. M.-et-M., B. 252, n° 8). Marié à Catherine Schneider, il vivait encore en janvier 1784. Leur fille Marie-Catherine épousa, le 22 décembre 1767, Nicolas Blanpain, avocat à la Cour, exerçant en la prévôté bailliagère de Rambervillers. — Joseph Bednarski (et non *Bernowski*, comme ci-dessous, ainsi qu'on serait tenté de corriger la graphie *Bernosky*), valet de pied d'Ossolinski, marié à Élisabeth Lapierre. — Joseph Kowiski (?), ancien cocher de Stanislas. — Catherine Lejeune, veuve de Jean Oslowski (*Osseloski*), huissier de la chambre du roi, jouissant dès 1765 d'une pension de 300 l. (Arch. nat., K. 1.188, n° 6), et ses deux filles, dont Élisabeth, veuve elle-même de Jean-Louis des Bernard ou Bollomey, de Lausanne, épousé à Lunéville le 13 avril 1762. — La veuve *Bernowska*.

Quelques-uns de ces anciens serviteurs recevaient des secours sur une caisse spéciale. En 1750 Marie Leszczynska avait fondé en Pologne une Mission de jésuites, à l'instar de celle établie par son père à Nancy. Après la suppression de la Compagnie, Madame Adélaïde avait obtenu de la diète de 1770 une nouvelle affectation des revenus désormais inutilisés. De ceux-ci, une moitié, soit 1.000 ducats, formant 10.500 l. de Fr., assignés sur la terre de Sieraków (appartenant à la reine du chef de sa mère et vendue par elle au comte de Brühl), devait être appliquée pour partie à différentes œuvres pieuses dans la République, « et le surplus envoyé directement en France, chaque année, pour être distribué, sur les ordres de Madame, aux pauvres

il ne mériterait de mention distincte, si quelques-uns de
ses nombreux enfants — neuf garçons et sept filles (1) —
n'avaient, à des titres fort divers, conféré à cette famille,
et même déjà de son vivant au modeste officier de la
bouche, la notoriété.

Aux approches de la Révolution, qu'il atteignit ainsi
que sa femme (2), Lazowski pouvait jeter sur sa descendance un regard satisfait. Non seulement une de ses filles
a épousé un gentilhomme auvergnat, de la compagnie
des gendarmes anglais (3), et l'un de ses plus jeunes fils
est officier au régiment d'Helmstadt (4). L'aîné (5) jouit
à Paris d'une réputation étendue de parfait homme du
monde et de savant agronome. Le second (6) occupe un
poste de choix dans l'administration du royaume. Ecclé-

Polonais et autres, actuellement en France et en Lorraine, qui ont
suivi le feu roi de Pologue Stanislas ou qui se sont depuis attachés à
son service... »

(1) Lazowski avait épousé à Lunéville, le 18 octobre 1746, Catherine
Grandidier, dite Lebrun ou Le Brun. De leurs seize enfants, qui virent
tous le jour dans cette ville, quatre moururent en bas âge, dont
Françoise-Maximilienne, filleule du duc Ossolinski, née le 28 janvier
1751, morte le 9 mars suivant à Bathelémont-lès-Beauzemont (Arch.
comm., GG. 1). Pour ceux que nous ne citerons pas, se reporter à
DENIS, *op. cit.*, d'après la table alphabétique.

(2) Sur un état des pensionnaires résidant à Lunéville et environs
au 28 mars 1791, Lazowski, âgé de 77 ans, est toujours compris pour
une pension de 1.080 l. en sa qualité d'ancien contrôleur de l'office.
(Arch. nat., DX².) Nous ignorons la date de son décès. Le silence des
registres mortuaires de l'état civil de Lunéville prouve du moins
que ce n'est pas dans cette localité même qu'il mourut.

(3) Françoise Lazowska, née le 18 août 1756 ; morte à Lunéville le
29 mars 1848. Épousa, le 1ᵉʳ octobre 1776, François de Chuy, chevalier d'Arminière, gendarme anglais, originaire de Clermont-Ferrand,
d'où Marie-Marguerite, née le 13 février 1777, femme de Charles-
Alexandre Poincaré, officier, puis entreposeur des tabacs à Lunéville,
morte le 31 décembre 1856.

(4) Nicolas-Fiacre, né le 10 septembre 1762. Dut émigrer.

(5) Maximilien-Catherine-Marie-Anne, né le 2 février 1748.

(6) Claude-François, né le 6 février 1752.

siastique, un autre (1), qui vit à Lunéville auprès de ses
parents, est pourvu d'une prébende appréciable. Un autre
encore (2), ingénieur des ponts et chaussées, après avoir
été employé aux travaux du port de Cherbourg, a maintenant, comme directeur, la surveillance des canaux
d'Orléans, du Loing et de l'Ourcq.

Filleul du duc et de la duchesse Ossolinski, qui le
tinrent eux-mêmes sur les fonts (3), Maximilien Lazowski
était avocat à la Cour souveraine (4), lorsque le duc de
Liancourt (5), qui commandait à Nancy un régiment de
dragons, séduit par le charmant physique, les qualités
d'esprit et les dons de persuasion du jeune homme (6),
lui avait confié l'éducation de deux de ses fils (7). Admis
bientôt dans l'intimité des La Rochefoucauld, remportant
dans les salons et jusque dans les alcôves du faubourg
Saint-Germain des succès flatteurs, Maximilien de mentor
de ses élèves était devenu le conseiller indispensable de
leur père, son collaborateur pour les expériences que le
duc philanthrope tentait dans son domaine du Beauvoisis,

(1) Jean-Baptiste-Martin, né le 11 novembre 1758.

(2) Joseph-Félix, né le 20 novembre 1759. Eut pour parrain le
contrôleur Jankovitz et pour marraine Marie Bosiewiczówna, l'ancienne « demoiselle » de la duchesse Ossolinska.

(3) Voir *suprà*, p. 8 et 9, n. 1.

(4) Immatriculé en mars 1768.

(5) François-Alexandre-Frédéric, duc de La Rochefoucauld-Liancourt
(1747-1827), marié en 1764 à Félicité-Sophie de Lannion ; grand maître
de la garde-robe de Louis XVI en 1783. D'abord connu sous le seul
nom de duc de Liancourt, il prendra le titre de duc de La Rochefoucauld après le massacre à Gisors (14 septembre 1792) de son cousin
Louis-Alexandre.

(6) Le Messin Charles de Lacretelle (1766-1855), futur membre de
l'Académie française, qui en 1791, secrétaire de Liancourt, connut
intimement chez lui Maximilien Lazowski, en a tracé, tout à son
éloge, un délicieux portrait. Voir *Dix années d'épreuves pendant la
Révolution*. Paris, 1842, in-8°; p. 67-70.

(7) Dont le second, Alexandre, comte de La Rochefoucauld
(1767-1841), le futur ambassadeur et pair de France.

où lui avait été donnée ensuite la direction des établissements agricoles (1). En 1788, il sera l'un des associés de la Société royale d'agriculture pouvant, d'après le règlement accordé par le roi le 30 mai de cette année, être « choisis hors du royaume » (2).

Mais de Maximilien Lazowski, l'efficace protection du duc de Liancourt s'est étendue à plusieurs de ses frères. Sous-inspecteur des manufactures à Elbeuf en 1782, Claude Lazowski — M. de Lazowski, comme il est désormais officiellement désigné (3) — a vu établir spécialement pour lui en 1783 une inspection à Soissons (4). L'année suivante, Calonne l'a nommé à l'une des quatre places d'inspecteurs ambulants du commerce et des manufactures nouvellement créées aux appointements de 8.000 livres, les trois autres devant surtout servir, ainsi que, dans son dépit de si rapide avancement, le prétend Mme Roland, femme de collègue, à « ménager les convenances » (5).

(1) « Il avait élevé deux fils du duc de Liancourt et maintenant il dirigeait ses établissements agricoles en homme profondément versé dans cette matière. » (Ch. DE LACRETELLE, *loc. cit.*)

(2) Son ami Arthur Young (v. *infrà*) prit également rang à cette date, et le roi Stanislas-Auguste lui-même en 1790. Le duc de Liancourt était membre ordinaire depuis 1783. — Sur les listes données par l'*Almanach royal* jusqu'en 1793, « Delasowsky » est le seul associé étranger dont l'adresse ne soit point indiquée : quelques points accompagnent son nom, qui ne reparaîtra plus sur la liste suivante, en 1805.

(3) Cf. *Almanach royal*, années 1782 et s. Le nom y est orthographié *Lazzovsky*. D'après le *Dictionnaire* de LAROUSSE, avant d'entrer dans l'administration, il aurait, simple cavalier dans un régiment français, été condamné à mort pour voies de fait envers un supérieur, puis gracié.

(4) Où il n'y avait même pas auparavant de sous-inspecteur.

(5) « C'est fini d'hier : les quatre inspecteurs ambulants sont nommés ; c'est Jubié, Brisson, *Lowiouski*, et je ne sais plus quel autre », écrivait de Paris à son mari, alors inspecteur de la généralité d'Amiens, Mme ROLAND, le 20 mai 1784 au matin. Et le soir du même jour dans une nouvelle lettre : « Je ne sais comment j'ai oublié de te dire que de Lo est l'un des quatre ambulants. Ainsi tu les vois tous : Jubié, Briss [on], Lowiouski ou à peu près, ce Polonais

Quoi qu'il en soit de ce favoritisme, Lazowski, qui eut à comprendre, en 1785 notamment, la Lorraine dans ses tournées d'inspection, a laissé sur l'état économique de la province, les archives en font foi, des rapports témoignant d'une belle conscience professionnelle et d'une intelligence peu commune.

Pour Jean-Baptiste, entré assez tard au séminaire et qui fut ordonné prêtre en 1784, il n'était encore que clerc minoré quand Louis XVI lui fit don, sur la fin de 1782, du prieuré bénédictin de Saint-Morand, près d'Altkirch, en Alsace, d'un revenu d'environ 6.000 livres (1).

que tu sais. » Puis le lendemain : « Lowiouski, actif, spirituel, jeune et instruit, dit-on, est très bien chez M. de Calonne et très particulièrement protégé par le duc de Liancourt ; depuis longtemps déjà, il presse et tourmente pour être avancé, pour être inspecteur général ; il est aimable, il a persuadé qu'il était fait pour le devenir. Point d'inspection générale vacante : il faut créer une place : on a imaginé de faire Lowiouski inspecteur ambulant... Voilà qui est bien : mais créer une seule place pour un jeune homme, cela sonnerait mal dans le public ; il faut en créer quatre semblables... Cette opération prend alors un air ministériel qui ménage les convenances et fait penser aux sots qu'elle a été méditée pour le plus grand bien possible. » (*Lettres*, édit. Perroud, t. I, p. 417, 421, 425.) — Dans ses *Mémoires* (v. édit. Perroud, t. I, p. 163-169), où elle a buriné de Claude un portrait qui contraste singulièrement avec celui laissé de Maximilien par LACRETELLE, Mme ROLAND reparle encore avec humeur de cette nomination de Lazowski : « Polonais d'origine, venu en France on ne sait comment, sans fortune, mais protégé par le duc de Liancourt, soit qu'il fût parent de quelque personne à son service ou qu'il lui appartînt de quelqu'autre manière. » Elle remarque de plus malicieusement, à propos de l'inspection de Soissons, que, dans cette « ville de couvents, sans industrie, sans commerce que celui des objets de première nécessité..., il n'y avait guère que des manufactures de prêtres et d'objets à inspecter que des religieuses ».

(1) CHATRIAN, Anecdotes de Lorraine, *ms. cit.*, t. VI, p. 6 ; t. VII, p. 169. Ici également l'ambition des Lazowski et l'influence du protecteur sont dénoncées, non sans railleuse jalousie : « 14 juillet 1784. M. l'abbé Lazowski, prêtre, prieur de Saint-Morand, à Lunéville, compte aussi dans peu devenir vicaire général, on ne sait où, par le crédit de M. son frère, avocat, gouverneur des enfants de M. le duc de Liancourt, qui actuellement voyage en Angleterre avec ses élèves. » (*Ibid.*, t. VII, p. 201.)

Telle était la situation des siens lorsque le contrôleur de l'office, le tout dernier peut-être des Polonais de Leszczynski vivant encore à ce moment à Lunéville, reçut, en juillet 1789, dans la maison qu'il avait pu, grâce à une contribution de Claude, acquérir quelques années plus tôt (1), Arthur Young. Le célèbre agronome était très lié avec Maximilien. Il avait appris à l'estimer à Broadfield-Hall, exploitation modèle du comté de Suffolk, où le gouverneur des La Rochefoucauld avait fait un assez long séjour, quand, en compagnie de ces jeunes gens, sans négliger les sciences sociales — car l'avocat approcha son illustre confrère Burke, — il s'initiait aux théories économiques et aux méthodes agricoles anglaises (2). Young,

(1) Contrat du 1ᵉʳ octobre 1785, chez Guibal (auj. étude Galand), pour l'acquisition par Lazowski, moyennant 10.000 l. de Lorraine, sur la veuve de Jean-Claude Ruette, dit Beaulieu, chirurgien lithotomiste, d'une maison et d'un jardin sis rue Banaudon. Dans cet acte, « Claude Lazowski, inspecteur général du commerce des manufactures du royaume, demeurant ordinairement à Paris », s'oblige à payer de ses deniers, sur ce qui reste dû desdites 10.000 l., une somme de 1.200 l., et cède les droits qui en résultent à son profit à ses sœurs Marie-Jeanne, Françoise et Charlotte, renonçant également en leur faveur à toute prétention « dans la propriété éventuelle de la part dudit immeuble qui pourrait lui obvenir ». — Cette maison, qui porte actuellement le nᵒ 34 et est la plus ancienne de la rue, avait été bâtie par Banaudon, « maître plâtreur de la cour » sous Léopold. C'est là que mourut célibataire, le 29 mars 1818, Charlotte Lazowska, la plus jeune des sœurs, et trente ans plus tard, après l'abbé lui-même, Françoise (v. *suprà*, p. 306 n. 3), sans doute la dernière survivante de tous les enfants de J.-B. Lazowski.

(2) Arthur YOUNG parle à plusieurs reprises de son « bon ami Lazowsky ». En 1787, Maximilien l'accompagne dans sa traversée de la France par Orléans, Limoges, Cahors et Toulouse, jusqu'à Bagnères-de-Luchon avec le duc de Liancourt, puis seul jusqu'à Perpignan. Ils se revirent à Paris en juin 1789 ; ils étaient ensemble à Versailles le 15, dans la salle des États. Le 28 du même mois, relate l'Anglais, « je partis de Paris après avoir pris congé de mon cher ami M. Lazowsky, dont l'anxiété pour le sort de sa patrie me fit autant respecter le caractère que j'avais de raison de l'aimer pour les nombreuses marques d'amitié qu'il me donnait tous les jours. » (*Voyages en France pendant les années 1787-88-89 et 90*. Édit. de Paris, 1794 ; t. I, p. 39, 46 et s., 196 et s., 326, 394, 396.)

pour qui l'inspecteur des manufactures n'était pas non
plus un inconnu (1), descendit chez les parents de ses
amis. On l'y accueillit avec empressement. Lazowski père
mena son hôte voir l'aimable Panpan Devaux, l'ancien
lecteur de Stanislas. L'abbé Jean-Baptiste fut le guide de
l'étranger dans une ville morose, appauvrie, pleurant
après la perte de sa cour celle récente de sa brillante
gendarmerie (2).

A l'heure de cette visite, il y avait juste cinq jours qu'à
Louis XVI observant : « C'est donc une révolte ? », le duc
de Liancourt avait répliqué : « Non, Sire, c'est une révolution » ; trois jours que la Bastille était prise.

Au cours de la tourmente, Maximilien, qui a décliné
l'offre de Young de se réfugier en Angleterre (3) et chau-
dement encouragé le projet de son protecteur, commandant comme lieutenant général une division en Normandie,
de sauver le roi en le menant à Rouen sous la protection
de ses hommes, Maximilien réussira, par son zèle lucide,
à conserver aux La Rochefoucauld une portion de leur
patrimoine (4).

Plus ferme que plusieurs religieux ses concitoyens,
mais non sans défaillances, le prieur de Saint-Morand,
élu en août 1789 représentant du clergé au Comité de
l'hôtel commun de Lunéville, détenu quelque temps en

---

(1) « Après une excursion rapide avec mon ami Lazowsky..... je
passai la soirée chez son frère, où j'eus le plaisir de trouver M. Brous-
sonnet, secrétaire de la Société royale d'agriculture, et M. Desmarets,
tous deux de l'Académie des sciences. Comme M. Lazowsky connaît
bien les manufactures de France, dans l'administration desquelles il
a un poste éminent, et comme les autres ont beaucoup étudié dans
l'agriculture, la conversation fut fort intéressante. » (*Ibid.*, p. 41.)

(2) *Ibid.*, p. 432-433 ; du 17 juillet 1789.

(3) Au cours du dernier voyage de celui-ci, en janvier 1790. (*Ibid.*,
t. II, p. 113, 121, 149.)

(4) « Mon fidèle Lazowski », disait La Rochefoucauld-Liancourt.
« L'homme le plus dévoué, l'excellent Lazowski », répète LACRETELLE,
op. cit., p. 105, 110.

1793 dans cette localité et à Nancy (1), le danger passé,
reprendra sa paisible existence dans sa cité natale, où il
finit ses jours le 16 avril 1844, chanoine honoraire de
Saint-Dié (2).

Mais pour Claude, quelle tragique volte-face et, aux
gémissements de sa famille, quelle célébrité soudaine.
C'est avec une stupeur mêlée de satisfaction inavouée
qu'au ministère de l'Intérieur, chez son mari dont la
revanche est, pour l'instant du moins, presque trop complète, Mme Roland a revu ce fonctionnaire, qu'elle avait
autrefois aperçu « dans les bureaux... élégant, bien coiffé
mis avec soin..., joli monsieur à petites grimaces », ayant
pris « des cheveux gras, la tournure brutale d'un patriote
enragé, la face enluminée d'un buveur et l'œil hagard
d'un assassin » (3). Capitaine des canonniers de la section

(1) Non-jureur du premier serment, à la loi du 14 août 1792, l'abbé
Lazowski aurait prêté le second. Les renseignements de CHATRIAN,
alors émigré, sont contradictoires. « 12 septembre 1793. Nous appre-
nons seulement que M. l'abbé Lazowski... est détenu dans la prison
de la conciergerie de Lunéville, sa patrie. Il avait cependant, à ce
qu'on croit, prêté le serment de l'égalité et de la liberté. Mais il est
si étourdi, qu'il aura encore lâché quelque propos flairant un peu
trop l'aristocratie. » — « 24 octobre. M. l'abbé Lazowski... bon aristo-
crate, arrêté d'abord à Lunéville, a été ensuite conduit à Nancy et
enfermé au monastère du Refuge. » [Calendrier historico-ecclésiasti-
que (avant 1905 ms. n° 190 de la Bibl. du Grand Séminaire de Nancy),
t. I, p. 326, 347 ; t. II, p. 96.] Lire aussi : Dr Paul BRIQUEL et abbé
HATTON, *La religion à Lunéville pendant la grande Révolution*, dans
le *Pays lorrain*, années 1924 et s., *passim*.

(2) « S'il faut en croire les souvenirs de mes oncles L'Hotte, qui
avaient encore connu le chanoine Lazowski... cet abbé de l'ancien
Régime n'avait, dans les manières et les allures, rien de sacerdotal.
Il ne portait pas la soutane. Toujours vêtu d'une douillette puce, il
coiffait encore ses cheveux gris « en queue de rat » et jurait comme
un templier. Son juron favori, qu'il prononçait avec un indicible
accent de scepticisme, en appuyant sur chaque syllabe, était : « Nom
d'un Dieu ! » (Colonel DE CONIGLIANO, *Figures du vieux Lunéville.
M. et Mme Dalancour.* Nancy-Paris [1925], in-8° ; p. 197-198.)

(3) *Mémoires de Madame Roland*, édit. cit., t. I, p. 166-169. « Il se
fit sans-culotte, dit-elle encore, puisqu'aussi bien il était menacé d'en
manquer. » M. Claude PERROUD, recteur de l'Académie de Toulouse,

du Finistère, l'inspecteur des manufactures, dont la place a été supprimée par décret du 27 septembre 1791, est maintenant le farouche jacobin qu'il faut laver de toute participation au massacre des prêtres de Saint-Firmin, mais sur qui pèse une lourde responsabilité de complice dans l'égorgement, en septembre 1792, des prisonniers d'Orléans Le 28 avril 1793, Claude Lazowski eut, de par la fantaisie calculée de Robespierre, de splendides funérailles (1). Si les excès n'eussent hâté sa fin, c'est probablement l'échafaud que, comme son chef, il eût gravi (2).

Quant à Joseph-Félix, admis en tant que capitaine de première classe dans le corps du génie par arrêté du Comité de salut public du 12 décembre 1794, il devait, au sortir d'une carrière civile brillamment commencée, four-

l'éditeur des *Lettres* et des *Mémoires*, a soutenu une thèse singulière. A l'en croire, Mme Roland « se trompe là en confondant Lazowski, l'inspecteur des manufactures, avec son frère, le démagogue de 1792. C'est une erreur qui a cours ; un homme qui a connu les deux frères, M. de Lacretelle (*Dix ans d'épreuves...* p. 67) l'a cependant rectifiée. » (Cf. *Lettres*, t. I, p. 417, n. 1.) Comment admettre que Mme Roland ait commis une telle confusion ? Mais Lacretelle a été mal lu par M. Perroud, car il ne rectifie rien du tout. Il est à regretter que, dans un article du *Pays lorrain* (année 1922, p. 289 et s., 365 et s.) intitulé : *Un Lunévillois oublié : Claude-François Lazowski, 1752 à 1793*, article excellent en ce qui concerne le révolutionnaire, M. Henry Poulet ait fait sienne cette assertion. — Les Lazowski ont donné lieu à d'autres méprises. A. Benoit (*Lunéville et ses environs. III. L'économiste Arthur Young, Devaux-Panpan, le fédéré Lazowski ;* Lunéville, 1879) fait de l'agronome, de l'inspecteur des manufactures et du jacobin un seul et même personnage, sans d'ailleurs apporter la précision d'un prénom. Pour Ch. Denis (*op. cit.*, p. 298, n. 2) l'inspecteur et fédéré n'est autre que Maximilien-André Lazowski, né le 14 novembre 1763, l'avant-dernier fils du contrôleur de l'office. — Sur Claude Lazowski, lire aussi quelques pages de E.-D. Bradby, *The apotheosis of Lazowski : an episode of the french Revolution,* dans *Contemporary Review*, t. CXX, p. 796-804 ; décembre 1921.

(1) Il était mort à Issy le 23.

(2) Claude Lazowski avait eu le 27 novembre 1789, de Marie-Jeanne-Sophie-Adélaïde Audry, une fille, Caroline-Lucie, légitimée lors du mariage de ses parents le 5 août 1792, morte célibataire à Paris le 25 juillet 1849. Cf. Poulet, *loc. cit.*, p. 292.

nir une belle carrière militaire. Il sera à Alexandrie, à
Jaffa et à Saint-Jean-d'Acre; à Naples et à Hambourg.
On le trouve à l'armée de Brabant et à l'armée de Portugal.
D'autres noms de campagnes suivraient, si la maladie ne
l'avait en 1811 obligé de rentrer en France, où il décéda,
dans la capitale, le 8 octobre 1812. Commandant de la
Légion d'honneur, anobli par l'Empereur (1), il a jugé
bon de faire siennes les armes de Lubicz, qui le rapprochent des Lazowski de la maison de Krzywda (2). Sur ce
blason broche pour lui, au neuvième de l'écu, le franc-
quartier des barons militaires.

Un travail du genre du nôtre n'appelle guère de conclusion. En terminant cette étude, au cours de laquelle nous
n'avons pas toujours rencontré d'édifiants exemples et
de nobles caractères, il nous plaît simplement de nous
arrêter devant les pierres épiques à l'ombre desquelles,
depuis la grande guerre, tant de compatriotes du roi
Stanislas sont venus, à Paris, apporter leur hommage au
soldat inconnu, et de lire, inscrit au côté sud de l'arc de
triomphe de l'Étoile, le nom du général de division
Lazowski, un enfant de la cour polonaise de Lunéville.

(1) Ses états de service dans J.-Alcide GEORGEL, *op. cit.*, p. 430
Ch. DENIS, *op. cit.*, p. 145, note.

(2) *D'azur à un fer à cheval d'argent, clouté de sable, les bouts en
bas, accompagné entre ses branches d'une croisette pattée d'argent
et supportant une croix pareille, à laquelle manque le bras dextre.*
D'après GEORGEL (*l. cit.*), ces armes « étaient exactement celles que
portait anciennement la famille Lazowski, venue en Lorraine à la
suite de Stanislas ». Dans les arm. presque identiques de Krzywda,
la croisette et la croix sont d'or. Ce sont ces dernières que BONIECKI
(*op. cit.*, t. XV, p. 254), qui fait figurer un Joseph Lazowski à l'assaut
des Tuileries le 10 août 1792, attribue au « baron de l'empereur
Napoléon ». Au nom de *Lazowski*, Pologne et France, RIETSTAP
(*Armorial général*) n'indique que les arm. de Lubicz. Mais, en réalité,
outre les Lazowski de Krzywda, il y a des Lazowski des arm. de
Kosciesza, de Lada, de Lukocz et de Rogala.

APPENDICE

PIÈCES JUSTIFICATIVES

1

**Lettres patentes de Stanislas pour l'office de grand maitre
de son hôtel conféré au duc Ossolinski. 1737.**

Stanislas, par la grâce de Dieu roy de Pologne, grand-duc de
Lithuanie, Russie, Prusse, Mazovie, Samogitie, Kiowie, Volhynie,
Podolie, Podlachie, Livonie, Smolensko, Sévérie, Czernichowie,
duc de Lorraine et de Bar, marquis de Pont-à-Mousson et de
Nomeny, comte de Vaudémont, de Blâmont, de Saarwerden et
de Salm, à tous ceux qui ces présentes verront, salut.

La première charge de notre maison étant celle de grand
maître de notre hôtel, nous avons cru ne pouvoir mieux faire
que de la conférer à une personne dont la naissance et les vertus fussent autant relevées que cette charge l'est elle-même
au-dessus de toutes celles de notre cour. Dans ce dessein, ne
pouvant ignorer quelles sont l'ancienneté et les illustrations
de la maison de notre très cher et bien amé cousin Messire
François-Maximilien de Tenczyn, duc Ossolinski, qui nous est
allié et qui adjoint aux honneurs et prérogatives de sa naissance les héroïques vertus de ses ancêtres, qui, de temps immé-
morial et dans le commencement même de notre royaume de
Pologne, ont été les plus fermes appuis et l'un des plus grands
ornements de la République; voulant d'ailleurs reconnaître,
autant qu'il est en Nous, le zèle extraordinaire et si digne de
notre affection avec lequel dans les derniers troubles de notre
royaume il a soutenu nos intérêts et abandonné ses charges et
ses dignités pour s'attacher inviolablement à notre personne;
désirant aussi lui donner une des plus grandes marques de
notre confiance en nous reposant sur lui de l'administration
des affaires et conduite de notre maison.

A ces causes et autres à ce Nous mouvant, Nous avons à notre
dit cousin de Tenczyn, duc Ossolinski, donné, conféré et

octroyé, donnons, conférons et octroyons ledit état, office et dignité de grand maître de notre hôtel, pour désormais l'avoir, tenir, posséder, exercer et en jouir pendant sa vie aux honneurs, autorités, prééminences, privilèges, prérogatives, immunités et droits y appartenans, en dépendans et y attribués par les édits, déclarations et ordonnances des Ducs nos prédécesseurs, et notamment par l'édit du deux juin 1720, que Nous voulons être exécutés.

Sy donnons en mandement à nos amés et féaux les présidens, conseillers et gens tenans notre Cour souveraine de Lorraine et Barrois et à tous autres nos officiers, domestiques, hommes et sujets qu'il appartiendra, que notre dit cousin que Nous avons mis en possession dudit état et office, après en avoir pris et reçu de lui le serment à ce cas requis, ils le reconnaissent et fassent reconnaître en ladite qualité de grand maître de notre hôtel et le fassent en tout jouir et user de tous les droits en dépendans pleinement et paisiblement, cessant et faisant cesser tous troubles et empêchemens contraires : car ainsi nous plait. En foi de quoy Nous avons aux présentes, signées de notre main et contresignées par l'un de nos conseillers secrétaires d'Estat, commandemens et finances, fait mettre et appendre notre grand scel. Donné en notre ville de Lunéville, le treize septembre 1737. *Signé :* STANISLAS ROY. *Et sur le repli :* Par le Roy, *signé :* DU ROUVROIS.

(Arch. nat., E. 3.211. Cf. Arch. M.-et-M., fonds
judiciaires, n° provisoire 5.954.)

2

Lettre d'Auguste III à Stanislas. 1739.

Monsieur mon Frère. Ayant vu par les lettres de Votre Majesté du 1ᵉʳ de septembre et du 5ᵉ d'octobre de l'année passée les instances qu'Elle m'a faites tant en faveur du fils de M. le duc Ossolinski que de Madame la Palatine douairière de Russie (1). Je me ferai un plaisir de m'y prêter autant que les circonstances

(1) Cf. *suprà*, p. 56.

le permettront. Dans cette vue, je me réserve, dans la distribution des bienfaits, de faire participer le premier à quelque chose de meilleur qu'une place de chambellan, lorsque l'occasion s'en présentera. Et pour ce qui est de l'autre, je verrai ce que je pourrai faire à l'égard du consentement qu'elle cherche de pouvoir transmettre à ses fils le droit qu'elle a sur les biens royaux dont elle est en possession, afin de faire connaître en toute occasion que je suis sincèrement de Votre Majesté le bon . frère et ami.

Auguste Roi.

A Varsovie, le 7 janvier 1739.

Au roi de Pologne Stanislas I.

(L. s. Collection d'autographes
de la Bibl. de Nancy.)

2 *bis*

Le comte de Brühl au duc Osolinski. 1739.

A Varsovie, le 7 janvier 1739.

Monsieur,

Je rends grâce à Votre Excellence de la confiance qu'elle me témoigne, par sa lettre du 28 d'octobre de l'année passée, mettre dans les anciens sentiments qu'elle me connaît. Aussi peut-elle être persuadée que je ne les démentirai jamais et que je me ferai un plaisir sensible d'employer mes bons offices en faveur de tous ceux qui donnent des preuves de leur zèle et attachement pour les intérêts du roi mon maître, dont la gloire me tient à cœur plus que toute chose au monde.

Votre Excellence verra par la réponse de Sa Majesté qu'Elle est déjà bien disposée pour M. son fils, et je ne manquerai pas de l'en faire souvenir dans l'occasion pour convaincre Votre Excellence, de plus en plus, du parfait attachement avec lequel je ne cesserai d'être, Monsieur, de Votre Excellence le très humble et très obéissant serviteur.

Cte Bruhl.

A S. E. M. le Duc Ossolinski.

(L. s. Collection d'autographes
de la Bibl. de Nancy.)

3

Le cardinal Lipski au duc Ossolinski. 1739 (1).

Monsieur,

Le retour de M. le comte Dombski, échanson de la Couronne, à la cour de Lunéville, me procure l'honneur de renouveler à Votre Excellence les assurances de ma parfaite considération et celui de lui demander la continuation de son amitié qui m'a toujours été et me sera toujours infiniment chère. Vous m'en donnerez, Monsieur, une preuve telle que je puis la souhaiter, si vous êtes bien persuadé qu'on ne saurait avoir plus d'égard que j'en ai pour toutes vos recommandations, ni plus de zèle pour tout ce qui vous regarde. C'est dans cette vue que je vais partir incessamment pour mon évêché, où je serai plus à portée de moyenner un accommodement entre M. le castellan de Wojnicz et M. le staroste de Sandomir (2), qui veulent bien l'un et l'autre s'en remettre à ma décision. Je me ferai de même un plaisir de vous faire connaître, Monsieur, en toute autre occasion, que l'éloignement de Votre Excellence n'a rien diminué de l'estime que j'ai toujours fait de son mérite et de l'ancien attachement dont je l'ai toujours honorée. Je dois au reste rendre cette justice à M. le comte Dombski, qu'on ne peut montrer plus de zèle ni plus d'attachement qu'il en a fait paraître pour les intérêts de Sa Majesté le Roi de Pologne, en tout ce qui a regardé la Commission de Lissa (3). Tout le monde a admiré en cette occasion sa sagesse et son expérience, et il n'est personne de tous ceux qui ont eu affaire à lui, qui ne se loue de sa droiture et de sa probité à l'épreuve de tout. Nous avons de même tout fait notre possible pour terminer cette Commission à la satisfaction d'un chacun; et nous avons lieu de croire qu'on ne formera plus désormais aucune prétention légitime sur les biens de Lissa. Je souhaite que Sa Majesté me

(1) Jean-Alexandre Lipski, évêque de Luck et de Zytomir en 1731, de Cracovie en 1734. Cardinal en 1737; mort le 20 février 1746.

(2) Le comte Joseph Ossolinski, fils aîné de M. le Duc.

(3) Voir *suprà*, p. 194-195.

fournisse de fréquentes occasions où je puisse lui être de quelque utilité et lui témoigner par mes services les sentiments de vénération que j'ai pour sa personne royale. Votre Excellence aura sans doute appris que le Roi m'avait nommé à la Primauté du Royaume (1), et elle aura sans doute été surprise que j'aie refusé cette dignité; mais je compte qu'elle cessera de l'être, quand le comte Dombski lui dira les raisons pour lesquelles je n'ai pas jugé à propos de l'accepter. Ce qu'il y a de vrai, c'est que, dans quelque poste où je me trouve, je serai toujours charmé de témoigner à Votre Excellence qu'on ne peut être plus parfaitement que je le suis, Monsieur, de Votre Excellence, le serviteur du (*sic*) cœur.

Le cardinal LIPSKI.

A Varsovie, le 17e de l'an 1739.

J'assure de mes respects Madame la Duchesse.

A S. E. M. le duc d'Ossolin.

(Aut. Collection d'autographes
de la Bibl. de Nancy.)

3 bis

Le P. de Novi, capucin, au duc Ossolinski. 1740 (2).

Monseigneur,

Je mets sous ce pli toutes les lettres que Votre Excellence m'a fait la grâce de me communiquer avec une confiance si marquée. Celle du 2 février 1733 prouve bien clairement les arrangements que son auteur prenait déjà pour son nouvel établisse-

(1) A la mort de Théodore Potocki (cf. *suprà*, p. 30, n. 2, et p. 119, n. 3), que remplacera finalement, le 22 mai de cette année 1739, Christophe-Antoine Szembek, évêque de Cujavie.

(2) Cette pièce fournira un exemple du double jeu joué par Ossolinski. M. le Duc sollicite les faveurs d'Auguste III et de son premier ministre. Mais il a pour intimes confidents les pires ennemis de la cour de Dresde.

ment (1). Je voudrais de tout mon cœur qu'il n'eût jamais eu lieu. Il eût peut-être déjà pu effectuer la promesse qu'il a faite au Roy et à Votre Excellence dans ses lettres du 7 janvier 1739 (2). Je souhaite qu'il fasse bientôt connaître au public la sincérité de cette promesse tant à l'égard de Monsieur votre fils qu'à celui des fils de Madame la grande Palatine de Russie. L'auguste personne qui les a recommandés mérite tout ce que l'on peut faire de plus distingué. Il est de l'intérêt et de la conscience du cardinal qui écrit du 17 janvier 1739 (3) d'employer tout ce qu'il peut avoir de crédit en faveur de Votre Excellence et de ceux qui lui appartiennent ou qui lui sont attachés. Il eût été plus honorable pour lui, et devant Dieu et devant les hommes, de marquer dans l'occasion qui s'est présentée les sentiments de vénération qu'il dit avoir pour la Personne royale. Pour beaucoup qu'il fasse, il ne réparera jamais comme il convient le tort qu'il a, le serment qu'il a faussé, et le dommage et le préjudice qu'il a causés par sa prévarication. Pour moi, je n'ajoute guère foi à celui qui en manque et qui préfère ses intérêts propres à ceux de sa patrie.

J'ai l'honneur d'être avec un profond respect, Monseigneur, de Votre Excellence, très humble, très obéissant et très dévoué serviteur.

F. Chérubin DE NOVY, capu[cin] ind[igne].

Ce 2 août 1740.

(Aut. Collection d'autographes
de la Bibl. de Nancy.)

(1) Dans la lettre en question, datée de Dresde, le prince électoral de Saxe, le futur Auguste III, quoique ignorant encore la mort de son père, survenue la veille à Varsovie, recommandait à Ossolinski sa candidature prochaine au trône de Pologne. Cf. *suprà*, p. 29, n. 1.

(2) Voir pièces 2 et 2 *bis*.

(3) C'est la lettre ci-dessus du cardinal Lipski.

4

Béthune de Pologne au duc Ossolinski. 1741 (1).

De Paris, le 6 février 1741.

J'ai reçu, mon cher neveu, l'honneur de votre dernière du
2 de février de La Malgrange. Je vois que le mauvais temps
n'empêche point le Roy de faire ses petites courses ordinaires (2). Je voudrais bien être en état d'en faire autant. Je vais
cette semaine prendre des purgations pour mon pied qui ne va
pas bien et renoncer au vin et à l'eau entre mes repas, ce qui
ne laisse pas de me coûter, l'habitude étant une seconde nature.
Je suivrai exactement les avis de Messieurs les médecins. J'embrasse ma chère nièce de tout mon cœur et désirerais fort d'apprendre sa parfaite convalescence. Il faut l'attendre du renou-
vellement de la belle saison. Enfin, on est convenu de tous les
articles pour le mariage de Mademoiselle de Bouillon. Le duc
de Valentinois se démet de son duché en faveur du prince de
Monaco son fils (3). J'ai un autre mariage à vous apprendre,
qui ne m'intéresse pas moins, qui est celui de Melle d'Harcourt,
troisième fille du duc de ce nom, ma petite-nièce, qui épouse
Monsieur le prince de Crouÿ, qui est flamand, dont M. l'abbé

(1) Voir *suprà*, p. 97.

(2) Stanislas avait l'habitude d'aller depuis Lunéville, à chaque
grande fête de la Vierge, faire ses dévotions à Notre-Dame de Bon-
Secours. Il s'installait alors à La Malgrange. Il n'y a pas manqué pour
la Purification.

(3) Le mariage de Marie-Louise-Henriette-Jeanne, fille de Charles-
Godefroi de La Tour d'Auvergne, duc de Bouillon, et de Marie-Charlotte Sobieska (v. *suprà*, p. 22, n. 3) — par conséquent petite-nièce à
la mode de Bretagne du signataire de la lettre et cousine au 7e degré
des Ossolinski — avec Honoré-Camille-Léonor Grimaldi, prince de
Monaco, avait été déclaré le 26 janvier précédent et les divers arrangements venaient en effet d'être arrêtés (cf. dans le même sens
Luynes, *op. cit.*, t. III, p. 316-317). Mais cette union n'eut pas lieu.
Une autre inclination retenait obstinément le fiancé, qui reçut le
19 mars une lettre de cachet pour la citadelle d'Arras. Melle de Bouillon
épousera en février 1743 un Rohan.

d'Harcourt est venu me faire part hier (1). Si vous jugez à propos, j'enverrai faire des compliments de votre part à la maison de Bouillon et à celle d'Harcourt. On [n']apprend que de tristes nouvelles de tout côté, causées par les inondations (2). Il paraît divers mémoires de différents princes (3), que je vous porterai ou vous enverrai, si vous le jugez à propos. Le marquis de Même, ambassadeur de Malte, est mort. On dit que ce sera le bailli de Froulez, que vous avez vu à Lunéville, qui remplira sa place (4). Je vous envoie des vers qui ne sont peut-être pas venus à votre connaissance sur le Roy de Prusse, et d'autres sur l'archiduchesse. Je suis très aise que M. le prince de Listensthein ait passé par Lunéville et qu'il ait été faire sa cour à la Reine (5). Il est regretté de tout le monde ici. J'ai l'honneur d'être avec un sincère et inviolable attachement, mon cher neveu, votre très humble et très obéissant serviteur.

BÉTHUNE DE POLOGNE.

Sur le Roy de Prusse.

Que pensez-vous de ce nouveau monarque (6)

(1) C'est deux jours plus tôt, le 4 février, que la main d'Angélique-Adélaïde, fille de François, duc d'Harcourt, née le 30 août 1719, avait été demandée pour Emmanuel, prince, ensuite duc de Croÿ-Solre, mestre de camp. Le mariage sera célébré à Paris dans la nuit du 17 au 18 février, en la chapelle de l'hôtel du comte de Belle-Isle (aujourd'hui Caisse des dépôts et consignations, quai d'Orsay), par l'oncle de la fiancée, Louis-Abraham d'Harcourt, doyen de Notre-Dame. Le marié lui-même, dans son *Journal*, publié en 1906 par le vicomte DE GROUCHY et Paul COTTIN (cf. t. I, p. 30-31), nous renseigne à ce sujet.

(2) Sur ces sinistres de l'hiver de 1740-1741, voir CROY, t. I, p. 27-28, 30.

(3) Au sujet de la situation créée par la vacance du trône impérial.

(4) LUYNES consignait de même le 4 février dans ses *Mémoires* (v. t. III, p. 320-321) : « On apprit hier la mort de M. le bailli de *Mesmes*... On croit assez que le choix tombera sur M. le bailli de *Froulay*. » La prévision était juste. Louis-Gabriel de Froulay présentera, comme « ambassadeur de la Religion », ses lettres de créance en avril suivant.

(5) Le prince de *Lichtenstein*, ambassadeur impérial, avait pris définitivement congé de Louis XV le 23 janvier.

(6) Béthune écrit : *du nouviau monarque*. — Il y a huit mois que Frédéric II règne et il vient, à la mort de l'empereur, d'envahir la Silésie.

> Qui s'escrimant contre Machiavel,
> De ses égaux veut être l'Aristarque,
> Est-ce un moyen de se rendre immortel ?
> Conciliez, s'il se peut la morale
> Et les motifs de son invasion.
> C'est la catin qui pense être vestale
> Par un discours sur la tentation.
> A force ouverte envahir l'héritage
> D'un souverain dont on se dit l'ami,
> Parler en père, agir en ennemi,
> Machiavel n'en veut pas d'avantage.

———

Virgile, au 7ᵉ livre de l'*Énéide*, vers 50, 51 et 52, à l'endroit où il parle du Roy Latinus.

> Filius huic, fato divum, prolesque virilis
> Nulla fuit, primaque oriens erepta juventa est.
> Sola domum et tantas servabat filia sedes.

L'application de ces vers cadre en quelque façon à la situation présente de la grande-duchesse de Toscane, au cas qu'elle garde toute la succession de son père (1).

———

Ma fille (2) se porte mieux. Le départ de Belislle n'est point encore décidé (3). Je vous serais bien obligé de penser à mon balcon et au parquet que le Roy m'a promis. Je veux vous en avoir l'obligation.

(Aut. Collection d'autographes
de la Bibl. de Nancy.)

5

Catherine Opalinska au maréchal de Belle-Isle. 1742.

Monsieur, J'ay estez charmez d'aprendre par la lettre que vous avez escrit au roÿ vostre prompt retour, que nous aten-

———

(1) Cf. *suprà*, p. 102.

(2) Mᵐᵉ de Belle-Isle.

(3) Ce départ du nouveau maréchal pour l'Allemagne, où il va commencer par visiter les différentes cours, eut lieu un mois plus tard, jour pour jour. Cf. *suprà*, p. 101.

dont avec impatience (1). J'espère que vous n'avez pas oubliez
la commission dont vous avez vouleut vous charger et qu'y est
de prier Mme la mareschalle de Belle-Isle. que j'embrasse de tout
mon cœur, de vous remetre mes piereries. Je conte que vous me
les raportiez. Des raisons indispenssable m'oblige de les ravoir
au plus tost. d'autant que je crois que Mme la mareschalle n'en
a plus besoin après toutes les sollinitez finie par le couronnement de l'empereur. Je suis. Monsieur. vostre très affectionnée
cousine et sincère amie.

CATHERINE. Reÿne de Pologne.

A Lunéville. le 9 de février 1742.

(Aut. Collection d'autographes
de la Bibl. de Nancy.)

6

Joseph de Mathy, abbé de Saint-Remy de Lunéville
et chanoine de Warmie, à Stanislas. 1761.

Sire.

Monsieur Dumont (2) m'a fait tenir le huit de ce mois la lettre
qu'il a plu à Votre Majesté de m'écrire le vingt-cinq juillet.
J'aurais souhaité de recevoir plus tôt ce monument précieux des
anciennes bontés de Votre Majesté. pour me ranger aussitôt à
mon devoir et pour marquer par une obéissance prompte aux
ordres de Votre Majesté l'empressement extrème qui m'a toujours porté à faire tout ce qui peut plaire à Votre Majesté. La
suppression éventuelle du titre de l'abbaye de Lunéville. de
laquelle Votre Majesté a daigné me gratifier, pour réunir après
ma mort la mense abbatiale à la mense capitulaire est un
ouvrage digne du zèle de Votre Majesté et de son amour pour
ses sujets (3). Les bontés infinies de Votre Majesté ayant encore
fait assurer dans ce changement mes droits sur ladite abbaye

(1) Voir *suprà*, p. 59, 102-103.

(2) L'ancien secrétaire d'Ossolinski (v. *suprà*, p. 142), maintenant
attaché au secrétariat du roi.

(3) Cf. *suprà*, p. 134 et 293.

pour ma vie, je ne puis que l'en remercier très humblement et souscrire à cet arrangement avec la même satisfaction avec laquelle je l'ai appris dans le moment qu'il n'était que projeté. Je joins à ma réponse au prieur de mon abbaye le consentement qu'il désire, conformément au modèle qu'il m'avait envoyé (1).

Flatté, Sire, des assurances très gracieuses que Votre Majesté me donne de sa protection royale, j'ose m'y recommander très respectueusement. J'en ai un besoin extrême pour soulager ma famille dans la situation dans laquelle elle se trouve après la mort de mon père. Elle ne subsiste que de faibles secours que je puis lui fournir. Je sollicite en vain des grâces en sa faveur depuis la mort de M. le cardinal de La Rochefoucauld (2) et la retraite de M. le cardinal de Bernis (3), qui étaient très disposés à s'intéresser pour elle. Votre Majesté la comblerait de nouveaux bienfaits si elle daignait la faire recommander à M. le duc de Choiseul. Elle fait avec moi des vœux continuels pour la conservation de la précieuse santé de Votre Majesté. Nous redoublerons ces vœux avec une nouvelle ferveur le 20 du mois prochain (4). Je supplie très humblement Votre Majesté d'agréer cet hommage. Si je désire quelque chose dans le monde, c'est de mériter la continuation des bontés de Votre Majesté, et de jouir du seul et unique bonheur : de me trouver encore une fois aux pieds de Votre Majesté, pour l'assurer en personne de ma juste reconnaissance, de mon zèle inviolable et du plus profond respect avec lequel je ne cesserai d'être toute ma vie, Sire, de Votre Majesté le très humble, très soumis et très obéissant sujet et serviteur.

L'abbé DE MATHY.

A Frauenbourg en Warmie, ce 10 septembre 1764.

A *Sa Majesté le Roy de Pologne, duc de Lorraine et de Bar.*

(Arch. M.-et-M., H. 1506.)

(1) Pièces 6 *bis* et 6 *ter*.
(2) Le 29 avril 1757.
(3) En octobre 1758.
(4) Jour anniversaire de la naissance de Stanislas.

6 *bis*

Le même au prieur de son abbaye (1). 1761.

Frauenbourg, ce 10 septembre 1761.

Monsieur,

J'ai reçu la lettre que vous vous êtes donné la peine de m'écrire le 24 juillet. Le Roy m'ayant fait la grâce de m'écrire pour le même sujet et de m'assurer en même temps, comme vous le faites de votre part, *que mes droits ne souffriront aucun changement dans la suppression éventuelle du titre de l'abbaye de Lunéville et la réunion de la mense abbatiale à la mense capitulaire,* je ne puis donner qu'avec bien du plaisir mon consentement à cet arrangement, digne du zèle de Sa Majesté et de son amour pour ses peuples. Je joins ici ce consentement en forme comme vous le désirez. Je l'ai fait légaliser par le secrétaire de notre chapitre, mais j'ai légalisé en échange, en qualité de chancelier, la signature dudit secrétaire. Nous ne sommes point accoutumés de faire certifier nos actes par des magistrats de nos villes, puisque ceux-ci dépendent de nous, et actuellement nous n'avons ni official, ni notaire apostolique, le premier étant mort depuis peu sans être remplacé jusqu'ici, et l'autre a été pourvu d'un bénéfice qui l'éloigne d'ici ; mais toutes ces formalités paraissent superflues, puisque tout le monde connaît ma main et ma signature. MM. de Wichlinski (2), Parmentier (3) et Loyseau (4) pourront toujours la certifier véritable.

Je suis charmé, Monsieur, de trouver cette occasion pour vous réitérer par moi-même les assurances que l'on vous a données depuis peu de ma part de mes sentiments à l'égard de tout le vénérable chapitre ; je suis fâché que tant de lettres égarées, ou

(1) Claude-François d'Hangest.
(2) Hyacinthe Wiklinski, le capitaine-lieutenant des cadets.
(3) Jean-François Parmentier, avocat aux Conseils du roi.
(4) Michel ou Gabriel Loyseau du Boulay, l'un et l'autre habitants de Lunéville à cette date.

supprimées peut-être, m'ont privé de la satisfaction de vous en convaincre depuis longtemps. Vous ne devez point douter, Monsieur, du plaisir extrême que j'aurai de les réaliser en toute occasion et de contribuer de mon côté à la réunion de nos cœurs, dans le temps que l'on mettra la dernière main à la réunion éventuelle de nos menses respectives. Je dois même me flatter que, cet arrangement achevé, il ne restera plus aucun point à démêler entre nous et qu'il décidera par lui même de la pacification que nous désirons mutuellement (1).

Au reste, je vous prie, Monsieur, d'assurer tous vos Messieurs de mes civilités, et de me recommander à leurs prières, comme je me recommande avec confiance aux vôtres, ayant l'honneur d'être avec la plus parfaite estime, Monsieur, votre très humble et très obéissant serviteur.

L'abbé DE MATHY.

Vous m'obligerez beaucoup, Monsieur, de m'envoyer une copie des bulles de la réunion lorsque vous les aurez reçues.

M. d'Hangest.

(Arch. M.-et-M., H. 1506.)

6 ter

Consentement donné par Mathy
à l'extinction du titre abbatial de Saint-Remy
et à la réunion éventuelle des menses. 1761.

Je soussigné Joseph-Benoît de Mathy, aumônier ordinaire du Roy de Pologne, duc de Lorraine et de Bar, abbé de Saint-Remy de Lunéville, chanoine et chancelier de l'Église de Warmie, déclare par ces présentes avoir connaissance de l'extinction du titre de ladite abbaye de Saint-Remy de Lunéville, de laquelle je suis possesseur actuel et sur laquelle j'entends conserver tous mes droits pendant ma vie durante, et de la réunion éventuelle des biens et droits de ladite abbaye à la mense canoniale

(1) Voir *suprà*, p. 295-296.

d'icelle. Et je consens à cette extinction et réunion éventuelle,
comme n'étant pas moins utiles pour le bien de l'Église que de
l'État. En foi de quoi j'ai signé le présent consentement de ma
propre main et y fait apposer le cachet de mes armes (1). Fait à
Frauenbourg en Warmie, le dix septembre l'an mil sept cent
soixante-un.

Joseph-Benoît DE MATHY.

Infrascriptus testor præsentem scripturam et subscriptionem
esse manu propria Illustrissimi et Reverendissimi Domini
Josephi Benedicti de Mathy, abbatis Lunævillensis, canonici et
cancellani Ecclesiæ cathedralis Varmiensis, perfectam et exara-
tam. In cujus rei fidem etc. Datum Frauenburgi 1761ᵐᵉ, die
10ᵐᵃ septembris.

F. STRACKOWSKI, Illustrissimi et Reverendissimi Capituli Varmiensis secretarius.

Ita est. Josephus Benedictus
DE MATHY
abbas Lunævillensis   [Cachet, sur papier,
canonicus et cancellarius   du Chapitre.]
Ecclesiæ Varmiensis.

(Arch. M.-et-M., H. 1506.)

(1) La reproduction que nous donnons de ce cachet est due à l'obli
geance et au talent de M. Edmond des Robert.

7

**Liste par ordre d'inscription des élèves polonais de l'École
des cadets-gentilshommes de Lunéville (1).**

1. Thomas BOROWSKI. 17 juin 1737. Deux ans et trois
   mois. Enseigne (7 septembre 1737).
2. Jean CIESZKOWSKI. 17 juin 1737. Deux ans.
3. Ignace ZEBRZYDOWSKI. 17 juin 1737. Deux ans et trois
   mois.

(1) La présente liste a été dressée d'après les documents conservés
au ministère de la Guerre, archives administratives, C. f. v. ; soit
trois contrôles successifs, le premier allant du n° 1 au n° 132
(3 novembre 1753) ; le deuxième, du n° 1 au n° 153 (25 septembre 1759) ;
le troisième, du n° 1 au n° 167 et dernier.

Les indications fournies par ces états ne sont pas également explicites. Au début, nous avons presque toujours la date d'inscription,
la durée du séjour, les grades obtenus. Plus tard, nous ignorons la
durée du séjour et les grades. A partir de septembre 1759, nous ne
connaissons plus que le numéro d'ordre. En tout cas, cette nomen-
clature est complète. Tout personnage dont le nom est absent n'a
jamais, quoi qu'en puisse prétendre une notice biographique ou une
tradition de famille, été admis à l'École.

On a déjà fait connaissance avec un certain nombre de ces 167
cadets (se reporter à l'index des noms de personnes pour retrouver
dans le récit les détails les concernant). Les notes qui accompagnent
cette liste vont renseigner, plus ou moins sommairement, sur 23
autres de leurs condisciples. Quelques élèves demeureront non iden-
tifiés. Qu'à défaut des preuves de noblesse enregistrées au conseil
aulique (v. *suprà*, p. 158, n. 2), l'identification de tous ces jeunes
gens ait été non seulement laborieuse mais parfois impossible, on
s'en rendra compte en songeant aux nombreuses familles de même
nom, mais d'armoiries différentes, qui coexistent en Pologne. Des
circonstances favorables nous ont bien permis de préciser, quoiqu'il
y eût douze familles nobles nommées Zakrzewski, que Jean-Népomucène, cadet n° 97, se rattache aux Zakrzewski de la maison de
Wyskota. Mais comment savoir, dans le silence des nobiliaires sur
le séjour à Lunéville d'un François Godlewski, et puisque à la même
époque vivaient plusieurs homonymes, à quelle famille de ce nom —
dont une si touffue que le procès-verbal d'élection d'Auguste II en
1697 a été signé par une centaine de ses membres — appartenait le
cadet n° 73 ? Il existe plus de vingt familles nobles appelées Zalewski
vel Zaleski. C'est dire, pour ne pas multiplier davantage ces
exemples, que nous laissons à ses arrière-petits-fils ou arrière-petits-
neveux le soin de reconnaître un parent dans le Paul Zaleswki qui
fut le 30ᵉ cadet-gentilhomme polonais de Stanislas.

4. Charles BIALOZOR. 17 juin 1737. Trois ans.

5. Joseph PROZOR. 17 juin 1737. Quatre ans.

6. Casimir RACZYNSKI. 17 juin 1737. Deux ans.

7. Antoine MIECZNIKOWSKI. 17 juin 1737. Trois ans.

8. Charles WOJAKOWSKI. 17 juin 1737. Sous-brigadier, puis brigadier.

9. Joseph NIEWIESCINSKI. 17 juin 1737. Deux ans.

10. Théodore MOSZCZENSKI. 17 juin 1737. Sous-brigadier, puis brigadier. Sept ans et cinq mois.

11. Raphaël GUROWSKI. 17 juin 1737. Un an et deux mois. Brigadier (1er février 1738).

12. Roch-Ladislas GUROWSKI. 17 juin 1737. Deux ans et sept mois. Sous-brigadier (7 septembre 1737).

13. Antoine GUMOWSKI. 24 août 1737. Quatre ans et deux mois. Sous-brigadier (8 décembre 1739).

14. Simon ZABIELLO. 24 août 1737. Quinze mois.

15. Joseph ZABIELLO. 24 août 1737. Cinq ans et six mois. Sous-brigadier (18 février 1739) ; brigadier (18 octobre 1741).

16. Stanislas POLITOWSKI. 24 août 1737. Un an.

17. Jean JÓZOFOWICZ. 24 août 1737. Deux ans et quatre mois.

18. Romuald CHREPTOWICZ. 24 août 1737. Mort à l'Ecole, le 7 juillet 1738.

19. Bernard KALINKIEWICZ. 24 août 1737. Deux ans et sept mois.

20. Ignace GROBICKI (1). 24 août 1737. Deux ans et sept mois.

21. Venceslas MATUSZEWICZ. 24 août 1737. Deux ans et quatre mois.

22. Michel BUTLER. 25 novembre 1737. Un an.

23. Joseph BUTLER. 25 novembre 1737. Un an.

24. Antoine KRASINSKI. 20 août 1738. Trois mois.

25. Antoine GRANOWSKI. 4 septembre 1738. Deux ans et quatre mois.

26. Stanislas HORSKI. 23 octobre 1738. Trois ans.

27. Charles ZAMOYSKI. 16 décembre 1738. Deux ans et six mois.

28. Stanislas GADOMSKI. 29 décembre 1738. Deux ans et deux mois.

29. Isidore OSTROROG. 14 avril 1739. Trois ans et dix mois. Gentilhomme à drapeau ou porte-enseigne (19 octobre 1741) ; enseigne.

30. Paul ZALEWSKI. 24 avril 1739. Trois ans.

(1) Arm. Tromby. On le retrouve en 1764 chef d'escadron de Grodno

31. Ignace Czosnowski (1). Trois ans. Sous-brigadier (19 octobre 1741).
32. Alexandre Ossolinski. 15 mai 1739. Trois ans. Gentilhomme à drapeau, puis enseigne (octobre 1741).
33. Ignace Ciecierski. 24 novembre 1739. Trois ans et un mois.
34. Fabien Mlocki (2). 1er janvier 1740. Trois ans.
35. Charles Horski. 1er janvier 1740. Trois ans et un mois.
36. Casimir Granowski. 4 janvier 1740. Deux ans et onze mois. Sous-brigadier (31 octobre 1741).
37. Mathias Luszczewski. 4 janvier 1740. Trois ans et quatre mois. Sous-brigadier (12 mars 1742).
38. Valérien Luszczewski. 4 janvier 1740. Trois ans.
39. Nicolas Garczynski. 4 janvier 1740. Un an et trois mois.
40. Léon Moszynski. 24 mars 1740. Deux ans et neuf mois.
41. Ignace Kozlowski. 24 mars 1740. Deux ans et neuf mois.
42. Etienne Slizien (3). 15 juillet 1740. Deux ans et six mois.
43. Léon Sosnowski. 15 juillet 1740. Deux ans et neuf mois.
44. Michel Grothus (4). 15 juillet 1740. Deux ans et neuf mois.
45. François Bittoff. 15 juillet 1740. Deux ans et huit mois.
46. Jean Kowalski. 21 juillet 1740. Deux ans et six mois.
47. Augustin Wlynski. 23 juillet 1740. Trois ans.
48. Cajetan Zamoyski. 11 mai 1741. Trois ans et neuf mois.

(1) Arm. Roch-Pierzchala, puis Kolumna. Fils d'Antoine, castellan de Wyszogród, et d'Anne Manczukiewicz, Arménienne de Lwów. Staroste de Salnitsa, chambellan du roi, commissaire des finances (1764-1766), général-major des troupes de la Couronne (1782). Marié à Marianne Zaluska, fille d'un chef de cuisine de Lithuanie (*kuchmistrz litewski*). Ses descendants, les Colonna-Czosnowski, ont reçu en Italie le titre de comtes (1887). La généalogie d'Ignace Czosnowski donnée par Zychlinski est fausse. Cp. Boniecki, *op. cit.*, t. VI, p. 27, et Uruski, *op. cit.*, t. III, p. 39.

(2) Fils de Michel, staroste et colonel des troupes de Zakroczym, et de Thérèse Orzechowska. Sous-échanson de Zakroczym en 1749 ; marié à Françoise Mlodecka.

(3) Étienne-Ignace Slizien. Mort en 1777, à Nieswiez en Lithuanie.

(4) D'une famille courlandienne. Arm. Grothus. Juge au châtelet et vice-staroste de Kowno.

49. Mathias LANCKORONSKI. 3 octobre 1741. Deux ans et dix mois. Gentilhomme à drapeau (14 novembre 1742) ; enseigne (8 avril 1743).

50. François-Constantin SZANIAWSKI. 6 octobre 1741. Deux ans et neuf mois. Gentilhomme à drapeau (8 avril 1743).

51. Michel NOSADYNI. 23 novembre 1741. Cinq ans et un mois.

52. Romain JANICKI (1). 1ᵉʳ décembre 1741. Deux ans et sept mois.

53. Gaspard ROGALINSKI. 9 janvier 1742. Deux ans et dix mois.

54. Jean KUNICKI (2). 15 juin 1742. Deux ans.

55. Simon ROSNOWSKI. 17 juillet 1742. Deux ans.

56. Jacques DULSKI (3). 22 novembre 1742. Trois ans.

57. Barthélemy TURSKI. 22 novembre 1742. Trois ans.

58. Simon PROZOR. 1ᵉʳ janvier 1743. Trois ans.

59. Casimir KRASINSKI. 31 mai 1743. Deux ans et neuf mois.

60. Martin STANKIEWICZ. 31 mai 1743. Deux ans et neuf mois.

61. Joseph GUROWSKI. 19 juillet 1743. Deux ans et sept mois.

62. Jacques CZAPSKI. 22 février 1744. Quatre ans. Gentilhomme à drapeau.

63. Michel CZAPSKI. 22 février 1744. Trois ans.

64. Basile WALICKI. 13 mars 1744. Deux ans et dix mois.

65. Adam MIONCZYNSKI (4). 15 mai 1744. Deux ans et neuf mois.

(1) **Arm.** Rola. Fils de Charles. *podstoli* de Podolie. mort en 1730, et d'Euphrasie Zebrowska.

(2) **Arm.** Boncza. Fils de Nicolas, porte-glaive de Chelm. staroste de Chotek, et d'Antoinette Liniewska, fille d'un veneur de Kijów. Porte-enseigne de Krasnystaw (1765), staroste de Czulczyck et de Chotek (1766). électeur de Stanislas-Auguste pour la terre de Chelm. Marié à Théodore Slugocka : mort en 1770. Les nobiliaires, rappelant son séjour à Lunéville, disent qu'il y fut nommé capitaine d'infanterie en 1744.

(3) **Arm.** Przegonia. Fils de Samuel, *podstoli* de Latyczów. et de Françoise Bekierska. *Stolnik* d'Owrucz (1763). Marié à Angélique Mioduszewska.

(4) Fils de Pierre, palatin de Czernichów. et d'Antoinette Rzewuska. Devint staroste de Krzepice, général-major au service d'Auguste III et chevalier des ordres royaux.

66. Elie-Ignace Slawski. 16 janvier 1745. Deux ans et deux mois. Gentilhomme à drapeau (6 octobre 1746).

67. Jean Skarbek Kielczewski. 14 mai 1745. Deux ans.

68. Paul Czapski. 27 juin 1745. Parti sans congé au bout d'un an.

69. Alexandre Potulicki. 2 août 1745. Deux ans et six mois.

70. Christophe Szczyt. 30 août 1745. Un an et quatre mois.

71. Ignace Lebinski. 22 octobre 1745. Un an et six mois..

72. Sébastien Sierakowski. 12 octobre 1745. Trois ans et six mois. Gentilhomme à drapeau (6 mars 1747).

73. François Godlewski. 22 août 1746. Cinq ans et huit mois. Gentilhomme à drapeau.

74. Joseph Uniatycki (1). 22 août 1746. Trois ans.

75. Ignace Dobrzycki (2). 21 octobre 1746. Trois ans.

76. Jean Aksak. 21 octobre 1746. Trois ans.

77. Gabriel Aksak. 21 octobre 1746. Trois ans.

78. Félix Niemojewski (3). 21 octobre 1746. Trois ans.

79. Hyacinthe Stoinski. 21 octobre 1746. Trois ans.

80. Antoine Straszewski. 21 octobre 1746. Trois ans.

81. François Dembinski (4). 21 octobre 1746. Trois ans.

82. Joseph Lochocki. 23 octobre 1746. Un an et sept mois.

83. Mathias Mycielski. 23 octobre 1746. Un an et sept mois.

84. Louis Dombski. 23 octobre 1746. Trois ans.

85. Jean-Baptiste Dombski. 23 octobre 1746. Trois ans.

86. Adam Ostrorog. 24 octobre 1746. Trois ans.

87. Antoine Ossolinski. 4 février 1747. Trois ans.

88. Joseph Mielzynski. 7 février 1747. Trois ans.

(1) Arm. Sas. Colonel des troupes de la Couronne, chambellan du roi. Marié vers 1762 à Marianne-Madeleine Starzenska, veuve d'un Bialecki, puis d'un Rogalinski, et dont le père, Christophe Starzenski, aurait, à en croire Zychlinski, *op. cit.*, t. VII, p. 221, séjourné à Lunéville.

(2) Fils de François, juge au châtelet de Kalisz.

(3) Arm. Wieruszowa. Fils d'Antoine, porte-enseigne d'Ostrzeszów, et d'Euphrosine Podoska. Veneur, puis échanson de Wielun. En 1773 député de la diète extraordinaire de Varsovie. Marié : 1º à Victorine Siemianowska ; 2º à Anielle Walknowska.

(4) Arm. Rawicz. Fils de Louis, staroste de Pieczonogi, et de Justine Pieglowska. Né en 1729. Rentré en Pologne en 1750, il reçut de son père, l'année suivante, la terre de Witwice et, en 1773, celle de Charsnica. Député à la diète de 1773. Marié : 1º à Louise de Brzez: Russocka ; 2º à Anne Kempinska.

89. Casimir Krzycki. 7 février 1747. Deux ans.
90. Ignace Konarski. 8 mars 1747. Deux ans et six mois.
91. Michel Rudzinski. 8 mars 1747. Deux ans et huit mois.
92. Victorin Zaleski. 8 mars 1747. Trois ans.
93. Jean Ciechanowiecki (1). 8 mars 1747. Trois ans.
94. Etienne Romocki (2). 8 mars 1747. Trois ans.
95. Antoine Gniazdowski. 8 novembre 1747. Trois ans.
96. Jean-Baptiste Morsztyn. 8 novembre 1747. Trois ans.
97. Jean-Népomucène Zakrzewski (3). 8 novembre 1747. Trois ans.
98. Thadée Jaraczewski. 8 novembre 1747. Trois ans.
99. Louis Sobanski. 17 novembre 1748. Deux ans et quatre mois.
100. Pierre Ozarowski. 27 novembre 1748. Trois ans.
101. Stanislas Ciechanowiecki. 1ᵉʳ décembre 1748. Trois ans.
102. Nicolas Dembowski. 13 mars 1749. Deux ans et huit mois.
103. Antoine Dembowski. 13 mars 1749. Deux ans et huit mois.
104. Frédéric Dunin. 26 mars 1749. Deux ans et neuf mois.
105. Ignace Szaniawski. 26 mars 1749. Deux ans et six mois.
106. Antoine Rostkowski. 26 mars 1749. Deux ans et huit mois.
107. Dominique Dziedoszyki (4). 26 mars 1749. Trois ans.
108. Jacques Sierakowski. 15 novembre 1749. Trois ans.

(1) Au milieu du xviiiᵉ siècle, vivaient au moins quatre Jean Ciechanowiecki de la même maison et pouvant par leur âge se confondre avec le cadet en question (cf. Zychlinski, *op. cit.*, t. XIII, p. 42-44). Il s'agit sans doute ici du frère de Stanislas Ciechanowiecki (cadet nᵒ 101 : v. *supra*, p. 182, n. 4). Staroste d'Opsa, colonel des troupes de Mscislaw, il épousa en 1754 Hedwige Strutynska et en secondes noces la comtesse Mauuzzi. Sa femme étant devenue la maîtresse du roi Stanislas-Auguste, la jalousie, des conflits d'intérêt, les passions politiques le firent entamer avec son beau-père Strutynski des luttes retentissantes, au cours desquelles tombèrent son autre frère Xavier et le beau-père de ce dernier. Cf. Dʳ Antoni J. Rolle, *Staroscina Opeska* (La femme du staroste d'Opsa), dans *Szkice i opowiadania* (Esquisses et récits), t. V, Cracovie et Varsovie, 1887. Il mourut sans postérité en 1764.

(2) Porte-enseigne de Wyszogród en 1778. Marié à N. Plonskowska.

(3) Arm. Wyskota. Fils de Joseph, juge terrestre de Kalisz et sous-échanson de Wschowa, et de Catherine Twardowska. Colonel des armées du roi ; marié à Anne Tomkowicz.

(4) Arm. Sas. Né en 1727, mort en 1804. Fils de Jean, échanson de Halicz et porte-enseigne de Trembowla, et de Rose Lipska. Staroste de Bachtyn, colonel des troupes de la Couronne (1761). Fait comte

109. Jean TUCHOLKA. 15 novembre 1749. Deux ans et neuf mois.
110. Ignace SWIDZINSKI. 2 décembre 1749. Trois ans.
111. Pierre MALACHOWSKI. 2 décembre 1749. Trois ans.
112. Adam NISZCZYCKI. 2 décembre 1749. Trois ans.
113. Thomas KOWALSKI. 4 décembre 1749. Deux ans et cinq mois.
114. François LESZCZYNSKI (1). 18 mai 1750. Trois ans.
115. Mathieu KOSICKI. 18 mai 1750. Deux ans.
116. Joseph KARNKOWSKI. 4 juin 1751. Gentilhomme à drapeau.
117. Casimir HORAIN. 12 juin 1751. Deux ans.
118. Joseph MIONCZYNSKI (2). 2 octobre 1751. Deux ans.
119. Dominique LOS. 2 octobre 1751. Un an et neuf mois.
120. Joseph ALEKSANDROWICZ. 2 octobre 1751. Un an et dix mois.
121. Stanislas ALEKSANDROWICZ. 2 octobre 1751. Un an et dix mois.
122. Joseph OBORSKI. 2 octobre 1751. Trois ans.
123. Adam KICINSKI. 2 octobre 1751. Trois ans.
124. Sébastien BYSTRZONOWSKI. 2 octobre 1751. Trois ans.
125. Michel BYSTRZONOWSKI. 2 octobre 1751. Trois ans.
126. Gordien PODCZASKI. 2 octobre 1751. Trois ans.
127. Léopold KIELCZEWSKI. 2 octobre 1751. Trois ans.
128. Bonaventure KUROWSKI. 2 octobre 1751. Quatre ans.
129. François DAUKSZA. 9 octobre 1751.
130. Jean PRZEREMBSKI (3). 27 juin 1751.
131. Antoine LASOCKI. 19 octobre 1753. Dix mois.

héréditaire autrichien en 1777. De sa double union : 1° avec Barbe Dzierzek, 2° avec Julienne Bielska, a laissé une descendance encore représentée aujourd'hui.

(1) Arm. Belina. Fils d'André, secrétaire du tribunal terrestre de Rawa, et de Basile Woyczynska. Né vers 1730, marié à Hilaire Lanckoronska. Porte-enseigne (1775) et staroste (1789) de Rawa ; mort en 1799.

(2) Frère d'Adam (v. cadet n° 65). Staroste de Kamionacz, obtint en 1754 un brevet de capitaine réformé dans Royal-Pologne infanterie. Ne pas le confondre avec son cousin germain Joseph Mionczynski, fils d'Antoine, qui, maréchal de Belz sous la confédération de Bar, ami de Dumouriez, fut guillotiné en 1793. Tous trois étaient petits-fils d'Athanase Mionsczynski, compagnon d'armes de Sobieski.

(3) Arm. Nowina. Cette famille, d'où sont sortis un primat de Pologne, deux évêques, deux palatins et dix castellans, avait reçu de Rome en 1637 le titre comtal, confirmé par l'Autriche en 1801. Éteinte en 1811. Un Jean Przerembski, porte-enseigne de Piotrków, castellan de Spicimir (1765), mort en 1768 ; un autre, trésorier de Plock en 1778.

132. Michel Swidzinski. 3 novembre 1753. Trois ans.
133. Thadée Lieven. 8 septembre 1755.
134. Casimir Ossolinski. 19 septembre 1755.
135. Jean Lopacki. 19 septembre 1755.
136. Paul Beniowski. 19 septembre 1755.
137. Georges Bertrand. 19 septembre 1755.
138. Jean Laski. 19 septembre 1755.
139. Alexandre Strzemecki. 19 septembre 1755.
140. Benoit Ilinski. 19 septembre 1755.
141. Joseph Trzcinski. 19 septembre 1755.
142. Martin Rudnicki. 20 novembre 1755.
143. Michel Szymanowski. 18 mai 1756.
144. Antoine Kowalski. 24 octobre 1756.
145. Constantin Zebrzydowski. 6 décembre 1756.
146. Jean Komorowski. 7 janvier 1757.
147. Gaspard Poninski (1). 7 janvier 1757.
148. Jean Tarnowski (2). 7 janvier 1757.
149. Félix Oraczewski. 11 avril 1757.
150. Ignace Miaskowski. 11 avril 1757.
151. Antoine Los. 27 avril 1757.
152. Joseph Ossolinski. 20 mai 1759.
153. Charles Kalkstein. 25 septembre 1759.
154. Anastase Walewski.
155. François-Xavier Puget.
156. Jean Morsztyn, l'ainé.
157. Joseph Morsztyn, le cadet.
158. Stanislas Mionczynski.
159. Casimir Cienski.
160. Jacques Bukowski.
161. François Zelenski.
162. François Lieven.
163. Christophe Wiesiolowski.
164. Michel-François Dziorzbicki (3).
165. Florien Wonsowicz.
166. Casimir Rychter.
167. Stanislas Trembecki.

(1) Fils de Stanislas, gentilhomme de la cour de Louis XV, et de Françoise Bninska. Fut staroste de Lorzenice. Le prince Adam Poninski, de triste mémoire, était son cousin.

(2) Jean-Amor, fils de Gaëtan et d'Anastasie Bogusz. Député de Halicz à la diète d'élection de 1764 : général-major, castellan de Konary (1767), chevalier de Saint-Stanislas.

(3) Dziorzbicki ou Dzierzbicki. Fils de Pierre, porte-glaive de Lenczyca (1758).

JABLONOWSKI

Armoiries : PRUS III

375.

) ' Thomas-Consta
Ossolinski, † 179
rte-glaive de Podh
ép. Thérèse
Lanckoronska

Catherine Ossolins
ép. en 1761
Roch Jablonows
castellan de Wisli

Thérèse Jablonows
p. Joseph-Maximili
Ossolinski.
Divorce.

DE TENCZYN OSSOLINSKI

Armoiries: TOPÓR

De gueules à une hache d'argent, emmanchée d'or, mise en pal.

Jean de, TENCZYN et d'OSSOLIN
grand maréchal de la Couronne en 1375.

Sept générations.

Maximilien OSSOLINSKI
grand secrétaire de la Couronne
né en 1669, † avant 1727
ép. Théodore KRASOWSKA.

Adam OSSOLINSKI.

Michel OSSOLINSKI
† 1727.

Casimir OSSOLINSKI
castellan de Grabów.

* François-Maximilien OSSOLINSKI
cousin et duc (1736) de TENCZYN
prince du Saint-Empire
(1676-1756)
ép. 1° Catherine MIONCZYNSKA
† 1720
2° * Catherine-Dorothée JABLONOWSKA.
(Voir tableau 1.)

Jean-Stanislas OSSOLINSKI, † 1770
podstoli de Podlachie
staroste de Drohiczyn
ép. Louise ZALUSKA.

(1) Anne-Barbe OSSOLINSKA
ép. Joseph SZANIAWSKI
staroste de Chenciny
sous-échanson
de la Couronne.

(1) * Joseph-Knut OSSOLINSKI, † 1780
staroste de Sandomir
palatin de Volhynie
ép. Thérèse-Hedwige
DE ZEGRON-STADNICKA.

(1) * Thomas-Constantin OSSOLINSKI, † 1791
portglaive de Podlachie
ép. Thérèse LANCKORONSKA

(2) Anne
et trois autres filles
mortes en bas âge
avant mars 1738.

* Alexandre OSSOLINSKI
portglaive de Lithuanie
ép. Bénédicte-Antoinette
DE LAVEAUCAL.

* Antoine OSSOLINSKI
ép. Rosalie BUTLER.

* Casimir OSSOLINSKI.

Anne SZANIAWSKA
ép. Michel OSSOLINSKI
d'une
autre branche.

* François-Constantin SZANIAWSKI.

* Ignace SZANIAWSKI.

* Maximilien OSSOLINSKI
né en 1754
colonel réformé
au régiment
d'Alsace-infanterie
staroste de Sandomir
mort sans alliance
après 1780.

* Joseph-Ignace OSSOLINSKI
staroste de Sandomir
ép. 1° Anne OSSOLINSKA
fille d'Alexandre.
Divorce.
2° Marianne PENCZENZAWSKA

Thérèse
ép. Joseph POROWSKI.

Marie
ép. Joseph MYSZKOW.

Catherine OSSOLINSKA
ép. en 1791
Roch JABLONOWSKI
castellan de Wislica.

Anne OSSOLINSKA
ép. 1° * Joseph-Ignace OSSOLINSKI.
Divorce.
2° * Casimir KRASINSKI
quartier-maître général
de la Couronne.

Joseph-Maximilien OSSOLINSKI (1748-1826)
ép. Thérèse JABLONOWSKA
fille de Catherine OSSOLINSKA.
Divorce. Sans postérité.

(2) Joseph-Timothée OSSOLINSKI
(1784-1790).

Thérèse JABLONOWSKA
ép. Joseph-Maximilien OSSOLINSKI.
Divorce.

N. B. — Les personnages dont le nom est précédé d'un astérisque ont vécu ou paru à la cour de Lunéville. Ces indications ne sont pas rigoureusement exhaustives.

N

2

(1) Marie-Casimire
DE LA GRANGE D'ARQUIEN
† 1716
ép. en secondes noces :
Jean SOBIESKI, roi de Pologne
† 1696.

Jacques SOBIESKI
ép. Hedwige-Elisabeth-Amélie
DE BAVIÈRE-NEUBOURG
fille de Philippe-Guillaume
électeur palatin.

Marie-Clémentine SOBIESKA
ép. Jacques-Edouard STUART
(JACQUES III d'Angleterre)
dit le
chevalier de Saint-George.

* Charles-Édouard STUART
dit le Jeune Prétendant
† en 1788
sans enfants legitimes.

Thérèse-Cunégonde SOBIESKA
ép. MAXIMILIEN-EMMANUEL
électeur-duc de Bavière
(MAXIMILIEN II).

CHARLES-ALBERT
électeur-duc de Bavière
en 1726
empereur (CHARLES VII) en 1742
† en 1745.
Descendance.

N. B. — Les personnages dont le nom est précédé d'un astérisque ont vécu ou paru à la cour de Lunéville.

BÉTHUNE
SOBIESKI

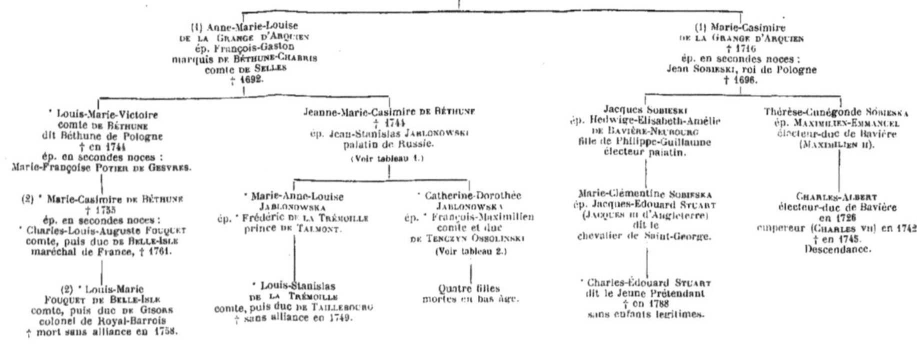

N. B. — *Les personnages dont le nom est précédé d'un astérisque ont vécu ou paru à la cour de Lunéville.*

ADDITIONS ET CORRECTIONS

Page 19, note 2, ligne 1, *supprimer* née au mois d'août 1677.
Cette date est en effet celle de la naissance non de Jeanne-Marie de Béthune, mais de sa sœur Marie-Catherine-Casimire ; v. p. 93, n. 3.

P. 61, n. 1, l. 2, *au lieu de* Wielorska, *lire* Wielhorska.

P. 62, notes, l. 3, *au lieu de* Anne Szeptycka, *lire* Marianne Szeptycka.

P. 65, notes, l. 2-4, *lire* et dont la descendance mâle s'éteignit en 1878 avec Stanislas, petit-fils d'Antoine. Du second lit, est né Maximilien (1785-1846), sénateur du royaume de Pologne sous Alexandre Ier, grand maître de la cour...

P. 92, n. 4, l. 3, *au lieu de* Pamientnicki, *lire* Pamientniki.

P. 125, n. 1, l. 16, *au lieu de* La Chapelle, *lire* Lachapelle.

P. 132, l. 24, *au lieu de* à la suite de Marie-Casimire, *lire* à la suite de Marie-Louise de Gonzague.

P. 133, l. 2, *au lieu de* 1744, *lire* 1704.

P. 136, l. 5, et p. 137, n. 4, l. 3, *au lieu de* major général, *lire* général-major.

P. 149, n. 3, l. 5, *même correction qu'à la* p. 92, n. 4, l. 3.

P. 153, n. 2, *ajouter aux renseignements biographiques sur Casimir Krasinski :* Maréchal de la diète en 1782, président du tribunal de la Couronne l'année suivante ; chevalier de l'Aigle blanc (1763). — *Zegrze est situé non tout* près de Varsovie, *mais* sur le Bug, entre Varsovie et Pultusk.

P. 159, l. 28, *au lieu de* estimationem, *lire* æstimationem.

P. 165, *le passage se terminant* l. 2 *est à appuyer de la note suivante :* Dans ses *Annales de Lunéville ou essai historique sur cette ville,* GUERRIER écrivait déjà en 1818 (p. 44) : « L'infortuné Stanislas Poniatowski, dernier roi électif de Pologne, fut, pendant quelque temps, au nombre des cadets polonais de cette Académie. »

P. 171, n. 1, l. 10, *lire* correspondance.

P. 174, l. 3, *au lieu de* à peine le tiers, *lire* pas même le tiers.

P. 177, l. 5, *au lieu de* que l'on avait eu, *lire* que l'on avait eue.

P. 181, l. 9, *au lieu de* Athanase, *lire* Anastase.

P. 182, l. 4, *au lieu de* Ciechanowski, *lire* Ciechanowiecki.

— n. 4, l. 3, *au lieu de* Braslaw, *lire* Braclaw.

P. 188, n. 4, l. 2, *au lieu de* Florian, *lire* Florien.

P. 197, l. 3, et p. 205, l. 6, *au lieu de* André Tarlo, *lire* Adam Tarlo.

P. 220, l. 6, *lire* ce faux La Motte.

P. 231, *la* n. 1 *est à compléter ainsi :* A leur retour, en 1761 Mme Humiecka et son compagnon s'arrêtèrent de nouveau à Lunéville, où ils arrivaient le 25 août, alors que Mesdames Adélaïde et Victoire se trouvaient chez leur grand-père. Le lendemain, après le dîner, Joseph Boruslawski divertit les princesses de « plusieurs danses cosaques ». « La table sur laquelle on avait mangé lui servait de salle de danse », rapporte FILLION DE CHARIGNEU, lieutenant des gardes à pied de Leszczynski, auteur d'un *Journal* de ce séjour des filles de Louis XV en Lorraine (Nancy, Veuve et Claude Leseure, s. d., in-8 ; p. 51). « Ce nain, qui est des mieux proportionnés, a de l'oreille, du jugement et des saillies ; Mesdames lui firent beaucoup de caresses. »

P. 268, l. 16, *au lieu de* On s'entendit naturellement aussi pour ne pas préciser la nature des rapports, *lire* On s'entendit évidemment aussi...

P. 288, l. 2, *au lieu de* avait attribué, *lire* avait attribuée.

P. 299, n. 2, *au lieu de* Voit, *lire* Voir.

P. 304, n. 2, l. 2, *au lieu de* Gumulaski, *lire* Gumulawski.

P. 317, l. 16, *au lieu de* Osolinski, *lire* Ossolinski.

INDEX ALPHABÉTIQUE
DES NOMS DE PERSONNES (1)

(1) Notre index n'est pas un index général. Il concerne exclusivement les Polonais qui vécurent ou parurent à Lunéville sous Stanislas et les personnes qui, ayant avec eux des liens étroits de parenté, ont, bien que d'une autre nationalité, fait en quelque sorte partie de la cour polonaise.

Quand le nom d'un cadet est uniquement suivi de son numéro d'ordre, numéro qui, dans tous les cas, permettra de se reporter à la liste précédente, c'est que cet élève n'a pas trouvé place dans le récit.

M

TABLE DES PLANCHES

TABLE DES MATIÈRES

CHAPITRE PREMIER

La famille polonaise du roi Stanislas en 1737.

CHAPITRE II

Les princes du sang à Lunéville. — Les Ossolinski.

CHAPITRE III

Les princes du sang (*suite*). — Les Jablonowski.
Madame de Talmont.

CHAPITRE IV

La maison polonaise.

CHAPITRE V

Les cadets polonais.

CHAPITRE VI

Hôtes et visiteurs polonais,

CHAPITRE VII

Le déclin et la fin.

CHAPITRE VIII

Les survivants.

PIÈCES JUSTIFICATIVES

www.ingramcontent.com/pod-product-compliance
Lightning Source LLC
LaVergne TN
LVHW020609180726
843502LV00002B/416